一花一葉一如來

林子青佛學論著集

聖嚴法師序

創造歷史的林子青居士

法鼓文化將在今年（二〇〇八年）陸續出版林子青老居士的文集，一共四冊，這是一套超過五十萬字的大書；是林子青居士除了弘一大師研究的著作之外，比較完整的一套文集。

這套書是由林子青老居士的女兒林志明女士蒐集及整理，我向林女士提議：「最好能夠把老居士的著作，出版成為一套文集，可以讓後人做為研究的參考；否則只留下一些初稿，是永遠沒有人可以看得到的。」於是她就著手把林老居士的文章、文稿整理出來。

整理完成之後，我問她要在哪裡出版？她說：「大陸河北省的柏林禪寺重建者淨慧老法師願意出版，但沒有把握是不是一定會出版。」我說：「如果淨慧老法師不方便出版，那就在台灣出版。法鼓文化不是以營利為目的，但是，這是一本大書，法鼓文化如果不能承擔，就由我來募款，一定要把這套書出版。」現在，這套書終於出版了，我非常的高興；相信最高興的應該就是林志明女士，因為這是她父親的遺著。

我和林子青老居士的關係是從上海靜安佛學院開始的，其實林老居士在上海靜安寺住不久，教書不到兩個學期，他主要教《古文觀止》。林老師的古文課，我不是聽得很懂，但是他解釋得很清楚。另外，他又替我們上英文課，上的是小學的英文，因為我會背，所以每次考英文都是一百分，因此他對我的印象很深。

他不僅懂英文、中文，而且日文也很好，我到過他的房間，書桌上堆了很多日文的佛教書籍。他教我的時間雖然不多，但是我很佩服他，他的儀表非常的莊嚴，少年時曾經出家，法名慧雲，曾到台灣的靈泉寺傳戒當任戒師。

這一套書內容相當豐富，一共分為四冊：

（一）第一冊為詩文集，分成兩大篇，第一篇是詩集，包含《煙水庵詩稿》以及其他的詩文合集；第二篇是散文集。

（二）第二冊是書信集，我們知道弘一大師的書信相當豐富，而林子青的書信則有十七萬字之多，這是從二十世紀六十年代以後，寫給佛教界長老以及各界朋友、家人的書信。

（三）第三冊為傳記集，分成兩大篇，第一篇人物篇，有《釋迦如來一代記》及高僧、居士、學者的傳記；第二篇為碑銘篇。林老居士素有文采，對古文的修養、對佛教的典故非常的熟悉，撰寫寺院塔銘是他所擅長。文革之後，許多寺院重修時，都會邀請他題寫碑記及塔銘。傳記集還附有林老居士的簡譜和小傳。

（四）第四冊是佛學論著集，所收錄的《因明入正理論》是學術著作，《量之定義》是因明類邏輯的書，此外還有一些短篇的文稿。

在這四冊中，每本前還有我和大陸中國佛教協會副會長覺醒法師以及林志明女士的序。由這套書中，可以看到林老居士的一生，也可以看到近代中國佛教的縮影。

法鼓文化為了報我的師恩，出版這套書。希望這套書出版之後，道場、學者們都能來請購這套書，或是林老居士的學生、朋友們也能夠買這套書送人，除了是對法鼓文化的鼓勵，也可以讓林老居士的行誼成為現代人學習的典範。

覺醒法師序

為中國佛學研究寶庫增添光輝

林子青居士是中國當代知名的佛教學者和佛學研究專家。他一生寫下了許多研究佛教方面的著作和文章，內容包括佛教理論研究、佛學知識介紹、人物傳記等等，可謂包羅萬象，豐富多彩。林子青居士，對近現代中國佛教文化的發展作出了鉅大的貢獻，是中國佛教界的楷模。現在將其著作和文章匯集出版，不僅為中國佛學研究寶庫增添了光輝的一頁，也為當代學佛修行者提供了珍貴的學習資料。

林子青居士與上海佛教界可謂因緣殊勝。早在青年時期，他就在上海弘揚佛法，為一些佛教刊物撰寫文章。一九四九至一九五五年期間，他受趙樸初居士（時在上海弘法）和上海佛教會之託，在靜安古寺整理撰寫上海佛教史料，短短數年內，為上海佛學研究提供了一批可信的資料。現存上海市佛教協會的一些寺廟史料和佛教人物傳記，大都出於他的手筆。遷居北京後，林子青居士仍經常到上海弘揚佛法。他和玉佛寺的真禪大和尚交往甚密，一九八〇年以後，常來上海玉佛寺小住。

當時我為真禪大和尚侍者，每次他與真大和尚談論佛法時，我都陪侍在側。他常常勉勵我要努力學習佛學理論，爭取做一個弘揚佛法的接班人。我記得，林子青居士每次到上海弘法，都要為上海佛學院學僧講課，有時還到上海佛教居士林為居士們講授佛學。還曾應邀到上海社會科學院宗教研究所和上海市宗教學會講演，受到聽眾們的歡迎。正是由於有像林子青居士這樣潛心於佛學研究和弘法事業的大德的示範，我們上海佛教界才一直具有重視弘揚佛教文化的優良傳統。

談起林子青居士與真禪大和尚的深厚友誼，真是十分感人。不僅林子青居士每次到上海弘法，都要在玉佛禪寺小住，而且真禪大和尚每次去北京，都要到林老家拜訪。有時兩人白天同在中國佛教協會參加會議，晚上真大和尚還一定要前往林老家暢談一番。

林老與真大和尚的深情厚誼，也影響到了林子青居士的子女。林老的女兒江濤（林志明）也成為真禪大和尚的佛門好友，她雖身居常州，但幾乎每年都要到玉佛寺來拜佛，並拜見真禪大和尚。記得有一年，常州天寧寺的松純大和尚邀請真禪大和尚前往講經，江濤居士（時任常州市佛教文化研究會副會長）也在座聽講。她不僅認真聽，而且還做了詳細記錄，後來並整理成文，刊登在他們當時出版的《毗陵佛教》刊物上，分發給常州佛教界人士傳閱。

正是因為林子青居士一家與真禪大和尚有著如此的情緣，所以在真禪大和尚與林子青居士先後故世後，江濤居士仍與我過從甚密。去年五月，上海靜安寺慶祝「正法久住」梵幢落成典禮時，我和她再度相逢，當時她提起要我為即將編輯出版的《林子青集》作序的事，我雖自知才疏學淺，恐有負重託，但還是允諾了。

林子青居士曾為《中國大百科全書》（宗教卷）撰寫了許多有關佛教的條目，為讀者所稱頌。他所撰寫的有關佛教儀軌及介紹中國古代佛教史及歷代高僧等文章，均被收入《中國佛教》第一、二、三、四輯，已成為一些佛學院所採用的重要學習資料。他的佛學著述和文章，涉及範圍甚廣：有闡釋佛學理論的專著，也有弘揚佛教知識的講演；有為佛教高僧編寫的《年譜》（他是研究和弘揚弘一大師精神和撰寫《弘一大師年譜》的第一人），也有為佛教名人撰寫的小傳；有為各地名山大寺所寫的碑記，也有為高僧大德出版的佛學著作所寫的序和跋；有為許多寺廟（尤其是閩南地區）殿堂所撰的楹聯；另外，還有大量他早年行腳各地佛寺和名勝古蹟時歌頌佛教及懷念師友的詩詞歌賦（當年曾被稱為詩僧）……。現在，把它們蒐集到一起，真可謂琳琅滿目，美不勝收。

特別值得一提的是，林子青居士的所有著作和文章，有一個明顯的特點，就是字字句句認真負責，一絲不苟。據我所知，他在編寫《弘一大師年譜》和後來的《弘一大師新譜》，以及研究房山石經資料過程中，數十年如一日，孜孜矻矻，一字一條，都認真審核，查對原始資料，以免差錯。他所寫的佛學論文，也都實事求是，從不道聽塗說，做到言必有據，而且說理性強。他的文筆非常通暢生動，深入淺出，頗受讀者歡迎。

林子青居士著述的結集出版，不僅為今後大力弘揚佛法提供了許多寶貴資料，而且也為我們後學之輩樹立了一個良好的榜樣。在林子青居士文集即將付印之際，遵江濤居士之囑，撰寫序文。之前我翻閱了部分文稿，感到獲益匪淺，然自愧愚鈍，不善作文，勉為其難，寫成此序，尚祈佛門同道加以斧正。

二〇〇八年一月於滬上

◎覺醒法師，現任中國佛教協會副會長、上海佛教協會會長、上海玉佛禪寺住持

林志明代序

讀其書而知其人

《林子青文集》行將付梓，十分感恩，無限欣慰！感恩的是，若不是聖嚴法師的倡議，這個集子將難以問世；欣慰的是，父親留存的遺稿終於能讓後人得以分享，使佛教文化的寶庫中多少增添了一些可資參考和學習的內容。

父親於二〇〇二年九月往生，聖嚴法師於是年十一月八日便來信提到：「我很想寫一篇追悼文，苦於手頭的資料不多，也許可請你們姊弟中的一人，或者找到一位有文字能力的人士，為林子老編一冊年譜，縱然是簡譜，也很有保存中國佛教近代史料文獻的意義和價值。……」儘管在父親九十壽辰時，法鼓文化已編輯出版了《林子青居士文集》三冊，近五十萬字，但卻未涵蓋其早年所撰已出版及未出版的著作。親歷父親為編著《弘一大師年譜》、《弘一法師書信》、《弘一大師新譜》等，前後數十年匯集、整理、編輯之艱辛，加之，自己才疏學淺，對於法師的建議自覺難以勝任。但由於法師的提醒，二〇〇三年我開始整理父親的遺稿，並將它們一一複印並編出目錄。

為能展示父親的思想感情、學術觀點和待人接物，我於二〇〇四年開始清理其親朋好友的來信，選出三十幾位僧俗好友的書信，但其中仍住世者竟不到三分之一。我輾轉打聽到各人的住址後，向海內外有關人士發出了近三十封信，希望從他們本人或其後人處匯集父親的手札。然而，得到的回信僅僅不到十封。幾經周折，先後歷時一年多，終於匯集到了二百餘通，但多是文革以後的。

二〇〇五年以後，得到法鼓文化的鼓勵，我在整理謄寫父親其他文稿的同時，也開始用繁體謄寫其手札，至二〇〇六年中，完成計約二十餘萬字的抄寫。為文集的《書信集》做好了準備。這裡，要特別感謝上海的彭長青老師，他所保存的父親手札最完整，每當遇到信中論及某些人物及專題時，他都會應我所求而作註解；圓拙老法師的弟子黃克良居士，保留著父親的全部書信，父親通過他與其最可親的學生和摯友拙老交流；天津弘一法師俗家孫女李莉娟女士，不但提供了父親給她本人及其父的手札，並蒐集到父親給天津有關人士的書信；台灣陳慧劍居士（已往生）的女兒陳無憂女士在百忙中整理出三十多通，並一一複印寄來；其他，如新加坡妙燈長老、陳珍珍女士、豐一吟女士、沈繼生居士（已故）的女兒、夏宗禹先生（已故）的女兒等，都為此作出了貢獻。

《詩文集》應是《文集》中最精彩的，因為它是以父親一九三六年所出版的《煙水庵詩稿》及此後幾年曾在早期《佛教公論》上所刊出的「華嚴詩社詩選」的詩作為基礎的，而那正是他風華正茂、才華橫溢時的作品；那一腔愛國熱血，令人激昂不已，也可看到他早年生活和行腳的點點滴滴。此後，他也做過不少散見於各處的詩篇、悼詞、楹聯等，卻往往是應一時之需而為，但其中那篇〈悼亡室周太夫人〉，確實是其真情之流露，讀來感人肺腑，催人淚下！

《傳記集》中的《釋迦如來一代記》，是作者早年根據武者小路原著編譯的，讀來文字有點怪怪的，大概是時代差異太大的緣故吧?!《福建禪德》，是一本手稿，未見發表過，作為福建人，他對故鄉的高僧大德情有獨鍾，才會如此認真地蒐集編寫他們的小傳，是頗有歷史價值的。至於那些名剎的碑記、塔銘及寺廟簡介和教界僧俗人物之介紹，多半是應各方要求而作，有好多則是應《佛教百科全書》編輯之需而寫成的，所以，有的限於字數的要求，不夠詳細全面。但作者對所有的介紹都是負責的，有時，為考核其中某個年代，往往查詢多次，從他的《書信集》中可見一斑。

在《佛學論著集》中，《因明入正理論淺疏》是在父親的舊筆記本中找到的，那是一九三七年他到武漢參加抗日僧侶救護團被解散後輾轉到香港大嶼山時所作。當時他在大嶼山佛學院教書，有人向他請教有關因明的問題，他查閱了許多相關書籍，寫出了《淺疏》，讀其中的〈序〉便可知。當時才二十七歲的他，卻能如此認真研究學問，又書寫得如此工整，實在讓我欽佩！至於其他學術性的文章，多散見於各佛教刊物，也有的是在《佛教百科全書》上收錄的。

應法鼓文化的要求，我撰寫了父親的〈簡譜〉和〈小傳〉。我十八歲就離開了家，要完成這項任務實在困難。幸好我保存了父親六十多本日記、讀書筆記等。去年我去台灣探親，訪問了台南開元寺，在其「開祖堂」竟然找到了父親一九三六年應邀參加傳戒時，作為三師之一而受到歡迎的盛裝照片，我如獲至寶地翻拍了下來，同時也為編寫其〈簡譜〉和〈小傳〉提供了可靠線索。此後，我閱讀了他的日記，從中精選出二十八本，作為重點來摘取，同時，也找到了他本人在一九八〇年填寫的履歷表，經過認真核對和查證，終於勉強交了卷。我的態度是，實事求是，把一個真正的「慧雲法師——林子青居士」的一生呈現在讀者面前。

父親真的是謙謙一君子，他平易近人，寬容大度，對於自己、家人和朋友的各種境遇，不管幸運與否，總是隨喜，而從不怨天尤人，總是認真地去面對，善意地給予關懷和鼓勵。他崇敬弘一大師，處處學習大師的行誼。他的人生閱歷、學術生涯、佛教文化之旅，亦同近百年間的社會文化以及佛教文化和時勢的變遷密不可分。希望我們能讀其書而知其人：他勤奮好學，博學多才，記憶力超強；他肯於默默無聞地工作，是趙樸老的得力助手；他人緣好，交友廣，與老一輩和新一代的許多高僧大德都是好友。他為佛教文化和教育事業貢獻了一生，卻始終寧靜而淡泊志遠，平心靜氣而寵辱不驚。得知《文集》出版，相信父親在天有靈，定會含笑九泉了。

我誠摯地感謝法鼓文化的菩薩們精心策畫和組織《文集》的編輯出版，他們的耐心和虛心尤其使我感動和感謝！在數年的整理和謄寫過程中，外子喬尚明常為我查閱有關的詞書，以確認疑難字和詞；大女兒喬清波為我義務複印了全部近千頁的手抄稿留底，以防萬一丟失；小女兒喬清汶則為我去台南匯集父親的寶貴資料而創造了有利條件。對於這一切親人的支持和相助，我藉此一併向他們致謝！

二〇〇八年七月八日於澳洲悉尼

◎本文作者為林子青先生的女兒

目錄

003 〔聖嚴法師序〕創造歷史的林子青居士
006 〔覺醒法師序〕為中國佛學研究寶庫增添光輝
010 〔林志明代序〕讀其書而知其人

學術雜文篇

佛教發展與交流

023 中國現代佛教
045 日本佛教
061 朝鮮佛教
068 佛教前途之感言
075 近代學者佛教紀年研究之介紹
089 鑑真和尚與隱元禪師——唐明兩代二高僧對於日本佛教文化之貢獻
129 會昌法難與宣宗之晦跡
131 簡介日本曹洞宗宗祖道元和我國宋代高僧寧波天童寺如淨禪師的關係
134 少林寺日本兩禪師撰書三碑序
138 未來二十一世紀佛教

僧伽教育與團體

中日留學僧與佛教文化——貢獻給已留日或將留日的佛教青年 143
僧眾訓練的意義 154
世尊的說法不是教條主義 165
寒山之詩 169
佛教的投票法 171
掛單閒考 177
佛教寺廟財產所有制的演變 188
佛教對造林所發揮的積極精神 198
佛教居士林 210
三時學會 213
金陵刻經處 215
中國近代佛教發展概況——一九八四年在上海佛學院講課紀錄稿 217

經教研究與藝術

房山石經初分過目記 245
房山石經山巡禮 283
房山石經《稱讚淨土佛攝受經》簡介 290
佛教石經與儒教石經 295
漫談中國佛教寺院、佛塔、經幢的建築藝術 302
漫談佛像與壁畫 317
中國名學梗概 327
量之定義 340

因明專論篇

因明入正理論淺疏　369

附錄

附錄一：世尊的原始教育　639
附錄二：馬祖大師之禪法　648
附錄三：福州《毗盧大藏經》的雕印　676

學術雜文篇

佛教發展與交流

中國現代佛教

中國現代佛教，開始於清末楊仁山居士刻經弘法的佛教復興運動。但在辛亥革命以前的一般佛教情況，已經包括於「清代佛教」的範圍之中（參照「清代佛教」專條，此文收錄於《菩提明鏡本無物》一書，法鼓文化出版），這裡不再重複。

自辛亥革命至中華人民共和國成立（公元一九一二～一九四九年）之間約四十年，中國佛教在各方面都起了很大變化，從歷史發展的過程來看，也都有一些復興的跡象。但由於在八年（一九三七～一九四五）長期抗日戰爭中，佛教的寺廟、法物以及一切的事業受到極大的破壞，使得佛教的發展中斷了。現在只能就戰爭以前的一般佛教情況——主要的就以下幾個方面來敘述。

一、佛教團體組織

辛亥革命以後，我國人民推翻了歷史悠久的封建政治制度，民權空前地高漲，各種新舊學術思想發生嚴重的矛盾，革新和保守兩種勢力不斷發生衝突，佛教徒感到非團結不能適應新的時代。這時，以居士為中心的佛教組織和以僧眾為中心的佛教組織應時出現，使過去一向散漫的佛教徒迅速地團結起來。

一九一二年三月，李翌灼、桂伯華、歐陽漸、黎端甫等，擬就「中國佛教會大綱」，上書南京臨時政府孫文大總統，主張政教分離，請求政府允許成立中國佛教會。孫大總統認為佛教會所要求的條件，盡為《臨時約法》所容許，覆函允許成立。（覆中國佛教會公函，載於一九一二年三月二十七日《臨時政府公報》）後因孫大總統辭職，政局變動，南京臨時政府合併於北京，李翌灼等遂自動停止進行。

與李翌灼等進行佛教組織的同時，浙江天童寺寄禪及南京中國佛教協進會太虛、仁山等，號召僧眾，另組中華佛教總會，於一九一二年四月一日開成立大會於上海留雲寺，公推寄禪為總會會長，議決設總部於上海靜安寺，並於各省設支部，各縣設分部，即以各地已經成立的僧教育會，改組為分支組織，先後成立的計有省支部二十二，縣分部四百餘處，一時會務頗呈蓬勃的氣象。其會章所列主要事業有：舉辦各宗佛教大學及向各處宣傳佛教的計劃。

同年八月間，湖南省佛教支部以當地社團學校仍有佔奪僧寺財產，呈請總會轉請政府制止；會長寄禪以會章尚未經政府批准，乃決意入京辦理立案及請願，並先設辦事處於北京，由道階、文希負責與內外聯繫。寄禪於十一月至京，一面呈請立案，一面與內政部主管宗教的禮俗司交涉寺產所屬問題，意見未能一致，寄禪忽病逝於北京法源寺。不久，政府始批准立案，准依《中華佛教總會章程》施行。這是中國現代佛教史上最初全國性佛教組織成立的經過。一九一三年五月，冶開、青海、圓瑛、大春、熊希齡等緇素佛徒，依據會章召開第一次全國代表大會於上海，改選冶開為會長，青海、熊希齡副之，文希為總務主任，太虛主編《佛教會月報》。其後因政局動盪，這第一個全國性佛教組織僅進行了一年即無形停頓。

一九二四年七月，武昌佛學院院長太虛在廬山大林寺召開世界佛教聯合會講演會，為了使這個聯合會成為一個常設機構，即於大會期間邀請出席各省代表舉行會議，討論先設中華佛教聯合會，得到江蘇常惺、湖北了塵、湖南性修、安徽竺庵、四川黃肅方、浙江武仲英、江西李證剛、湖北趙南山、陝西康寄遙、上海張純一等各省代表十餘人的贊同，即起草組織大綱，議決設籌備處於武昌佛學院，推太虛等二人為

總幹事，與各省佛教界聯絡，期在一年內組織完成。（《海潮音》月刊第五卷第八期〈世界佛教聯合會開會紀事〉）

一九二五年四月，太虛至北京，主持中華佛教聯合會籌備會議，出席有漢、蒙、藏各族代表三百餘人，推定現明、普泉、白普仁、熊希齡、莊蘊寬等為理事；並命各省縣各成立佛教聯合會。後因國內戰事影響，全國佛教聯合會及各省縣佛教聯合會都未能發展。一九二七年北伐革命勝利後，民眾運動蓬勃發展，各種人民團體應運而生。一九二八年，圓瑛、仁山、常惺、惠宗等和江浙兩省首剎住持，發起組織江浙佛教聯合會於上海；同年，太虛在南京亦謀組中國佛教會，因蔡孑民致書勸告，改為中國佛學會，純以研究佛學為宗旨。

不久，江浙佛教聯合會擴大改組，成立中國佛教會，選出圓瑛、仁山、太虛、常惺、王一亭、諦閑、印光等著名緇素七十六人為執監及候補委員，設總辦事處於上海佛教淨業社。自一九二九年至一九三七年共開九次全國佛教徒代表大會，指導各省市縣成立分支組織五百餘處。後因抗日戰事發生，會所遷入重慶，會務就陷於停頓的狀態了。

二、佛教教育機關

清末僧侶，鑑於中國佛教衰微，在於缺少弘法人材，因此各地先後成立僧教育會，努力進行僧侶教育。月霞創辦華嚴大學於上海（後遷杭州），諦閑設立觀宗學舍於寧波，佛源主辦佛學研究社於重慶。這些佛教教育機關雖多辦理不久，所施的教育方法亦各不同，但它們所培植的人材，對於後來佛教教育的發展卻有很大的影響。

五四運動以後，新文化思潮瀰漫全國。佛教徒為了適應時代的轉變，各地先後設立佛學院，從事青年僧徒的教養。全國名山巨剎陸續創辦的大大小小的佛學院不下百餘處，其中比較具有規模的有武昌佛學院、閩南佛學院、北京柏林佛學院、重慶漢藏教理院等。

武昌佛學院，創辦於一九二二年，由李開侁、胡瑞霖、梁啟超等發起，迎請太虛為院長，招收有志佛教青年，不分僧俗，以養成弘法人材為宗旨。教授如善因、史一如、張化聲、唐大圓等，均一時佛學專家。各科教授都自編譯講義，如「佛教各宗派源流」、「小乘佛學概論」、「因明入正理論講義」、「起信論研究」等，後來編成《武昌佛學院叢書》十餘種，前後畢業者達數百人。後來各地的佛學院，即在它的影響下設立起來的。

閩南佛學院，為廈門南普陀寺住持會泉所倡辦，創立於一九二五年，常惺應聘為首任院長。初分專修、普通二科，畢業學僧八十餘人。一九二七年，太虛繼任院長，院務更加擴充，設備尤為充實，至一九三七年因戰事停辦。前後畢業的學僧遍於全國，與武昌佛學院同為中國現代佛教僧侶教育的搖籃。

柏林佛學院，為北京柏林寺住持台源所創辦，成立於一九三〇年，其經費係朱慶瀾等所籌募。初聘常惺為院長，後太虛籌辦世界佛學苑於武昌，遂改併為世界佛學苑教理研究院。學科除佛學外，兼設英語、日語二科，以培養更能深造的人材。學僧五、六十人，多是從各省佛學院畢業出來的學僧，不幸，僅辦了二年就停止了。

漢藏教理院，是一九三〇年太虛入川弘法時所發起、得到當時四川政府當局的支持而創辦的。院址設立於重慶縉雲山，專以溝通漢藏兩系佛教文化為宗旨。先後由太虛的高足法尊、法舫等所主持，歷屆畢業學僧數百人，對於我國西藏系佛教的研究奠下了良好的基礎。

此外，以居士為中心的佛教研究機構，有著名的南京支那內學院和北京三時學會。

支那內學院，發起於一九一九年，成立於一九二二年。院長歐陽漸得章炳麟、梁啟超、熊希齡等的贊助，將金陵刻經處內的研究部擴大改組，改為今名。內部組織初分學、事二科。學科業務，從事佛學之研究、著述與弘揚等；事科業務，在進行古籍之整理、藏經之刊行及遺蹟之考查等。一九二五年擴充基金，分建校舍，開設法相大學部，募集僧俗學生四十人，院長由歐陽漸自兼，教務主任為王恩洋，教授有呂澂、聶耦庚、湯用彤等。一九二七年停辦。內學院所研究、校勘、出版的各種經典著作，特別是對於西藏藏經資料的整理及經論的研究校刊，作出了很多的成績，為我國學術界所重視。抗日戰爭時期，內學院遷至四川江津，繼續著佛教研究的工作。

三時學會，是以北京韓清淨為中心的一個專攻唯識的佛教學術團體。它醞釀於一九二一年，初稱法相研究會；一九二七年，得到朱芾煌、梅光羲、蔣維喬、徐蔚如、徐森玉等的護持，改稱三時學會，公推韓清淨主持。這個學會設於北京北長街，自建會所，專講法相唯識之學，北方學唯識者多奉韓清淨為大師，時人有「南歐北韓」之稱。三時學會出版有許多關於法相宗的著述，在佛教學術上有相當的影響。

三、佛教宗派人物

中國現代佛教宗派，是清末佛教宗派的延長。數十年來，佛教雖已衰微，而禪教律淨各宗尚有一些代表的人物。

禪宗方面，如微軍、古月、清一、法一、慧明等，都是現代知名的宗匠。

微軍（一八五四～一九二二），廣東揭陽人，參禪鎮江金山寺，道高望重；歷主宜興磬山、上海留雲寺諸名剎。後於杭州吳山創立常寂光蘭若，倡導禪淨雙修、攝化甚眾。

古月（一八四三～一九一九），福建閩侯人，為曹洞宗匠。他主持福州鼓山多年，禪功極深，為閩中緇素所敬仰。（蔣維喬《中國佛教史》卷下）

清一（一八四二～一九一六），湖北鍾祥人，少時參學於天目、九華及五台，後遊京師，居龍泉寺，遍閱《大藏》，復返五台，專習禪定。晚年主持北京廣濟寺，弘宗演教，京中佛法為之一振。輯有《宗鏡捷要》四卷行世。（慧極〈清一禪師塔銘〉）

法一（?～一九三二），湖北人，為揚州高旻寺首座，重興江浦獅子林，盛弘禪法；後受請主持上海安國寺，為緇素所禮重。

慧明（一八六〇～一九三〇），福建汀州人，少時遍參金山、天童，諸方推為老參。他為人淡泊灑脫，宗說兼通，先後講經數十座，所至禪衲圍繞。晚年主持杭州靈隱寺，棒喝交馳，海內稱為尊宿。（太虛〈靈隱慧明照和尚行述〉）

教下傳統宗派，首數天台、賢首二宗。自諦閑、月霞等畢生弘揚、辦學育材，一時稍呈復興的氣象。

諦閑（一八五八～一九三二），以寧波觀宗寺為中心，盛弘天台教義，國內推為天台大家。門人繼起的人物有：杭州聖水寺靜修、上海法藏寺興慈、鎮江觀音閣仁山（曾於高郵放生寺創辦四弘學院，後改為天台宗學院）、杭州梵天寺摩塵、寧波觀宗寺寶靜、天台國清寺靜權等，都是天台一宗的知名學者。

月霞（一八五八～一九一七）創辦華嚴大學於上海、杭州和常熟等地，門下出了塵、慈舟、常惺、靄亭、持松等。後來了塵在漢口九蓮寺、可端在揚州長生寺各辦華嚴大學，祥瑞在江蘇鹽城兜率寺設賢首宗學院，月霞的法弟應慈在虞山辦法界學院，在常州辦清涼學院，都是專弘華嚴教義的。

現代中國律宗，通過傳戒保持著傳統的律儀。著名的傳戒道場，首推南京寶華山，其次北京潭柘寺、戒壇寺及其他禪寺，如鎮江金山、寧波天童、常州天寧、杭州靈隱等寺，也都盛行傳戒的儀式。但真正從事律學研究並身體力行者，以弘一、慈舟等最為一般緇素所尊敬。弘一（一八八〇～一九四二）在俗本是一位傑出藝術大家（參照本書「弘一」條目），早年留學日本，對於書畫、音樂、戲劇等都有很高的成就。他出家後持戒精嚴，海內推為律宗大師，著有律學著作多種。慈舟（一八七七～一九五七）本是華嚴學僧，受教於月霞，後來到處辦學弘法，多倡導依律生活，也是現代律宗的大德。

淨土法門，明清以來最為一般佛徒所信受。現代淨土大師首推印光，他雖博通教義，而獨勸人念佛，信仰佛教的居士多皈依他，著有《印光法師文鈔》，流傳國內外，是現代中國最知名的大師之一。（參照「印光」條目）此外，智慧（？～一九二八）也是專弘淨土的大師。他繼清末古崑之後，住持杭州彌陀寺，倡導以「念佛七」代替應赴經懺佛事，被稱為杭州淨土史上五大師之一。（范古農《中興彌陀寺智慧法師傳》）

此外，在中國現代佛教史上從事新佛教運動最知名者為太虛。太虛（一八八九～

一九四七），浙江崇德人，早年就學於南京楊仁山主辦的祇洹精舍；辛亥革命後，從寄禪辦理中國佛教總會，主編《佛教月報》，其革新言論漸為社會所注意。一九一五年閉關普陀時著手整理「僧伽制度論」，發表他對於改革佛教的抱負，其要點在提高僧侶的品質。一九一八年應邀至上海設立覺社講學，繼辦《海潮音》月刊，從事佛教的宣傳。一九二二年，創辦武昌佛學院，努力於僧侶的教育。一九二四年於廬山發起世界佛教聯合會，越年率領中國佛教代表團出席在日本舉行的東亞佛教大會。一九二八年，漫遊歐美各國，宣傳佛學。歸國後，改組武昌佛學院為世界佛學苑。一生致力於佛教宣傳事業，有著作數十種傳世。

四、相宗、密宗復興

我國的相宗和密宗，在唐代盛極一時，其後逐漸衰落。明代學者雖盡力搜討鑽研，猶未能復興。到了清末，楊仁山自日本取回唐代逸典，次第刊行，唯識一宗，始重光於中國。於是，佛教學者遂由天台、華嚴競趨於法相唯識之研究。僧侶方面，太虛、常惺、持松、妙闊等，都曾開講唯識、因明於佛學院。居士中之治唯識學者尤多，如南京的歐陽漸、梅光羲、李翊灼、王小徐等，都有唯識的著述。北京三時學會的韓清淨、朱芾煌等，亦專攻唯識，朱芾煌著有《法相辭典》四冊。同時，北京又有張克誠，亦深究唯識，著有《唯識講義》。

太虛的門下如史一如、張化聲、唐大圓等居士，皆以弘揚唯識知名。上海方面的王與楫、范古農等，競倡唯識研究於居士團體。四川的劉洙源，則講唯識學綱要於成都佛學社。同時，南北各大學所設的佛學講座，亦多開有唯識課程。許季上、梁漱溟、湯用彤、熊十力、周叔迦等，開講印度哲學、唯識、因明等於北京大學，獨開風氣之先。蔣維喬、唐大圓亦講唯識學等於南京東南大學，張化聲、史一如則講唯識於武昌中華大學，李翊灼講佛家哲學、印度各派哲學於前東北大學、清華大學及中央大學等高等學府。許地山在燕京大學講中國佛教史，陳寅恪在北大講佛經翻譯文學，後又在清華教佛經文學和禪宗文學。

關於唯識的著述，也是形形色色，有研究著作，有本論講義，有通俗淺釋等。如歐陽漸的《唯識研究次第》、《唯識抉擇談》、《唯識講義》，韓清淨的《唯識指掌》、《成唯識論述記講義》、《唯識三十頌詮句》，梅光羲的《相宗新舊兩譯不同論》、熊十力的《新唯識論》，太虛的《唯識新論》，唐大圓的《唯識方便談》、王恩洋的《唯識通論》，呂澂的《因明綱要》、熊十力的《佛家名相通釋》等，都是現代唯識學者研究的成果。

密教的重興，也是中國現代佛教突出的現象。密教自唐代傳入中國，於開元時自成一宗。日僧空海入唐求法，開真言宗於日本高野山，至今傳承不絕。自清末桂伯華居士學密於日本，漸引起我國佛徒的注意。王弘願繼之赴日從高野山權田阿闍黎傳授密法，譯其所著《密宗綱要》刊行，所謂「東密」始逆傳於中國。其後比丘大勇、顯蔭、持松、談玄等，先後赴日學密，多從高野山獲得密宗阿闍黎位而歸，各各傳授「東密」（一稱「唐密」）於上海、武昌、廣東、重慶及北京等地。其後因弘揚東密而產生的團體，有廣東密教重興會、武漢密乘學會及天津中日密教研究會等。

大勇（一八九三～一九二九）自日本歸國後，為了窮究密宗的奧蘊，更組西藏學法團入藏學習「藏密」，在甘孜札伽寺就學，後以積勞而病寂。但當時學徒嚮往西藏密教的熱情很高，能海、法尊、觀空等相繼入藏，這些人對於西藏密教的傳播工作起了一定的作用。一九三五年，上海菩提學會成立（後遷北京），這個學會是專門進行西藏佛典的研究和翻譯的。這是現代所謂「東密」、「藏密」兩系密宗流行的情況。

五、居士團體人物

自辛亥革命以後，人民獲得集會結社的自由，於是佛教團體不斷產生。居士團體的名稱，由於成員組織和宣傳對象的不同，有居士林、淨業社、功德林、佛學社、正信會、佛化新青年會等。其中規模比較大的，有上海佛教居士林（後改稱世界佛教居士林）、上海佛教淨業社、上海功德林、北京華北居士林，漢口、長沙等地佛教正信會，杭州、重慶、成都、河南各地佛學研究社（簡稱佛學社），及北京、武昌、廈門等地佛化新青年會等。這些居士團體雖有些未能持久，但是他們的活動，都多少發生了影響。

上海世界佛教居士林沈惺叔、王與楫等發起於一九一八年，於閘北民國路自建大樓及圖書館，正式成立於一九二三年，內分弘化部、總務部，主要業務係宣講、編輯、研究、修持（設有禪堂和念佛堂）、交際等佛教活動，聘請諦閑、印光、太虛為導師。歷任林長有王與楫、王一亭、施肇曾、周舜卿等居士，而張純一、羅傑、顯蔭、丁福保、朱石僧等，均曾擔任弘化、總務、編輯、指導等工作。其全盛時期出有《世界佛教居士林林刊》一種，從事佛學的宣傳。

上海功德林，係江味農、王一亭等所發起，成立於一九二二年。業務分蔬食處、佛經流通處、圖書室及講經堂各部。初由江味農主持，通過提倡蔬食宣傳佛教，使佛教的生活方式更加接近群眾。後來杭州、寧波、南京、北京等地功德林的設立，都是受了上海的影響；但他們的業務卻只是供應蔬食而已。

上海佛教淨業社，創立於一九二七年，是施肇曾、黃慶瀾諸居士所發起的專弘淨土的居士團體。內有佛殿、講堂、法寶館等建築，規模極為壯麗。上海佛教界的各種盛大法會都曾於此舉行，社中出有《淨業月刊》一種。業務除延請高僧大德定期講經外，並舉辦若干佛教慈善事業及接待國外佛教徒的工作。前中國佛教會總辦事處即設於此。

居士的護法運動，是現代中國佛教復興的要素。從他們對於佛教的關係來說，大略可以分為研究派與護法派兩個類型。前者的居士，多從事研究，熱心於佛學的闡揚和著作。如歐陽漸、梅光羲、蔣維喬、韓清淨、李翌灼、范古農、丁福保、江易園、徐蔚如、王小徐、劉洙源、王弘願、顧淨緣等，都是國內佛教界所熟知的人物。後者的居士，是由於信仰之故，對於佛教有關的一切事業隨喜讚歎、熱心支持者，如熊希齡、莊蘊寬、吳璧華、胡瑞霖、朱慶瀾、王一亭、黃慶瀾、李開侁、馬冀平等，在護持佛教的事業中，他們多盡了最大的力量。

六、佛教著述雜誌

民國初年，佛教學者的治學方法仍然未脫保守的態度，尚未見有研究性的著作。一九一六年，上海中華書局始出版謝蒙（無量）所編的《佛學大綱》。一九一七年，商務印書館又出版賈豐臻所編的《佛學易解》，從內容和編輯方法看，都是取材於日本的佛教啟蒙作品的。二書雖然極為簡略，但出版後引起了當時人們對於佛學的興趣。一九二〇年，上海丁福保編譯的《佛學大辭典》出版，對佛學的研究起了促進的作用。後來，武昌佛學院、南京內學院等各地研究團體相繼成立，佛教徒對於新的佛學著作的需要感到日益迫切，於是各種研究性的讀物就廣泛地出版了。

上海商務印書館出版的「佛學叢書」及尚志學會編譯的「尚志學會叢書」中的

佛學著作就有很多種，其他書局亦出版有許多關於佛教的讀物。流通較廣的，有梁啟超的《大乘起信論考證》、《佛學研究十八篇》，江紹源譯《佛家哲學通論》、蔣維喬《中國佛教史》、太虛《太虛法師文鈔》，馮承鈞譯《佛學研究》、《大莊嚴經論探源》，梁漱溟《印度哲學概論》、黃懺華《佛教各宗大意》、賀昌群譯《西域之佛教》、高觀廬譯《印度哲學宗教史》、梅光羲《相宗綱要》、太虛《佛學概論》、弘一編《佛學叢刊》、湯用彤《漢魏兩晉南北朝佛教史》、呂澂《西藏佛學原論》等數十種。

一九二九年，上海佛學書局成立，專門從事佛教各種著作的編譯、翻印和出版，於是佛教書籍遂大量流通於全國，大大豐富了佛學研究的內容。

此外，各種藏經的影印出版，使專門學者的研究更加便利。一九二三年，上海商務印書館影印日本佛教書院《續藏經》，歷時三年完成。一九三三年，朱慶瀾等在上海發起影印《宋磧砂版大藏經》（略稱《磧砂藏》）。這是一部久已失傳的刻於宋末元初的私版《大藏經》。這部藏經是以一九三一年在西安開元、臥龍兩寺發現的大部印本為基礎，而以全國各地所藏印本補其闕的。全部影印歷時三年，至一九三五年出版，共計六千三百餘卷，分訂五百九十一冊。

繼《磧砂藏》之後有《宋藏遺珍》的出版，它的原本是山西趙城廣勝寺所藏金刻《大藏經》的一部分，其中多法相祕典及古德未見遺書。一九三五年，由朱慶瀾、蔣維喬等發起影印，共輯出四十六種、二五五卷，由上海影印宋版藏經會和北京三時學會分別印行。在這個時期，南京內學院歐陽漸等還編輯出版了一種《藏要》（第一輯）。擷取三藏中經律論的要典，依照學術系統編成，參考了梵文、巴利文和藏文聖典及歷代刻本，用譯校、類校方法，正其誤謬，標註異同而成的一部佛教叢書。

關於佛教史傳的《新續高僧傳四集》，也是現代編纂出版的。這部僧傳共六十五卷，另有一卷是一九二三年北京法源寺道階和梁家義等發起，先後由惟澄、喻謙編纂而成的。它繼承《宋高僧傳》之後，集錄了自宋以後至於現代九百年間高僧事蹟，本傳附傳共計一四一二人。其體制雖不免有些蕪雜，但仍不失為一部可以參考的類書。

現代佛教定期刊物的出現，始於一九一二年上海狄平學、濮一乘主辦的《佛學叢報》月刊，但它只出了十二期。繼之是一九一三年太虛主編的《佛學月報》（即《中華佛教總會月報》），也只出了四期。到了一九一八年，太虛在上海設立覺社，發行

《覺社叢書》季刊（共出五期），一九二〇年改為《海潮音》月刊，成為中國流通最廣的佛教雜誌。

從此以後，佛教徒所辦的各種月刊、半月刊、旬刊、乃至日報等刊物不下百餘種。其中出版較久的有：上海《世界佛教居士林林刊》、成都《佛學旬刊》、北京《佛化社青年月刊》、廈門《現代僧伽》（後改為《現代佛教》）、南京中國佛學會《中國佛學》、寧波觀宗寺《弘法社刊》、上海佛教淨業社《淨業月刊》、上海《威音月刊》、佛學書局《佛學半月刊》、北京柏林寺《佛教評論》、《微妙聲月刊》、漢口佛教正信會《正信半月刊》、上海《中國佛教會公報》、潮州《人海燈月刊》，上海《覺有情月刊》、《弘化月刊》等。由於這些佛教刊物之流行，使現代佛教的宣傳更加普及，同時也反映了一些現代佛學研究的成果。

七、梵文、巴利文的研究

自十九世紀末葉錫蘭達摩波羅從事印度佛教復興運動以來，很快得到我國佛教徒的共鳴。楊仁山居士派遣學僧赴印協助佛教復興的志願雖未實現，但他所作的努力卻留下深遠的影響。從此以後，我國緇素對於梵巴文的佛典，逐漸形成研究的風氣。著名詩僧曼殊遊學暹羅，從喬悉摩長老學習梵文，歸國後於杭州靈隱寺著成《梵文典》八卷（一九〇七年成書，但未刊行，見章炳麟〈梵文典序〉）。章炳麟有志留學印度未成，一九〇九年旅居日本時，與桂伯華等創立梵學會，邀請印度波邏罕學士講授梵學，即請曼殊為譯師。

一九二〇年，香港大學教授俄國鋼和泰博士（Baron A. Von Stäel-Holstein）因該校校長Eliot介紹，應北京大學之聘，教授梵文及印度哲學，這是中國大學教授梵文之始。鋼和泰對於佛經有研究，其梵文、藏文的造詣亦高。他在北京時著有《大寶積經迦葉品梵藏漢文六種合刻》，一九二四年由上海商務印書館印行。（梁啟超〈大寶積經迦葉品梵藏漢文六種合刻序〉）

一九二五年廈門大學設立印度哲學講座，聘請戴密微博士（Pall Demiéville）教授梵文。其後雷興、李華德諸博士等均曾先後在我國大學中教過梵語，都對我國學者研究佛典起到重要的作用。歐陽漸的弟子黃樹因曾從雷興和鋼和泰學梵文於北京，羅振玉的兒子羅福萇曾從日本榊亮三郎博士學梵語於東京，惜皆不幸早逝。黃茂林曾英譯《六祖壇經》、《成唯識論》等書；他為了深造，於一九三〇年留學錫蘭，專攻梵文，不幸越年病歿。林藜光嘗從戴密微和鋼和泰學習梵文。一九三四年應法國東方語言學校之聘，前往巴黎任教，更從彼國梵學大家問學，對佛學造詣很深，惜積勞，於一九四四年病歿於法國。遺著法譯《諸法集要經》已在巴黎印行。

關於巴利文佛典的研究，上海佛教淨業社及西安巴利文三藏學院，曾先後聘請錫蘭學者納羅達及索麻諸法師來華教授，惜皆未能持久。太虛高足法舫於一九四〇年至錫蘭智嚴學院專攻巴利文和從事南傳佛教的研究。後來應錫蘭佛教大學之聘，講授中國大乘佛教哲學，一九五一年病逝於錫蘭。後數度派遣了錫蘭留學團和暹羅留學團出國求法，但因內外種種差別因緣，都沒有達到所期的目的。

（一九五九年）

◎參考資料

1.《佛學叢報》第一卷一、二號，一九一二年，上海。

2.《海潮音月刊》第五卷第八期，第六卷第四、五期，一九二四～五年，武昌。
3.《海潮音月刊》第十六卷第一期「十五週年紀念號」，一九三五年，武昌。
4.《中國佛教史》卷下，蔣維喬著，一九二九年，上海商務印書館。
5.《幻庵文集》卷六，范古農著，一九四七年，上海。

日本佛教

日本佛教為北傳佛教之一。佛教傳入日本，已有一千四百餘年的歷史。

初傳時期 一般以日本欽明天皇十三年（公元五五二年），百濟的聖明王進獻佛像、經論、幡蓋和上表勸信佛法，為佛教傳日之始。一說是繼體天皇十六年（五二二），南梁司馬達等來到大和，建立草堂，安置佛像禮拜，為日本知有佛教之始。不過，當時世人不知佛像為何物，視為異域之神而未加崇奉。百濟的佛像傳入日本以後，在朝廷貴族之間，引起激烈的爭論。天皇乃依請求將佛像交給大臣蘇我宿禰稻目試行禮拜。稻目捨出向原的住宅安置佛像。

後疫病流行，屢有死亡，大臣物部輿認為是國神的譴責，奏將佛像投於難波（今大阪）的堀江，並燒毀供佛的殿堂。蘇我氏和物部氏之間的信仰之爭，實際上反映了皇室和蘇我氏為代表的主張接受大陸政治制度和宗教文化，與以物部氏和大伴氏為代表的貴族反對接受大陸政治文化的政治之爭。

聖德太子與佛教　佛教在日本流傳後四十年，為日本飛鳥時代的開始。聖德太子攝政，下詔傳播佛教，貴族大臣競造佛寺，從此佛教廣傳於日本。推古三年（五九四），高麗僧慧慈、百濟僧慧聰來到日本，說法於法興寺。聖德太子奉慧慈為師，學習佛教。十二年，聖德太子制定〈憲法十七條〉，其第二條就是「篤敬三寶」。由於聖德太子的弘揚，日本佛教很快得到流傳，據推古三十二年統計，時有寺四十六所，僧八百一十六人，尼五百六十九人。

大化革新　聖德太子死後二十五年，日本發生了「大化革新」，即模仿中國唐代文物制度，進行政治、文化、經濟等方面的改革，建立了中央集權制度，完成了國家的統一。由於促進這個革新運動的中心人物，如被任命為國博士的高向玄理、僧旻等，都是入唐留學僧，故使佛教進入一個新時期。大化元年（六四五）在百濟大寺召集僧尼，頒布了興隆佛教的詔書，首次任命十師，並設置法頭檢查全國各寺僧尼，對於僧尼脫籍的寺院，都施給土地，天皇還資助建造寺院。

奈良時代（七一〇～七八四）　聖武天皇治世的天平年間，奈良佛教極盛，有五大寺。天平十三年（七四一），又敕建東大寺，並於諸國建國分寺，以東大寺為總國分寺，統轄國分寺。

東大寺是聖武天皇發願，良辨僧都奠基，行基菩薩勸化，天竺婆羅門僧菩提仙那導師完成的，他們被稱為東大寺的四聖。所鑄毗盧舍那佛，稱為奈良大佛，是日本最大的佛像。中國唐代鑑真受請赴日傳戒，天平寶字三年（七五九）於奈良建立唐招提寺。天平寶字八年，又於奈良之西建立西大寺，與東大寺相對。於是有了奈良七大寺。

南都六宗　在飛鳥時代至奈良時代之間，直接和間接從中國傳入了六個佛教宗派或學派：即三論宗、法相宗、俱舍學派、成實學派、華嚴宗和律宗，稱奈良六宗。後遷都平安（今京都），又被稱為南都六宗。

三論宗以高麗僧慧灌為初祖。慧灌曾入唐從嘉祥吉藏學三論，推古天皇三十三年（六二四）赴日，把三論傳入日本。慧灌門下，人材頗多，福亮為其高足。其弟子智藏入唐後回國進行講學，為三論宗第二傳。智藏弟子道慈亦入唐，廣學經典，回國後傳三論之學，為三論宗的第三傳。成實學派在中國曾盛極一時，出了不少學者，但傳到日本卻未獨立成宗，被稱為三論宗的附宗。

法相宗是道昭傳入日本的。道昭在白雉四年（六五三）隨遣唐使入唐，受教於玄奘，與窺基同學，在唐七年，回國後住奈良元興寺，並巡歷各地，大弘法相唯識。文武天皇四年（七〇〇）寂於元興寺禪院，遺言火葬，為日本實行火葬之始。道昭之後，智通、智達亦入唐，從玄奘、窺基師徒學法相宗。不久，智鳳、智鸞、智雄等，亦依敕入唐，從智周學唯識教義。以上三傳，第一、二傳合稱為南寺傳或元興寺傳，第三傳稱為北寺傳或興福寺傳。時有行基者，曾受教於道昭學瑜伽和唯識；足跡遍及全國，廣建寺院，架橋修路，周濟貧民。天平十七年（七四五），受任為大僧正，日本大僧正之官自此始。此外還有玄昉，也曾入唐學法相十八年，帶回大量藏經，被稱為法相宗的第四傳。俱舍宗附屬於法相宗。

華嚴宗是因新羅僧審祥在日本開講《華嚴經》而成立，故審祥被奉為華嚴宗初祖，以請他宣講《華嚴經》的良辨僧正為第二祖。審祥初住大安寺，後任東大寺別當（住持），主持寺務和法務。其弟子相續，後受持此宗，並以東大寺為華嚴宗本山。審祥的老師是中國華嚴宗的第三祖法藏，所以他的法脈也間接傳自中國。

律宗是奈良六宗中最後傳入的宗派。開始有興福寺的榮睿與大安寺的普照，鑑於日本戒律不興，入唐求律，並敦請鑑真東渡。鑑真曾五次航行失敗，經過十二年苦心精進，始到達日本，而榮睿則於途中病故。鑑真到日本後，先在東大寺佛殿前建築戒壇，為天皇、皇后和皇太子等授菩薩戒，一時受戒的達四百餘人，繼於寺內建戒壇院，為隨從比丘依受戒羯磨（作法）重受新戒。後在唐招提寺終其一生。生前由其弟子所塑的遺像，至今猶存，為日本的國寶。

此時期的日本佛教除從中國引進外，本身沒有創新，但制度逐漸完備，從僧官的設置、僧位授予、僧侶的品行衣食住所，均有詳細規定。佛教被作為鎮護國家的要法，與政治關係密切，僧侶待遇優厚。寺院都建於城市，被稱為「都市佛教」。但僧侶在朝廷的支持下，兼併土地，穢亂法門，出現了墮落的趨勢。

平安時代（七八四～一一九二） 或稱平安朝。這一時期，日本仍不斷向唐朝派遣使節和留學生，學習進步的工藝、美術和宗教等，通過遣唐使傳入中國進步的文化。其時日本天台、真言二宗相繼創立。唐貞元二十年（八〇四），最澄、空海奉敕隨遣唐使藤原葛野麻呂到中國求法。回國後，最澄在比叡山創立日本天台宗，成為台密的創始人；空海在高野山創立日本真言宗，後被稱為「平安二宗」。

最澄、空海之後，密教大盛，主要流行於貴族之間，繼他們入唐學密的，東密除空海之外，有常曉、圓行、慧運、宗睿；台密除最澄之外，有圓仁、圓珍。這八人被稱為「入唐八家」。

神佛習合與新宗派的產生　在平安時代，日本佛教中出現了兩種傾向：一種是要使本國固有的神祇崇拜，與外來的崇拜佛、菩薩相融合，即所謂「神佛習合」思想。在佛寺的境內可以建神社，在神社的境內也可以建佛寺，神號與佛號一致。這種思想，一直到明治維新時期提出「神佛分離」之說後才結束。另一種是對教理深奧流傳於貴族中的天台宗與真言宗等表示不滿，引起淨土思想漸次普及，以至後來產生了淨土宗、真宗、禪宗、日蓮宗等許多宗派。

中國晚唐時期，禪宗極盛，然尚未正式傳入日本。九世紀時，嵯峨帝皇后橘氏，篤信佛教，特別崇仰中國馬祖道一法嗣鹽官齊安的禪風，特派僧慧萼來華延請齊安。齊安推薦高足義空應請。義空率法弟道昉東渡，初住京都東寺。皇后時請入宮，詢問禪要，後創建檀林寺，被請為開山，桔氏遂被稱為檀林皇后。義空以當時日本天台、真言二宗正盛，不立文字的禪宗不易推行，居日數年，藉故離日回國。其後慧萼再度入唐，於五台山請得觀音聖像，唐大中十二年（八五八），回國至普陀山洋面時，船不能進，因而上陸建寺，借奉觀音，普陀山遂為中國佛教四大道場之一。

此後，日本到中國有名高僧有奝然、成尋、俊芿等。奝然於太平興國八年（九八三）入宋，為太宗召見，住太平興國寺。後歷訪各地巨剎和當時名僧。雍熙四年（九八七）回國，賫回宋版《大藏經》和旃檀釋迦像（亦稱旃檀瑞像），至今猶存於京都嵯峨清涼寺。成尋於熙寧五年（一〇七二）入宋，過長江時，曾受到金山寺寶覺務周的齋請。後於太平興國寺與日稱、天吉祥等參加譯經，賜號「善慧大師」。元豐四年（一〇八一）示寂於開寶寺，敕葬天台山。著有《參天台五台山記》、《觀心論註》等。俊芿於元豐元年入宋，歷遊兩浙名剎。就四明景福寺了弘學戒律、松江超果寺宗印學天台教義。南宋嘉定四年（一二一一）賫律部書三二七卷、天台章疏七一六卷、華嚴章疏一七五卷及其他雜書共二千餘卷回國。後為京都泉涌寺開山，真言律宗之祖。

這一時期的日本佛教，因受盛唐的影響，多在名山建立寺院，開創了日本的「山嶽佛教」。與政治的聯繫也不如前代那樣密切，可以說從政教合一轉變為政教並立。佛教的任務是祈禱國家平安。以後的日本佛教派別，不再單純是中國的佛教。最澄的天台宗已是台、密、禪、律的「四宗合一」、「圓密一致」。空海的《十住心論》對佛教本身來說是一種發展。

鎌倉時代至安土桃山時代（一一九二～一六〇三）　這一時期歷經南北朝時代（一三三三～一三九二）、室町時代（一三九二～一五七三），直至安土桃山時代（一五七三～一六〇三）為止，除前代各宗延續外，又建立了淨土宗和禪宗，還產生了日本特有的淨土真宗、時宗及日蓮宗等派別。

淨土系宗派的勃興　淨土思想早已傳入日本，但淨土宗卻是源空依中國唐代善導的《觀無量壽佛經疏》、深信彌陀本願理論而創立。源空應藤原兼實之請，撰《選擇本願念佛集》，標榜「偏依善導」，專修念佛，建立淨土宗。他門下有聖光的鎮西派、證空的西山派、隆寬的長樂寺派、覺明的九品寺派和幸西的一念義派，合稱為淨土五流。此外，屬於淨土系的還有融通念佛宗和時宗，為第二次世界大戰前十三宗中之二宗。

自淨土宗分出的還有以親鸞為宗祖的淨土真宗，亦稱「真宗」、「一向宗」。親鸞撰《教行信證文類》六卷，作為創立淨土真宗的根本聖典。真宗以淨土三部經

（《無量壽經》、《觀無量壽經》、《阿彌陀經》）為依據，崇奉印度的龍樹、世親以及中國的曇鸞、道綽、善導和日本的源信、源空七位高僧，稱為三國七祖。

親鸞寂滅後，其幼女覺信尼與親鸞之孫如信和散在各地的弟子相謀，於京都東山大谷親鸞墓旁建立佛閣，奉置親鸞的影像，為本願寺的起源。本願寺的住持，順序血脈相傳。到第十一代以後，分為東、西兩派，加上興正寺派、佛光寺派、錦織寺派、毫攝寺派、專照寺派、證誠寺派、誠照寺派等，即為現在真宗的十派。一九四八年，北海道還成立有真宗北本願寺派等。目前真宗系共計有二十二個教團。

榮西與道元　中國禪宗早由道昭、道睿、義空等傳入日本，然未獨立成為宗派。後睿山的覺阿於南宋乾道七年（一一七一）到中國，從杭州靈隱寺佛海禪師慧遠受臨濟宗楊岐派法脈，四年後回國，是日本有臨濟禪之始。及榮西入宋回國，才開創日本臨濟宗。

榮西於乾道四年（一一六八）四月到中國，登天台山巡禮聖跡。同年九月，攜帶天台章疏三十餘部回國。淳熙十四年（一一八七）再度入宋，受傳佛心宗，時懷敞住持天童寺，又親侍左右，遂嗣其法，傳臨濟正宗法脈。紹熙二年（一一九一）回國，初於博多津開聖福寺，盛倡臨濟禪法。日建仁二年（一二〇二），源賴家於京都建立建仁寺，請他為開山。他為提倡禪宗，著有《興禪護國論》三卷。後應源實朝之請，赴鎌倉創立壽福寺，開始傳禪法於關東，為日本臨濟宗的開祖。

中國宋代禪宗盛行，日本僧人入宋求法和中國禪僧前往日本傳禪的，絡繹不絕。古來日本稱禪宗為二十四派，其中三派屬於曹洞，二十一派屬於臨濟。榮西滅後二十五年，圓爾辨圓入宋，於浙江徑山，得受無準師範禪法。五年後，蘭溪道隆赴日，大倡教外之旨於鎌倉，北條時賴將軍大喜，創立建長寺，請為開山。弘安元年（一二七八）入寂，門下有二十四人，最有名的是南浦紹明。他入宋回國後，應北條貞時之請，繼主鎌倉建長寺。其後傳禪的，還有車明蒽日、東陵永璵、兀庵普寧、子元祖元、一山一寧、清拙正澄、大休正念等有名禪僧。

榮西滅後，日本禪宗逐漸得勢，但多屬臨濟宗派。及道元入宋歸國，於嘉禎二年（一二三六）在山城京都極樂寺舊址，開堂講法，設立僧堂，賜寺額為興聖寶林禪寺，是日本有曹洞宗之始。

道元二十四歲時入宋。時曹洞宗如淨禪師主天童寺，道元從學三年，嗣其法，為洞山第十四世正統。南宋紹定元年（一二二八）回國，初寓京都建仁寺。寬元二年（一二四四），波多野義重於越前（今福井縣）建大佛寺，被請為開山，這就是現在曹洞宗的大本山永平寺，道元遂成為日本曹洞宗的開祖。曹洞宗的信徒多為地方農民，臨濟宗的多為將軍武士，故日本向有「曹洞土民，臨濟將軍」的俗諺。

五山文學與茶道花道　禪宗自鎌倉時代傳入日本後，經吉野時代（亦稱南北朝）至室町時代的二百餘年間，由於朝野崇奉，不斷得到發展。臨濟宗十四派的本山，幾乎都在京都和鎌倉。當時模仿中國宋代禪宗五山十剎制度的鎌倉五山和京都五山的僧侶，致力於詩文的研究，形成了所謂五山文學。其後日本遣明的正副使節，多數為五山僧侶所擔任。其中知名的有了庵桂悟和策彥周良等。此時禪宗的思想、文學、美術、風俗、習慣等，對日本國民生活的影響很大。如茶道、花道、香道與書道等，均隨禪宗的發展而流行。

獨立發展的日蓮宗　該宗以創宗者日蓮的名字命名，與中國佛教無直接關係。日蓮認為只有《妙法蓮華經》是正法。建長五年（一二五三），歸鄉訪親，四月二十八日登清澄山，向著海上初升的紅日，高唱《南無妙法蓮華經》十遍，為日蓮宗創立之始。為了宣揚自己的新教義，他對其他宗派進行了劇烈的批駁，因此三度被流配。其教化方法，有所謂「折伏」（惡逆的教化）和「攝受」（順信的教化）兩種。滅後由其門下的日昭、日朗、日興、日向、日頂、日持等六老僧葬其遺骸於身延山，建久遠寺，即今日蓮宗的總本山。著作有《守護國家論》、《立正安國論》等三百餘種。後來日蓮的弟子各分成許多派別，近代日本新興宗教的幾十個教團，有百分之七十屬於日蓮系。

這一時期，各派都採取否定現實的態度，厭惡穢土，欣求淨土或耽於禪，教義和規則都較簡單，具有「平民化」的特點。這些新派別還與日本十五～十六世紀的農民起義有關係，如一四八八年加賀國（今石川縣）地區爆發的真宗農民起義、一五六三年參州一向宗起義、一五七〇年伊勢長島真宗僧徒起義等。而加賀國地區的真宗農民起義的勝利，使其後百年間加賀國的管理權掌握在真宗教徒手中，由農村上層、僧侶和農民代表組成領導機構。末期，由於儒學影響的擴大，佛教的影響逐漸縮小。

德川時代（一六〇三～一八六七）　儒學特別是朱子學取代了佛教，成為德川封建社會佔統治地位的意識型態，佛教的影響進一步縮小。當時京都佛教雖趨衰落，但關東地區（指箱根以東的關東八州，即今東京橫濱地方）的佛教漸盛。德川幕府一方面採取鎖國政策，同時訂立各方面的制度。對於佛教，自寺院的等級、僧階的高下，乃至僧侶的法服等，都有一定的規制。先定皇室的佛教制度，明示「門跡」、「院家」以下的級別。門跡有「宮門跡」、「攝家門跡」及「準門跡」之別，訂立晉級的法規，禁止僧位、僧官的濫授。劃定區域，一寺一山皆令有所隸屬。以總本山轄大本山，以大本山統攝其所屬各寺。如淨土宗以東京增上寺為本山統轄關東諸寺；天台宗以日光門主統轄一宗；真宗東、西兩派的別院各設「輪番」（別院輪流住職之稱）等。這些制度小自一寺、大至一宗一派，其實遵守的法規、修行的階段、僧階的晉級、法衣的等差等，完全具備，一直維持到明治維新以前。

日本禪宗自鎌倉時代以來，自臨濟與曹洞兩宗平分天下。到了德川時代，由於鎖國政策，只留長崎一港與外國通商。當時中日貿易商舶往來頻繁，居住在長崎的華僑，先後開創了分紫山福濟寺（漳州寺）、東明山興福寺（南京寺）和聖壽山崇福寺（福州寺），即所謂三唐寺。三唐寺的住持，均從中國請去。最初有明僧真圓、覺海、超然、逸然等。後有福州黃檗山萬福寺，在臨濟、曹洞之外，另立黃檗一宗，成為日本禪宗三派之一。

明治維新後 日本興起資產階級改革運動，提出王政復古、「神佛分離」和「廢佛毀釋」。首先命令門跡親王復飾（還俗），廢止宮廷的佛教儀式，排除神社內的佛像，廢止供於神前的佛具，禁止僧侶參加神道儀式，禁止「神佛混淆」，頒布所謂「神佛判然」的法令。從而日本各地發生了燒棄佛像佛畫、破壞寺廟堂塔、命令僧尼還俗、把寺院改作醫院和學校等事件。

明治五年四月二十五日，新政府以太政官布告，許可僧侶帶妻食肉和蓄髮，同時又命僧侶於法名上加姓，於是某些寺院的僧侶便公開娶妻食肉。佛教僧徒為適應新的形勢，興辦各種社會事業，派遣僧侶出國考察和留學，創辦學校，培植人材，並開始向國外傳播佛教及從事監獄的教化等。

明治二十二年，日本政府頒布《憲法》，允許信教自由，各宗競相興辦大學或專門學校，出版了不少佛教著作，同時於各大學設佛教講座，一時佛教雖有復甦的跡象，但總的趨勢是影響愈來愈小。自明治維新以後的六十年間，日本的佛教形成了十三宗五十六派。

第二次世界大戰後　一九四五年十二月十五日占領軍頒發了《神道指令》，日本開始實行信教自由與政教分離。原由國家頒布的《宗教團體法》於同年十二月十八日撤銷，同時公布了《宗教法人令》。過去依據《宗教團體法》，曾把原有的佛教十三宗五十六派，統合為十三宗二十八派。在《宗教法人令》公布後，又各分派獨立，成為二百七十個教團。根據信教自由的原則，隸屬和脫離所屬的宗派是被允許的，從而使寺院之間的隸屬關係鬆弛。

戰後新興宗教有顯著發展。據統計，日本大約每二十人中即有一人參加新興教團，其中百分之七十屬於日蓮系。主要有：創價學會、立正佼成會、妙智會、靈友會、佛所護念會、日本山妙法寺大僧伽、念法真教、孝道教團、解脫會、真如苑等。此中除天台系的念法真教、孝道教團和真言系的解脫會外，其餘創價學會等均屬於日蓮系。這些新興教團，多與政治活動發生聯繫。

新興教團開始產生於戰前，戰後依《宗教法人令》而被公認。由於傳統佛教考慮的主要是生死大事，對於現實問題不很關心。新興教團所關心的不是死後，而是要實現天國於地上。如創價學會就主張把「真善美」，改為「利善美」，換「真」為

「利」，追求地上幸福的實現。這種思想比較適合時代潮流和日本國內形勢，故新興教團不斷得到發展。

到目前為止，佛教仍是日本的主要宗教，現在日本各地有佛教各宗宗立男女大學二十餘所。還有許多學會、研究團體，專門從事佛教的研究。各宗還派遣傳教師到歐美各國建立別院，進行佛教宣傳。

朝鮮佛教

朝鮮佛教為北傳佛教之一。公元四世紀後期由中國傳入，其傳播和發展大體可分為以下幾個階段：

三國時期　最初傳入佛教的是三國鼎立時代的高句麗（朝鮮北部）。據《海東高僧傳》卷一載，高句麗小獸林王（高邱夫）二年（三七二），中國前秦苻堅遣使者及僧順道送去佛像和佛經。兩年後，又有東晉僧阿道赴高句麗。五年（三七五），小獸林王為阿道建伊弗蘭寺，又立省門寺供順道居住，是為佛教輸入朝鮮之始。百濟（朝鮮西南部）在枕流王元年（三八四），開始迎接來自中國的東晉梵僧摩羅難陀，翌年於漢山州創建佛寺，並使平民十人從他為僧。新羅（朝鮮東南部）的佛教，是在紅領巾祇王時（四一七～四五七）由高句麗傳入的，起初受到抵制，到法興王十五年（五二八）才正式流傳。

迨六世紀，佛教已廣為流傳。中國隋唐時期大小乘各宗教理幾乎全部輸入，其中影響較大的宗派是三論宗和律宗等。當時，由於三國封建政權都積極扶持佛教，派很多僧人到中國求法，知名的有高句麗僧朗大師、義淵、實法師、印法師等；百濟僧謙益、慧慈等；新羅僧無相、圓光、慈藏、圓勝、惠通、勝詮等，其中有許多人還赴印度求法。百濟僧謙益由中國到中印度專攻梵語和律部，回國時帶回許多梵本加以翻譯和研究，促使律宗在三國迅速傳播；新羅僧惠超曾踏遍五天竺，著《往五天竺國傳》，介紹了印度及其周邊諸國的地理、交通、文化和風俗，促進了中印文化交流。

朝鮮三國時期的佛教，對中國佛教傳入日本起了橋樑作用。六世紀中葉，百濟的聖明王將金銅釋迦佛像和經論幡蓋等贈給日本，為中國佛教傳入日本的開始。其後慧慈自高句麗渡日，為日本聖德太子所師事。高句麗僧慧灌赴日後成為日本三論宗開祖，新羅僧審祥赴日，始傳華嚴宗。

三國時期，佛教的流傳雖然較為廣泛，但還處在傳播和解釋教義的階段。

新羅王朝時期　新羅王朝統一三國後，為朝鮮佛教隆盛時代。出現元曉、憬興、義湘、圓測、太賢、義寂、宣證、勝莊等著名佛教理論家及其著作，其中對朝鮮佛教的發展影響最深的是元曉、義湘和圓測。元曉的《十門和諍論》、義湘的《華嚴一乘法界圖》和圓測的《解深密經疏》等著作，為創立具有民族特色的朝鮮華嚴宗和唯識宗奠定了理論基礎。

這個時期有四個主要宗派：（一）涅槃宗。高句麗僧普德於景福寺所創。普德有十一個高足，其中著名的有無上、寂滅等，建有八大伽藍。（二）律宗。新羅僧慈藏入唐回國於通度寺所創。（三）華嚴宗（一名圓融宗）。有二派，一為元曉在新羅慶州芬皇寺所創，稱為海東宗；二為入唐的義湘從智儼傳承的中國華嚴宗，設祖庭於浮石寺，故亦名浮石宗。（四）法相宗。真表律師在金山寺所創，宣傳瑜伽唯識，其弟子有永深寶宗等。

此外，密教系統有神印宗和總持宗（或稱真言宗）。神印宗創始人是明朗，他於善德王四年（六三五）受帛尸梨蜜多羅所譯《神印祕法》，其密教被稱為神印宗（亦稱文豆婁宗），在密教史上屬善無畏、金剛智以前的雜密。總持宗創始人是惠通，他入唐受善無畏印訣，為善無畏一派密教。新羅僧惠日受青龍寺惠果密法，帶回《大日經》、《金剛頂經》、《蘇悉地經》等，在新羅大弘密教。成實學派、俱舍學派也在弘傳。

九世紀初，中國禪宗開始傳入朝鮮。新羅宣德王五年（七八四），道義入唐從虔州西堂智藏參學心法，受其法脈。八二一年回國後傳達摩禪，始傳南宗禪，不很興盛，但它成為後來的禪門九山之一的迦智山派。興德王三年（八二八），洪陟入唐從智藏受法，回國後在實相寺宣揚禪法，開禪門九山的另一派──實相山派，禪宗始興。新羅末期的道詵把佛教的善根功德思想，同道教的陰陽五行及地理風水說相結合，開創具有特色的「祈福佛教」，使佛教更加神祕化。此時，教禪分庭抗禮，互相競爭，佛教勢力漸衰。

高麗王朝時期　高麗統一全國後，由於太祖王建深信佛教，造塔建寺，佛教又漸轉盛。文宗出家的第四王子義天，被封為祐世僧統，世稱義天僧統。他於高麗宣宗二年（一〇八四）入宋，歷訪高僧大德，學習華嚴、天台教義以及戒法禪法，回國後慨歎天台一宗，海東未興，遂於肅宗二年（一〇九六）創立了高麗的天台宗。高麗王朝初期，華嚴學者均如，為華嚴宗北嶽（希朗）法孫，融合南嶽（觀惠）、北嶽兩家分歧，與仁裕首座共倡歸一之旨，蔚然成風。光宗王特於松嶽下建歸法寺，詔均如主持，備極崇信。

中期，禪門漸見衰落。時有知訥結定慧社，闡揚修禪宗風，於是禪師迭出，曹溪禪風，再次中興。知訥成為曹溪山修禪社開祖。他對華嚴亦有研究，所著《圓頓成佛論》為曹溪宗的宗典。其後有太古普愚，曾入元從石屋清珙受法，回國後統一禪門九山為一宗，稱曹溪宗（亦稱禪寂宗）。時天台宗亦視為禪宗一派，故禪有曹溪、天台兩家。教的五宗亦各改稱：圓融宗改稱華嚴宗，法相宗改稱慈恩宗，法性宗改稱中道宗，戒律宗改稱南山宗，涅槃宗改稱始興宗。後稱「五教二宗」。

這一時期的佛教，最顯著的事業是《大藏經》的出版。高麗顯宗二年（一〇一〇），在所謂「丹冠祈禳」的口號下，開始雕《大藏經》（共六千餘卷），做為全國性事業，歷經七十餘年，終於在一〇八七年宣宗王時完成，藏之八公山符仁寺。高宗十九年（一二三二）為蒙古兵所毀，二十四年（一二三七）發願重立都監，歷時十六年，刻成經版八萬餘塊，約完成六千七百八十卷的《高麗藏》，今存南朝鮮的伽耶山海印寺。其次，義天為完成刻經事業入宋遊歷十四個月，蒐集佛教經典，歸國後，設置教藏都監，刻印《大藏經》，稱之為義天的《續藏經》。據《新編諸宗教藏目錄》（刊行預定目錄）載稱，《續藏經》收錄內外佛典一千餘部，四千餘卷。但大部失傳，現在殘存二十部。

李朝時期　十四世紀末，太祖李成桂統一朝鮮半島，國號朝鮮，亦稱李朝。他尊儒排佛，在即位時放逐了禁中的僧侶。世祖（太宗）六年，將曹溪、天台、慈南三宗合為禪宗，將華嚴、慈恩、中神（中道宗及神印宗）、始興南山四宗合為教宗。合併後的教、禪二宗，各保留一定數量的寺院。到明宗（一五四五～一五六六）時，由於文定皇后的庇護與普雨禪師的努力，佛教禪宗稍見復甦，但不久即衰。成宗時更禁止供養僧侶，並毀佛像造兵器，出家為僧被視為違犯國禁。直至「壬辰之亂」（一五九二），日本豐臣秀吉率大軍侵入朝鮮，宣祖出奔義州，時有禪僧清虛休靜率門徒並募僧兵五千人，與明軍一起作戰，克復京城，趕走日軍。宣祖還都後，賜號國一都大禪師。後還妙香山，有弟子千餘人，著有《清虛堂集》八卷等。至此，佛教禪宗稍有恢復。

在李朝統治的五百年間，總的是採取尊儒排佛政策，然由新羅、高麗時代長期流傳下來的佛教仍隱存於一般民眾之間。從一九一〇年至一九四五年朝鮮為日本軍國主義併吞的三十五年間，朝鮮佛教僧人也有公然娶妻食肉的，因此教團分有獨身僧與有妻僧兩派。

第二次世界大戰後，佛教仍在北韓半島繼續流傳。朝鮮民主主義人民共和國曾於平壤建立佛教總務院，後改為佛教徒中央委員會。五〇年代初期，寺院大多毀於侵略者的戰火。現南朝鮮的佛教較前略有發展。

佛教前途之感言

緒言

釋迦世尊，說法四十九年，談經三百餘會。化緣事訖，寂於雙林。遺教典傳，集自畢鉢。迨一千年後，聲教東漸，而摩騰來漢。經一百七十載，法道南行，而僧會入吳。斯吾震土佛教所由漸而行之也。

夫佛之為教者，廣則無量門，約之有五乘。何等為五？一者佛乘，即十力、四無畏、十八不共法是。二者菩薩乘，即六度、四攝法是。三者緣覺乘，即十二因緣法是。四者聲聞乘，即苦集滅道四諦法是。五者人天乘，即五戒十善法是。然此教者，以何為體？總之，以「聲，名，句，文」四種為體。故曰：「聲教」，教是方言，彼土梵語曰阿含（又云阿笈摩新梵語也）。唯識論云：阿含者，謂諸如來所說之教。《長阿含經》序云：阿含者，秦言法歸。所謂萬善之淵府，總持之林苑也。今日法運澆漓，人民塗炭已甚！於我僧伽宜力革除蔽教，則佛教前途方可化險成夷矣。唯施行六要法，始可以扶佛濟教之傾岌；而且有護法安僧相當力者。茲略舉之，臚列於左：

一、教會團體要聯絡

現在社會之民眾，各有聯絡團體。如農有農會之團體，工有工會之團體，商有商會之團體，學有學會之團體，軍有軍士會議之團體，政有政治會議之團體，國有萬國會議之團體。總之，一切處皆有會，一切會皆有團體。而我佛教徒處彼眾會之中，若不結立教會之團體，而交濟一切社會者，縱被世之劣紳土豪霸佔廟產，驅逐僧人者，而佛徒必無立錐之地，又將何以禦之？此我中國佛教會及各縣分會，有聯絡團體之必要。

二、佛徒人格要尊重

世之輕蔑僧者，蓋由我佛徒不自尊重人格之故。此人格者，非以金財貨物能貿得來，還要栽培自己道德，乃可成就之。唯道與德，從修身方面說：能遵守佛戒謹潔不犯者，便是道德之人格及矣！吾儕既幸入空門，穿佛之衣，喫佛之飯，為佛之子，奉佛之教，宜自慎重如來法制，乃合沙門名義。不然，作破戒而濫廁僧流，無異獵師披袈裟，則人格全然墮落。甚至累禍寺門，殃及一切，人格云乎哉?!是故出家之眾，住持佛法，應有高僧態度，方堪荷擔如來家業。乃不愧為人師，亦不愧為佛子，願與諸仁共勉之。

三、寺院俗僧要革除

寺院奉佛之所，本是清淨道場，而住一班僧不僧、俗不俗，則清淨佛地，變為狐鼠窟矣。吁！此等下流，既不類出家，亦不類在家，莫可能名，故暫喚作俗僧；亦可呼為禿居士。禿居士者，偽作沙門，不持淨戒，葷腥酒肉無忌，蓄妻養子，污穢伽藍，大違背佛之法制，有阻礙佛教前途進行，致令吾道不興焉。今若不翦除者，將來處處滋蕃，必如獅蟲自食獅身中肉，非餘外蟲。如是俗僧，自破佛法，非餘天魔外道能破。試看天下各處寺院，多有此種魔子魔孫，著佛衣，吃佛飯，行波旬法而敗佛教者，我佛法大海，奚容彼破戒死屍耶？嗟乎！世有護法執金剛神，何不舉降魔杵，碎之如微塵，俾道勝魔者，不亦快乎！

四、青年佛子要教育

一班年少子弟出家，其受過社會文化教育者，尤為知書識理，姑不待論。而有一班全未受教育者，雖能隨順出家，然莫諳佛理。人若辯問，即口如啞羊障。夫玉不琢不成器，人不學不知義，養不教父之過，教不嚴師之惰，此俗訓常言也。若於出家，師父兼稱，教養須當並行，始可以言無大過矣。今之為人師，己既無實學，胡能教他實學。倘有所教者，亦止於課誦與經懺而已，致使出家多年不知佛法道味，而返初服者，不勝枚舉。縱不還俗而給終佛門者，也只落得個應赴僧，別無什麼生色。如此之人，遜昔人誦水潦鶴偈矣。諸方叢剎有力量之住持和尚，今若視此僧教育，以為不急事，置之而不開設學院，一味守頑固者，將來佛法隱滅誰咎！何則？丁茲法運之秋，世界學潮日起，科哲萬能，言論主權時代。我諸出家人，若不一番研究學理而作啞羊眾，不是例社會之淘汰，便是遭大影響！烏可作無聞比丘，坐見譏刺而受諸恥辱？

諸長老上座，既為人師，可不加注意是事乎？可不培植後學之人材乎？可不放年輕徒眾求學乎？

今吾廈南普陀寺創辦養正院，確為教育青年佛徒者。冀希來日鑄成大法器，而弘範法師崛起，則佛教前途有望矣！

五、偽僧化緣要嚴禁

今我佛教徒被社會輕視者，緣彼化小緣假僧之腐敗而街頭市尾擊擊木魚，以馬扁人銅錢（馬扁即騙字），故世人呼罵為乞丐和尚。此種惡聲充滿，皆是俗人無賴之徒，為嗜好逼故，而無廉恥，掛以假面之具，即冒僧招牌化緣者。緣若化就，仍著俗衣而嫖賭飲造惡業，無所不作。殊不知偽僧，罪在無間不赦。《地藏本願經》云：「若有眾生，偽作沙門，心非沙門，破用常住，欺誑白衣，違背戒律，種種造惡，如是等輩，當墮無間地獄，千萬億劫，求出無期。」若曹之人，自招未來如是惡果，誠可憐愍哉！

但以現前事論，大有壞佛祖之門風，罪過無邊。況於出家寂士，人格高尚，而被彼等污辱僧寶，心有不安。此勸我佛團體同仁，宜加呈請政府出示嚴禁街衢化小緣事，違者沒收章服法具。又於各縣佛教，協力同心，提起自治精神，共除腐化，提高僧價，令諸世人見者生恭敬心，由是而種人善根，由是而植人福田，功莫大於此焉！

六、法事懺科要改良

法事懺科，溯西魏釋玄高，為太子晃行金光明懺。繼而興於齊，盛於梁。有沙門誌公寶雲等十大高僧，為梁武帝集《慈悲道場懺法》十卷，而超度皇后郗氏脫蟒身之苦。又梁帝於金山修建水陸科儀及瑜伽焰口施鬼食事緣。次唐懿宗時，有悟達國師，寃業感報，膝生人面瘡，後而西蜀隴山洗三昧水，其瘡得痊。因是集《慈悲三昧水懺》三卷，而自懺焉。迨至宋杭州慈雲遵式法師，大集諸咒而成數種之懺。就中唯大悲淨土二懺，最為世之風行，故稱之為慈雲懺主。其所集懺本，皆選入《藏》。論其儀軌，頗合聖意，誠堪流通也。

今之懺儀不爾，多違古制；究其原因，後人妄自刪改增減杜撰，約分為禪和、香花二種作法。禪和之法，猶有亞近舊制，行亦無大過矣。若香花者，全乖本旨，不堪耳目。現在經懺大興，而出家者，多所走忙。為利所役故，即忘失初發菩提心。既無暇而研教典，又無心而修禪誦，況於縛著財色之間，俾道心日漸日冷矣！故諺有之曰：「一年二年，佛在眼前。三年四年，佛在半天。五年六年，尋佛討錢。」正謂此也。

寒山詩曰：「語你出家輩，何名為出家？奢華求養活，繼綴族姓家。終日禮道場，持經置功課。……只為愛錢財，心中不脫灑！」又曰：「福田一個無，虛設一群禿，不如早覺悟，莫作黑暗獄。」拾得曰：「念得兩卷經，欺他市俗。」近有某居士譏曰：「逐粥飯於叢林……。除放焰口以外，無文章可作。除送死屍以外，為生活可為。」

然我輩既是棄家學道，須當少欲無求，常自知足，「寧使深山饑餓死，不作人間應赴僧」。故真為生死出家者，一心念道，哪有工夫而作應赴事耶？如無此種氣調，而欲暫時應赴者，必須改良懺科。若十王血盆等諸偽懺，及唱香花曲讚，沐浴解結，打城弄鈸，後台吹鼓，如是所作，不異劇台歌舞也。夫以偽亂真者，是香花葷僧之伎倆，不過熱鬧懺場而已，其實無利益於亡者。若欲避諸譏嫌而真為度亡者，非改良經懺不可。

七、後語

一時感想佛教之前途，應如何整振？即構燈握管而述是篇陋文。但言詞既澀，見解不圓，以凡情測度，恐建義不穩妥。尚希求就正，讀者諸君，不吝法音，賜教一切。

（原載於《佛教公論》一九三七年第一卷第三號）

近代學者佛教紀年研究之介紹

一

紀年為歷史上一種重要之符號，藉以推算年代之距離，考見文化之進步，事物之變遷，於人文學術史上作用之重大蓋盡人而知矣。故自有史以來，各國莫不有其自創之紀元。自宗教而言，視紀元尤為重要。昔梁任公先生云：「年也者，過而不留者也，至無定而無可指者也。無定而無可指，則其所欲記之事，皆無所附麗，故不得不為之立一代數之記號。化無定為有定，然後得以從而指明之，於是乎有紀元。」此為紀元所以產生之確論。

今日學術上分別歷史之時代，稱為某世紀或一九若干年者，其起源皆本於耶穌之降生，今且成為世界學術上之公物矣。然西人之用耶穌紀元，亦不過一千四百年之歷史耳。昔巴比侖人以拿玻納莎王為紀元（在今西紀前七四七年），希臘人初時以執政官或大祭司在位之年紀之，其後改以奧林比亞（Olympia）之大祭為紀元（當西紀前七六七年），羅馬人以羅馬府初建之年為紀元（當西紀前七五二年），回教國民以教祖謨罕默德從默伽避難於默德那之年為紀元（當西紀後六二二年），猶太人以《舊約創世紀》所言世界開闢為紀元（當西紀前三七六一年）。自耶穌立教以後，教會以耶穌流血之年為紀元。至第六世紀，羅馬一教士（Dionysius Exigius，五五六）倡議，改用耶穌降生為紀元，至今世界用之者過半，此為梁任公先生論述西洋紀年符號，逐漸改良由繁趨簡之大略也。

西曆紀元雖根據基督之傳說，其實尚有四年之錯誤。其違犯紀元起年雖甚明，於其意義與效用初無影響也。在今日所謂世界三大宗教之中，其宗教紀元尚未統一確定者唯有佛教。然佛教何以無統一確定之紀元乎？其重大原因，實由印度從來缺乏歷史之研究，此為世界學者之定說。蓋印度一般思想，受其固有宗教信仰之影響極深，多主苦行虔修，急於逃世，以生涯行事為毫無價值，不足傳後，故史乘之記載與墓銘碑誌之類，實極罕見。是以今日吾人欲研究其歷史之初期時代，每須從其與外國之交涉關係上而推定，其論證亦多基於印度以外之資料。

二

佛教正當之紀元，乃從佛滅年代之計算。而此佛滅年代之異說，幾達於五十六種之多，盡數採用，勢不可能。若依近代學者之私論，似以根據《眾聖點記》之傳說較為一致。將來因學者之研究，縱有數年齟齬之可能，其所差若為人為之事，則於佛紀之意義當無甚影響也。印度自世尊入滅以後，佛教至少尚有一千年間之繁榮，此乃今日印度學者之所承認。

然古來印度人於年代之無關心，並吠陀成立年代亦不能確定，況其他乎？顧印度佛教徒之間，以世尊之入滅為紀元，而云佛滅幾年佛滅幾百年，固由來久矣。此乃印度文化史上，殆無有能與世尊之偉大人格相比肩者，故其入滅於當時之印度人尤以佛教徒之腦裡，能刻下甚深之印象。

百餘年來，東西印度佛教學者於佛誕佛滅年代之論述多矣。雖各自成其說，而支離乃不可究詰。然此重要之宗教紀元，究非可依研究之結果而採用之，因研究更可以研究而破壞之也。反之傳說之年代，似較難以破壞，即以《眾聖點記》而論，亦同為傳說也。唯欲使世界萬國共通採用，自不能不依比較研究結果之年代相接近者。即以

《眾聖點記》自身而言，實有一年之差。此乃因我國《點記》最初明記「齊永明七年庚午」，然永明七年實非庚午，庚午乃其翌年永明八年。

若依此推算，則今年佛誕正為二千五百零二年，即西紀前五六五年。依日本佛教聯合會本部調查所發表之「世尊降誕二千五百年代調查報告」，高楠順次郎博士依據《眾聖點記》推算，定西紀前五六六年為佛陀降誕之年，並以此年為佛教紀元之第一年，即今民國二十六年為佛教紀元二五〇三年也。

三

佛滅年代之說雖多，其所依以推定者，要不外所謂南方所傳與北方所傳而已。依南方所傳而研究推定者，其主要為歐美之印度學者，彼等從研究上之興趣出發，關於佛滅之年代，大抵確定為西曆紀元前四八〇年前後，此為彼等多數共同之結論。如英人馬格斯・牟勒主張以西紀元前四七七年為佛滅之說，奧蘭伯希又主張西紀前四八〇年為佛滅之說。

依北方所傳而研究者，大抵為日本佛教學者，如南條文雄、藤井宣正、村上專精、小野玄妙、宇井伯壽、高楠順次郎等諸學者，皆以學者立場之研究而有所主張。其中如宇井伯壽博士依北方所傳之研究，與歐美佛教學者依南方所傳之研究互相對立。

宇井博士於其所著《印度哲學研究》第二之劈頭，揭其「佛滅年代論」之大論文，為極精細之論述。然其骨子實在排除從來西洋佛教學者依巴利所傳，推定阿育大王即位年代為佛滅二一八年之說。主張以多數漢譯所傳之阿育大王出世為佛滅一〇〇年或一一六年之說為正確。其重要之理由，乃從印度本土之諸王相承及阿闍黎相承，與錫蘭島之諸王相承比較對照而起。若依印度之諸王相承，則阿闍世王即位第八年，為世尊入滅之年。

阿闍世王執政二十四年間而死。其後鬱陀耶跋陀羅王十六年，阿㝹樓陀王與閔蹦王八年（《善見律毗婆沙》作各八年，當為合八年之誤），其次那迦逐寫迦王十四年，修修那迦王十八年，其子迦羅育王二十八年，其子十人二十二年，第九之難陀王二十二年，旃陀掘多王二十四年，賓頭沙羅王二十八年，其子阿育大王自執王權，經四年行即位灌頂禮，復於第十八年，遣其子摩哂陀大德渡錫蘭島，是為距等正覺者大般涅槃之第二百三十六年也。

然錫蘭島之諸王相承，於此不過五王相繼而已，即毗闍耶王、半頭婆修提婆王、阿婆耶王、波君荼迦婆耶王、聞荼私婆五王。摩哂陀大德乃在其次之天愛帝須王之時到達此島。錫蘭島僅有五王相繼，而前此印度本土阿闍黎相承亦有五師，所謂異世之五師即優波離、馱寫拘、須那拘、私伽婆、目犍連子帝須五師是也。試考此五師相承與五王相承，其間之年數若為二百餘年，即失其長，故以百有餘年為最當。因此，唯有採用阿育大王出世為佛滅百有餘年之說。

宇井博士之結論，以阿育大王之灌頂即位式為西紀前二七一年，而當佛滅一一六年，從二數相加減一之西紀前三八六年為佛滅年代，若以世尊之壽命為八十歲，則佛降誕當為西紀前四六六年。此種研究在日本稱為最新之研究，與高楠博士依《眾聖點記》之推算，其年代之相差適為一百年。所謂南傳巴利譯系之佛滅紀元，與北傳漢譯系之佛滅紀元之間，適有一百年之差。

四

在此之前，望月信亨博士發刊其〈佛教大年表〉時，基於《眾聖點記》，以佛入滅之翌年，算定為佛紀第一年。並以「永明七年庚午」之說為誤，改正庚午為永明八年（四九〇），以《眾聖點記》至永明八年，所計為九百七十五點（點為一年），故自永明八年至今年（一九三七）為佛滅二四二二年。

所謂《眾聖點記》，乃記載南齊僧伽跋陀羅所譯出之律藏釋論——《善見律毗婆沙》而附帶記傳者。此記載出於《歷代三寶紀》第十一，茲錄其全文如左：

「武帝世，外國沙門僧伽跋陀羅，齊言僧賢。師資相傳云：佛涅槃後優波離既結集律藏訖，即於其年七月十五日受自恣竟，以香華供養律藏，便下一點置律藏前，年年如是。優波離欲涅槃持付弟子陀寫俱，陀寫俱欲涅槃付弟子須俱，須俱欲涅槃付弟子悉伽婆，悉伽婆欲涅槃付弟子目犍連子帝須，目犍連子帝須欲涅槃付弟子旃陀跋闍。如是師師相付，至今三藏法師（名未詳）。三藏法師將律藏至廣州，臨上船，反還去；以律藏付弟子僧伽跋陀羅。羅以永明六年（四八八）共沙門僧猗，於廣州竹林寺譯出此《善見律毗婆沙》，因共安居。以永明七年庚午歲七月半夜受自恣竟，如前師法，以香華供養律藏，訖即下一點，當其年計得九百七十五點，點是一年。趙伯休梁大同元年，於廬山值苦行律師弘度，得此佛涅槃後《眾聖點記》年月。訖齊永明七年，伯休語弘度云：自永明七年以後，云何不復見點？弘度答云：自此已前皆是得道聖人手自下點，貧道凡夫止可奉持頂戴而已，不敢輒點。伯休因此舊點下推至梁大同九年（五四三），至今開皇十七年丁巳歲（五九七），合得一千二十八年。若然則是如來滅度始出千年，去聖尚邇，深可慶歡，願共勵誠，同宣遺法。」

復次《大唐內典錄》第四之記載與此全同。而《開元釋教錄》第六，與《貞元新定釋教目錄》第八等，則於「永明七年庚午」，改為七年己巳。茲將《歷代三寶紀》卷三年表之一節列左：

己未——齊高帝道成（稱建元元）
庚申——二
辛酉——三
壬戌——四

癸亥——五（此係錯誤）

甲子——武帝賾立（高帝子稱永明元年。按：《辭源》世界大事表亦作癸亥。）

乙丑——二

丙寅——三

丁卯——四

戊辰——五

己巳——六

庚午——七

辛未——八

壬申——九

癸酉——十（實沈）

〔十一〕（脫落）

□□

甲戌——隆昌元

此《歷代三寶紀》永明七年庚午歲之有誤，可舉一例以證明之。梁僧祐撰《出三藏記集》第十一之《善見律毗婆沙》記云：

「齊永明十年歲次實沈三月十日，禪林比丘尼淨秀，僧伽跋陀羅法師，於廣州共僧禕法師譯出梵本《善見毗婆沙律》一部十八卷。京師未有，渴仰欲見。僧伽跋陀羅其年五月還南，憑上寫來，以十一年歲次大梁四月十日得律還都。頂禮執讀，敬寫流布。仰惟世尊泥洹已來年載，至七月十五日受歲竟，於眾前謹下一點，年年如此，感慕心悲，不覺流淚。」

此段記事與上《歷代三寶紀》同述《眾聖點記》之傳說。此中「齊永明十年歲次實沈」之實沈，為申歲之異名；其次「十一年歲次大梁」之大梁，乃酉歲之異名，故距永明十年壬申之歲二年前，距永明十一年癸酉之歲三年前，為永明八年庚午之歲，而永明七年庚午歲之誤，殊甚明也。

五

無論何種紀元年代，必難免有多少之相差。當各國交通阻隔之時，各自紀年，而記號必不能暗同，無可如何也。佛滅年代傳說之不同若此：即以成道時日而言，亦復異說多種。一云世尊降誕之月，成道之月與涅槃之月，俱為五月（阿沙荼月）滿月之日，約當我國陰曆四月之滿月。然我國自昔以臘八為佛成道之日，此種大抵是從印度而西域，從西域而龜茲，從龜茲而姚秦逐漸實行之臘八節。

佛之成道，在印度為偉大歷史之事實。因佛之成道，使其曾經行道之地名，殆全部改為紀念之名稱。蓋佛之如何成佛，實依此成道而決定。其成道之予與時代思想之影響，以地名變更之意義亦足以知矣。

茲將日本高楠博士依《眾聖點記》，確定世尊一代之史實介紹如次：

佛之誕生　西紀前五六六年

佛之出家　（十九歲）西紀前五四八年

佛之成道　（三十歲）西紀前五三七年

佛之入滅　（八十一歲）西紀前四八六年

世尊十九出家，三十成道為人所慣傳，故其修行期間為十一年。六年為苦行林之苦行期間，此外雪山修行尚有五年也。至於二十九歲出家，三十五歲成道，此為南方佛教之傳說。關於佛傳年齡，大概北傳較南傳為古，此乃印度史學家之確論。然無論巴利語或梵語，對於年齡，概未嘗有精細之記載，而巴利語明白寫為二十九、三十五之說，似為計畫而加以算定者，此不可不知也。佛之出家與成道之年齡，全以傳說而相傳者，於其傳說之上，加以算定，遂成此南傳之說。

佛傳最初之創作，乃馬鳴菩薩之《佛所行讚》，故馬鳴以前，無論巴利語或梵語，俱未嘗有佛傳之寫作也。其後佛傳多受馬鳴《佛所行讚》之指導。《大無量壽經》卷初之八相成道章，俱不見有年時之語，但於世尊八相成道之記載則甚明瞭。所以「端坐樹下，勤苦六年」，遂成為一般所說行菩薩行之苦行六年，此為支配古來佛傳之證據。即馬鳴之《佛所行讚》梵本第十二章九十二頌，與西藏本第十二章之譯，亦俱有六年苦行之說。此為佛傳之原型，而佛之年齡之計算，亦即從此六年苦行之語而生出異同也。

六

佛傳年時，亦復頗有異說。若以常識判斷之，其順序大概：佛誕為四月八日，佛出家為太子十九歲之五月十五日，佛成道為十二月八日，佛說法為二月二十日以後。

然鹿野苑初轉法輪之年時，全無所傳，若依印度當時之曆法，其最初說法乃與成道同年。依吾人之計算則為翌年，印度即至二月，仍算為一年。若以十二月八日為成道之日，加以悟後五七日之坐禪，已近於二月中旬，於是再從佛陀伽耶北行，渡恆河至鹿野苑作托鉢行腳，大約須至二月下旬。故印度之曆年，初轉法輪與成道乃為同年。

綜合以上諸學者之研究，以今民國二十六年而定佛誕之年代，可歸納如左：

（一）西洋學者為二四九七年

（二）高楠順次郎博士為二五〇三年

（三）望月信亨博士為二五〇二年

（四）宇井伯壽博士為二四〇三年

余前此曾採用望月博士之說，今仍無所變動，甚願吾國學者更推論之，以求一正確一致之佛教紀年，則作者之所敢望也。

七

去夏因編譯《釋迦如來一代記》，匆匆寫成佛陀降誕之年代一章插入，並轉載於《佛教公論》第一卷第二號；意有未盡，年來涉獵更有所得，適中國佛教會有徵求國內討論世尊降誕成道之因緣，更就所知，略述如此。其中材料多結集近代學者研究所得之結論，加以組織，聊以介紹於本刊讀者而已。

（原載於《佛教公論》一九三七年第一卷第十一號）

鑑真和尚與隱元禪師

——唐明兩代二高僧對於日本佛教文化之貢獻

引言

研究中日文化交通史的人，知道唐時日本有來華求法返國成名的最澄（傳教）和空海（弘法）兩大師的事蹟，而少知道在其以前我國亦有以高年碩德歷經危險至日傳法的鑑真和尚，知道明末有因乞師赴日傳其學術於日本的朱舜水，而少知道有以宗門巨匠飛錫渡日開山京都黃檗終於入滅扶桑的隱元禪師，我以為這是很可惜而值得表彰的。因為鑑真和隱元在中國佛教史上都是一代宗匠，同時赴日後弘宗演教，備受其朝野崇拜，各為一代帝王師，兩人地位的崇高，千古如出一轍。

鑑真和尚渡日（公元七五四年），遠在最澄、空海入唐之前五十年（八〇四），當時日本佛教基礎尚未鞏固，且無戒律流傳；鑑真以律宗名僧，篳路藍縷，開創日本的律宗，在日本佛教史上留下永遠不能磨滅的事蹟。隱元禪師於日本禪宗已衰時渡日，開山黃檗，使日本的禪宗為之一振，同時並攜去明時許多精印的《藏經》，實開後來日本鐵眼禪師刻印《大藏》的先河，在日本佛教文化史上亦同是不可忘卻的恩人。

這裡想就時代的前後，先述鑑真的生平和事蹟。

鑑真和尚因為高年，而且渡日時眼睛已瞎，終於入滅於日本，所以我國的記載非常不明，只有《神僧傳》和《宋高僧傳》略有記載而已。但那決不足以瞭解鑑真的全部。現在唯一可以幫助我們對於鑑真之理解的是，與鑑真同時的日人元開所撰的《唐大和上東征傳》。此傳在日本藏於經庫歷一千百數十年，至明治三十年才由日僧上田照遍重刻流傳。

民國三十一年由清水董三先生持贈於褚民誼先生，始得全部刊於南京中日文化協會所出版之《中日文化》第二卷第五期。褚民誼先生傳引說：「鑑真大師，以華人而揚輝於日，接引之廣，影響之大，世莫與京。弘法大師，以日人而載道於華，建樹之多，製作之富，業無能勝。佛化起於天竺，傳於中華，盛於日本，因緣融會，光燦互流，庶物之裁，文章之美，取之不盡，如木在林。人知日之富強，得力於陽明舜水，而不知實得力於佛，陽明之學，亦禪亞也。……昨者，吾友清水董三先生過舍，瀏談之頃，出《唐鑑真大師東征傳》一冊見示，著者元開，親接大師，言自可信，大師溝通中日文化偉業，讀賴此編之存。清水先生以為世知弘法者多，而知鑑真者少，實則鑑真意業，視弘法為大難。在華言華，華人尤宜知有此先哲，予則以為吾人方從事於中日文化事業，以牢固兩大民族之深心。詎知千載以前，早有作者，則吾人今之所事，果能不望古人而顏赬乎？」

日人木宮泰彥氏在其所著《中日交通史》第九章，曾根據《唐大和上東征傳》寫成三節，系統的敘述：（一）鑑真並其弟子之來日與新教之關係，（二）鑑真並其弟子與佛教藝術之關係，（三）鑑真並其弟子與學藝之關係。我們知道鑑真詳細的事蹟，是在十餘年前《中日交通史》出版之後。

鑑真的生年

鑑真的生年，在中國史籍上記載絕少，《宋高僧傳》卷十四，有〈唐揚州大雲寺鑑真傳〉，所記極為簡略。我們只能從《唐大和上東征傳》裡去推算他的生年了。《東征傳》裡有這樣的線索可尋：「大和上，諱鑑真，揚州江都人也。……大和上年十四，隨父入寺，見佛像，感動心，求出家，父奇其志，許焉。是時大周則天長安元年（七〇一），有詔於天下諸州度僧，便就智滿禪師出家為沙彌，配住大雲寺，後改為龍興寺。……開元二十一年（七三三），時大和上年滿四十六，淮南江左，持淨戒者，唯大和上獨秀無倫，道俗歸心，仰為受戒之大師。……寶字元年（唐廣德元年，七六三）癸卯，春，弟子僧忍基，夢見講堂，棟樑催折，寤而驚懼，恐大和上遷化之相也。乃率諸弟子，模大和上之影。是歲五月六日，結跏趺坐，面西化，春秋七十六。」

從《東征傳》上這三次關於鑑真年歲的記載，我們可以推定他生於唐叡宗垂拱三年（六八七）。十四歲出家於揚州龍興寺，故址即今平山堂。神龍元年（七〇五），從道岸律師受菩薩戒。景龍元年（七〇七），杖錫東都（洛陽），因入長安。景龍二年三月二十八日，於西京實際寺，登壇受具足戒。後來巡遊二京，究學三藏，後歸淮南，教授戒律，江淮之間，獨為化主。

這個時期正是唐朝佛教的全盛時期，玄奘三藏才死了三、四十年，則天武后以舉國的力量提倡佛教的時代。佛教各宗，名僧輩出。中國佛教兩部最有名的經典——《華嚴經》和《楞嚴經》，便是這個時期譯出的（實叉難陀在長安譯《八十華嚴》，般剌蜜帝在廣州譯《楞嚴經》）。鑑真既遊學長安、洛陽東西二京，可以想見他對於當時佛教的造詣是夠深的。因為唐時無論你是什麼博通經論的三藏大德，都必以戒律為入道的正門，不持戒者，常為僧中所不齒。鑑真所從受具足戒的和尚，又是當時律宗名僧的荊州南泉寺弘景律師，無怪他後來要以弘揚戒律為終身的事業了。

鑑真渡日的因緣

誰都知道，隋唐時代的日本文化，主要是由中國傳過去的。《中日交通史》作者木宮泰彥氏說：「日本中古之文化，全係由唐移植之文化，無論何人決無異議。其直接移植文化者，則赴唐留學生也。赴唐留學生，《日本書紀》分學生與學問僧二種。前者，指學一般學藝之學生；後者，指學佛教之僧侶。」

當時日本佛教界雖曾派遣許多學問僧入唐留學佛教，相信他們尚無多大的成就。當時日本佛徒所斤斤注意的是經典的如何唱法，與誦經之如何合於漢音而已。養老四年（七二〇）十二月詔云：「釋典之道，教在甚深，轉經唱禮，先傳恆規，理合遵承，不須輒改。比者，或僧尼自出方法，妄作別音，遂使後生之輩，積習成俗，不肯變正，恐污法門，從是始乎？宜依漢沙門道榮、學問僧勝曉等，轉經唱禮，餘音並停之。」

道榮是在鑑真之前渡日，致力於流布漢音的唐僧，亦可以說是當時渡日教日本僧徒念經方法的人。好像在中國六朝時代，印度西域的梵僧曾到中國來教梵音的唱念一樣。中國佛教念經的方法已經有了很大的變遷，今日日本和尚一種莊嚴虔篤的梵唱，也許是保留著我國六朝隋唐時代誦經的古法。

日本奈良朝的佛教，雖有聖德太子的擁護與提倡，因為當時中日交通不便，佛教的制度尚未完全傳入日本，尤其是佛教最重要的傳戒的方法，在日本簡直尚無人能夠傳授。所以，當天平五年（七三三）日本學問僧榮叡、普照等，隨遣唐使丹墀（多治比）廣成，入唐留學。他們看見中國當時尊崇戒律的情形，以及僧侶視得戒戒牒之寶貴，就像今日我國西洋留學生視博士文憑一樣的豔羨。他們深歎日本本國傳戒之無人，於是先請洛陽大福光寺道璿律師，搭乘日本遣唐副使中臣朝臣名代之舶，先行赴日，傳授戒法。這時榮叡、普照二人，留學中國已經十年，急於返日，遂請得西京僧道航、澄觀，洛陽僧德清、高麗僧如海，又託當時宰相李林甫之兄李林宗致書予揚州轉運使李湊，令造大船，備糧遣送。然後才與本國同學僧玄朗、玄法二人，同下至揚州。

唐天寶元年（七四二）十月，榮叡、普照到了揚州，這時鑑真大和尚正在大明寺講律。榮叡、普照即至大明寺，頂禮大和尚足下，具述本意說：「佛法東流至日本國，雖有其法，而無傳法人，日本國昔有聖德太子曰：二百年後，聖教興於日本。今鍾此運，願大和上東遊興化！」

鑑真看他來意懇切，便答說：「昔聞南嶽思禪師遷化之後，託生倭國王子，興隆佛法，濟度眾生；又聞日本國長屋王崇敬佛法，造千袈裟，來施此國大德眾僧。其袈裟緣上，繡著四句曰：『山川異域，風月同天；寄諸佛子，共結來緣。』以此思量，誠是佛法興隆有緣之國也。」回頭再問同法眾中，有誰願應此遠請向日本國傳法的人；但大家都怕彼國太遠，滄波淼漫，沒有人肯發心出國。

於是鑑真大和尚正色曰：「是為法事也，何惜生命？諸人不去，我即去耳。」因此說願隨去的，有祥彥、道興、道航、神崇、忍靈、明烈、道默、道因、法藏、法載、曇靜、道翼、幽巖、如海、澄觀、德清、思託等二十一人。決心之後，便開始造船，準備船上乾糧等等，定期出發。後來眾中有一個道航，因為這次東行的使命異常重大，便說：「今向他國為傳戒法，人皆高德，行業肅清，如如海等少學，可停卻矣。」

於是如海大怒，遂決心搗亂，祕密報告當地政府，誣告道航等，準備乾糧造船入海，與海賊連。當時因為海上不靖，寧波、台州一帶海濱，海賊猖獗，當局得了這個消息，不管是真是假，便按址於諸寺收捉海賊，鬧出一場極大的風波。調查結果，並無事實。便將所造船沒官，其雜物分配各寺，其誣告僧如海，與之坐反俗，決杖六十，解送回籍。這是鑑真東渡第一次的挫折。

鑑真渡日的挫折

這一次海賊事件解決之後，朝廷便下敕揚州：「其僧榮叡等，既是蕃僧入朝學問，每年賜絹二十五匹，四季給時服，兼預隨駕，非是偽濫；今欲還國，隨意放還。宜依揚州例送遣。」

榮叡、普照等，四月被禁，八月始出，讓玄朗和玄法先回日本。兩人相議說：

「我等本願，為傳戒法，請諸高德，將還本國；今揚州奉敕，唯送我四人，不得請諸師而空還，無益，豈如不受官送，依舊請僧將還本國流傳戒法乎？」兩人便同到鑑真大和上那裡去商量。大和上說：「不須愁，宜求方便，必遂本願。」不久，鑑真便私出八十貫錢，買得嶺南道採訪使劉臣鄰之軍舟一隻，雇得舟人十八口，備辦海糧。

這次準備的規模極大，單是紅綠米就是一百石，麵五十石，其他食糧極多。佛像、經典、法器、袈裟、各種名香、石蜜、蔗糖、蜂蜜、甘蔗等，無慮數千斤。同行的法侶有祥彥、道興、德清、榮叡、普照、思託等一十七人；此外，玉作人、畫師、雕佛、刻鏤、鑄、寫、繡師、鐫碑等工手都百八十五人，同乘一舟，可見規模之大。天寶二載（七四三）十二月，舉帆東下。入海以來，遭遇惡風，波擊船破，經過幾次掙扎，終因當時航海術幼稚，不能達到目的。在寧波海外遇救之後，行人被送至鄮縣阿育王寺安置。這是第二次東渡的挫折。

這時越州的和尚，知道鑑真大和尚欲往日本國，便告州官，說日本國僧榮叡，誘大和尚欲往日本國，加以多方阻攔。時山陰縣尉，遣人於王蒸宅，搜得榮叡，著枷遞送京。送至杭州，榮叡臥病，請暇療治，經多時，云將病死，乃得放出。鑑真看見榮叡、普照等，為求法故，前後被災，艱辛不可言盡，然其堅固之志，曾無退悔。便遣法進和二侍者，帶輕貨往福州買船，並具辦糧用。他自己仍率諸門徒祥彥、榮叡、普照、思託等三十餘人，辭阿育王寺，經台州，登天台山，再下臨海縣，尋江至黃岩縣，便取永嘉郡路到禪林寺。正要向溫州出發，他的揚州弟子靈祐等，因為勸他無效，遂請採訪使通令各州留阻。結果在禪林寺被尋蹤追至，依舊送鑑真等回到揚州本寺。這時諸州道俗，聞大和尚還至，競來慶賀供養，遞相慶慰。獨大和尚憂愁，呵責靈祐。於是靈祐日日懺悔、謝罪，遂終六十日。這是鑑真東渡第三次的挫折。

天寶七年（七四八）春，榮叡和普照又從同安郡到揚州崇福寺來看鑑真，鑑真便再準備造船買香藥，備辦百一物，如天寶二載所備。同行有僧祥彥、神倉、光演、頓悟、道祖、如高、德清、日悟、榮叡、普照、思託等道俗一十四人，及化得水手一十八人，其餘願意相隨的合有三十五人。六月二十七日，自崇福寺出發。出長江，風急浪高，至越州界三塔山，停住一月；得好風再發，至署風山，停住一月；十月十六日復發，去岸漸遠，風急波峻，水黑如墨，沸浪一起，如上高山，怒濤再至，似入深谷，人皆荒醉，但唱觀音。

在海上漂流數月，終於漂到今日海南島最南端的崖州（唐稱振州）。自崖州設法東行經萬安州（萬寧縣）至瓊州，住開元寺。後來再由澄邁縣上船，三日三夜，便達雷州。由此經今日廣西境內之博白縣、藤縣、容縣，下桂江，至梧州，次至端州。到了端州龍興寺時，數年相隨，屢共患難之日本僧榮叡竟奄然死於端州，鑑真哀慟悲切，送喪而去。復由端州太守迎引，送至廣州。

《東征傳》述當時廣州情形如下：「又有婆羅門寺三所，並梵僧居住，池有青蓮花，花葉根莖，並芬馥奇異。江中有婆羅門、波斯、崑崙等舶，不知其數，並載香藥珍寶，積載如山，其舶深六、七丈。師子國（錫蘭）、大食國（阿拉伯）、白蠻、赤蠻等往來居住，種類極多。」

廣州當時對外貿易之殷盛，於此可以想見。鑑真在廣州住了一年，又向韶州出發，在韶州禪居寺住三日，州官引送入法泉寺，是則天為惠能所造寺（即今南華寺）。日本僧普照自此辭別鑑真，向嶺北往明州阿育王寺，時天寶九載（七五〇）。臨別鑑真執普照手，悲泣而言曰：「為傳戒律，發願過海，遂不至日本國；本願不遂，於是分手，感念無喻！」

這時鑑真因為頻經炎熱，眼光暗昧，有一胡人，言能治目，加療治，眼遂失明。自此向樂昌縣，過大庾嶺，至虔州（今贛州）開元寺。其次再到吉州的時候，鑑真的高徒祥彥亦入寂，鑑真更感悲慟。由是再經江州，入廬山東林寺謁遠公遺像。自九江驛乘舟至潤州江寧縣，入瓦官寺。其先前弟子靈祐時住攝山棲霞寺，聞鑑真來遠，親至迎接，悲泣而言曰：「我大和上遠向海東，自謂一生不獲再覲，今日親禮，誠如盲龜開目見日，戒燈重明，昏衢再朗！」即迎接鑑真至棲霞寺供養，住三日，下攝山，重歸揚州府。仍住龍興寺。

鑑真自從海南島振州（崖州）回到揚州，所住州縣，立壇授戒，無空過者。今亦於龍興、崇福、大明、延光等寺，講律授戒，暫無停斷。這是鑑真第四次東渡最大的挫折，不但死了兩個中日的高足——榮叡和祥彥，而且連自己的眼睛也弄瞎了。以視法顯、玄奘諸公之求法印度，其遭遇之艱難實無多讓！

鑑真最後抵達目的

鑑真最後離開揚州龍興寺是天寶十二年（七五三）十月二十九日，這次相隨的弟子有揚州白塔寺僧法進，泉州超功寺僧曇靜，台州開元寺僧思託，揚州興雲寺僧義靜，衢州靈耀寺僧法載，台州開元寺僧法成等十四人；藤州通善寺尼智首等三人；揚州優婆塞（居士）潘仙童，胡國人安如寶，崑崙國人軍法力，瞻波國人善聽等共二十四人。

這次乘日本使船歸國之便，鑑真等分乘副使胡麻呂船。十一月十三日，日本僧普照從越州餘姚郡趕來，乘吉備真備副使船，十一月十五日，四舟同發。至十二月七日航至九州西南的益救島（即今屋久島），二十日著九州薩摩國。日本天平勝寶六年（七五四）正月，古麻呂奏鑑真到築志（即今福岡之地）。二月一日到難波（即今大阪），唐僧崇道等，趕來歡迎供養。二月三日，至河內國（即今奈良之地）。四日入平城京（即奈良），孝謙天皇敕遣正四位下安宿王於羅城門外（即奈良都城之南門），迎慰拜勞，引入東大寺安置。二月五日，唐道璿律師、婆羅門普提僧正，同來慰問。宰相以下，官人百餘人亦來禮拜問訊。

不久孝謙天皇又敕使正四位下吉備真備，向鑑真傳述口詔說：「大德和上，遠涉滄波，來投此國，誠副朕意，喜慰無喻；朕造此東大寺，經十餘年，欲立戒壇，傳授戒律，自有此心，日夜不忘。今諸大德遠來傳戒，冥契朕心。自今以後，授戒傳律，一任大和上。」同時又敕僧都良辨，令錄諸臨壇大德名進禁內，不經於日，敕授傳燈大法師位。

四月初，東大寺於盧遮那殿前建立戒壇，天皇、皇后、太子以下次第登壇受菩薩戒。不久，又為沙彌證修等四百四十餘人授戒。後於大佛殿西，別作戒壇院。這時四方聞名來學戒律的人，因為沒有供養，多有退還。這事竟為孝謙天皇聽到，便於寶字元年（七五七）十一月二十三日，敕施備前國水田一百町，鑑真想以此田建立伽藍，時有敕旨，施鑑真園地一區，乃故一品新田部親王之舊宅，於是普照、思託便請鑑真以此為伽藍，長傳《四分律》。寶字三年，私立唐律招提名，後請官額，以此為定，所立伽藍，即今日的唐招提寺。

鑑真到日以後，在東大寺建立戒壇院，對於日本佛教有極大的影響。《中日交通史》作者說：「東大寺建立戒壇院一事，乃日本佛教史上最宜注目之事。東大寺為日本佛教之總本山，而名實上皆能確立其主權者，自此時始。何則？自此至平安朝，比叡山延曆寺建立大乘戒壇教界主權二分之先，無論何人，若不受戒法於東大寺之戒壇

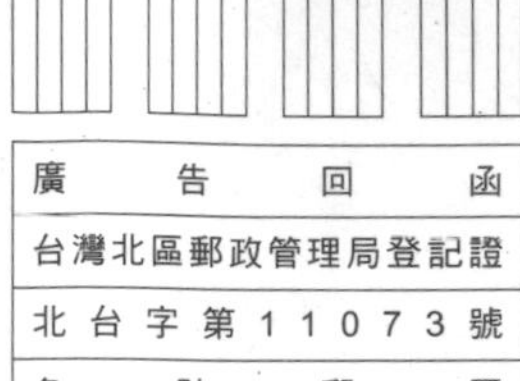
廣告回函
台灣北區郵政管理局登記證
北台字第11073號
免貼郵票

112-44
台北市北投區公館路186號5樓

法鼓文化
讀者服務部 收

寄件人：□先生 □小姐

地址：
市 區鎮
縣 市區
路街 段 巷 弄 號 樓

讀者服務卡

感恩您對法鼓文化產品的支持。為了提供更好的服務，請您回覆以下的問題並直接寄回法鼓文化。我們非常重視您的想法，因為您的建議將是我們進步的原動力！

＊是否為法鼓文化的心田會員？□是 □否

＊□未曾 □曾經 填過法鼓文化讀者服務卡

＊是否定期收到《法鼓雜誌》？□是 □否，但願意索閱

＊生日：________ 年________ 月________ 日

＊電話：(家) ________________ (公) ________________

＊手機：____________________

＊E-mail：__________________________

＊學歷：□國中以下□高中 □專科 □大學 □研究所以上

＊服務單位：__________________________

＊職業別：□軍公教 □服務 □金融 □製造 □資訊 □傳播

□自由業 □漁牧 □學生 □家管 □其它 ________________

＊宗教信仰：□佛教 □天主教 □基督教 □民間信仰 □無 □其它______

＊我購買的書籍名稱是：______________________________________

＊我購買的地點：□書店_____ 縣/市_____ 書店 □網路_____ □其它_____

＊我獲得資訊是從： □人生雜誌 □法鼓雜誌 □書店 □親友□其它_____

＊我購買這本(套)書是因為：□內容 □作者 □書名 □封面設計□版面編排

□印刷優美 □價格合理 □親友介紹

□免費贈送 □其它____________________

＊我想提供建議：______________________________________

□我願意收到相關的產品資訊及優惠專案 (若無勾選，視為願意)

法鼓文化 TEL:02-2893-1600 FAX：02-2896-0731

或其末寺下野藥師寺筑前觀音寺者，不能為大僧也。」

鑑真弟子中，包括四、五種不同國籍的佛徒，他們都是各有一種專門技術的。所以除了佛教本身學術的貢獻之外，對於普通學藝的貢獻亦很偉大。鑑真及其弟子等所攜去的物品如左：

佛像有：阿彌陀如來像一鋪、雕白旃檀千手像一軀、繡千手像一鋪、救世觀音像一鋪，藥師、彌陀、彌勒菩薩瑞像各一軀，及如來舍利三千粒。

經書有：金字《大方廣佛華嚴經》八十卷、《大佛名經》十六卷、金字《大品經》一部、金字《大集經》一部、南本《涅槃經》一部四十卷、《四分律》一部六十卷、法勵師《四分疏》五本各十卷、光統律師《四分疏》百二十紙、《鏡中記》二本、智首師《菩薩戒疏》五卷、靈溪釋子《菩薩戒疏》二卷，《天台止觀法門》、《玄義文句》各十卷，《四教儀》十二卷、《行法華懺法》一卷、《小止觀》一卷、《六妙門》一卷、《明了論》一卷；定賓律師《飾宗義記》九卷，《補釋飾宗義記》一卷，《戒疏》二本各一卷；觀音寺亮律師《義記》二本十卷，南山宣律師《含注戒本》一卷及《疏》；《行事鈔》五本、《羯磨疏》等二本、懷素律師《戒本疏》四卷、大覺律師《批記》十四卷、《育訓》二本、《比丘尼傳》二本四卷、玄奘法師《西域記》一本十二卷；終南山宣律師《關中創開戒壇圖經》一卷，合四十八部；王右軍真蹟行書一帖，王獻之真蹟行書三帖，天竺朱和等雜體書五十帖。

此外，尚有玉環水精手幡四口，金珠若干，西國琉璃瓶盛菩提子三斗，青蓮華二十莖，玳瑁疊子八面，天竺革履二緉等。

鑑真自天寶二年，發願東渡，受了五次的挫折，至第六次渡日本時，前後同伴已死去三十六人，道俗退心的二百餘人，只有鑑真、日本學問僧普照、天台僧思託，始終六度，終十二年，達到本願的目的。

鑑真對於日本文化之貢獻

鑑真及其弟子，原為律僧而兼天台學者。故其所攜物品內，有《摩訶止觀》、《法華玄義》、《法華文句》、《小止觀》、《六妙門》等許多天台章疏。後來鑑真、法進、如寶、法載、思託等又各各在唐招提寺開講天台宗義，代代不絕。桓武天皇追慕鑑真和上之嘉德，詔於唐招提寺構五間四面精舍一宇，安彌陀三尊，並敕於此寶殿講玄義、文句、止觀，永代不絕。可見當時日本朝野對於鑑真的尊崇。

鑑真及其弟子，雖然志在弘通戒律，但他們對於日本佛教藝術的影響亦很重大。鑑真對於建寺造佛，富有經驗，他在我國行化時，修造古寺達八十餘處之多，隨他東渡的弟子，亦都是在中國扶助他的事業的人，如思託、如寶、法力等，都是很精於塑造佛像的雕刻家和寺塔建築家。唐招提寺的金堂、講堂、食堂、文殊堂、不動堂、地藏堂、御影堂、禮堂、藏經樓、鐘樓及各堂佛像，都是鑑真的弟子所建立的。

《中日交通史》作者敘唐招提寺這樣說：「總之，唐招提寺，乃鑑真及其弟子所計畫建立，而安置彼等手刻或由唐帶來之佛像者也。其寺當孝謙天皇末賜唐律招提寺敕以前，名建初律寺，為日本弘通律宗之寺之濫觴。其寺多取範於唐之律寺，又從經典所示，以表現其理想；故寺院之建築，佛像之建造，與前代不同。其形式構造手法等，亦較有進步。其寺之金堂，現仍存在，為現存此時代建築物中之最大最美者；識者謂其構造裝飾，足以代表當時最發達之式樣手法云。」

〈特別保護建造物及國寶帳解說〉之評曰：

「金堂乃其（鑑真）徒如寶率有緣之檀主建立者。為今日遺存天平時代最大最美之建築物，堂為單層七間四面，立石壇上，前面通長一間之地開放，為他時代所無，以豐肥之柱，雄大之斗拱，承遠大之出簷，屋蓋為四注，大棟兩端高舉鴟尾，呈莊重之外觀。斗拱，用所謂三層斗拱式，乃最發達而幾達於完美之域者。鴟尾可為當代遺制之唯一標本。內部中央有石築佛壇，安置本尊盧舍那佛及脇侍梵天、帝釋天、四天王等像。其望板則為複形穹窿之最美者，豎條間描佛菩薩寶相，花格間作藻彩文樣。當初佛壇後壁，畫三千佛，柱上橫木亦施彩繪，今已剝落難辨矣。外部皆塗丹土，今斗拱之豎條間，猶存彩畫之痕跡。要之此堂為今日所存天平時代佛殿之最完備者，其構造裝飾，足以代表當時最發達之式樣手法。」

鑑真及其弟子傾其全力建造唐招提寺，對於後來的日本佛教藝術的影響極大，平安朝以後各宗大本山的佛殿建築幾無不受唐招提寺的影響。比外於種種方面，皆於日本文化之發達，貢獻甚大。鑑真雖因漂流南海，受暑毒而失明，但彼博通經論，暗誦無遺。寶字四年（七六〇）淳仁天皇敕就東大寺校正一切經論，因經論誤字，諸本皆同，莫之能正，鑑真暗誦，多能校正。

據《東征傳》附錄說：鑑真又通醫學，尤精本草學，當時日本人多不知藥物之真偽，敕令辨正，鑑真以鼻別之，無一錯誤。日本後光明皇太后不豫之際，鑑真曾進藥石，頗有效驗。藤原佐世所著之《日本國現在書目錄》中，載有《鑑上人祕方》一卷。故即由日本醫學本草學之發達上言之，鑑真亦為不可忽視之人。一說鑑真因療治皇太后不豫有功，由皇帝賜以備前水田一百町，可見其醫術之高妙與受日本皇室尊敬之一斑。

《中日交通史》作者說：「鑑真弟子中，長於詩文，而有貢獻於日本漢學之發達者亦不少。就中如思託乃其最著名者；其著述頗多，而在史料上、文學上最堪注目者，為《鑑真和上傳》與《延曆僧錄》。」惜兩書皆散佚不傳。《鑑真和上傳》一書，據《宋高僧傳》唐揚州大雲寺鑑真傳云：「僧思託著《東征傳》詳述焉。……」《東大寺要錄》卷四有「大和尚傳云」句，似即引此書之文。……又《延曆僧錄》一書，為延曆初年所撰。《日本高僧傳要文抄》、《東大寺要錄》、《東大寺雜錄》等多抄錄之。《東大寺雜錄》為奈良朝貴重史料，其書多半抄錄《延曆僧錄》而成，可見思託學術造詣之深。此外，鑑真、思託等，在日本講經弘律，似概用漢語。《東征傳》云：「唐道璿律師請大和上門人思託曰，承學有基緒，璿弟子閑漢語者，令學勵疏，並鎮國記，幸見開導，僧思託便受於大安唐院，為忍基等四、五年中，研磨數遍。寶字三年，僧忍基於東大唐院講疏記；僧善俊於唐寺講件疏記；僧忠惠於近江講件疏記，僧惠新於大安塔院講件疏記，僧常巍於大安寺講件疏記，僧真法於興福寺講件疏記；從此以來，日本律儀漸漸嚴整，師資相傳，遍於寰宇。」

因為鑑真的弟子之講說，使日本廣用漢語，因此而影響於日本音道之發達者極大。鑑真於寶字七年（七六三）五月六日入寂，春秋七十六。天平神護元年（七六五），稱德天皇敕諡「過海大師」，是日本大師尊號的濫觴。

我們讀了鑑真六次出國始達目的的記載，更加相信古今的偉大事業，都是從堅苦卓絕的環境中創造出來的。今日盛談中日文化交流的人，對於這位千餘年前赴日弘揚佛教的鑑真和尚貢獻於日本文化的事蹟，似乎有加以檢討之必要。所謂發古德之幽光，當飲水而思源，在這年頭，也未始是沒有意義的。

隱元禪師略傳

現在我們再來介紹隱元禪師。

自唐以後至於明清，中國佛教徒的往來日本而對於日本文化有貢獻的也不知有多少人。我所以特別介紹隱元禪師的原因，因為他是比較能代表一個時代的人物。

清杜立德所撰〈大日本山城州黃檗山萬福禪寺開山特賜大光普照國師隱元琦老和尚塔銘〉說：

「按師諱隆琦，號隱元，閩之福清人。姓林氏，為八閩望族，世守詩書，簪纓濟美。……，九歲入學，迥異凡兒。……閩中黃檗賜紫鑑源禪師，知師慧性夙具，遂度剃落。時年二十九歲也。自是矢志精修，光揚佛道，凡天下勝剎名山，知識耆宿有一德可師者，莫不歷參請益，究玄微。時密雲悟和尚、費隱容和尚，父子同時名震海內，適密開法金粟，龍象畢集，不下萬餘指，遂往參依，日契玄機，歎為異目，閱六載歸，住靜獅子巖。及費主席黃檗，擢居班首。於是道益高德益厚，親承記囑，遂得臨濟正傳。會黃檗虛席，眾延師補之，以多年荒圮之道場一旦重興，儼然東南一大禪林，皆師之力也。後之浙省覲費和尚於金粟，留主崇德福嚴，移長樂龍泉，再回黃檗，前後十七年，所至之地，緇素雲集。凡名公鉅卿，耆英碩德，參叩問道無虛日。……迨清順治癸巳冬，扶桑國長崎興福住持逸然會公，特奉王命差僧古石，聘師東渡；師念乾坤一體，大道無私，疆域雖殊，佛性不異，遂於甲午夏六月航海而東，……七月五日登岸。……蓋日國禪宗，自宋蘭溪隆倡起之後，數百年間寥寥不振。及聞師至，如撥開雲霧，皎日當天，舉國感激加歎，以為古佛重臨，菩薩再世也。」

隱元禪師東渡的因緣

德川時代中國禪僧的渡日，始於元和元年（一六一五，明萬曆四十三年）寧波天童寺的僧智光，至享保八年（一七二三，清雍正元年）杭州靈隱寺僧竺菴的渡日，前後約百年間，其數大概在百人以上。隱元也是其中的一個，不過他在百餘人中資望最高，而且是受聘而去的，這和一千年前揚州鑑真和尚的赴日因緣完全一樣，完全是仰慕他的道風來請他的。

這些渡日禪僧的出身地，除了籍貫未詳的若干人和山西，江西省的二、三人外，其餘都出身於江蘇、浙江和福建，都是出身於比較長久保留明季姿態而與日本當時唯一通商港口的長崎有頻繁交往的華南沿海各地。

在隱元禪師渡日之前，長崎已經由中國人創建了所謂唐三寺了，即興福寺（南京寺）、福濟寺（漳州寺）、崇福寺（福州寺）。但往來於這唐三寺的中國僧，不過只是為那些往航日本的商船祈禱海上往來之平安，並為供養先亡的法事誦經拜懺而已。對於日本文化，幾乎沒有影響。其間只有一個住在崇福寺的道者超元，曾居平戶的普門寺和金澤的天德寺，鼓吹一種禪風，稍惹世人注意而已。但中國僧之渡日既絡繹不絕，於是學德俱備的人物終於出現了，這便是當時宗門巨匠隱元禪師之東渡。

木宮泰彥的《中日交通史》述隱元東渡的因緣說：「先是興福寺之僧逸然，聞福州黃檗山隱元隆琦之盛名，欲招之來日。得幕府之許可，自承應元年（一六五二）以來，或贈書幣，或遣弟子古石、目恕，一再請其東渡。隱元因慶安四年（一六五一）其弟子也嬾，應崇福寺之請東渡，途中遭風波溺死，有志未遂，殊深悼惜。承應二年（一六五三）十一月，又接超然第四次之請啟，感其誠懇曰：此乃子債父還也，乃讓黃檗山之法席於弟子慧門。三年七月率諸弟子渡日，先在長崎之興福、崇福兩寺說法，明曆元年（一六五五）九月，受妙心寺派下之賜紫龍溪宗潛之懇請，由海路到攝津（今神戶），入富田之普門寺。萬治元年（一六五八）九月，下江戶（今東京）謁將軍綱吉，受大老酒井忠勝等之皈依。二年賜寺地於山城之宇治，創建黃檗山萬福寺，而開黃檗宗。」

黃檗山與明代志士的關係

當時航海的日數與里數，據《黃檗史乘》的記錄：自長崎至舟山約二百五十里，至福州三百九十里，至泉州四百二十里，至廈門五百里。風濤危險的時候，航海需要相當的日子；但在波浪平穩順風的時候，自廈門至長崎約十五日，自福州至長崎約十日內外，便可到達了。

那時因為清朝勃興，明朝的勢力漸次被控制於南方，閩粵邊地都蒙了戰塵的洗禮，在明季亡命的志士和學者之中，有的化裝商人，有的現身為僧侶，而往來於中日兩國間是很多的。於是長崎的黃檗寺，便成為這些胸中蘊著風雲的慷慨激昂的亡命者的梁山泊。

江西名僧默子，於寬永五年（一六二八）東渡，曾攜帶明版《大藏經》至日。默子兼通諸藝，曾傳授象眼細工的技術，被稱為長崎眼鏡橋鼻祖的酒屋町橋，便是他架設的。這時長崎唐人的往來，也因海禁已經不嚴，故其門下的僧徒便屢屢往來海上而與中國的志士互通聲氣了。

蘊謙和尚自掛錫泉州開元寺時，便和明末南竄的遺臣們保持著聯繫，據說和鄭氏一門尤有特別的因緣。後來他渡長崎創建漳州寺時，鄭成功的兄鄭泰，曾寫了「大雄殿」的匾額奉獻，祈禱他的一門的武運，該匾今尚存在。

從明末志士楊明浪的書簡看來，似乎曾屢屢扣過蘊謙的禪室，置酒快談天下事，有時且賦詩以見志。

鄭成功與隱元的關係

鄭成功和隱元的關係，對於我們的興味尤深。一個是生於日本而雄飛於中國；一個卻是生於中國而傳禪法於日本。當成功駐兵福州的時候，曾屢參隱元的禪機，終於受了他的禪法。

當隱元赴日的時候，自福清黃檗山至廈門，被迎入仙巖的別墅。當時廈門為鄭氏的軍事根據地，其從兄鄭彩專任招待，並為隱元辦理出國的準備。

隱元所乘的船是南京寺預備的，那是一隻長崎系屋七郎右衛門開赴安海的商船。成功因為當時的時局紛亂，耽心著中國海上旅行的安全，曾命五軍都督張光啟派遣兵船加以護送。

當時成功贈隱元的詩七律一首，曾寫在金扇上送他，此扇久藏黃檗山，成為好事者羨慕的珍物。詩云：

崔嵬巖洞出雲端，中湧龍湫晝夜潺。
因地敧平成小築，見山疎密障狂瀾。
滋培翠奪流丹閣，咳唾珠垂滴露盤。
對澗臨風象緯邈，高奇去致伴仙壇。

呈似　琦公老禪　鄭森

但是這把金扇，不知何時逸出了黃檗山，後來歸於淺野蔣潭居士所有。

明曆二年（一六五六）隱元之徒無上與惟仁二僧，曾自興化府之烏坵島，附搭張一試的兵船渡至長崎。當時廈門為鄭成功氏的鎮府，因為鄭氏與黃檗具有深切的關係，所以黃檗僧多數是從這裡坐船出國的。同時，明末的名流參叩黃檗的避難者為數亦不少。

興化府仙遊縣人，曾於唐王之下領過兵部尚書的唐顯悅居士便是其一。唐氏字子安，號梅臣，天啟二年進士，黃檗參禪之後，號雲衲子。

黃檗宗與中國藝術

隨著黃檗宗的傳播，有不少中國的藝術家和藝術品流入日本，給予有志於斯道的人們以極深的興味和刺激，佛工范道生之赴日，便是其一。

道生字石甫，號印官，別號清源道人。明崇禎八年十二月生於福建省泉州府安平范氏之家。世世以佛工為業，至其父時，移居於廣南。

據長崎《唐通事會所日錄》及其他所載，道生於日本萬治三年（一六六〇）二十六歲時，應長崎漳州寺（分紫山福濟寺）主蘊謙同鄉僧之招赴日，居該寺造佛像，陸續塑造南京寺（東明山興福寺）、福州寺（聖壽山崇福寺）等安奉之佛像。

寬文元年，隱元禪師開創黃檗山萬福寺於宇治，堂宇次第興建之後，感到有雕製佛像供養於黃檗山之必要，於是遂招道生以任其事。《普照國師年譜・寬文二年條》云：「師自入國，所見梵像不甚如法，適聞南有范道生者善造，命眉監院督造觀音韋馱伽藍祖師監齋等像云云。」

眉監院是日本承應三年隨隱元赴日，此時任黃檗山監院的大眉性善，他和道生是同鄉。道生還有一個知交叫月潭，是日本近江人，出家後隨其師獨照下長崎，參於隱元的會下，精通華語，自是以後一直到隱元示寂，常親近其側，和道生的交情最篤。

道生除專精於佛像雕製的藝術之外，對於詩文的造詣也頗可觀。他初上黃檗山賦詩云：

遙瞻紫氣入山來，選佛名場喜乍開。
龍象徧圍獅子座，雨花爭墜法王台。
萬松鼓翠暄天籟，千嶂排空起浪堆。

露出重重真境界，不思議處孰能猜。

又呈監院大眉詩：

半榻跏趺泯寂喧，啣花百鳥獻無門。
逢人也結東林社，觸處無非離垢園。
光射青峰千丈月，脈分黃檗幾枝孫。
超方作用孰能委，凡聖都盧一口吞。

道生的詩似乎並不多傳，但從這兩首看來，已足知其才華的富瞻與風韻之流露了。而且這不過是一個未滿三十歲的青年雕像師的業餘之技，也可以知道開創當時的黃檗山的人材是如何濟濟了。

隱元之著書及其弟子

隱元禪師到日本後所著的書，有《扶桑錄》十六卷、《雲濤二集》八卷、《太和集》四卷、《雲濤三集》四卷、《佛祖圖讚》一卷，與《中華語錄》二十卷俱流行於世。

他的嗣法門人共有二十三人，皆各具著頂門的一隻眼。其中，木菴和尚董黃檗山第二代祖席（明治十四年賜謚慧明國師），慧林和尚主第三代法席，獨湛和尚揭第四代法幢，皆為中國僧侶。自是以後至第二十一代為止，除第十四代與第十七代之外，皆由中國的舊黃檗渡日，董主席挑法燈；自二十二代以後，中國僧遂告絕跡，但一切法式和所有儀制，至今猶與開山當時毫無所異。

當隱元國師開創此山之際，曾發現無隱元晦禪師的墳墓，禪師為豐前人，敕謚法雲普濟禪師，游元參天目中峰國師及謁諸老，歸朝之後，歷遷筑之顯孝、聖福；相之圓覺、建長；洛之建仁、南禪，而為壹州安國寺之第一世，以延文二年十月十七日示寂。國師與禪師時世相異，其名竟暗同，不能不說是一件奇事。

黃檗山的舍堂

黃檗山的殿堂，因為處於蓊鬱的翠巒之間，其理想雄大的規模與結構整美的布置，完全是隱元禪師崇高偉大的人格之表徵。這些堂舍，大概自寬文元年至延寶六年歷十七、八年間，自隱元禪師至第二代木菴禪師，就全部完成的；其中有十三座為國寶建造物。各堂內外的匾額柱聯，都成於隱元禪師以及木菴、即非、慧林、獨湛、高泉、千呆、悅山等諸高僧之筆。其本山的主要建築物如左：

總門（國寶）　山門（國寶）　天王殿（國寶）　大雄寶殿（國寶）
法堂（國寶）　東方丈（國寶）　西方丈（國寶）　禪堂（國寶）
齋堂（國寶）　祖師堂（國寶）　伽藍堂（國寶）　鼓樓（國寶）
鐘樓（國寶）　聯燈堂、賣茶堂、有聲軒（煎茶道修練道場）
威德殿　祠堂　知客寮　宗務本院　甘露堂　庫裡　五雲居
通玄門　開山堂　松隱堂　敕建舍利殿　真空塔　碑銘堂

黃檗山在松隱堂（隱元禪師退休後所居之處）之外，有三十二院，都是開山國師為法子法孫所創建的分院。其院曰：

萬壽院　萬松院　天真院　龍華院　獅子林院　真光院　鳳陽院　壽光院

法苑院　慈福院　緣樹院　別峰院　大潛庵　寶善庵　東林院　瑞光院

法林院　龍興院　漢松院　華藏院　長松院　聖林院　崇壽院　法惠院

壽泉院　寶藏院　吸江院　紫雲院　白雲庵　華嚴院　自得院　慈照院

這些伽藍的配置很是得法，堂宇完備，結構莊嚴，完全採用中國明代的建築方式，各堂所安置的佛像，都成於范道生之手，製作極為優秀。各堂聯額，頗有春蘭秋菊競美之概，這是黃檗山在日本各宗寺院建築上的一個特色。所以，黃檗山的全山堂舍已被日本文部省大臣當為國寶而指定為保護的建造物了。

自隱元禪師渡日之後，其高足有木菴、即非、慧林、龍溪、獨湛、大眉等諸名匠。其法孫主要者有：高泉、悅山、鐵牛、鐵眼、潮音、梅嶺、了翁等諸傑僧，實在是濟濟多士。由於這些龍象的雄飛，使黃檗門風一時大振，光彩陸離，風靡三島，因而挽回了已墜的禪風。對於德川文化所貢獻的偉大史實，可以說是江戶時代日本佛教史上的一朵奇葩。

黃檗山歷代高僧的書法

黃檗山自開山隱元禪師以下，歷代高僧都以能書著名，世稱為黃檗之書，在日本極為膾炙人口。自第一代隱元、第二代木菴、第三代慧林、第四代獨湛、第五代高泉、第六代千呆、第七代悅山、第十五代大鵬，都是一代書手。今日黃檗山各殿堂的柱聯，尚殘留著他們的筆跡。試略舉例如左：

第一代開山隱元所書：

三門「黃檗山」豎額，「萬福寺」橫額。

柱聯：「地闢千秋日月山川同慶喜，門開萬福人天龍象任登臨。」

第二代木菴所書：

法堂柱聯：「大用現前時雲龍際會生頭角，全機展拓處凡聖都來立下風。」

祖師堂聯：「少室流芳弈葉千枝競秀，慧燈續燄祖庭萬古騰輝。」

第三代慧林所書：

開山堂柱聯：「佩祖印渡鯨波盡道達摩現在，振宗門開檗嶠分明斷際重來。」

第四代獨湛所書如左：

開山堂柱聯：「開廓山堂海國鳳麟從此出，丕承祖烈檗林龜鑒攸司存。」

第五代高泉所書：

大雄寶殿柱聯：「碧水丹山設長生之畫，紅輪白月獻無盡之燈。」

第六代千呆所書：

三門柱聯：「大道沒遮攔進步直登兜率殿，法門無內外翻身撈入旃檀林。」

第七代悅山所書如左：

大雄寶殿柱聯：「萬德殿中移來一會耆闍崛，千華臺上現出本身盧舍那。」

在黃檗山歷代能書的高僧中，以木菴和尚的筆法為最特色，同時他所寫的匾額柱聯也最多。木菴是清初福建泉州人，從他的書法筆調看來，似乎是受著明末泉州名書法家張瑞圖的影響的。與書法有連帶關係的印刻、繪畫，也都隨黃檗禪次第深入日本的社會。當時黃檗山所藏的名貴書畫之多，儼然是一個美術博物館。此外如醫學、琴法，也曾由黃檗山的僧人傳入，各各促進日本醫道和琴法之發達與復興的。

黃檗禪的輸入與日本食物

日本人在日常生活上與佛教的關係太深了。譬如他們在寫「平假名」時，便會想到弘法大師；當他們講究茶道時，便會想到珠光和尚；當他們每天吃飯吃到「澤庵」（黃蘿蔔乾）時，便會想到澤庵和尚來。同樣的，隱元豆（宛豆，インケンマメ）也不是一個生疏的名詞。還有隱元菜豆（四季豆），隱元茶也是相當有名的。

隨著黃檗禪的傳入，通過長崎而流行於日本的明代風味的烹飪，大略有兩種樣式。一種是行於一般市井間，採用鳥獸、魚肉、蔬果等的酒食——桌袱料理；還有一種主要的是黃檗寺院間所製的素菜——精進料理。這又稱為黃檗普茶，或單叫普茶，或叫普茶卓袱。黃檗初期的普茶菜單，大概分為一湯二菜或一湯三菜。

一　湯　　豆腐

一　小碟　　漬物

一　蘿蔔

一　筍羹　　炸豆腐　　松茸　　筍

本來寺院裡有一種稱為典座的職務，這種職務最初是典床座的職務，後來遂成為典大眾齋粥的職務。其中關於飲食之事，具有深厚的興味，積著種種的研究，大概是漸次自簡而入於繁，自素而入於美的樣子。

由於黃檗普茶的傳入，對於日本人的味覺相當的強調。在稍微隆重的筵席上，所用的茶，有蜜漬的蘭茶、茉莉茶、桂茶，及福清產的金桂花之加粉香的茶。這些茶無論是顏色、氣味，都使人感到一種精神的爽快。

在黃檗所傳的《唐話類纂》的蔬食部，與日本譯語對照的中國蔬菜類，被收達一百六十餘種。因為黃檗山的僧徒多半是來自蔬果豐富的福建方面，所以他們所送來的蔬菜果物，在當時的日本是被認為很珍奇的。

荔枝在中國譬喻為最高的學位，被稱為狀元菓，自古以來便佔著菓物界的王座。乾曝的荔枝常被用於煎湯及其他煮法，香味濃厚；但要嘗生荔，在當時是很難的。因為據說它是離了本枝，一日即變色，二日即變香，三日即變味的。可是有時，經過五十五更，自相隔三百八十里的福州，受著順風的恩惠，大約十日便可送到長崎。從那謹慎包裝著的青葉芬香的包中，還能夠一嘗色香味尚無大變的鄉果。

高泉和尚以詩禮讚生荔云：「奇果原生閩越中，傳來海上殼猶紅，茲承分惠感何極，使我嚼時憶素公。」

荔枝之外，還有龍眼（桂圓），也是自福建傳去的。荔枝出於初夏之間，龍眼卻出於秋始，同樣常是被曝乾之後才輸出於外地的。

關於福建移入日本的蓮根，據即非和尚說，藕根一節生一葉一花，月生一節，歲生十二節，閏月之年多一節，規則正確。且其根甘而脆足以解渴，實性溫和，加糖入粥。乾葉包物，可防書籍什器等的鼠害。浴時煎之，能落垢膩。有如此微妙的益處，所以後來日本始漸漸地知道種蓮根了。

關於落花生，一稱長生果，在福建泉州叫土豆。以前有人以為是隱元禪師從日本帶到中國的，這是一個小錯誤，其實它是自中國移入日本的。寬文元年（一六六一）廈門僧道陽致大眉和尚（隱元法子，黃檗山監院）的書簡之末云：「寄上老和尚（隱元）長生果三斗，木（木菴）和尚一斗，即（即非）和尚一斗。」

這從今日說來，是沒有什麼稀奇的，但在當時是被數為舶載的珍果之一的吧！又隱元的譯語侍者月潭，致法叔獨吼的書中云：「（上略）更惠唐山落花生一包，此果娙出松後久不獲見；今此再見，恰如素公得蜜漬荔枝，珍感曷已，謝謝。」

可知，黃檗山對於故山送來的珍果是加貯藏的。

此外，如豆芽、菠菜（菠稜草）、豆腐、豆腐乾、雲片糕、糖姜、麻餅、梅干糖、饅頭等，都是隨著黃檗的禪而流入日本的。

隱元禪師之光榮

隱元禪師在創建黃檗山萬福寺之後，漸次入於老境，乃讓祖席於具有非常手腕與絕大精力之高足木菴禪師，自己退隱於山內萬松岡下之松隱堂。他深愛此堂的風致，那些發揮其光風霽月的胸襟之詩偈的大半，是在松隱堂所吟成的。應度者皆已得度，未度者亦皆結得度因緣。於是於寬文十三年四月二日得病，遂至不起。

後水尾天皇特降敕賜大師徽號，其敕曰：「朕聞臨濟之道，遍行天下，至天童雙徑，光輝益盛。唯我日域久乏宗匠，幸黃檗隱元琦和尚受請東來，重立綱宗，闡揚濟道，大光於國，功不可磨。朕屢沾法乳，簡在朕心。故特賜大光普照國師之號，以旌厥德，欽此故諭。　寬文十三年四月二日」

還有後水尾天皇聞其病篤，曾宸悼曰：「師國之寶也，倘世壽可續，朕願以身代之。」

他所受的殊遇，實在是罕有的。到了四月三日，在哀愁深深的諸法子的圍繞中，奮筆大書遺偈曰：

西來楗栗振雄風　幻住櫱山不宰功
今日身心俱放下　頓超法界一真空

於是便泊然地遷化了。自他渡日行化以來，正二十年，世壽八十二，嗣法門人二十三人，剃度弟子五十餘人，求法諱者不知其數。

其後享保七年更由靈元天皇加諡，賜號「佛慈廣鑑禪師」，銘其壽塔為「真空塔」。

安永元年三月，後桃園天皇加諡「徑山首出國師」。

文政五年三月，仁孝天皇加諡「覺性圓明國師」。

明治十五年，賜「真空」二大字敕額。

大正六年三月七日，大正天皇特加諡「真空大師」之號。

會昌法難與宣宗之晦跡

佛教傳入吾國，已千八百餘年，其間盛衰不一。考之史籍，有三武一宗之法難，其中以唐武宗「會昌法難」為最酷。

唐武宗迷信道教，會昌元年，召趙歸真等八十一道士於宮中，親受法籙。會昌四年，以趙歸真為道門教授先生。趙氏之外，衡山劉元靖亦深博武宗之信仰，為光祿大夫，被任崇文館學士，二人皆在宮中修法。其間有諫帝者，趙歸真乃更招羅浮山之鄧元超，陰相結託，當時宰相李德裕又力助之，遂因道士之請，佛寺於長安、洛陽各存四寺，地方諸州各一寺外，皆破壞之，僧侶上寺二十人，中寺十人，下寺五人之外，令歸俗毀寺。會昌五年，毀天下寺院四萬餘，令僧尼還俗者稱二十六萬餘人。翌年四月，趙歸真等伏誅，李德裕被罷，五月增置八寺於京。

武宗於會昌六年崩，翌年宣宗即位，改號大中，又復興隆佛法，然盛唐經疏，散佚盡矣。據《宋高僧傳》「鹽官齊安條」記載，宣宗皇帝曾隱曜緇行，行腳參方，預齊安法會。宣本憲宗第四子，穆宗異母弟也。武宗憚忌之，沉之於宮廁，宦者仇公武，潛施拯護，使髡髮為僧，縱之而逸，周遊天下，險阻備嘗。及武宗崩，左神策軍中尉楊公迎而立之。

宣宗在鹽官（今杭州海寧）齊安會下時，黃檗希運一日禮佛。帝問曰：「不著佛求，不著法求，不著眾求，用禮何為？」檗云：「不著佛求，不著法求，不著眾求，禮拜如是。」帝云：「用禮何為？」檗便打。帝云：「大麤生。」檗又打。

宣宗嘗遊百丈山，題詩云：「大雄真跡枕危巒，梵宇層樓峻萬間。日月每從肩上過，山河長在掌中看。仙花不間三春秀，靈境無時六月寒。更有上方人罕到，朝鐘暮磬碧雲端。」

宣宗初在香嚴智閑會下晦跡。一日與閑觀瀑布，閑吟云：「穿雲透石不辭勞，地遠方知出處高。」閑吟此兩句，意在釣出帝之語脈。宣宗續之云：「溪澗豈能留得住，終歸大海作波濤。」

其志之遠大，可以窺見。及即位後，有悼齊安示寂詩云：「像季何教禍所鍾，釋門光彩喪驪龍。香階嬾踏初生草，抵掌悲看舊日容。玉柄永離三教座，金鳴長鎮萬年蹤。知師下界因緣盡，應上諸天第幾重？」

簡介日本曹洞宗宗祖道元和我國宋代高僧寧波天童寺如淨禪師的關係

曹洞宗是日本佛教禪宗三大宗派之一。它和臨濟宗的一宗十幾派不同，它只有一宗一派兩大本山。一個叫大本山永平寺（在福井縣），一個叫大本山總持寺（在横濱鶴見）。道元是曹洞宗的宗祖。

道元（一二〇〇～一二五三）於南宋時到我國浙江各大叢林學習禪法，在寧波（宋時稱慶元）天童寺住了幾年，從當時天童寺住持如淨禪師傳了禪法。道元回國以後，受到朝野尊敬，擔任了福井縣永平寺的住持。他將中國天童寺的制度和如淨的禪風全部傳承過去，使永平寺成為日本曹洞宗的大本山和發祥地。

現在日本曹洞宗擁有寺廟一萬五千所，僧侶約一萬六千人（還有一個曹洞宗尼僧團），信徒五十餘萬人。宗辦大學、高等學校等頗多。

曹洞宗的最高領導人稱為管長，是由兩大本山的貫首（住持）每兩年輪流擔任的。三十年來，曹洞宗的管長和真宗東、西本願寺的法主、門主（相當於管長）輪流擔任著「全日本佛教會」的會長。一九五七年，曹洞宗管長高階瓏仙任全日本佛教會會長時，曾率領佛教親善訪華團來訪我國。一九七五年，前任管長佐籐泰舜曾致書佛協表示友好。現任管長是秦慧玉，號不老閣主，工漢詩及書法。

如淨（一一六三～一二二八）字長翁，寧波人，十九歲入禪門，從雪竇寺智鑑得法，歷住建康清涼寺、臨安淨慈寺和寧波天童寺等。南宋紹定元年（一二二八）七月十七日圓寂，年七十六。今年（一九七七）是如淨禪師圓寂七百五十年，日本曹洞宗稱為「遠忌」❶或「遠諱」。

❶日本佛教各宗派，對於宗祖忌日紀念，每年都定期舉行宗教儀式。他們特別重視每五十年的遠忌紀念。曹洞宗對於宗祖道元的本師如淨，稱為「天童淨祖」或略稱為「淨祖」。道元則稱如淨為「天童古佛」，可知他們對於如淨的景仰。一九二七年，曾舉行過如淨禪師七百回忌的法會。

日本曹洞宗為了紀念如淨，在它的宗門機關刊物《傘松》七月號上，編了一個〈如淨禪師七五〇回遠諱號特輯〉，表揚道元和如淨的師徒關係。（按：如淨塔在杭州淨慈寺後山，往年日僧曾來掃塔致敬。）

天童寺距寧波市東三十公里，創於晉，盛於唐宋，歷代高僧輩出。自道元於此從如淨得法，歸國創立曹洞宗後，其宗門僧俗視天童為「祖庭」。明初日本畫僧雪舟隨遣明使來華時，曾參禪於天童，歸國後所畫山水畫卷，常自署為「天童第一座」（即首座），可見日僧對於天童的向慕。

一九七七年七月七日

少林寺日本兩禪師撰書三碑序

少林寺是中國的著名古寺，位於河南登封縣嵩山中，通稱嵩山少林寺。北魏太和二十年（公元四九六年），孝文帝為天竺高僧跋陀禪師創建，至今已有近一千五百年的歷史。

稍後，正光初年，菩提達摩入魏，愛其山林幽寂，於此面壁九年，專志禪道；慧可慕其道行，立雪斷臂，求授禪法，史上傳為佳話。六傳而後，至南能北秀，禪徒遍於天下，少林寺遂成為中國禪宗的發祥地，禪宗各派尊為天下祖庭。日本禪宗的臨濟、曹洞各派，亦皆淵源於此。

少林寺歷史悠久，名聞中外，寺中碑刻，均為我國珍貴文物，久為中外金石學者所重視。其中尤罕見者，為元明兩代留學我國的日本禪僧撰書碑刻數種，是中日佛教交流頻繁與禪僧友誼深厚的實物見證。中國佛教協會、河南省開封地區文物管理委員會及登封縣文物管理所有鑑於此，特選少林寺歷代碑刻中元代日僧邵元所撰〈息庵禪師碑〉和自撰並書的〈照公和尚塔銘〉，以及近年發現的明初「扶桑沙門德始書丹」的〈淳拙禪師塔銘〉三碑，製版印行，以介紹於關心中日文化交流的人士。茲將兩禪師來華事蹟介紹如下：

邵元（一二九五～一三六四）字古源，日本越前人，少入京都，於東福寺師事雙峰宗源。元泰定四年（一三二七）入元留學，歷訪我國南北名山巨剎，遍參臨濟、曹洞兩宗宗匠，侍少林寺息庵義讓門下尤久。其間受請為少林寺首座，聲名見重於叢林。息庵禪師寂後，受請撰其碑銘，此外又撰照公碑銘並書，留名於我國金石史上。元至正七年（一三四七）回國，在華達二十一年，是元代日本禪宗卓越的留學僧。清末金石學者葉昌熾評價邵元所撰的四碑說：「以三島比邱，而金石文字流傳於中國者有四刻，扶桑朝旭，此其曈曨之兆已。」（《語石》卷八）可見我國學者對於邵元的推重。

關於〈淳拙禪師塔銘〉，書者日僧德始。據我們所知德始的平生事蹟，日本佛教史籍未見記載。所以，日本佛教學術界對他迄無所知，也未見有關於他的研究。幸而我國明末明河撰的《補續高僧傳》卷十五載有〈日本德始傳〉一文，記載頗為詳實，足以彌補日本禪僧留華這個歷史的空白。

據〈日本德始傳〉記載，德始（?～一四二九）字無初，日東信州神氏子，從州之天寧大比丘一公祝髮為沙彌。逮長，詣山城（今京都）諸剎。既進具，坐探群書。他仰慕同鄉覺阿上人留學中土，謁杭州靈隱慧遠禪師，得法東歸，受到國人的景仰，被尊為禪祖。因請於其王，得隨國使宣聞溪入明。

據《明史．日本傳》載，日僧宣聞溪是洪武七年（一三七四）奉其大臣之命，齎書入明的，故德始來華當在洪武七年無疑。他首先謁季潭宗泐於南京天界寺，以機語契合，受請為書記。洪武十一年（一三七八），宗泐奉命出使西域，德始遂結伴來遊北京，初居於慶壽寺。洪武十五年，道衍主持慶壽寺，以德始為法門猶子（道衍與宗泐為法門同輩，德始為宗泐法嗣，故道衍稱他為法門猶子），延至丈室，相與激揚臨濟宗旨，意甚相得。洪武二十三年（一三九〇），德始巡禮峨嵋，到了成都，受到四川獻王朱椿的禮遇。在蜀十餘年，當過大隨院（唐大隨法真禪師道場，在今四川灌縣境內）等處住持，道望彌隆。

永樂二年（一四〇三），道衍為太子少師，復姓姚，賜名廣孝。他懷念德始遠在西蜀，寫信邀他。德始到京後，姚廣孝迎至私第，和他朝夕論道。永樂六年（一四〇八），德始應請為平坡寺（即今北京西山八大處之第六處香界寺，見《帝京景物略》）住持，過了兩年，又被命為龍泉寺住持，多所興建。宣德四年（一四二九）示寂，年歲不詳。按來復〈淳拙禪師碑〉撰於洪武二十年丁卯（一三八七），而立石於洪武二十五年壬申，則德始之書寫此碑，當在他未朝峨嵋之前。可見，這時他的書法已名聞於我國佛教叢林間了。

由於此碑的發現，使被埋沒了五百多年的日本禪僧德始的名字，重新出現於中日友好交流的史冊，這是中日兩國佛教徒同感歡喜的事。而德始所書的碑文，更是吉光片羽，彌足珍貴。因略述以上事蹟，以當介紹。

一九七九年八月

（此文曾於一九七九年以「中國佛教協會」名義向外介紹）

未來二十一世紀佛教

佛教法會的方式很多，如為紀念佛的誕生有浴佛節。水陸法會，或稱水陸道場，是最初啟建的一種法會。相傳梁武帝時，誌公感於白起為秦將時，曾坑長平降卒四十萬，對此悲慘故事，建議梁武帝於今鎮江金山寺，延請天下高僧，修建水陸法會七日，以資超度。

誌公本菩薩化身，能以圓音利物，武帝尊為國師。其後江浙各省相繼遵行，成為一時風氣。降及明末，福建漳州被圍歷七月，城中人相食。及清兵南下，轉戰百里，積骸如山，見聞咸畏。時亘信和尚受當道請，於漳州南山寺，建水陸大道場，香燈鐘梵，以資冥福。（見清初如幻禪師《瘦松集》）近年美國歸金山萬佛城宣化上人，更以空難時有所聞，發心延請海內高僧，擴大範圍，修建「水陸空」法會，普遍超薦，實為水陸道場擴及高空之濫觴。

其次為「七月普度」，即「盂蘭盆會」之別稱。此為追念每人亡母之節日，或演

「目連救母」戲劇以助興。家家戶戶燃燈於門前，以濟幽冥，蔚為社會普遍習俗。以上是佛教傳入中國以後留下的影響。其後佛寺的佛像開光、方丈陞座和民間的慎終追遠，都各舉行大小不同的法會。

而今二十一世紀的新時代即將來臨，佛教徒為了令正法久住世間，不能不考慮改變方式，以適應時代。將為超度亡靈的做法，轉而為生民服務，使佛法呈現無限的活氣。因此，星洲蓮池閣寺和毗盧寺用文娛活動的方式來弘法，使觀眾耳目一新，所謂寓文娛活動於弘法，可謂巧妙的構思。這是慧雄法師美妙的設計，走在時代的前頭，實現「人間佛教」。我預祝他取得圓滿的成功。

現在一般皈信佛教的人，對佛菩薩的所求無非要求佛菩薩保佑他們發財致富，商業發達，疾病消除，子孫興旺之類。大至人類幸福，戰爭不起，世界和平。為了使這種要求，昇華為「不為自己求安樂，但願眾生得離苦」的正信，從而淨化人類，淨化社會，促進人類生活的和諧與美滿幸福。

二十一世紀的佛教，將以哪一宗派為主流而發展呢？近代佛教領袖太虛大師有言：「晚唐來，禪、講、律、淨，中華佛法實以禪宗為骨子。禪宗而超乎淨（土），雖有江河日下之概，但中華之佛教，如能復興也，必不在於真言密咒，或法相唯識，而仍在於禪乎？」

印順法師的《太虛大師年譜》（一九二六年條）按語說：「大師最近覺悟，中華佛教之特質在禪，蓋即此意。」這就是說，中國佛教自晚唐來，雖有禪、講、律、淨，但其特質實在於淨。

我們再盱衡歐美，近代著名禪學大家鈴木大拙博士，以流利的英文著書，宣傳禪學於英語世界，收得極大的效果。法德等國，亦由日本曹洞宗已故禪學匠弟子丸泰仙師於歐洲建立數百處禪宗道場。這樣看來，禪宗將成為二十一世紀佛教的主流是無可疑的。

（原載於《佛教邁向二十一世紀》，一九九七年十二月，新加坡「國際佛教文化中心」出版）

僧伽教育與團體

中日留學僧與佛教文化

——貢獻給已留日或將留日的佛教青年

我們一談到整部佛教文化史，同時不能不聯想到印度的文化；但談到東洋文化，同時也不能不聯想到中日佛教文化的關係的吧。古今中外亡國的歷史，其表面雖由於戰爭的失敗，然其最大的原因卻由於文化的沒落。大抵接壤之國，往往帶有領土的野心。所以顯然地文化低下的國度，其近鄰假若有文化較高的國家，不戰而併吞其領土，這是古今中西的歷史所能證明的。所以世界上孤立的島國，其立國大計必先以輸入大陸文化為主要目的。

然而一種高等的文化，必然滲有許多不同文化的成分，相摩相蕩以奠定其堅固的基礎。歷史告訴我們：一種文化的發展，必須經過傳播的過程或經他國民族的發揚光大，才能達到其偉大燦爛的狀態。譬如七世紀時，印度佛教界陳那、護法、清辯、戒賢諸大德的弘揚傳播，其勢力雖風靡全印，然其隆盛之狀態，以較於我國隋唐時代諸宗創立之盛況，恐怕還是不能比擬的。這就是因為印度文化輸入我國以後，與我固有文化發生一種結合的關係，所以比較在其本國來得尤為膨大。如西哲云：一粒麥子落地，自身假若不死，不過只是一粒而已；假若是死，它將結成無數的麥穗。

在我國文化史上，唐太宗時代是一個最隆盛的時代，且國家威力遠及日本、高麗、新羅、契丹、安南及西域諸國。當時長安的都會，是世界文化的中心地，萬國朝貢的天府。所謂「貞觀之治」，這是談史的人所豔稱的。故玄奘三藏從印度歸國，以其風靡天竺之勢震動我國朝野的視聽。且傾其所學以貢獻於當時的佛教思想界，使我國佛教翻譯史上開闢一個新傾向，這是兩種文化混合以後最可寶貴的收穫。其他如歐洲文化歷史的源泉的希臘文明，也是必經羅馬文藝復興時代的遞嬗演變，才能造成今日歐美的近代文明的。

然我國佛教之所以能達到其昌盛的境域，實在是無數先賢不惜身命留學印度的結果，其影響不僅及於佛教本身，而全部中國文化都與此留學運動有極深的關係。我們試讀梁任公先生之〈千五百年前之中國留學生〉一文：

「魏晉以降，佛教輸入。賢智之士，憬然於六藝九流之外，尚有學問，而他人之所濬發，乃似過我。於是……留學印度，遂成為一種時代的運動。此種運動前後垂五百年，其最熱烈之時期，亦亘兩世紀。……此篇所述，確為留學運動，而非迷信運動。……蓋佛教本貴解悟而賤迷信，其宗教乃建設於哲學的基礎上，吾國古德之有崇高深刻之信仰者，常汲汲焉以求得『正知見』為務。……惟其如此，故所產之結果，能大有造於思想界。」

在其〈西行求法古德表〉統計自三世紀（魏甘露五年，公元二六〇年）之朱士行，至八世紀（唐貞元五年，公元七八九年）之悟空法師，共得一百零五人，其佚名者尚八十二人。印度留學運動之結果，如前之法護，後之玄奘，其在翻譯界功烈之偉大，更無待吾人之多言了。

我們再注視日本文化史的開展，同樣的不能不驚歎其先賢留學之成功。日本的文化基礎，即使是最偏見的東洋學者，亦不能否認其承受中國文明的餘澤。

日本史上的所謂天平時代，是它的文化史上最隆盛的一個時代。那是因為與中國交通的結果，使日本文化得到飛躍的發展。而當時負有極大使命的留學生，幾乎大半是僧侶。他們必經國家的考試，才能隨遣唐使來華。當時的中國是唐的最盛期，文化爛熟的時世，而長安之都又是世界文化第一燦爛的都會。所以當時日本的文物，可以說是全盤承受我國的所有。

在佛教學者方面，尤有顯著的成績。如空海（日本真言宗開祖，後賜號弘法大師）之留學長安，最澄（日本天台宗開祖，後賜號傳教大師）之留學天台山，他們歸國之後，都本其所學各創立一個宗派。日本的文化基礎，可以說是築於僧侶之手。因為當時日本的佛教，簡直是代表一國的文化。不但是教育、內政、藝術，有時連外交、國防，也是非倚賴僧侶之力不可的。當時奈良諸大寺專門研究外國文化的學僧之多，與民間宗教思想之普遍，都是可以想像的。但那些留學僧當時遭遇的艱危，也是不讓我國先賢留學印度那樣的困難，當時的留學並沒有今日東洋學者旅行歐羅巴（即歐洲）這樣便利的交通，他們往還都非賭著生命不可的。因為當時造船術的幼稚和航海經驗的缺乏，時常要遭遇漂流沉沒的險難。

當時日本的留學運動，政府好像有很嚴格的統制。所謂入唐，是非得敕許不可的，許可的條件是；本人的學殖、素養、道念、操行、身分、年齡及學修科目，須經僧綱所調查，從許多志願者之中嚴格選取；錄取之後，還要種種的準備，必要的華語的練習那是不用說的。當時日本佛教有關係的諸經論，也非調查熟讀不可的。一切經論調查熟讀，自然不是容易的事。尤其是那個時代並沒有公共圖書館，所以各大寺的經藏和諸宗匠的書物，都要設法借覽，而那些經藏書物的所有者大都是各守祕密，不易讓人披見的。所以縱使考試幸而及格，這些準備的困難也可以想像的了。

這些學識準備以後，還有留學費的準備，雖然幾分費用由朝廷供給，那到底是非常有限，自然還要自己相當的準備。有時學成將歸之日，遇我國政治上發生變亂的事件，那種苦痛就更不堪設想了。如日僧釋圓仁在其所著《入唐求法巡禮行記》第三卷，記其親遭「會昌之亂」云：「會昌二年以來，武宗排佛思想漸露於政治之上，迫害僧侶，逐日加甚。至會昌二年五月二十五日，外國寄留僧侶之姓名、年齡及藝業等，旨下諸寺考審，二十六日圓仁報出。……僧侶還俗，寺院廢毀，至會昌五年而極。」（按：會昌五年（八四五），毀佛之詔，佛教寺院破毀者六千六百餘所，僧尼勒令還俗者，至二十六萬餘人。）圓仁於此得回國之機會。「五月十五日發長安，途次蓄髮易俗裝，避入耳目。……經無數之困難，始得歸航之便。日月荏苒，瞬易二載，至七年九月乘新羅人往日本之船，剃頭易緇衣，自赤山浦出發。」

我們對於這位友邦先賢的遭遇和苦心，不能不致其景仰之誠意。雖然各人的遭際不同，而困難總是備嘗的吧。

日本佛教在我國梁末由朝鮮傳入，日本史上之記載以欽明天皇十三年（約五五二年），百濟王奉獻佛像經論為其嚆矢。經聖德太子的特別提倡，佛教頓然隆盛。入奈良朝，與中國交通逐漸頻繁，所謂「學問僧」亦相續來華留學，而我國高僧亦有發願赴日宣化，如現在日本尊為律宗第一祖的唐揚州鑑真大師，經六年之挫折，以六十六歲之高齡，於日本天平勝寶六年始到達日本。其弘法之苦心，也是值得敬佩的。

據日本當時的文人淡海三船真人所撰《過海大師東征集》所記載，和鑑真大師同行的還有許多比丘比丘尼和優婆塞的弟子，即：「揚州白塔寺僧法進、泉州超功寺僧曇靜、台州開元寺僧思託、揚州興雲寺僧義靜、衢州靈耀寺僧法載、竇州開元寺僧法成等十四人。藤州通善寺尼智首等三人，揚州優婆塞潘仙童、胡國人安如寶、崑崙國人軍法力、瞻波國人善聽等凡二十四人。齎去肉舍利三千粒，功德繡普集變一鋪，阿彌陀如來像一鋪，雕白旃檀千手像一軀，繡千手像一鋪，救世觀世音像一鋪，藥師、彌陀、彌勒菩薩瑞像各一軀，其他經論數十部。」

此中：泉州的曇靜、台州的思託、揚州的義靜，如寶及崑崙國人軍法力等，都是精巧於繪畫、雕刻的僧侶。所以此行赴日的結果，使當時日本的美術界受極大的影響。

天平勝寶六年二月一日，當鑑真大師一行自難波入於河內之時，日本朝廷特以大納言正二位藤原朝臣仲麻呂為敕使迎慰。四日入京，敕使正四位下安宿王迎慰拜勞，導入東大寺。翌五日，宰相各大臣大納言以下官人百餘人，來謁禮拜。敕使正四位下吉備朝臣真備來，口傳詔意曰：「大和尚遠涉滄波投此國，誠副朕意，喜慰無喻！朕造此東大寺經十餘年，欲立戒壇傳授戒律。自有此心，日夜不忘，今諸大德遠來傳戒，冥契朕心。自今以後受戒傳律，一任大和尚。」

同日授予傳法大法師位。越四月，立戒壇於大佛殿之前，天皇首登戒壇受菩薩戒，次皇后、皇太子亦登壇受戒，再次沙彌證修者四百四十餘人受戒。

至寶字元年十一月，敕旨施入備前國水田百町，以此田建寺；更敕賜故一品新田部親王舊宅園地。鑑真大師於茲經營伽藍，這就是今日存於奈良市西郊的唐招提寺。

自元朝以後，其間中日交通曾一度斷絕。一直到了明末，我國福州黃檗山的隱元禪師才又赴日，為日本黃檗宗之開祖。到了明治時代，廢佛毀釋之風極盛。佛教一時萎靡，予與日本文化上一個革命的打擊。但因日本佛教徒的努力，使佛教的一切組織形成一種嶄新的狀態。日本佛教飛躍的發展，我們只要讀過日本《現代佛教》雜誌的「明治佛教的研究回顧」專號，特別的是其中羽溪了諦氏的〈明治佛教的海外進出〉一文，就可以知道明治時代日本僧徒的努力了。

到了今日的日本佛教，已經是形成十三宗、五十六派的盛況。而各宗設立學校的完備，恐非當時各宗宗祖所能夢見。如真宗的東、西兩本願寺，有龍谷大學與大谷大學；淨土宗是以自己為中心，和其他若干宗合流而成立大正大學；曹洞宗有駒澤大學，古義真言宗有高野山大學；日蓮宗有立正大學；臨濟宗大學因升格問題，今尚未成。其他各宗高等專門學校，真是多如牛毛。各宗學者的著作，真是汗牛充棟，我們能說這不是日本佛教徒努力的成績嗎？今日西洋學者多數不知道中國有佛教，這是誰的恥辱呢？

記得前年（一九三五）王新命等十教授發表的〈中國本位的文化建設宣言〉裡說：「徒然讚美古代的中國制度思想，是無用的；徒然詛咒古代的中國制度思想，也一樣無用；必須把過去的一切，加以檢討，存其所當存，去其所當去；其可讚美的良好制度、偉大思想，當竭力為之發揚光大，以貢獻於全世界；而可詛咒的不良制度、卑劣思想，則當淘汰務盡，無所吝惜。」

對於文化的主張，這是再切要沒有了。我們對於中國佛教以往的光榮，徒然讚美紙上的材料是無用的。我們要負起時代的責任，我們需要存其所當存，去其所當去，重新創造中國佛教的新生命，於是借鏡於他山是不能再躊躇了。

我們知道，中國本來是一個重己輕人、標榜「用夏變夷」的國家，輸入外來的思想學術，是國難迫切中不得已的舉動。可是幾十年來的留學制度，至今仍然存在。社會雖然鬧著經濟恐慌，而留學風氣卻年年興盛，赴歐美留學的公私費生，一批一批的橫渡大洋。據云單就倫敦大學一校而論，中國留學生已在二百人以上。最近因中日關係的密切，赴日留學生已激增至三千八百人。（據日本*King*雜誌統計）一般國民對於留學生的努力是非常奢望的，他們都希望建設新中國的責任放在留學生身上。可是因為政府沒有通盤籌劃的留學辦法，實際的成績是學非所用，結果留學的制度，徒然耗費國家的財力，沒有使國家得到好處，這是識者所熟評的。

關於留學的準備，一要經濟、二要學力，這是不消說的。而留學國的文字準備尤為重要。以佛教留學史上而論，如我國的玄奘法師之留學印度，和日本的弘法大師之留學我國，所以能造成那樣偉大的學業，都是由於留學前對於留學國的文字有充分熟練的緣故。《續高僧傳》的〈玄奘傳〉：「玄奘遂毅然獨舉，詣闕陳表，有司不為通引，遯迹京皐，遍學蕃語。」

而日本弘法大師自二十二歲發念入唐，至三十一歲始得入唐敕許，其間十年的歲月，他全用於留學的準備，其對於漢語苦心的熟練，以當時敕許入唐條件的嚴格看來，是不難想像的。

晚近二十年來，我國學僧赴日留學之風氣，已逐漸打開，其較顯著者如持松、曼殊揭諦，和已故的大勇、顯蔭諸法師，他們都是到日本高野山去留學密宗的。自唐以後，密宗之在我國，已成為佛教之名詞而已。至於西藏密教與漢土佛教幾乎沒有關係。近來所謂東密之漸為世人所知，可以說是這幾位留學僧提倡的功績。

最近中日佛教學會之成立，便是以互相交換留學僧和實行所謂中日佛徒提攜為目的。所以，一二佛教青年為探求日本近代佛教的真諦，以為改造中國佛教制度的標本，其努力奮發的精神，是值得我們敬佩的。可是他們事前對於日本語文並沒有充分的準備，到了日本以後，既不能做筆記，又不能瞭解講演，半盲半聾，簡直沒有讀書的興趣，更何況談什麼高深的研究？勉強跑入補習學校，也只是學些應用的語言，連看報的能力都沒有，弄得生活枯燥無味，這真是最不聰明的辦法。

我希望有志留學的佛教青年，在沒有到日本以前，至少有閱讀日文雜誌和自由聽講會話的能力才行。否則志大心勞，對於自己固然徒增煩惱，對於國家的名譽也是值得顧慮的。

（原載於《佛教公論》一九三七年第一卷第八號）

僧眾訓練的意義

在整個國家真正統一、整個民族走上復興途上的今日，復興的根本條件，再無過國民訓練的重要了。所謂訓練的意義是非常廣闊的，可以說它是包含著全民族集體的努力。然而我們普通所說的訓練，多屬於軍事訓練，為著要抵抗敵人的侵略，在積弱已久的我國，誠然是當務之急了。自去冬全國實施國民軍事訓練以來，空間自通都大市乃至窮鄉僻壤，階級自政府公務人員乃至社會人民團體、農民壯丁，無不踴躍受訓，每天早晨雄壯的歌聲是到處可以聽見的了。

向來被政府社會視為方外的僧眾，現在也一律須參加訓練了。記得去年八月中央訓練總監部給中國佛教會的指令這樣說過：「查我國《憲法》，信教自由，然兵役義務，則全民平等，凡我僧道同胞，應秉以往廟宇自衛之精神，進為國家自衛之貢獻。國難日亟，寧容自外？」中國佛教會接到這張指命，以佛教宗旨為和平戒殺，若一旦身臨作戰，似有違背教義，故議決呈請變通編組，請求編於救護訓練，以符和平救世之旨。照准後，全國各地的僧眾訓練便開始了。以我所知，受訓的僧眾，當以去年十月間江蘇無錫為最早，繼而江浙兩省各地，如常熟、鎮江、寧波、慈谿等處亦各先後組織。而廈門市僧眾訓練是今年四月二十六日開始編隊受訓，至七月一日才舉行畢業典禮的。

我們試探僧眾受訓的心理態度，大概不出下列幾種：（一）有人抱著觀望的態度，以為國家尚未至需要僧眾捍衛的時期，那不過只是政府一種提唱而已。受訓不受訓總不至於強迫吧?!（二）有人以為國家政治日上軌道，法令勢難違抗，遲早總要挨到自己的，所以勉強的受訓。（三）有一種熱血僧眾，眼看強鄰壓境，請纓無路，恨不得把破壞人類和平的惡魔立刻消滅，所以他的受訓是自動踴躍的。（四）有一種人穿慣方袍大袖優遊山林，生怕一穿制服，立正跑步，貽人笑柄，所以逃避不前。種種心理不一。要之受訓的人，以自動和勉強的兩種人為最多。而在受訓之初，精神興奮，幾天之後，無精打采，邯鄲學步的亦大不乏人，這些人對於僧眾訓練都是沒有認識其意義的緣故。要知我們僧眾受訓，無論對國家、對佛教都是一種自衛，決不是準備去侵略別人的，現在我就佛徒的立場，關於僧眾訓練的意義略說幾種鄙見。

一、發揮大乘的精神

佛教乃依世尊一代的說法，以救濟人類為目的的宗教。它是不能離大眾而自己發展的，尤其是佛教的大乘思想，更是以積極救度他人為宗旨。然而佛教傳入我國以後，它所予與社會的影響，只在大乘思想學說而已，大乘佛徒實際的行動似乎並未有所發揮，馴至落於消極逃世，為社會所詬病。在這個思想急轉的社會，再不容吾人與社會不相聞問了。

在現代文化上，有一種與佛教教義相反的思潮，其最顯明的傾向，就是利己主義。有一種學者以為利己主義是人類的本質，所以，人類永遠不能和平就是因為權利的衝突。為著顧慮自己或自己階級的同種族的利益，不惜迫害其他階級，這是過激派政治的精神。他們專門致意於自己的名譽、富貴與權利而已。

然要捨了自利而發揮其利他精神，才是現代文化的真正意義。無論如何高明的宗教哲學，若是專為著自己的進步的解脫，是沒有什麼權威的。要有利他思想的社會，才有真的生命。大乘佛教的精神，實在是以捨己利人為先的。不是宗教的解脫，也不是自己一人的解脫，所以自己的解脫即他人的解脫。如《本生經》中世尊於前世燒肉裂身予與他人的記載，便是大乘佛教的精神。在大乘佛教看來，無論勞動問題、社會問題，只要是救世利人的都是佛教。

從這樣的思想看來，我們僧眾受訓的一點勞苦，不過是利他事業上的小小準備而已。從報國恩的意義來說，我們僧眾當自己所生的國家處於危亡的時候，為著救濟同胞、救濟祖國，即使枕戈待旦，馳逐沙場，和惡魔拚命，也可以說是不違背大乘精神的。

二、培養愛國的觀念

佛教固然是主張絕對和平的宗教，然而愛國思想與和平並不衝突。也許有人以為僧眾是不應提唱愛國思想的，因為愛國的反面就是排外，這樣一來佛教宗旨不是受政治和國家意識改造了嗎？其實，這樣的懷疑是錯誤的。佛教起於印度而傳入我國，上下二千餘年，所謂宗教戰爭是不曾有的。有時遇著佛教被迫害時，護法殉教的事實是有的，而與異教徒發生戰爭的事實是絕無的。

然而在今日民族與民族間互相猜忌仇視的環境之下，情形就不同了。無論什麼人一踏出國門，他的國家意識就會膨脹起來，即使你是僧徒，異國也不會把你另眼看待的。你的一舉一動，他們仍然是看為包藏禍心的。倘若自己的國家亡了，那時更要受著可悲的待遇的吧。

今年春間，太虛法師和中日佛教名流在上海提唱國際和平運動，他們想藉國際間佛徒的努力來避免殘忍的戰爭，這是世界有識人士所同情的。太虛法師的和平運動大意是說：今日世界是在階級對立與民族對立的二大鬥爭裡，唯有中國尚未形成布爾喬亞（資產階級）與普羅列塔利亞（無產階級）的二大階級。然民族國家的統一尚未完成，而此統一是非常必要的。因為蘇聯放棄「世界革命」轉為「一國社會主義」以來，世界階級鬥爭已屈服於民族鬥爭之下。

今日乃民族鬥爭最尖銳的時代，因此假若中國民族沒有完成其民族國家的統一，必為其他民族併吞分割是無疑的。對於障害這種事業的人，自然是可以用武力解決的。此種和平工作的內容，乃應用佛教的和平原理為非侵略與反戰的理論，使民族心理熱狂的侵略欲無形消滅。又實踐布施與其他的戒，使之停止掠奪攻戰的施設，興起慈善事業以聯絡各國佛教徒為國際和平的運動。

這種思想計畫不是偉大的和平思想嗎？可是日本《教學新聞》（四月二十日）一個記者比丘莊太郎君，對於太虛法師所說的卻下這樣的批評：「太虛的戰爭觀與和平論是很幼稚和誤謬的。那是因為他對民族與階級認識膚淺的緣故。」這位記者以為從這種意義看來，中國充實武力工作是必須的，於是所謂佛教和平運動也就成為徒然的了。而且在中國現狀，護國和平會也就不能成立了。

又更早月餘的二月十七日，該新聞又有一篇〈話支那〉的小品短評，是日本西本願寺上海別院輪番（住持）小笠原彰真師寫的。其中有一段說：「中國佛教徒一般顧慮著蔣介石與排日思想，好像有不敢與日本佛教徒接近的傾向。這對於日本、中國互相理解上是要大大努力打開的。在近來中國僧侶的新運動中，竟有人灌輸民族主義，如流行於江浙兩省之間的新運動，以僧兵為軍隊式之訓練，成為對外的民族運動，連太虛法師為蔣介石顧問也有人說的。其佛教新運動之理想，是以十三個學院，養成新的僧侶，使於中國的宗教制度與教義上加以革命。但可惜最近媚於政權，竟與圓瑛法師共同鼓吹排日思想了。」

這位作者是住在我國上海的，所以他已經注意到我們僧眾軍事訓練的作用，日人觀察的敏銳真是可佩！

我們看看外國國民的愛國，真是慚愧萬分。從前君主專制時代，國家乃屬於個人的所有物，民眾既不得過問國事，自然更無從愛起。就是國家有了緩急，也只好作「頭顱如許，報國無路」的感歎而已。現在時代不同了，每個國民都是國家的主人翁，國家的榮譽危急，就是國民的榮譽危急。假若國家被人侮辱、甚至將加以併吞的時候，每個國民都應該盡其全力以護衛的。在世界大同理想尚未能實現、各種族間尚未除去仇視的今日，無論何人都應培養愛國思想，才不愧為一個有用的國民；而僧眾既屬國民一份子，自然無須論了。

三、鍛鍊堅強的體格

「健全的精神宿於健全的身體」，這是一般人所知道的。無論是怎樣不屈不撓的精神，或悟道格物的優雅的情操，都是從健康的肉體生出來的。

一個人之健康如何，足以影響及其人人格之完成，乃至繫一國之盛衰。所以，體格的健康不只是一人一家之幸，而是一個國家大大的慶幸。西洋人說：「一個國民對於國家第一的義務，就是養成自己健康的身體。」他們無時無處不注意到健康，所以西洋人的體格較強於東方人，就是從這個觀念養成的。

然而要得真正的健康，是要經過一番鍛鍊的。一個偉大的人物，他必須有一個堅強的體軀，才能完成他偉大的事業。如玄奘法師當年西遊印度，歷盡那麼許多的艱險，假若不是他有那個壯健的身體，即使不是餓死，也被風雪疾病困死了。他終於能完成其遺大投艱的事業，實在就是健康之所賜！今日我國政府考選出洋留學生，尤重視體格之堅強；否則雖然滿腹經綸，博通中外，而以第二期肺癆之軀出國，雖然名滿友邦，學成歸國，離墓門已經不遠，國家還能得到他的貢獻嗎？

孟子所謂：「天之將降大任於是人也，必先苦其心志，勞其筋骨，餓其體膚。」這都是教人鍛鍊的名言。又古人所謂「艱難玉汝於成」的真意，亦是鍛鍊的讚美。譬如磨著又磨而增光的玉，鍛著又鍛而加銳的刀，練著又練而添光澤的絹，一切都是鍛鍊的結果。

鍛鍊的方法，可以分為肉體和精神兩方面：肉體方面如起居、飲食、睡眠、勞作，應養成一定的習慣，因為習慣乃人間生活最深刻的法則。精神方面如節操、氣品、禮儀、思想、行為，都應該養成剛毅果斷，遭難泰然一種不屈不撓的精神。這些都是要從日常的生活鍛鍊出來的。

我們一般僧眾的體格太弱了，各處禪堂的僧眾都是面有菜色，終年與藥爐茶灶為伍，對那向上一著自然不能深切參究。而各處佛學院的青年學僧亦多半神經衰弱，不耐勞苦。他們捧上書本已經昏昏欲睡，怎能去深思研覈呢？這都是日常生活沒有鍛鍊的緣故，其病根實在是沒有規則的生活。

我們叢林僧眾的生活，雖然起居飲食都有一定規則，總是偏於靜的生活而缺乏適當勞動的調劑，所以往往易犯貧血和神經衰弱的疾病。在軍事訓練期間，每天有一定的步行，手足耳目都得適當平均的活動，這對於僧眾的體格上一定可以增進不少的健康。凡是受過訓練的人，都見得雄姿英發，步伐輕快，便是很好的證明，然而這都是鍛鍊的結果！

四、養成嚴肅的紀律

本來在各種宗教社會之中，紀律的嚴肅再無如佛教的戒律這樣細微了。然而戒律多屬於調伏心的妄動而缺乏積極的制裁，這因為佛陀本是以人格感化為目標，所以在佛教最嚴厲的處罰也不過是滅擯而已。然而末法的眾生，根性畢竟是千差萬別的，調伏行為之難甚於調伏心。所以一種團體必有一種紀律，如禪堂處罰清眾的方法，輕則打香板警策或拜眾懺悔，重則簡直遷單勿論。雖然如此厲行，而各寺仍然有不遵守清規的僧人。可見今日整理佛教的不容易了。

現在僧眾訓練最必要的是養成團體的精神，發揮此團體精神的方法，就是訓練絕對服從指導者的命令。所謂絕對服從命令並不是養成奴隸的習慣，而是養成遵守團體紀律的精神。禪堂有兩句老話說：「草鞋要你倒過來穿，你就得倒過來穿；辛薑說是樹上結的，你就得說是樹上結的。」絕對沒有還價的餘地。這是管理禪和子最巧妙的方法。從反面看來，也可知道禪和子的難照應了。

我們僧眾軍事訓練既和社會軍事訓練沒有不同，自然服從紀律是不待言的。軍隊的精神繫於紀律，沒有紀律的軍隊必不能作戰，更無論戰勝敵人了。一般僧眾向來是懶散慣了，他們缺乏一種嚴肅的精神。在軍訓期間既須遵守軍隊一樣的紀律，無形中就可以使那懶散的人嚴肅起來。譬如教官下了「立正！」的口令以後，無論何人的姿勢都是不許動的。當集中號角吹過以後，如果你遲到了十分鐘，教官馬上就要給你立正敬禮的處分。這樣可以養成僧眾遵守時間的習慣，同時並可養成服從嚴肅的紀律。

以上關於僧眾訓練的四種意義本非高論，我希望已經受訓畢業的同袍們，都能明瞭這幾種意義，那麼，作者的饒舌就不至徒然了。

（原載於《佛教公論》一九三七年第一卷第十二號）

世尊的說法不是教條主義

世尊喬答摩，佛陀的活動場所，不用說是在印度。他出生的故鄉是現在尼泊爾領土的藍毗尼。從印度的拘尸那揭羅坐車出發，就來到尼泊爾的國境。所謂國境，也只有像鐵路的道口遮斷的橫木（道叉）那樣而已。

進入尼泊爾約一小時，就到達佛傳所載的藍毗尼花園。大概昔時樹木茂盛，野花也是亂開的罷！而今是遺憾地成了荒涼的狀態。現在那裡正進行著發掘，其後面留下了一個四角的蓮池，做為極樂淨土的池，印度人認為是那樣四角的池。

所以現在那場所，建有阿輸迦王的石柱。這是因為這裡是釋迦如來誕生的土地。阿輸迦王曾來訪問那裡，對世尊表示過敬意，而且減免這個村子八分之一的稅金。連那樣的事也寫明著，世尊的歷史性是無疑的。

釋迦佛是拋棄做為釋迦族王家長子的立場而出家的。關於這件事，學者或其他宗教是有批評的。捨家出家不是給遺留的家族造成困難的嗎？在印度，被遺留的家族發生困難那樣的情況，出家是不承認的。但世尊因為是王家的人，故家族是不會困難的。

在當時印度的國內，無論在學術、文化、軍事方面都是最進步的摩揭陀國，與世尊出現當時的國王的交往，見於*Sutta-Nippata*（尼波多）的佛典。摩揭陀王對世尊說過這樣的話：「像你這樣有能耐的人為修行者而捨世是可惜的。如果回去故鄉，恢復世俗的生活，我將給你財寶和象。」

當時帝王以外的人是不能擁有象的，象是當時有力的軍事兵器。這就是說，王要給世尊以軍事的援助和經濟的援助。但是，據說世尊自己並不想為此世的王者，想做為宗教家而行真實之道，故離開了摩揭陀國而去。其後就在佛陀伽耶的菩提樹下思索真理，終於開了悟。

關於世尊開悟的內容，佛典的所傳是很不相同的。

世尊的教法，據原始佛教聖典所傳是所謂「筏」的意味。有過這樣的例子：一個旅人走路遇到了河，非渡過它不行。這個時候，因為沒有船隻，他就在附近拾起雜木和蔓草之類做成木筏，乘著那木筏渡過了河，到達了對岸。那個時候，這個旅人因為認為木筏這東西是值得感謝的，所以就扛著木筏繼續旅行。世尊以這件事問弟子們說：「你們怎樣看待這個旅人？」

弟子們說：「那是愚癡的人。」世尊也說：「是的。」木筏助你到達了彼岸，就應該把它放棄。教法也是為著引導人們至理想的境地，所以若是實現了目的，就應該放棄。

佛教是有許多教法存在的，但那些實在並沒有矛盾。例如，置世尊於教育者的立場來看，世尊是教師。做教師者，看到弟子們的素質，是應該指導的。有粗暴的人，就要指導他稍微老實一點；相反的，對精神低落的人，就要教他振作精神，好好用功。

世尊的教育是這樣的，根據對象或對手有種種的教法，在各種場合採用的教法也不同。

佛教有許多教義，但都可以根據具體情況來遵循和執行，所以不是也沒有教條主義。就是說有什麼教條（Dogma），也沒有絕對非服從不可的。違反教團規定和紀律的場合，雖有被教團擯出的事，卻沒有像西洋那樣以火烤之類的刑罰。

在佛教文化圈內，不曾發生過宗教戰爭那樣的行為。佛教不曾因為政治的理由而捲入戰爭，為著宗教上的理由而互相殘殺也未曾有過。西洋人或西洋化了的日本人，想來是屬於教理的教條主義者。

世尊的教法，在當時的印度，曾受商人們的深厚的皈依。當時物資不充分，交通也不發達；又因階級制度的關係，由於身分而甚至利息也不相同。在這樣的社會背景之下，做為適合於印度文化的全體統一的宗教，佛教是被阿輸迦王所保護的。它不單是停留於印度，而是次第成為世界化的一個宗教了。

寒山之詩

寒山詩體，獨具一格。其妙處在灑脫塵俗，讀之令人世念盡消。鑄詞造語，明白通暢，實開白話詩之先河。

寒山、拾得、豐干，稱為天台三隱，皆風狂狷介之徒也。寒山隱於天台山，常居寒巖幽窟之中，時來國清寺，於廚房與拾得閒談，負眾僧殘食菜滓而去，或徐行廊下，或叫噪凌人，或望空漫罵，寺僧不耐以杖逐之，則翻身撫掌呵呵而退。其語句歸於佛理，後僧道翹尋寒山之遺物，將其林間綴葉所書之詞頌及錄於村墅人家屋壁者，得二百餘首，編為一集。曹山本寂註解之，謂之註《寒山子詩》。

其自述閱歷云：

「一為書劍客，三遇聖明君。東守文不賞，西征武不動。學文兼學武，學武兼學文。今日既老矣，餘生不足云！」

其寫超然物外與心境雙閒之句云：

「吾心似秋月，碧潭清皎潔。無物堪比倫，教我如何說？」

「碧澗泉水清，寒山月華白，默知神自明，觀空境逾寂。」

「閒步訪高僧，煙山萬萬層。師親指歸路，月掛一輪燈。」

寒山所得意者，在遨遊自然，與解脫塵累，其七言句云：「一住寒山萬事休，更無雜念掛心頭。閒於石室題詩句，任運還同不繫舟。」

佛教的投票法

世界政治史的演變，由專制制度而民主制度，似乎是一種自然的趨勢。民主制度的特點，是人民有權自由選舉其所信任的人物來處理政治，因此遂產生一種議會制度。議會制度是自十八世紀至十九世紀後半期政治上最理想的組織，同時也是最完善的政治組織，歐美的文明國家幾乎沒有例外地採用了議會制度。

立憲政體的國家，其政府的監督機關有議會制度是一種特色，因為立憲的政府是不許違反《憲法》的法條的；後來由於法西斯主義的抬頭，議會制度漸漸失去國民的信用，於是對於議會制度不能不加以修正，其修正的方法，便是國民投票制度，即所謂普選制度。這種國民投票制度，是關於《憲法》的制定及修正而起的，因為《憲法》的制定和修正必須基於國民全體的意見，所以投票制度便應運而生了。

投票是選舉制度中最重要的一個手續。所謂投票法，有強制投票、任意投票、公開投票、祕密投票等各種制度；但現代各國都是採用祕密投票制度，因為不祕密則不能使選舉人自由投票。

佛教僧團的作風老早就是民主的。僧團的宗教行事如出家、受戒、自恣、出罪等儀式，都要依照佛制的會議法慎重決議，我在本刊創刊號的〈佛教的會議法〉一文已經敘述過了。但若在會議中因為人數眾多發生意見不能解決的時候，佛教則另依投票的方法來表決。所以，不但最古的會議法是佛教所發明，連最古的投票制度也是佛教發明的。

佛教的投票，最初似沒用紙類的東西，而用一種叫做籌（Salaka）的竹片。在這種竹片上預先彩塗二種或三種不同的顏色，因為是以這些竹籌做為投票的方式，所以投票便叫做「取籌」或「捉籌」；叫做「投籌」或「下籌」，如曇無德《律部雜羯磨說戒法第四》，「與欲清淨文」說：「大德一心念！今眾僧布薩❶說戒，比丘某甲亦布薩

❶ 布薩是梵語poṣadha之音譯，義為淨住、長養等，出家之法，每月一日及十五日集眾僧說《戒經》，為斷煩惱，長養善法，修清淨梵行之懺悔儀式，叫做布薩。

說戒。我有佛法僧事，若有瞻病事，我與欲及清淨，為我『捉籌』！」

「與欲」（Chanda）的意思，我在上期〈佛教的會議法〉中略有說明。就是說凡於僧中說戒、授戒、布薩等法事，已有事緣不能出席，而對此法事各隨喜共欲其事之希望；換言之，即對於僧團會議的決議表示無異議地承認的希望，名為「欲」。將此欲意（希望）授他出席之比丘，謂之「與欲」，其比丘受彼委託，謂之「受欲」，出僧中而說之，謂之「說欲」。

上面所引的一段文字，就是一個比丘因事不能參加僧團的布薩會，委託其他比丘代表「捉籌」即投票的言詞。

此外，巡行管理投票的執事叫做「行籌者」，因為兼任收集眾籌的事務，又叫做「集籌者」。這個行籌者相當於議會的書記人員，但他也是依提議的方法選舉出來的。

籌的最初用處，是因為僧團人數眾多，施主們想要布施，恐怕有所遺漏，所以佛才教以行籌數之。如果因事不參加僧團的集會，只要依法「與欲」，仍然有「受籌」的權利，自然那施主的布施物也就有他的份兒了。

《十誦律》云：「為檀越問僧不知數，佛令行籌；不知沙彌數，行籌數之。若人施布薩物，沙彌亦得，雖不往布薩羯磨處，由受籌故。」往年廈門南普陀寺施主結緣的普佛齋嚫，並不分發金錢現物，而由庫房分發一種彩色的有代價的竹籌，隨時可向常住兌現。這種辦法似稍稍能夠想像佛陀時代僧團行籌的用意。

關於籌的長短粗細，也有明確的規定。《五分律》云：「籌極短並五指，極長拳一肘，極粗不過小指，極細不得減箸。」《資持記》解釋說：「並五指者，謂中人五指相並，當五寸也。拳一肘者，謂尺八也，舒手則二尺也。」這種行籌的方法不知什麼時候竟被用作投票的方法，也許是因為處理「四方僧物」在僧團中發生意見，佛命用籌作投票法來表決的吧？

佛教的投票法，大概有三種。

《翻譯名義集新編》：「四分（律）：舍羅Salaka，此云籌。……『業疏』三種行籌：一頭（疑顯字）露，二覆藏（以物覆藏），三耳語（耳畔勸勉）。」

一種是隱密投票，即祕密投票。所謂祕密的方法是這樣的：這個行籌者拿著各色的籌，一一走近於取籌者（投票人）的身邊說：「這一色是第一說（主張）的籌，這一色是第二說的籌，請你任意選取所欲的籌。」等他選取之後，再命他「勿示之於任何人」。

一種是傳意投票，即耳語投票。所謂耳語方法，是行籌者對取籌者耳語，使他知道籌的顏色表示哪一種主張，於其取籌時，命他「勿語之於任何人」。

一種是顯露投票，即公開投票。所謂公開的方法，是行籌者大概預知合法取籌者多數的時候，公開叫人取籌的方法，這樣一來便成為取籌表決了。自然關於取籌不合法的情形也有規定的，這有十種情形的規定。適當的場合，同樣也有十種，而主要的似乎是行之於重大事件發生的時候。

祕密投票和耳語投票二種方法，是當合法的取籌者少數的時候，稱為「取籌失宜」而放棄之；於合法取籌者多數的時候，則稱為「取籌適宜」而採用之。這也許是當教團發生大事，如有關教團存亡的時候，聽從佛陀與長老的意見，傳達應如此表示的意思，故又稱之為傳意投票。這雖似近於干涉和壓迫，但比今日所謂競選時的許多毛病要好得多了。

所謂籌，最初自然是竹製的，後來似乎曾用紙票。票色普通是黑白二色，有時也有用青白紅三色的。近代的眾議院之有白票與青票，是因為有很多主張難於取決而把它併為兩種——做為原提案與修正案二種而付表決的。

實際上，提案是儘有的事。如有四個提案，就會有四種主張。於是佛教對於四個提案，就把四個提案個別取決，即使是五個或是六個提案也是同樣的。

投票的人並無須走動一步。這是由一個行籌者拿著各色的票，如青票、紅票、白票等在會場上巡迴，讓投票者任意選取表示他自己主張的那一色的票，然後分類收集計算一下其所取的數目，就可以知道青的幾人、紅的幾人、白的幾人了。這是投票最簡單的方法，比較今日議院的繞堂投票更加簡便。我以為我國今日各地的競選國大和立委等投票方法，很可以仿照佛教這種方法實行一下。

佛教史上曾有過集合萬餘人議事的紀錄，那時便是依這方法表決的。一般實行投票的例子，是在阿育王第四的後繼者的治世。上座部得一萬票，大眾部只得了數百票。這種良好的投票制度，可惜不曾隨著其他佛教制度傳到中國來，不過佛教史上有過這樣的制度，這是值得我們引以為榮的。

三七，一，八。上海

（原載於上海《學僧天地》）

掛單閒考

前幾天到蘇州，在定慧寺遇到好幾位舊友，一直談到夜深，當夜就宿在寺裡，偶然想起了「掛單」的意義，因而發生許多關於「單」的聯想，不免引起我小小的考證癖來，索性就把這普通人們不大聽過，而在禪門裡流行已久的奇異名詞來研究一下。

「掛單」這個名詞，也許是大家所熟聞的，然而對於它的意義總不免有點生疏吧！關於「單」的名稱，起先我以為只有幾個，後來思索追究，竟得到八十餘個之多，這些大多數都是《百丈清規》或是佛教典籍上所未載的，它只是流行於「禪和子」的口頭間；如果對於這些名詞不能瞭解，那麼他對於禪門生活的體驗似乎尚嫌不夠吧！

掛單，是行腳僧投宿寺院的意思，在印度，僧徒稱為掛錫或掛缽。所以僧人遊行曰飛錫，止宿曰掛錫。所謂「錫」，是錫杖的簡稱，亦稱禪杖，凡僧人出門遊必持錫杖。因為杖頭安鐶，圜如盞口，搖動作聲，故云錫杖。義淨《南海寄歸傳》說：「言錫杖者，梵云喫棄羅，是鳴聲之義。古人譯為錫者，意取錫錫作聲之義。」

但僧人何以必須持錫出門呢？這也是有來由的。因為印度佛在世時，每晨必命他的弟子諸比丘分頭出門乞食，不許積蓄糧食，以防懈怠，並使去除我慢。《毗奈耶雜事》云：「苾蒭（亦譯比丘，即僧人）乞食入人家，作聲警覺，拳打門扇，家人怪問，何故打破我門？默爾無答。佛言：不應打門，可作錫杖。苾蒭不解。佛言：杖頭安鐶，圓如盞口，搖動作聲而警覺。」

持錫掛錫的制度，很早就傳到中國了。唐裴休詩云：「掛錫十年棲蜀水」，是一小證。

佛教在唐以前，尚未有叢林制度。自禪宗盛行之後，有所謂「馬祖建叢林，百丈立清規」。其後僧寺制度漸備，今日江南佛寺所見的制度，大抵是自宋傳承下來的。《百丈清規．大眾章》說：「掛單即古之掛搭，蓋僧行腳，唯帶衣缽，故名掛搭，即掛所搭之衣也。今之參學，兼帶行李，改名掛單。」

唐以前，僧寺規模簡小，古德高僧多就水邊林下蓋搭茅蓬棲止，並不像今日到處所見禪堂規模的完備。所以禪僧止住，只能懸衣缽袋於僧堂之鉤，謂之掛搭。搭者附也，亦稱為掛錫或掛缽，又有稱作掛搭。掛單的單最為後起，單是「缽單」，兼有衣缽行李之義，掛單之稱，今日最為通行。試舉幾條文獻如左：

葛長庚詩：「未相識前來掛搭，知堂嫌我身襤褸。」

葉茵詩：「孤坐如僧欠缽單。」

劉克莊詩：「僧借虛堂竟掛單。」

《水滸傳》楊志對魯智深說：「俺在江湖上多聞師兄大名。聽得說道，師兄在大相國寺裡掛搭，如今何故來在這裡？」

現在所謂掛單的單，是指一個單位。因為禪堂的坐床上貼著各僧人的名單，故謂之單。《禪林象器箋》云：「僧堂單者，紅紙小片，書各位名，一紙一名，以貼各位床上。」《別源本歸集》，賀太虛侍者侍聖僧偈云：「五湖四海堂內客，一單一缽標一名。」

「單」的應用日廣，漸漸遂形成一種禪門的生活制度。倘若細加研究，簡直可以寫成一部禪宗制度史來。這裡試將「單」的種類，加以略釋如左：

掛單　行腳僧打包遊方寄宿僧寺，曰掛單。

討單　僧人入寺請求許以久住，曰討單。

准單　知客或住持准許僧人請求，曰准單。

送單　准單之後，命侍者或淨人送至宿處，曰送單。又禪寺重要執事，退職居獨房及名德居獨房者，稱為「單寮」，謂單身專寮也。今通稱為寮房。

進單　禪門規則，以正月半及七月半為期頭，僧人此時入禪堂，曰進單。

安單　普通行腳僧入寺，一宿三餐，一二日即行，名曰掛搭。若久掛搭，知其行履，可以共住，即送歸堂，名為安單。

領單　侍者領客僧至宿處，曰領單。

看單　客僧至寺，送單之後，寺中住持或知客探訪其臥室，視察有無失禮之處，曰看單。

衣單　僧人衣物，曰衣單。

戒單　僧人戒牒稱戒單，律寺傳戒之通知亦稱戒單。

缽單　亦稱缽巾，如裹缽所用之布，用以襯缽。

廣單　禪堂兩旁之臥床，曰廣單，頗類日本之疊床。

子單　廣單上靠禪床處，曰子單。

東單　禪堂之東廣單，曰東單，為較年少者所臥。
西單　禪堂之西廣單，曰西單，為較年老者所臥。
前單　廣單之前列，曰前單。
後單　廣單之後列，曰後單。
裡單　禪堂之裡部，曰裡單。
外單　禪堂之外部諸客房，曰外單。
客單　客僧至寺，未入雲水堂，暫居之客室曰客單。
雙單　客單之有雙鋪者，曰雙單。
小單　客單上僅有小床者，曰小單。
上單　禪僧上廣單偃息，曰上單。
下單　禪僧下廣單作業，曰下單。
擱單　廣單上所設木架，可置衣物，曰擱單。
頭單　禪寺各堂之首職曰頭單，如頭單知客、頭單衣缽。
二單　禪寺各堂之次職曰二單，如二單知客、二單衣缽。

同單 曾同居於一禪堂者，曰同單。

行單 禪寺之苦行僧，曰行單。

海單 大叢林任人掛單無限制者，曰海單。

圓單 僧人請假外出，歸寺重許安單者，曰圓單。

滿單 禪寺雲水堂，住僧已滿，曰滿單。

空單 雲水堂全無住僧，曰空單。

止單 僧堂已無住處，拒絕行腳僧掛單者，曰止單。近今各處僧寺，多掛「止單牌」於客堂，實因粥少僧多，非無住處也。

回單 住持與客僧意見未合，婉言令其他去者，曰回單。

遷單 僧人犯清規，不許共住逼令離寺者，曰遷單。

催單 僧人被遷單後，而猶戀棧未肯即去者，知客命淨人催促之，曰催單。

押單 催單而猶不肯速去者，即以強力押之出寺，曰押單。

燒單 僧人犯大過，或破壞寺中名譽者，除遷單外，重者再焚毀其衣單，曰燒單。

偷單 僧人盜同住人衣物者，曰偷單。

搶單 不良僧人（禪門中呼為馬流子）搶奪他僧之衣物，曰搶單。

起單 僧人參方，自動攜帶衣物離寺，曰起單；犯規被動起單者，與遷單同。

溜單 僧人在禪堂安單，非滿期不能出堂，有不能耐者，輒於早殿後私自溜去，而留其衣物於禪堂，至期頭時回寺領取，名曰溜單。亦名逃單。

留單 僧人德學兼優或有辦事才幹者欲離寺他去，寺中挽留不許者，曰留單。

照單 禪堂眾僧睡後，維那師（禪師主事僧）以燈籠巡照廣單，曰照單。

查單 夜間寺中安靜後，住持巡視各堂，有無意外事件發生，曰查單。

搜單 禪堂住僧衣物被竊，主事僧得命就廣單各處搜索，曰搜單。

拚單 僧人意見齟齬，未能相忍，因「打吱喳」，願以武力解決，同願離寺者，曰拚單。

序單 禪堂單上兩旁所貼寺中僧職，曰序單。

寫單 客堂書記僧書寫序單僧職，曰寫單。

貼單 貼單為禪堂大典，儀式至為隆重。《百丈清規．孟冬貼單》云：「十月初旬，維那命悅眾令當值，監值、香燈、司水、掃舍宇，揭單票，糊門窗，各單加草，及收拾香板號籤等事。客堂與維那欲將合寺人名開清戒臘久近，呈方丈閱過，議定充執已。命記錄裁單票，書記端楷寫成。東西兩盤排清，不得前後紊亂。……至十四日，客堂於早粥掛牌，牌云貼單。」

排單　貼單之後，禪堂單位依序排定，曰排單。

日單　寺中副寺每日僉定收支，謂之日單。

旬單　副寺十日一算，謂之旬單。

月單　副寺收管支用，一月一結，曰月單。

飛單　日單呈方丈請閱，曰飛單。

眠單　臥時鋪之，或謂坐時鋪之，為僧人坐具之一種。

差單　舊說謂差單者，差帳也。

草單　《清規》謂叢林以三月初一日出草單，方丈止掛搭。按叢林於夏前將寺中諸僧戒臘前後，欲貼草單示眾，如有誤差，可白改正。以便正式貼單時，次第不致錯誤，謂之草單。

油單　油布或油紙包袱之一，禪僧行腳以之裹行李者，曰油單。

經單　僧人入寺，請求住於藏經樓閱經，謂之討經單。又經之目錄單紙，亦曰經單。

簿單　記品目之簿，係方丈退院時一種清冊。《清規・退院條》云：「方丈什物，點對交割具單目，一樣兩本，住持兩序勤舊僉押，用寺記印。」

展單　舊說禪堂無晚參時，鳴放參鐘三下，其時展半單，蓋為黃昏坐禪也，見《禪林象器箋》。

放單　每日晚飯後，各僧自攤鋪蓋，曰放單。

捲單　每日早飯後，各僧自捲鋪蓋，曰捲單。

鋪單　初夏初冬，禪堂廣單，重敷臥席，曰鋪單。

插單　禪僧臨時入堂，未按序單排定者，曰插單。

擠單　禪堂冬期打七，僧多床狹，臨時安置鋪位，以居客僧者，曰擠單。

讓單　主僧或久住者讓客僧以臥處，曰讓單。

移單　移動臥處者，曰移單，亦稱通單。

掉單　禪堂東西單臥處對掉者，曰掉單。

清單 夏初秋末，清除廣單之不潔，曰清單。

理單 平理整理床位者，曰理單。

洗單 洗滌衣單，曰洗單。

曬單 曬晾衣單，曰曬單。

分單 盛夏天熱，禪堂分開臥處，曰分單。又僧人離寺不歸或死亡者，以其衣單瓜分於僧眾，亦曰分單。

併單 冬日天寒，禪堂併單湊位，曰併單。

挑單 朝山行腳，自挑衣單者，曰挑單。

背單 投宿掛單，自背衣物者，曰背單。

寄單 衣單多者，出門未便攜帶，以之寄於禪堂者，曰寄單。

取單 取還所寄之衣單，曰取單。

扣單 僧人侵損寺物，私自離寺者，寺中扣留其衣單，曰扣單。

知單 寺中方丈宴請僧職，由侍者報知之請柬，曰知單。

傳單 課堂遇有佛事，由淨人傳知各堂僧眾，曰傳單。

報單 律寺傳戒，講寺講經，分貼其通知於各寺者，曰報單。

發單 寺院每年二次，發給僧人津貼，曰發單銀。又僧人每日禮懺應得酬勞，曰單資。寺中每月發予各僧之酬勞，曰發單資。

水火單 常住清淡，對於往來客僧，僅供給其飲水與柴火，令其各備米菜自炊，曰掛水火單，近安徽青陽縣尚有此風云。

此外，如可以掛單的地方，稱為單口。所以，一個行腳僧要到一個地方，必須先打聽那裡什麼地方有單口，然後才好到那裡去掛單。僧人的薪水叫單銀，也是從這單的意義而來的。還有禪僧工夫好的，可以終夜結跏趺坐，名為「不倒單」，工夫淺的臥床，名為倒單。也許還有許多關於「單」的意義，是我所不曾知道的，那就要向海內的雲衲討教了。（本文承正道、聞達、道航、漱風諸上人提供材料不少，特此誌謝。）

（原載於《妙法輪》第二卷第六、七期合刊，上海佛學院主編，一九四四年七月十五日出刊）

佛教寺廟財產所有制的演變

一、「四方僧伽」思想的起源

佛教寺廟財產應為私有或應為公有，是佛在世時就發生了的問題。當釋迦牟尼佛成道後不久，在鹿野苑初轉法輪。說四諦法，度了憍陳如等五比丘，成立了一個連佛在內一共六人的小小團體——「僧團」之後，在形式上已具備著「佛法僧」三寶的條件。

不到幾年，由於迦葉三兄弟及他們的弟子一千人的皈依，佛教的僧團便迅速擴大起來了。不久，又得到摩揭陀國首都王舍城頻毗娑羅王的皈信，為他布施了一座壯麗的竹林精舍，這是印度佛教史上的第一座寺廟。因此，便產生了一個有組織、有領導的團體——「僧伽」（Sangha）。僧伽的意義，意譯應該是「群眾團體」，簡譯為「眾」，一般略稱為「僧」已失原來的意義。

古代印度阿利安族宗教徒的生活習慣，在形式上多是採取乞食的方式來維持生活的，佛教僧團所以採取這種生活方式，也是為了不讓比丘坐受無功之食，生懶惰心。

所以每天早晨，佛和弟子們一律持缽乞食（我們佛教徒常誦的《金剛經》開頭就說：「爾時世尊食時，著衣持缽，入舍衛大城乞食。於其城中次第乞已。」不擇貴賤，不分高下，平等求施，使一切人民都有種福的機會。所以，比丘吃飯的問題在當時是比較容易解決的。）

然而「僧伽」的成員愈來愈多，主要的困難問題倒是住的問題了。住的問題，由於頻毗娑羅王（略譯為「瓶沙」）的布施，建立了竹林精舍，雖然得到了初步的解決，但連帶發生的是寺廟財產私有或公有的問題。關於竹林精舍的布施經過，足以說明佛教寺廟財產的所有制，開始就是主張「公有制」的。最初頻毗娑羅王為了供養佛，在富翁迦蘭陀長者布施於佛的竹園，建築了一座竹林精舍，本來是專為供養佛的，但佛卻堅決反對這樣作法。

《五分律》記載頻毗娑羅王布施竹林的故事說：「王白佛言：『今以此竹園，奉上世尊。』佛言：『可以施僧（即僧伽），其福益多。』王復白佛：『願垂納受！』佛言：『但以施僧，我在僧中。』（這就是說：只要是布施給僧團的，我也是僧團的一份子。）王便受教，以施『四方僧』。」

這個故事的基本精神是以「僧伽」（即僧團）為中心，以「四方僧伽」為竹林的所有者，這是從「佛在僧中」的思想出發的。同時也說明佛對教團財產的看法，一開始就否定了它的私有制而建立了公有制。這種教團的公共財產，佛教術語叫做「四方僧物」或「四方僧伽」，梵文稱為「招提僧伽」（招提，梵語古譯「拓（拓字或寫為招）斗提舍」，譯為四方，謂四方之僧為招提僧，四方僧所得施物為「招提僧物」，與後世以「招提」為寺院別名者異。如唐詩人杜甫〈遊龍門奉先寺〉詩說：「已從招提遊，更宿招提境」便是）。

所謂「四方僧伽」，就是東西南北遊行散在的佛教全體僧人。既然是四方僧有，就不是哪一個人的東西了。佛對於這些「四方僧物」的基本原則是：「不可護（即不可佔為己有），不可賣，不可分。」應該由四方僧來共同享受的。

所謂四方僧物，包括有寺舍、園林、食物、醫藥和種種資身應受用物。根據《五分律》卷二十五大意說：「有一個時候，佛與比丘僧等一千二百五十人在拘薩羅國（北印度）遊行人間。有些比丘把公共財產的住處：房舍、臥具、果園之類，私自分了，只留一個房間讓給佛住。他們認為其東西「是私物、不復屬僧」，連佛的兩大弟子——舍利弗和目犍連都沒有住處，只好在佛的房外簷下過宿。

佛因這件事情召集比丘僧開會，告訴他們說：「四方僧有五種物，不可護、不可賣、不可分。一、住處地，二、房舍，三、須用物，四、果樹，五、花果，一切沙門釋子皆有其份。若護、若賣、若分，皆犯「偷蘭遮」罪（偷蘭遮，佛教梵文術語，意譯為「大障善道」或「粗過」，比戒律上的重罪稍輕）。」

二、四方僧伽與常住僧伽

四方僧伽的思想是從空間而來的。因為比丘的本分常不忘遊行生活，所謂「雲水參方，行腳問道」。就中國說，如唐雪峰義存禪師未得法前，有所謂「三登五上」（即三次登安徽舒州投子山參義青禪師，五度上江西洞山參良价禪師皆不投契，最後始得法於湖南澧州德山宣鑑。）古德參方問道，親近善知識，在求解黏去縛，所謂「趙州八十猶行腳，只為心頭未悄然」。因為行腳蹤跡無定，所以稱為雲水。雲水僧一多，當然不能不考慮到「四方僧伽」。既然考慮到空間的四方，不能不考慮到時間的三世，於是又產生了一種「常住僧伽」。這是從三世僧伽思想而來的，也就是認為

「僧物」是常住不易的東西。

因此，把「四方僧伽」與「常住僧伽」總括起來，稱為「三世四方僧伽」，《本生經》則稱為「現當四方僧」，現即現在，當即當來，沒有提到過去；但佛教時間觀念是慣用三世的，由三世的轉變而稱為「常住」。中國把「四方」（招提的原義）廣義地稱為「十方」，所以普通常稱「十方常住十方僧」。久而久之，「常住」竟成為寺院公家的代名詞。所以一般寺院的庫房，常貼有「愛惜常住物，如護眼中珠」的標語，以警策大眾。

佛教傳入中國，最初寺廟多稱為招提，梁陳隋唐各代都有不少的招提寺。唐代天寶年間揚州大明寺鑑真和尚受請到日本弘傳戒律，他和弟子們在日本古都奈良所建立的寺就稱唐招提寺。其寺額「唐招提寺」四字，據說還是當時孝謙女皇所寫的。一九八七年十月，我和幾位同事為了參加中國房山石經拓片在日本京都的展出（由中國佛教協會與日本佛教大學共同舉辦），還趁展出之暇訪問過奈良的唐招提寺，其山門、金堂（大殿）、講堂、戒壇等遺構，至今尚存。古代詩人亦多以招提為寺院的別稱（如上所舉杜甫的詩）。後世禪宗盛行，招提寺之稱不用，因此遂稱客僧止住的寺院為十方剎。

所謂「寺」，本來是漢朝的一種官署，共有九寺，其長官稱為卿，所謂「九卿」。如太常寺（掌宗廟禮儀）、太僕寺（掌輿馬牧畜）、鴻臚寺等。鴻臚寺是主管外賓的招待所或國賓館。最初梵僧攝摩騰、竺法蘭來到洛陽，就被安置於鴻臚寺。後來漢明帝另造一寺讓他們譯經，援印度各國改招提寺為白馬寺的故事，稱為白馬寺。一般傳說攝摩騰等以白馬馱經而來，故稱寺為白馬寺。

唐王溥記述唐代政治綱要的《唐會要》說：「官賜額為寺，私造者為招提蘭若。」蘭若，梵語阿蘭若，原義是無人之地，譯為寂靜處，略稱「淨室」，今香港淨（靜）室特多。這是唐朝的一種規制。所謂寺，是指公認的寺院。以唐代佛教之盛，公認的寺院之外，自然還有所謂招提或蘭若之類小規模私造、非公認的小廟存在。唐代有所謂「敕賜寺額」。所謂「有額寺院」與「無額寺院」，大概就是對於公建與私建（也是由募捐建造，一樣是佛教公產）的一種區別。

到了宋代，「敕賜寺額」很濫，宰相司馬光曾上奏請停止（見《司馬光文集》卷二十四〈論寺額箚子〉）。「箚子」（箚讀如札）是大臣奏上君主的文書，或簡稱

「上書」。但到明清兩代，所謂「敕賜寺額」仍未絕跡。由於公私建立的大小寺院不斷增加，在宋朝已經產生所謂「甲乙徒弟院」與「十方住持院」的制度了，前者就是今天的剃度派制度，後者即十方選賢的制度。有了這種制度的存在，佛教「四方僧物」（即公有制）的原始精神就變質了。

三、叢林制度與常住僧物

中國佛教的叢林制度，是從「四方僧物」的思想發展起來的。一般僧眾稱寺廟本身為「常住」，就是認為這個「常住」是一個公共團體，所以有「千年常住流水僧」的說法。同時在寺廟的庫房，常貼有一副聯語：「楊岐燈盞明千古，寶壽生薑辣萬年」，是教人要公私分明、愛護僧物的意思。

五十多年前，我在漳州南山寺的南山學校教書時，看到恩師覺三法師為南山寺庫房寫了這幅對聯，我覺得對仗工穩，用典微妙，對大眾很有啟發。當時我只是心領神會，不敢細問。一九四一年，我在上海出版的《印光大師永思集》（四十三頁），看到光大師〈覆邵慧圓居士書〉中提到這個故事。茲照錄如下：

「光初出家，見『楊岐燈盞明千古，寶壽生薑辣萬年』之對。並沙彌律言，盜用常住財物之報，心甚凜凜。凡整理糖食，手有黏及氣味者，均不敢用口舌舔食，但以紙揩而已。楊岐燈盞者，楊岐方會禪師在石霜圓會下作監院。夜間看經，自己另買油，不將常住油私用。寶壽生薑者，洞山自寶禪師（寶壽乃其別號），在五祖師戒禪師會下作監院。五祖戒有寒病，當用生薑紅糖熬膏，以備常服。侍者往庫房求此二物，監院曰：『常住公物，何可私用？拏錢來買！』戒禪師即令持錢去買，且深契其人。後洞山住持缺人，有求戒禪師舉所知者，戒曰：『賣（原書作買）生薑漢可以。』」

百丈禪師以前，禪僧本無一定居處。有的穴處岩居，水邊林下，誅茅結廬，有的寄居律寺。馬祖道一、百丈懷海師徒以禪宗日盛、禪僧日多，才建立叢林，訂立清規，後世禪僧流傳所謂「馬祖建叢林，百丈立清規」的話，便是證明這個事實。而百丈更主張：「一日不作，一日不食。」以杜絕禪僧不勞而食的流弊。

所謂「叢林」，所謂「常住」，本來是佛教的教育機關和照顧老病比丘的團體。宋高庵禪師的〈勸安老病僧文〉說：「後世所謂常住者，本為老病比丘不能行乞設，非少壯之徒可得而食！迨佛滅後，正法世中，亦得如是。像季以來，中國禪林，不廢乞食，但推能者為之。（後代叢林設有『化主』一職，即任此事）所得利養，聚為招提（即四方僧物），以安廣眾，遂輒逐日行乞之規也。今聞數刹住持不識因果，不安老僧，背戾佛旨。更不想常住財物本為誰置？當推何心以合佛心，當推何行以合佛行！……今之當代恣用常住，資給口體，仍隔絕老者病者，眾僧之物掩為己有，佛心佛行，渾無一也。悲夫！」

這就是說：禪僧乞食募化而來的東西，累積起來成為「招提」——即「四方僧物」，原來是為供給全體僧眾共同享受和照顧那些老病比丘的生活的，但少數寺廟住持違背了佛旨，把寺廟的公共財產任意揮霍，不肯把它拿來作公益的事業，或興辦佛教教育，甚至把它佔為己有，這是完全不符合佛制的。

近代中國，特別是數十年前像上海、杭州、武漢等大城市，寺刹林立。關於寺廟財產的所有制問題，不但沒有能夠維持「四方僧物」——即公有制的精神，反而愈來愈多地產生許多私有的寺廟。這種不合理的現象，是違反佛教僧團的原始精神的。

因此，我們要發揚佛教的優良傳統，恢復佛陀對於僧團公共財產的「四方僧物」的「不可護（佔為己有）、不可賣、不可分」的原始精神，對內興辦佛教教育事業，弘法利生；對外舉辦醫院或施診所等福利慈善事業以救濟社會，這是非常必要的。

（原載於《南洋佛教》一九八八年第二二七期）

佛教對造林所發揮的積極精神

森林是祖國建設的重要資源，也是改良自然條件的重要保證。它對於人民生活的關係是重大的。我國的先賢管子和孟子早就留下了他們的名言。管子說：「一年之計，莫如樹谷；十年之計，莫如樹木。」孟子說：「斧斤以時入山林，則材木不可勝用矣。」管子指出了植樹對人民生活的好處，而孟子則考慮到護林的重要性。

一、佛陀熱愛樹木的因緣

佛教和樹木的關係，比任何宗教尤為密切。我們可以說它是一個徹頭徹尾熱愛樹木，並在各方面表現對於造林護林的積極精神的。從釋迦牟尼佛來說，他誕生於無憂樹下，成道於菩提樹下，說法於祇陀林中，涅槃於娑羅雙樹，其一代八十年間，幾乎沒有一個時期是離開樹木環境而生活的。因此，佛陀熱愛樹木的精神就一直影響到他的宗教。

許多樹木和森林由於佛的因緣，改變了它的名稱。如畢缽羅樹（Pippala，桑科常綠喬木），由於佛在其下證得無上菩提，所以它就被稱為菩提樹而受到佛教徒的尊崇了。佛離開菩提樹後，又在附近他曾依止過的尼拘盧陀樹、目支鄰陀樹、羅闍耶多那樹各樹下，各各坐禪七日，以答舊情。此外，如「苦行林」和「乳糜林」等，也都是由於佛在其間生活過而得名的。

二、佛教經典與樹木的關係

佛教經典關於樹木的記載，是隨處可以看見的。首先。書寫佛經的材料就是一種多羅樹（多羅樹是一種棕櫚科植物），其葉稱為貝多羅，簡稱貝葉。古代印度沒有從我國傳入造紙法以前，是用這種貝葉書寫經典的，所以佛經一稱「貝葉經」。

由於佛教和樹木關係的密切，所以翻譯《名義集》（卷三）特為樹木立了一個「林木篇」，並說明其理由曰：「毗藍名苑，母摘華而降生；菩提覺場，佛觀樹而行道。居鹿園以說法，住鶴林而涅槃。既皆依於修林，故宜偏乎異木。」佛在菩提樹下初成道後，即至菩提樹北，自西向東，行十九步，觀菩提樹，這叫做「觀樹經行」。

《西域記》卷八說：「如來成正覺已，至菩提樹北，七日經行，東西往來，行十餘步，異花隨迹，十有八文。後人於此，壘磚為基，高餘三尺。」

據高楠順次郎〈印度佛蹟實寫〉第十六圖「佛陀伽耶如來觀樹經行之迹」的解說，和山本晉道《天竺紀行》（三二一頁）的記述，現在佛經行處有「如來觀樹經行石」（其蓮華實有十九文〔朵〕，與《西域記》所記相差一文），就是佛陀觀樹經行的紀念物。其他如「經律異相」和「翻梵語」等書，對於印度佛在世時的樹名林名更一一加以記錄，其詳就不能備述了。

佛制比丘的生活方式是：「日中一食，樹下一宿。」可見樹木和比丘具有伴侶的關係，因此比丘們對於樹木的愛護簡直是視為第二生命的。

三、佛陀對造林護林的遺教

佛對於哪些樹木應該種植，哪些樹木不得採伐，哪些樹木可以使用和燃燒，都有很明確的指示。他不但提倡造林，而且注意到如何保護，這正是我們全國佛教徒今天參加綠化祖國運動所應該吸取的積極精神。

《法苑珠林》卷六十三引《毗尼母經》說：「若比丘為三寶故，得種三種樹：一者果樹，二者花樹，三者葉樹。此但有福無過。有五種樹不得砍：一、菩提樹，二、神樹，三、路中大樹，四、尸陀林樹，五、尼拘律樹。若佛塔壞，若僧伽藍壞，為木火燒（即作柴火燃料），得砍四種，除菩提樹。有五種樹應得受用：一者火燒，二者龍火燒（即觸電），三者自乾，四者風吹來，五者水漂，有是等樹得受用。」

所謂果樹和花樹由於佛的指示，後來就成為四方僧伽不可分的「僧物」——公共財產了。因為栽種果樹可以補充食物的不足，花樹則可以增加寺廟環境的美觀，葉樹（針葉樹和闊葉樹等一切喬木）可以支援國家的建設。但菩提樹等為什麼不許採伐呢？因為菩提樹是過去七佛，現在釋迦，乃至未來的彌勒世尊都要在它樹下成道的聖樹。佛一方面從宗教觀點出發主張保護少數的聖樹，另一方面卻積極地提倡種植那些有用的樹木。

佛陀對於種樹技術也是非常重視的。因為樹行的疏密有關植物的生長和健康，隨便亂種決無效果。同時還要包栽包活，才不至造成人力和物力的浪費。《摩訶僧祇律》卷九：「婆羅門問佛種菴婆羅樹法。佛言：以五肘弓，量七弓，植一樹。」《有部毗奈耶雜事》卷十八：「山無樹木，人眾聚時，為熱所困。佛言：我聽種樹。苾芻種樹，便棄而去，其樹便死。佛言：不應種樹，即棄他去。種樹行法，我今當制：若是花樹，花發隨行；若是果樹，著子方去；若為要緣事必須行，應委守園人及親友者，隨意而去。」

以上佛的指示，和今年三月二十七日國務院關於春耕生產的指示（第十二條）：「植樹造林，必須嚴格注意質量，包栽包活」的精神是完全一致的。

四、中國佛教對造林的貢獻

佛教自印度傳入中國以後，僧眾的生活多在水邊林下，自然和樹木的關係也是極為密切的。所以凡有寺廟之處，即有林木，因此名山巨剎稱為叢林，也就可以理解了。

六朝以後，佛教逐漸發達，寺院僧人常在寺門內外種樹植木以點綴風景，廬山東林寺遠公所種松樹，至今猶存，稱為六朝松。其他如廬山的萬杉寺，那是有計劃地種植的。而最出色的是臨濟義玄栽松所表現的積極精神。

《禪林類聚》：「臨濟玄禪師，在黃檗栽松次，黃檗云：深山裡栽許多松作麼？師云：一與山門作景致，二與後人作標榜。道了將鋤頭打地一下。黃檗云：雖然如是，已喫吾二十棒也！師又打地一下云：噓，噓。黃檗云：吾宗到汝大興於世。」

「臨濟栽松」是禪宗極有名的公案之一，雖然彼此打著機鋒，旁人無從揣摩；但我們在他們的言外，仍然可以體會到一些實際的意義。這就是說：臨濟栽松的目的固然為了點綴山門的風景，而最主要的精神卻是為了要給後世的人作榜樣，教後人繼續栽松，綠化一切可能綠化的荒山和荒地！有了這樣的風格和願望，才能使臨濟成為我國禪宗今日最盛的一派的開祖。

黃檗山在今江西省銅鼓縣。臨濟義玄是黃檗希運的法嗣，黃檗是百丈懷海的法嗣，都是禪宗史上著名的大宗師。其他歷代高僧積極種樹的光輝事例，是不勝枚舉的。一九四九年以後，在熱河地區還有一位僧人在政府防災興利的號召下，綠化了五座荒山的模範業績。至於居住深山為造林護林事業辛勤勞動而未得到表揚的佛教徒，相信還是不少的。

五、佛教徒為護林鬥爭的史實

五代詩僧貫休有兩句詩：「愛竹不除當路筍，種松留得礙人枝」，表達了他對於樹木的深刻的愛，這是我最愛誦的佳句。

熱愛樹木既然是佛教的傳統精神，那麼，為了護林而發生鬥爭也就無可避免了。佛教的名山古剎，多數是有山場的。所以各地叢林都設有「巡山」職僧負責管理，日夜巡視以防盜伐，因此而發生衝突的事故是常有的。為了保護寺廟山場的林木，在封建統治時代的僧人不知受了多少委屈！

傳說北宋時代，杭州靈隱寺有一株古松被州官伐去修理衙門，揚言還要繼續來砍其他的松樹，寺僧無力抵抗，只好作了一首詩，削了松皮把詩寫上，表示惜意。詩云：「大夫去作棟樑材，無復清陰覆綠苔。惆悵月波亭上望，夜深愁見鶴歸來。」這位太守看了詩，總算佩服和尚的風雅，才命令停止採伐。

又《禪林寶訓筆說》：「南宋時，曉舜禪師住廬山棲賢寺，寺後多大樹，太守入山見之，意欲伐起公所，師不允，後被人挾讎乘隙訐告，太守提師苦責，令還俗，民其衣。大覺懷璉和尚，昔曾入舜之室，故往京都訪之。大覺讓舜正寢，自居側室。帝見之，乃歎曰：道韻奇偉，真山林逸士！遂遣使送歸，復住棲賢。」這簡直是為護林受罪了。

此外，如杭州靈隱寺的道濟、淨慈寺的淮海，都曾為了護林賦詩，挽救了許多喬松的命運。而廬山開先寺老僧湖月，為了保護樹木，不惜哀號跪拜，更使人感動。明末紫柏大師作〈弔開先湖月鑑公種樹歌〉說：「君不見，開先老宿號湖月，羅公見之不敢忽！……湖上山，月邊窟，朝暮往來行不歇，見人斫樹即哀號，跪拜其前求莫伐。」（見《紫柏老人集》）可見他護林精神的誠篤了。

據寧波《天童寺志》記載：天童寺的萬松關，有夾道松二十里，植於唐宋。明嘉靖三十四年，夾道松遭伐，原因是「日本猝警，備艦防海」。這種粗暴的做法，和南宋時為了製造「御墨」，想伐杭州九里松是一樣令人歎息的。

四月一日林業部寫信給《人民日報》，報告他們派工作組到各地瞭解森林保護管理工作的情況，發現某些地區濫伐森林的現象很嚴重。他們馬上提出做好護林工作，杜絕濫砍樹木、毀林開荒等人為破壞森林的現象。我們看到今天政府森林主管部門這樣關心護林的工作，回想一下過去封建統治時代的粗暴情形，我們更應該把佛教傳統的護林精神發揮出來。

六、佛教通過樹木進行友好的事例

佛教自古以來，早已通過樹木的移植進行了國際間和平友好的聯繫。在佛滅後二百年間，阿育王為了宣揚正法，派了他的兒子摩哂陀和女兒僧伽蜜多到錫蘭去傳教。當僧伽蜜多臨行時，阿育王特地派人到佛陀伽耶世尊成道的菩提樹採了向南的一枝，命他的女兒移植到錫蘭去。這株移植的菩提樹，至今已歷二千餘年，仍舊非常繁茂，成為世界上現存生命最長的古樹之一。這是印度和錫蘭二千年來友好往來的紀念物。

在六世紀初年（梁天監元年），梵僧智藥三藏自天竺移植了一株菩提樹於廣州光孝寺，預言後二百年將有肉身菩薩於此大轉法輪；後來六祖惠能在廣州剃髮出家，便是這個光孝寺。

我國的桃、梨等水果，也隨著赴印求法的高僧和商人先後移植到印度去。那是古代中國人民贈給我們鄰邦印度的禮物之一。玄奘法師在他所寫的《大唐西域記》第四卷裡，記他到北印度境「至那僕底國」時的見聞，曾提到中國的桃和梨是怎樣傳到印度去的。他說此境以往，及諸印度，土無梨桃。因為是漢人的後代所植，所以稱桃子為「至那你」，「至那」是「中國」，「至那你」就是中國來的水果。梨子他們叫做「至那羅闍弗呾邏」，羅闍（Raja）是國王，弗呾邏（Putra）是兒子，所以梨的名稱就是「中國王子」。

一九四九年以後，我國同東南亞國家的友誼有了顯著的發展，友好訪問也頻繁起來了。一九五二年，錫蘭佛教徒贈給中國佛教界幾粒菩提樹種，加深了兩國佛教徒的友誼。一九五四年，印度尼赫魯總理訪問中國回到印度以後，特地運來送給毛主席幾株芒果樹（這種樹佛經稱為菴摩羅），表示他的謝意，這幾株芒果樹現植在廣州的公園裡。此事無關佛教，順記於此。

最後，想談一談中國佛教徒通過樹木和日本的友好關係。日本的文化大部分是從我國隋唐時代移植過去的，佛教的文化是最主要的一種。現在日本稱銀杏樹（公孫樹）為「鴨腳」，和佛教是有一段因緣的。他們島國本沒有這種樹，有了以後，也不知它名稱的起源。後來經過實地調查，才知道「鴨腳」就是「銀杏」。

據大槻文彥博士說，此樹日本並無野生，雖有巨大的樹，其樹齡也不過七百年而已。這是日本鎌倉時代（我國宋時）距今七百年前，禪宗初自中國傳入日本時，彼此禪僧互相往來，當時有帶著銀杏種子到日本去始植起來的。當時宋音稱為「伊腳」，所以日本現在仍舊保存宋音稱鴨腳為「伊腳」。這是日本稱「銀杏」為「鴨腳」的起源。這種鴨腳樹的移植，也是佛教國家文化交流的紀念物。

七、佛教徒應繼續發揮造林精神

佛教對於造林既有了這樣光輝的傳統，而又具有許多有利的條件，所以能不斷地產生許多優秀的造林人物和護林的動人事例，這是我們佛教徒值得驕傲的。今天政府號召全國人民大規模地進行綠化運動，同時又有計劃地防止盲目砍伐林木的現象，為了莊嚴國土，完全是和佛教造林的精神一致的。我們佛教徒就應該把這種積極的精神推而廣之，使它成為推動我們參加祖國建設的動力。我們應該更好地發揮「臨濟栽松」的精神，為後人留下光輝的榜樣。

我們相信在國家「農業發展綱要」（草案）的鼓舞下，在人民政府的指導和幫助下，通過全國佛教徒的積極努力，我們對於造林護林的事業，一定能夠發揮更積極的精神，和做出更大的貢獻。

（原載於上海《弘化月刊》一九五八年某期）

佛教居士林

居士林是近代在家佛教徒進行宗教活動的團體名稱。它雖非寺院，卻具有寺院的性格，一般有安置佛像的佛堂和講堂等，在城市中形成一處遠離塵囂的淨域，是在家佛教徒進行宗教修養的場所。

它最初由上海的沈惺叔、王與楫、王一亭居士發起，一九一八年正式成立上海佛教居士林於錫金公所，推王與楫任第一任林長。一九二三年三月，擴大組織，改稱為世界佛教居士林，推周舜卿任林長，並聘請名僧諦閑、印光、太虛為導師。同年七月周舜卿逝世，改推周肇南繼任林長。居士林內部初分弘化部與總務部，主要業務為宣講經論、編輯刊物、研究教理和修持念誦，並沒有禪堂與念佛堂。常請太虛、常惺諸法師等為林友講經開示。

一九二六年五月，上海閘北民國路新屋落成，世界佛教居士林遷入新居，內部組織更形充實。設有：講經部、皈依部、育才部、宣傳部、圖書部、出版部、放生部、利生部、祈禱部、荼毗部、禪定部、研究部等。其後由施肇曾、王一亭等先後擔任林長，李經緯、楊欣蓮等負責總務；而尤惜陰、張純一、羅傑、丁福保、朱石僧、顯蔭等，均曾分別擔任弘化、編輯、總務、指導等工作。其間出版有《世界佛教居士林林刊》和許多佛教著述小冊，從事佛學宣傳，其最盛時期有男女林友數千人。

在上海居士林的影響下，繼之而起的有北平的華北佛教居士林、南京佛教居士林、湖南佛教居士林、泰縣佛教居士林、靖江佛教居士林、無錫佛教居士林、張家口佛教居士林、重慶佛教居士林、成都佛教居士林等。

華北佛教居士林成立於一九二九年，初由崔雲齋居士發起，後由胡子笏、何叔良、周叔迦等主持，除定期邀請佛教學者講演佛學外，還辦理若干慈善事業。天津居士林，由曾任北洋政府國務總理的靳雲鵬主持，除日常舉行宗教活動外，特重密教的復興。其〈章程〉第六條說：「真言密教，中土失傳已久。本林為重興絕學起見，特專設密教部，建立藏密、東密壇場，隨時舉行結緣灌頂、傳法灌頂等法，以收顯密圓通之益。」對抗日戰爭前密宗的復興起了促進作用。其他各地的居士林，雖規模大小不一，而做為居士團體，同樣發揮過聯繫在家教徒的作用。

湖南佛教居士林，成立於一九三二年間，初租屋為會址，後在瀏陽門外購地建屋，第一任林長為湖南知名人士粟戡時，繼任林長為湖南大學教授劉善澤。全盛時期影響頗大，設有理事二十人。時常邀請有名法師講座以作佛事宣傳。當時設總林於長沙，在湘陰、桂陽、郴縣、湘潭、醴陵各縣，先後成立分林，發行過《湖南佛教居士林林刊》，有林友一千六百餘人。一九四九年自動解散。

今日海外僑胞的在家佛徒團體，如新加坡、菲律賓等地的佛教居士林，都是受到國內居士林的影響而建立的。

林子青

（收錄於《中國大百科全書・宗教》一書）

三時學會

三時學會，是我國近代專門研究唯識法相的一個佛教學術團體，會址設於北京。其主持人為河北河間韓德清，法號清淨居士（一八八四～一九四九）。韓氏為前清舉人，科舉廢後，擬赴日本留學，後因見唐代佚失的瑜伽、唯識著疏，陸續自日本輸入，苦不解其義，即發心深入經義，開始鑽研。

時四川江津朱芾煌居士在京亦志於斯學，以志同道合，遂同往房山縣雲居寺閉關自修，潛心研究。後因發生戰事回京，仍於朱芾煌寓所閉關，治唯識因明之學，生活費用由朱氏供給。旋由韓清淨、朱芾煌、饒鳳璜、徐森玉、韓哲武居士等，發起組織「法相研究會」，研究《成唯識論》，會所初設於朱宅，推韓氏為主講。

一九二七年，朱芾煌居士獨立捐資，購得北京北長街十五號舊宅，興建會所，贈予韓清淨居士為講學之所，以法相宗判教、釋迦一代教法的內容，研習有教（阿含時）、空教（中觀時）、中道教（瑜伽時）三時教，而法相一宗為說中道之空義，故改名為「三時學會」，公推韓清淨居士為學長，講授瑜伽、唯識、因明之學，並以餘力從事刻經。

三時學會成立之初，訂有組織大綱如次：

一、本學會由私人糾合同志組織之，純為學術研究處所；

二、本會以開闡印度哲學、佛法真實教義為宗旨；

三、本會事業專在講習、研究、譯述、刻經、藏書。

一九四九年以前為全盛時期，約有會員六十人，就研習人員中推定理監事，處理講學事物。一九四九年二月學長韓清淨居士去世，公推饒鳳璜居士繼任。

「三時學會」曾講授的內容為《唯識三十頌詮句》、《唯識指掌》、《唯識三十論略解》、《十義量》（此書為一九二五年出席東京東亞佛教大會時空□之作）、《唯識論述記講義》、《般若波羅蜜多心經蠡測》、（三時學會出版）、《大乘阿毗達磨集論別釋》等。

一九三四年，上海影印《磧砂藏》時發現了《趙城藏》，因擇珍貴典籍影印成《宋藏遺珍》，其中有關法相宗典籍四十六種，即由三時學會印行。一九五六年後停止活動。

金陵刻經處

清同治五年（公元一八六六年），佛教學者楊文會創辦於南京。楊文會認為弘揚佛法，必須流通經典。於是通過日本佛教學者南條文雄，從日本尋回中國自唐末五代以來，久已散佚的各宗重要典籍三百餘種，如《中論疏》、《百論疏》、《成唯識論述記》、《因明入正理論疏》等，均經刻印流通。失傳已久的北魏曇鸞著《無量壽經優婆提舍願生偈註》，也從南條文雄處取得，改名《往生論註》加以刻印，後收入《匯刻古逸淨土十書》中。

楊文會認為日本出版的《卍續藏經》，以博采為旨，忽視甄別工作，乃立志組織編刻《大藏輯要》，選佛典四百六十部，三千三百餘卷，進行嚴格的校訂。同時編定經目，將《藏經》內容分為華嚴、方等、淨土、法相、般若、法華、涅槃，以及傳記、纂集、弘護、旁通、導俗等二十一部，各部列舉代表著作數部。一九一一年楊文會逝世前，囑咐刻經處事業由其弟子歐陽竟無、陳樨庵、陳宜甫三人，分別負責編校、流通、交際等工作。一九一四年，歐陽竟無在刻經處成立研究部，聚眾講習，兼事刻經。從學者有姚柏年、呂澂等人。

中華人民共和國成立後，上海佛教界人士圓瑛、應慈、趙樸初、方子藩等二十五人組成「金陵刻經處護持委員會」，逐步恢復了刻經流通業務。此後，又陸續將原江北刻經處、支那內學院、北京刻經處、天津刻經處、三時學會等單位的經版共五萬餘片，全部匯集到金陵刻經處。一九五七年起，金陵刻經處確定隸屬於中國佛教協會，業務有了進一步的發展，收藏的經版最多時達十五萬餘片，並繼續刻印佛教典籍，發行國內外。

在金陵刻經處創立以前，先有江蘇江都鄭學川在揚州創辦江北刻經處（後改名法藏寺），專事勸募刻經。金陵刻經處創立後，兩處分工合作，曾商定籌刻全藏佛典。此後，北京、天津、重慶、常州、蘇州、寧波、廣州等地，也先後成立類似刻經機構。

中國近代佛教發展概況

——一九八四年在上海佛學院講課記錄稿

各位法師、同志、同學們：

剛才淦法師❶講了許多誇獎我的話，我感到很慚愧。以前，我們確有過一段師生因緣。自己也有幸親近過許多大善知識。我研究佛教雖已近六十年，實在只是浮光掠影，沒有什麼成就。現在人也老了，眼睛也不好使，研究學問已感到力不從心。

今天淦法師要我給大家講講中國近代佛教的情況。我想先講一點最基本的佛教知識，然後談談辛亥革命前和民國時期佛教界創辦僧教育的情況。最後講講近代和現代

❶ 淦法師：即淦泉法師，時任上海佛學院院長、上海玉佛寺住持。

佛教界的三位代表人物。

一、研究佛教必須瞭解的一些常識

我以為，研究佛教，一般不外乎佛教教理、佛教歷史、佛教藝術和佛教語言四個方面。

所謂教理，指的是釋迦佛所說的經典和菩薩們所作的論說。這些經典和論說主要是從梵文和巴利文翻譯成漢文的。梵文是古印度的文字，譯音是三斯克里多（Sanschrit）。在當時是一種比較高雅的語言，稱為雅語；巴利文是南傳佛教國家（斯里蘭卡等國）所使用的文字，比較通俗，稱為俗語。這是一般的說法。

我國除了漢譯經典以外，後來還有藏文的佛教經典和傣文經典等。單是漢譯經典如唯識、華嚴、天台、淨土、禪宗、律宗和密宗等的經論，就夠我們一輩子也研究不完。但就研究的方法來看，過去的大德們多偏重於研究佛教教理一方面，而忽略其他的研究。多數只講《彌陀經》、《金剛經》、《法華經》或《維摩經》等。對於佛教歷史的研究往往不夠重視，因此很難引起學術界的注意。

現在各種佛教經典中，漢譯的經典最為豐富。自東漢明帝時，佛教傳入我國，至今已有一千九百年的歷史。最初翻譯的是《四十二章經》，其後各種大乘經論次第譯出，當時都是以抄寫本而傳的。直到宋代開寶年間，中國始有《大藏》的印行，開始是根據唐代《開元釋教錄》的千字文順序編排的，共計五千零四十八卷，簡稱為《開寶藏》。其後還有宋《磧砂藏》，明《東禪寺藏》、《金刻大藏》、《南北藏》、《嘉興藏》和清的《龍藏》等，都是有名的《大藏經》。

近代還有日本高楠順次郎博士主編的《大正新修大藏經》（此書是日本大正年間出版的，所以簡稱為《大正藏》，全藏共一百卷，分《華嚴部》、《阿含部》、《般若部》、《方等部》、《史傳部》，還有目錄、圖像等）。高楠博士編完此《藏》後，曾賦漢詩一首，表達他當時的心境。詩是這樣的：「矻矻校讐幾苦辛，唯期閱藏有知津，裒然一萬三千卷，為法從來不為身。」其大意是：辛苦地校勘這部《大藏經》，只希望能讓閱《藏》者得個入門（我國明代藕益大師也曾作過一部《閱藏知津》，共四十卷，說明每部、每品經的大意）。我編完了這龐大的一萬三千卷，是為了令法久住，並不計較自身的生命。這部《大正藏》出版後，一直為懂得漢文的中外學者所愛用。

所謂佛教藝術，它包括佛教造像、造塔、雕刻、建築、音樂（包括唱念）等等有形無形的藝術。比如研究佛像的姿態，你會發現許多不同的樣子：藥師佛作施無畏印時，右手曲舉與右肩平齊，左手自然下垂，這叫作「與願印」；釋迦佛呢？左手橫過胸前，掌心朝上，右手下垂搭在右膝一邊，盤坐於蓮花座上，這叫作「觸地印」或「降魔印」。它表示佛成道時，降伏群魔的情形；彌陀「定印」指的是彌陀入定時的形象，雙手相接於膝上，坐著；還有一種是「說法印」，雙手五指集合在胸口，作譬喻狀，名如來，身體作趺坐像。

佛教的語言，研究的人很少。比如印度，古稱「身毒」，後來又稱「賢豆」。此外，還有稱為「天竺」、「西乾」等，最後玄奘法師才定名為「印度」。這些都是從語言的變化而來的。現在我們只知道佛經是從梵文翻譯過來的，一部分是從巴利文和藏文轉譯的。另外，還有一些少數民族文字的經典，如西夏文、蒙文、傣文、滿文以及古時西域小國的語言等已經很少有人研究了。幾十年前，英國有一對叫里斯．大衛士的夫婦曾發起組織巴利經典協會，發願把巴利文的佛教經典，全部譯成羅馬字，以便西洋學者研究。

一九一三年（民國二年），北京法源寺住持道階法師發起舉行佛誕慶祝會，舊佛曆是二千九百四十年；民國十二年又舉行過一次佛誕慶祝會。舊佛曆是二千九百五十年。由此推算，一九八四年應該是舊佛曆三千零十一年。後來日本、西方許多學者都懷疑此說的準確性。經研究後，始有現在通行的新佛曆。

我國有關佛曆的研究，主要是以《眾聖點記》為依據的，比較可靠。我們知道，佛滅度後，大弟子們曾舉行過佛經結集工作，傳說由阿難誦經，優婆離誦律，富樓那誦論（此採用的是真諦法師之說）。

優婆離誦出《律藏》後，遂在《律藏》上點點，這一年是佛滅度後的第一年。以後，每過一年，便點一點。到了我國南齊時，印度僧人僧伽跋陀羅和我國僧人僧猗在廣州竹林寺合譯《善見律》和《毗婆沙》。永明七年時，是九百七十五年。後來，這兩部經由僧伽跋陀羅帶到廬山。梁（即梁武帝蕭衍）大同九年，居士趙伯休在老僧弘度處發現《善見律》上有許多點，遂問他：從永明七年到大同九年期間為何不見點？弘度說，以前的日子都是眾聖點記。貧道凡夫只敢守經過日，不敢妄加點記。其時積點是一千零二十八點，也就是佛滅度後一千零二十八年。至隋朝開皇十七年時，則是一千零八十二年。

由是推算，今年是公元一九八四年，而佛出生於公元前五百二十五年，兩者相加是二千五百四十九年，即是佛曆二千五百四十九年，與舊佛曆比較相差四百五十二年，與現行佛曆二千五百二十八年比較僅差二十一年。由此可知，《眾聖點記》是比較可靠的。（可參看《歷代三寶記》卷二）

現行的佛曆，是以日本學者宇井伯壽博士所著的《印度哲學研究》中的第二冊《佛滅年代論》（約二十幾萬字）所考證的年代為依據的。一九五六年在印度召開的世界佛教學者討論會上，正式確定佛誕為二千五百年（即今二千五百二十八年）。一九四九年前，我曾寫過一篇〈佛辨年代論〉，刊登在《覺有情》上，所考的年代基本與此相符。

二、中國近代、現代佛教界僧教育概況

光緒末年，在「廢除科舉，興辦學校」的口號下，佛教遭受了一次打擊。情況

是這樣的：當時的湖廣總督張之洞寫了《勸學篇》一書，呈上光緒皇帝，提出「中學（中國的學說）為體，西學（西方的學說）為用」的主張，要求興辦學堂。由於國家內憂外患，財政十分困難，無力集資興學。當此，張之洞提出利用佛教寺廟做為學舍，用廟產的百分之七十來充實教育經費的意見。當時佛教在朝野尚有一些勢力，光緒於是下詔暫不同意動用廟產的辦法。這樣一來，佛教界許多開明人士感到長期這樣下去不是辦法，於是開始有創辦近代僧教育之舉。

當時創辦僧教育最有名的，是寧波天童寺的住持寄禪法師。他在寧波、江西、湖南等地先後發起成立了僧教育會，會中也有許多在家人參加。但是，由於得不到各大叢林的支持，無經費來源，不久各地僧教育會遂紛紛自動解散。

辛亥革命前後，佛教界許多開明人士又掀起興辦僧學堂的熱潮。比較出名的有寄禪的老師笠雲、芳圃等人在湖南長沙開福寺創辦的湖南僧學堂。幫助笠雲辦學的是日本曹洞宗僧人水野梅曉。此外，有文希和尚在揚州天寧寺創辦的普通僧學堂，和諦閑、月霞等法師在南京創辦的僧師範學堂等等。我的老師覺三法師就是該學堂第一期的學生。但是由於各大寺廟都不肯出錢資助，所以，各地的僧學堂也只能曇花一現，很快就凋謝了。

為了辦好僧教育，借鑑外國的辦學經驗，水野梅曉曾陪同笠雲、道香、筏喻等法師出訪日本。先後走訪了東京、大阪和奈良等地的各大寺廟及佛教大學，歷時兩個月。此舉也是近代中日佛教史上最初的友好往來之一。回國後，笠雲寫了一部《東遊記》，記述訪問日本時的見聞，其中有大量的詩和日記。笠雲還著有《聽香禪室詩鈔》八卷，由當時湖南的大文豪王國運、葉德輝作序，出版後曾轟動一時。笠雲學問很好，走過不少地方，他的書法也很有造詣，是一位不可多得的和尚。

還有揚州天寧寺的住持文希和尚（號亞髡），也有志於僧教育事業，苦於無辦學經驗，得知日本僧教育很盛，遂決意去日本考察。但是，因為辦學要動用寺廟財產，一些思想保守的和尚千方百計阻止他去日本，暗地裡向清政府的地方官誣告他是革命黨。於是，就在他準備上船去日本的時候，在碼頭被兩江總督端方所派的人逮捕。後押送到江西石城縣監禁，好在沒有事實根據，兩年後就被釋放了，僧學堂自然沒有辦成。

另有一位杭州白衣寺的松風和尚也曾發心辦學，由於白衣寺太少，他建議杭州各寺能支持辦好僧學堂。宗仰法師聽到這個消息，特地從寧波趕到杭州，幫助他做辦學的籌備工作。不料，正當事情將成時，一些怕出錢的寺廟住持指使一伙馬流子（壞和尚）將松風抓到紹興，將他活活燒死。當時有名的大行法師，曾寫了〈松風和尚辦學殉難記〉一文紀念他。

而月霞、諦閑兩法師創辦的南京僧師範，亦不過一年工夫，因經費無著，宣告停辦。這件事現在知道的人已經不多了。

這就是辛亥革命前後，中國佛教界創辦僧教育的大概情況。當時國內號稱有八十萬僧侶，卻沒能辦好一所僧人學校，這不能不說確是一件令人慨歎而可悲的事。

民國後，一般的法師大都採用講經的方式來傳授佛教知識。講經的法師多數是背註疏的，當然也有少數淵博的學者。如諦閑法師專講天台三大部（《法華玄義》、《法華文句》和《摩訶止觀》），確是一位天台宗很有學問的法師。還有月霞法師主講的《維摩結經》、《華嚴經》等，當時都曾產生了一定的影響。

月霞法師還曾因日本僧人譏笑我僧侶不學無術一事，受章太炎、桂伯華居士等的邀請赴日本講經。但似未引起多大反響，主要原因是語言不通和方法太舊。

民國三年（一九一四），在哈同夫人羅迦陵的贊助下，月霞法師在哈同花園創辦了華嚴大學，由羅迦陵供給經費。當時聽說有幾十名學員，主要學習華嚴宗教義，我的老師常惺老人曾是這個大學的學生。後來，因為有個叫姬覺彌的人提出要學員們每逢初一、十五給羅夫人禮拜，月霞法師認為比丘頂禮白衣，不合佛制，有辱僧人尊嚴，遂將華嚴大學移到杭州海潮寺，繼續辦理。在那裡辦了一年多，才宣告畢業。

民國二年間，諦閑法師在寧波觀宗寺（原寧波延慶寺的一部分）創辦了觀宗研究社。研究社的經費由葉恭綽（字玉甫，號遐庵，曾出任國民黨鐵道部長）、蒯若木兩居士供給，有學員五、六十人。主講的老師有諦閑、靜修和仁山等人，培養了如常惺、倓虛、寶靜、戒塵、妙真等有名的僧才。

不過，在現代佛教史上最有名的僧人學校要數武昌佛學院和閩南佛學院。武昌佛學院開辦比較順利，也很有起色。以後佛教類的學校都稱佛學院，名稱即由此始。

民國十年，太虛法師應邀從滬到漢口講經，頗受歡迎，反響很大。太虛建議創辦佛學院培養僧才，一批居士踴躍響應，發心募捐。籌備就緒後，居士們推舉當時有名的黃侃居士（字季剛，章太炎的高足）代表大家書寫〈請太虛法師任武昌佛學院院長疏〉，恭請太虛法師上任。此外，還聘請了近代「戊戌變法」主要領導人之一的梁啟超先生擔任第一任董事長（梁啟超，號任公，很推崇佛法。著有《梁啟超論學近著》、《佛學研究十八篇》和《清代學術概論》等）。

民國十二年，佛學院開辦。院址設在武昌千家街（原黎元洪的宅子），稱大學預科。主講的老師有太虛、空也（原是湖南長沙開福寺佛學研究社主講，後帶學生一、二十人來武昌）、史一如（四川人，東京帝國大學畢業，皈依太虛後，法名慧圓）、唐大圓（湖南人，日本留學生，信佛）、張化聲（著有〈世界新文化之標準〉一文，很有名。曾主編《海潮音》。《海潮音》是太虛主辦的著名佛教刊物，當時影響很大）等人。主要教材有史一如譯自日本的《印度佛教史》和《因明入正理論講義》，太虛編的《佛教各宗派源流》、《成唯識論》和《太虛書疏》、《中華佛教史》等。當時的湖南省長李隱塵為武昌佛學院題了匾額。

武昌佛學院開學後，由於各界居士的支持和名人的贊助，辦得很有成績。一時間，全國各大寺廟均紛紛仿效，創辦了規模不一的各類僧人學校，形成了一股辦學的熱潮。

佛學院的學員們也刻苦用功學習，學有成效。有一位智藏法師是太虛的得意門生。他十六歲在閩南佛學院讀書，當時他只有小學畢業程度，經過用功學習，不到兩三年工夫，他就能寫出一手好文章。考進武昌佛學院後，先後在《海潮音》上發表許多文章。由於用功過度，元氣大傷，過早地夭折了。太虛法師十分悲痛，特為他造了一座塔，還在日記中寫了一首六言詩〈悼智藏仁者〉紀念他。詩是這樣的：「喜爾英年崛起，紹隆佛種有人。何期秀而不實，吾心痛乃無倫。」

武昌佛學院從一九二二年開辦，到一九二六年因北伐軍北上武漢停辦為止，短短九年間，為中國佛教界培養了一大批人才。其中出類拔萃者有：

芝峰，原名象賢。學識最好，深受弘一大師稱讚。曾主編《現代佛學》雜誌，一時很有影響。

大行，原名機警。後由太虛法師賜名大行，也是該院的高材生。

滿智，四川人。成績卓著，曾一度主編《海潮音》。

法尊，也很有才學，曾去日本留學。佛學院畢業後又去西藏參學。還將部分藏文的佛經譯成漢文。

法舫，對《俱舍論》很有研究，也主編過《海潮音》。後去斯里蘭卡世界佛教大學留學，曾將《中國大乘經論》譯成英文。後病逝在斯里蘭卡，他是中國留學斯里蘭卡的第一人。

大悲，太虛的學生，又是圓瑛的弟子。曾擔任寧波天童寺方丈，後在上海圓寂。

亦幻，是一位能幹的僧人。在閩南佛學院擔任過國文教員，又曾任上海靜安寺方丈。他對弘一大師十分敬重，在生活上多有照顧。在浙江慈谿金仙寺時，還曾幫助過當時地下共產黨的領導人和文化人，開展地下工作。如譚啟龍、何克西、黃源等人都得到過他的幫助。

翠華，也是佛學院的佼佼者，後經人介紹與滿智一道去閩南佛學院任教。

此外，還有如寄塵、量源、恆慚、觀空、迦陵、顯教等人，都是學有所成的學生，以後都為中國佛教事業作出了一定的貢獻。

閩南佛學院是在武昌佛學院的影響下，於一九二五年秋天在福建廈門南普陀寺創辦的。當時南普陀寺香火很盛，素齋和佛事的收入相當可觀，於是南普陀寺方丈會泉法師同意創辦閩南佛學院，並撥出一定的資金做為教學經費。校址就設在南普陀寺，它的對面就是廈門大學，並聘請在安慶佛學院任主講的常惺法師擔任院長，監學是覺三法師，佛學老師有蕙庭、翠華等人。並擬請當時正在廈大執教的魯迅先生來教國文。魯迅不便來，轉薦孫優圓先生代替，教英文的也請的是廈大的老師。當時有一日本僧人自薦來教我們日文。佛學院分專修科、普通科兩班，並有學生八、九十人。上佛學課的時候，老師學生一律穿海青，氣氛嚴肅，就像正式的講經一樣。

當時，由常惺法師主講《攝大乘經》、《辨佛迦記》、《成唯識論》和《因明入正理論》；翠華講《解深密經》等，都很有影響。當時廈大校長杜文慶，還有魯迅、蔡元培、馬敘倫等名人都曾來校作過講演，閩南佛學院也逐漸有了名氣。

一九二七年，廈門南普陀寺方丈會泉法師根據南普陀十方叢林方丈三年一換之規，卸任去職，眾寺僧一致推舉太虛繼任方丈，閩南佛學院第一期學員遂提前畢業。會泉法師退居時，弘一法師曾以「會心當處即是，泉水在山乃清」一聯相贈。會泉法師為創辦閩南佛學院作出了重要的貢獻，我們是不應該忘記他的。

一九二七年至一九三三年間，也就是在太虛當住持的六年裡，閩南佛學院又招收了兩期學員。由大醒代理院長，主要成員有芝峰、寄塵、印順（日本留學生，曾被授予文學博士稱號，現在台灣）、竺摩、默如、戒德、寶忍、西蓮等。

總而言之，閩南佛學院從一九二五年開辦以來，在短短的幾年中，為佛教界培養了大批人才。比如，現在美國紐約的原常州天寧寺方丈敏智法師、畢業後去了西□的滿多法師，以及本寺的淦泉法師等等都是該院的學生。

三、介紹幾位中國近、現代佛教史上的著名人物

楊仁山，名文會，安徽石埭人。幼而聰穎，早讀孔孟諸書，唯不喜科舉。父親楊樸庵是曾國藩的同年進士，關係非常親密。因此，楊仁山的才華早年即得以被曾看中，把他安排在軍中擔任後勤工作。常往來於安慶、杭州之間，其時正是太平天國起義時期，兵荒馬亂，佛教經典遭到大量焚毀，買求至為不易。

仁山居士在安慶舊書攤上讀到《大乘起信論》，感到很有興趣，發願要振興中國佛教。他認為要復興佛教，當務之急是從事刻經事業。其時，在揚州塼橋已有位鄭學川居士辦了個江北刻經處，從事刻經工作。他與仁山居士商量，不重複刻一部經，以便節省經濟，多刻經版。後來，學川居士覺得在家不能專心致志地刻經，於是索性出了家，取名妙空。他刻經約有兩千多卷。在仁山居士的倡導下，各地也紛紛開始刻經，其中也有寺廟刻經的。

前不久，我去南京，到金陵刻經處訪問，聽說現尚保存有經版十三萬左右。有的經文正在印刷、裝訂，殘缺的經版也在補刻。金陵刻經處名揚海外，二十九年前，印度國際大學曾向金陵刻經處請了一套玄奘法師譯的佛經數十部。

仁山居士發願刻經後，其事業從未間斷。在他隨曾記澤（曾國藩之長子）出使英、法任參贊期間，也委託他人繼續刻經。後來還將自己的住宅獻出來做為刻經的場所，這就是南京延節巷的金陵刻經處。他死後就葬在金陵刻經處，實現了他「塔不離經版，經版不離塔」的遺願。塔前栽有許多柳樹，還有趙樸老題的「深柳堂」三字的匾額，塔前有一口池塘，是一個清淨的所在。

仁山居士的第二件事業是培養佛教人才，興辦僧學堂。當時，印度有一位達摩波羅居士鑒於印度佛教衰微，發願要復興印度佛教。他寫信給仁山居士，約他一起做這項工作。仁山居士也覺得光刻經不行，必須注意培養佛教人才，於是他發心創辦了梵文學堂（又名祇洹精舍），除自己講經說法外，還聘請當時有名的佛教學者李曉暾來學堂執教。詩僧蘇曼殊也應聘來教英文，著名的太虛大師也曾就讀於此。由於種種原因，學堂沒辦多久就停辦了。後來，仁山居士又發起創辦佛學研究會。有名的譚嗣同、歐陽竟無、桂伯華、梅光羲、李證剛、王小徐等人都先後參加過該會的活動。

楊仁山對近代佛教的第三個貢獻，是恢復了近代中日佛教徒的友好往來。

中日佛教徒之間的來往有一千多年的歷史，始於隋時，到唐代發展到極盛。但到了清時，已斷絕了來往。主要原因是，滿清政府腐敗無能，閉關自守，不准人們出洋；而此時日本的德川幕府，也同樣關起門來，禁止人民同外國交往。這樣一來，兩國的佛教徒自然無法開展交流了。如此的形勢大約維持了一百幾十年，直到日本明治維新後才開始有所改變。

明治維新以前，日本的文化是向中國一邊倒。隨著西方資本主義世界的日益強大，日本朝野一些開明人士福澤喻吉等人覺得應該向西方學習。於是，在明治維新的初期，一些激進分子主張廢除佛教，掀起了一個「廢佛毀釋」運動。在大阪、東京等地相繼發生了燒毀佛教經典，把佛像拋入大海的事件。後來，日本佛教徒派了許多佛教學者到西方考察宗教制度及其佛教情況。回國以後，興辦佛教學校和社會福利事業，大力整頓，這才把「廢佛毀釋」運動平息下去。

仁山居士最初與日本佛教學者南條文雄的交往，是在他擔任清朝駐英國公使曾紀澤的參贊時，南條文雄對梵文深有研究。當時，楊仁山曾多次寫信向他請教有關梵文的問題，來往達十九年之久，交誼彌深，中日兩國近代佛教界恢復往來是從他倆開始的。

不僅如此，南條還曾多次將許多我國已經失傳而日本尚存的佛經，贈送給仁山居士主持的金陵刻經處。其中有《成唯識論述記》、《因明大疏》、《觀經四帖疏》等淨土宗逸書。據說，梅光羲居士曾將《成唯識論述記》送給太虛法師，使他後來成為中國研究唯識的大師。

在此期間，仁山居士也曾受日本弘教書院的委託，幫助搜集日本尚缺的佛經，使他們得以完整地出版了《續藏》。《續藏》一書收有我國自唐以來一些高僧編的註釋和筆記。它對於研究我國佛教歷史、佛教體制、佛教藝術等，都具有相當價值。民國十二年左右，上海商務印書館曾影印出版過此書。

楊仁山居士為復興中國近代佛教作出了重要的貢獻。他生前為我們留下了許多著作，如：《佛教初學課本》、《大藏輯要目錄》（他生前未能完成此書，後由其弟子、浙江的徐蔚如居士幫助整理。今已出版四輯）和《等不等觀雜錄》等，其中《等不等觀雜錄》內容最為豐富。除許多論文、序跋外，他與南條的書信也收在裡面。

值得一提的是，南條文雄曾將《大明三藏目錄》譯成英文，並作了註解。這也是他本人的博士論文，所以簡稱《南條目錄》（北京佛教協會圖書館藏有此書）。

中國近代佛教史上另一位著名人物，那就是宗仰法師。宗仰，法名印楞，別號楞迦小隱、烏目山僧。俗姓黃，曾取名中央，有時稱黃中央，江蘇常熟人。曾與光緒帝的老師翁同龢有過來往，是一個很有學問的高僧。他是在常熟三峰寺從藥龕和尚出家的。藥龕曾請王聘三先生教他作文、畫畫等，因此在他二十歲時，就已有較深的文學修養。後來到鎮江金山寺受戒，戒師秋崖和尚看他是個人才，便將他留在寺中，秋崖有許多書信都是宗仰幫助他寫的。不到三年，他就當上了知客的職務。

宗仰法師很有學問道德，後來被到金山寺做水陸道場的哈同夫人羅迦陵看中。她便把自己打算在哈同花園內建一如西方極樂世界模樣的佛堂的設想告訴宗仰，請他去上海幫助設計、建造。因此，宗仰得以來滬。羅夫人對宗仰十分信任，可說得上是言聽計從。哈同花園名為「愛儷園」，佛堂名為「頻迦精舍」，就是宗仰代她取名的。

章太炎是我國近代國學大師，當時他經常為上海的《蘇報》撰稿，發表反對滿清的文章。因為文章中有「載湉（指光緒帝）小丑，不辨菽麥」的話，觸怒了清政府。上海道台以犯不敬罪之名，通過當時上海工部局逮捕了太炎先生，關押在上海西牢（即今天的提籃橋監獄）。同時被捕的還有曾作《革命軍》一書的鄒容先生，他因年少氣盛，不久即被折磨死於獄中，《蘇報》館因此也被查封，這就是轟動全國的「蘇報案」。宗仰法師也因為給《革命軍》題字和出資幫助出版此書受到牽連，在羅迦陵的幫助下，他即亡命日本。

太炎先生在獄中讀了《瑜伽師地論》等許多佛經，流亡日本後，常在當時革命黨人的機關刊物《民報》上發表佛學文章。

宗仰在日本橫濱期間，曾與孫中山同住一幢房子。中山先生住樓上，他住樓下，彼此常往來。中山先生將赴美時因缺少川資，難於成行，宗仰曾慷慨解囊，借三百元相助。別後，兩人時有書信來往。不久，辛亥革命勝利了，孫中山回國就任中華民國臨時大總統。當時宗仰（已回國）等人曾去碼頭迎接，並出席了歡迎孫中山回國的盛大宴會。

宗仰流亡日本前後，曾用烏目山僧（烏目山是宗仰家鄉，常熟虞山的別名）的筆名，在梁啟超主辦的《新民叢報》上發表大量的詩歌和文章，他的〈送別康南海〉一詩就很有名。他與太炎先生的關係也很密切，他的《齊物論》一書的跋就是宗仰寫的。

當時，蔡元培、蔣竹莊和吳稚輝等人，在上海成立中國教育會。因缺乏經費，遂推舉宗仰擔任會長，很遭到一些人的非議，他遂用諧音改名中央。有時還用黃中央的姓名在當時有名的佛教雜誌《佛學叢報》上發表文章，此報曾多次刊登過印光大師的佛學文章。印光大師後來馳名佛教界，應該說與《佛學叢報》的介紹不無關係。

後來，由於種種原因，哈同夫婦與宗仰的關係逐漸疏遠，轉而信任一個名叫姬覺彌（別號佛陀）的人。此人人格太壞，一上台就排擠宗仰法師。不久，宗仰也就離開了哈同花園，回到鎮江金山寺。

在宗仰回金山寺時，還有一段插曲。當時，宗仰在金山的排行是老二，本應繼任方丈，由於他客居滬上多時，所以方丈改由老三來做。事有湊巧，就在老三（蔭屏和尚）升座的時候，宗仰回到了金山。他見老三有些不自在，遂書一副對聯相賀。聯句是：「乃兄回山不作此想，吾弟主席盡可放心。」此雖小事一樁，不難窺見宗仰文學修養的工夫。

宗仰回金山不久，即外出雲遊，朝拜各地名山大剎，後經薦舉做了南京棲霞山方丈。民國十年（一九二一），日本研究中國佛教史的專家常盤大定（他曾著《支那佛教史蹟踏查記》一書）來棲霞訪古，與宗仰交談之後，大為欽佩，盛讚他的才學，認為他是近代中國難得的高僧。不料，次年宗仰即圓寂於棲霞寺。

宗仰圓寂後，章太炎先生為他寫了〈棲霞寺印楞禪師塔銘〉一文，介紹他一生的為人和功績，刊載在《制言》半月刊上。

一九四九年前出版的一部描寫資產階級革命黨人的《革命逸史》，其中有幾篇就是介紹宗仰法師的事蹟的。

太虛法師是我國近代著名的佛學大師。在家時本姓呂，名沛林，浙江崇德人。幼時父母就雙雙辭世，家境貧寒，後與外祖母相依為命。十四歲時在百貨商店當學徒，深得老闆喜歡。由於他不安心學徒生活，後被祖母送到蘇州平望山小九華出家。師公是後來到寧波天童寺的奘年和尚，師父是士大和尚。他十六歲到寧波天童寺受戒，被八指頭陀（即寄禪）看中，遂介紹他到岐昌和尚那裡去學習，進步很快。兩年後，經當時的天童寺書記圓瑛法師介紹，到慈溪西王寺看經，二十歲時，回到小九華。

當時正辛亥革命前夕，小九華的棲雲和尚有民主革命的思想，他與太虛關係很好，曾給太虛很大影響。後來棲雲介紹他到廣州白雲山雙溪寺當住持，在此期間，他經常與同盟會革命人士有往來，思想上起了很大的變化。他希望用國民的力量推翻清政府，同時改變佛教的落後現象。

一九一一年四月，孫中山和黃興領導的廣州起義失敗後，棲雲和尚被捕。因為警察在他的寓所裡發現了太虛為黃花崗七十二烈士寫的一首詩，清政府就下了通緝令。太虛在一家報館友人的幫助下，逃到上海。

民國元年，由於和同盟會的老關係，太虛發起成立中國佛教協進會，當時的仁山法師也是積極的活動者。成立大會在鎮江金山寺召開，參加者有佛教徒二、三百人，還有許多在家人，聲勢很大。會議通過了大會綱領，決定利用佛教財產創辦佛學院。

但是，由於經驗不足，準備不充分，寺廟中的保守派和尚還打傷了仁山法師。太虛法師因事先得到消息，及時脫身，才得以倖免。後有人報告官府，警察逮捕了為首分子，因宗仰出面保釋，才算了結了這場風波，這就是「太虛大鬧金山寺事件」。

「金山寺事件」後不久，有人勸太虛繼續學習，去普陀山讀經，於是他來到普陀山「錫麟精舍」閉關。當時印光法師也在普陀山，太虛法師常向他請教佛學問題。在閉關時間內，太虛法師一邊看經，一邊著書。他前期的代表作《改革僧伽制度論》，就是這個時期寫成的，他還為道階法師作傳：《中華道階法師傳》。

孫中山及其隨眾視察東海時，途經普陀山，太虛曾作詩送他。孫中山也曾為太虛的《梅庵詩稿》一書題了書名。

民國六年，太虛法師閉關期滿，來到寧波天童寺做水陸。應友人邀請，取道日本去台灣講經。他一邊講經，一邊接觸各界人士。期間，他作了不少詩，後收集在詩集《東瀛採真錄》裡，此書即在台付梓。

回滬後，他創辦覺社，主編《覺社叢刊》，旨在介紹東、西哲學和宣傳佛教。不久，他又去北京廣濟寺講經，當時他已小有名氣，許多名人都曾去廣濟寺看望他。著名文人胡適之在給友人的信中曾提到：「昨天我與太虛和尚談話，得益不少」之語（《胡適文存》）。太虛法師由此聲譽日隆。

以後他到漢口講經，遂發起創辦武昌佛學院，並擔任院長。不久，他又將《覺社叢刊》更名為《海潮音》，《海潮音》成了當時佛教的機關刊物。

民國十五年，太虛法師在南洋講經後，回國時途經廈門，受到了廈門各界人士的熱烈歡迎。從鼓浪嶼到廈門路兩邊擠滿了歡迎的人群，人們放爆竹、獻花來表示對他的尊敬。

第二年，太虛繼任廈門南普陀寺方丈，並負責閩南佛學院工作。因忙於其他佛教事務，太虛法師委託大醒法師代理院長，自己回上海和常惺法師等發起成立「江浙諸山聯合會」。民國十八年正式改為「中國佛教會」，常惺法師也是一位難得的僧才，和太虛法師一樣，被日本人譽為中國兩大高僧。後來，常惺圓寂，太虛聞訊十分悲痛，作了〈哀悼常惺法師〉一詩，以為紀念。詩云：「識面今廿三載，知心亦十八年，方期責可君代，那堪逝占我先。」

民國二十四年，太虛法師在廬山主持召開世界佛教聯合會，影響很大。次年，太虛法師率領中國佛教代表團赴日本出席東亞佛教大會，在日本產生了廣泛的影響。

鑒於德國駐日大使邀請他參加德國東亞哲學會，太虛法師決意去歐旅行，在各方面人士的幫助下，民國二十八年他從上海啟程。一位名叫鄧玲芳的德國留學生自告奮勇當他的翻譯，當時上海的報紙造謠說，太虛帶女祕書去歐洲旅行了。他們先到法國，太虛法師在巴黎哲學院發表了演講，還收了兩位法國女徒弟。後取道德國至比利時，最後由美國去日本，再由日本乘船回上海，歷時一年。他根據沿途的見聞，寫了一本書，取名《太虛法師環遊記》。

民國二十九年，中國佛教總會成立，有人推薦太虛法師去見主席（這裡可能是指當時中華民國主席蔣中正），他的介紹信上這樣寫著：「沙門太虛，苦學潛修垂三十年，此番弘法歐美，為國宣勞。以玄奘以還，斯為第一。」言詞雖有過譽，但亦可說明太虛法師在佛教史上的地位。

抗戰爆發後，他到了重慶。次年即受命率領印緬訪問團出訪印度、斯里蘭卡、緬甸和新加坡等國，後圓寂於上海玉佛寺。

經教研究與藝術

房山石經初分過目記

一、石經鐫造略史

房山石刻《大藏經》，是我國佛教文化史上很寶貴的遺產。近代中外學者在這方面已經作了不少研究工作❶，然而由於大多數石經長期地錮藏在石洞裡沒有得到充分的調查研究，對於它的估價尚未能脫出推論的狀態。房山石經由靜琬創刻於第七世紀的

❶ 一九一〇年葉昌熾《語石》卷四〈刻經〉，一九一九年松本文三郎《支那佛教遺物》石經章，一九二四年陳詵《房山遊記》，一九二四年法國人普意雅（G. Bouillard，當時任中國鐵道部技師）的《雲居寺誌》（*She king Shan Yün Küi Sze–Si Yü Sze–Tung Yu – Sze, Peking*）。關野貞、常盤大定共著《支那佛教史蹟》三及《詳解》，一九三五年塚本善隆〈石經山雲居寺與石刻大藏經〉（《東方學報》京都第五冊副刊）等，對房山石經都有獨特的研究。

隋唐時代，經過遼、金、元、明歷代的續刻，前後實經過了一千年的歲月。由於歷代高僧和熱心的佛教徒的努力，不斷地繼承了這種艱鉅的刻經事業，遺留下這份豐富的文化遺產，這是值得我們誇耀於世界的。

房山石刻藏經所在地的石經山，是在河北房山縣的西南二十五公里處。本名白帶山，又稱為芯題山，當地稱它為小西天，有時又稱它為涿鹿山。

我國佛教的石經最初刻於北齊。如太原風峪的《華嚴經》、泰山的《金剛經》等，都是高齊時代有名的摩崖石刻。而北齊名臣唐邕自天統四年至武平三年（公元五六八～五七二年）在北響堂山更刻了《維摩詰經》、《勝鬘經》等許多大乘經典，並留下有名的刻經發願文❷。北周滅法的時候，許多佛經一時化為灰燼，而唐邕刻在石上的經典卻依然無恙，這對於如何使佛法常住的人有著很大的啟發。

❷ 陸增祥《八瓊室金石補正》卷二十二〈鼓山唐邕刻經銘〉。

隋代靜琬在房山的刻經，顯然是受了唐邕的影響的；此外，他也繼承了他的老師南嶽慧思的遺願，從而積極地從事刻經的事業。劉侗《帝京景物略》說：「北齊南嶽慧思大師，慮東土藏教有毀滅時，發願刻石藏，閟封巖壑中。座下靜琬法師承師咐囑，自隋大業迄唐貞觀，《大涅槃經》成。」這恐怕是靜琬刻經動機最正確的記載。

靜琬刻經的動機既如上述，那麼他是怎樣進行的呢？唐初的唐臨《冥報記》稱：「幽州沙門釋智苑（即靜琬），精練有學識。隋大業中發心造石經，藏之以備法滅。既而於幽州北山鑿巖為石室，即磨四壁而以寫經。又取方石別更磨寫，藏諸室內。每一室滿，用鐵錮之。時隋煬帝幸涿郡，內史侍郎蕭瑀，皇后之同母弟也。性篤信佛法，以其事白后；后施絹千匹，餘錢物以助成之，瑀亦施絹五百匹。朝野聞之，爭共捨施，故苑得遂其功。……苑所造石經已滿七室，以貞觀十三年卒，弟子猶繼其功焉。」隋煬帝是靜琬同門智顗的護法，這段記載當有史實的根據。

靜琬自大業年間發願刻經至貞觀十三年入寂為止，前後達三十年。他到底刻了哪些經呢？《冥報記》把它分為二種：一是鑿巖為石室，即磨四壁而刻經。二是選取方石別為磨寫，藏之室內。前者指雷音洞，後者即其他石室。雷音洞的石經，以清查禮的〈芯題上方二山記遊〉所記最為扼要。其文云：「石經洞寬廣如殿，中供石佛，四壁皆碑石疊砌，即隋靜琬法師所刻佛經也。字畫端好，有歐褚楷法，無一筆殘缺。左壁兩層共碑三十六枚，右壁三層亦三十六枚，後壁三層共四十一枚，門之左右壁及門頂共三十三枚，總共一百四十六枚。刻《妙法蓮華》等經。」

據現在調查，洞內的刻經：左壁（北壁）全部是《法華經》，後壁（西壁）下部是《法華經》，上部是《優婆提舍願生偈》、《受菩薩戒法》、《賢劫千佛經》、《八戒齋法》、《佛遺教經》、《無量義經》等。右壁（南壁）主要的是《無量義經》、《金剛般若經》、《勝鬘經》（元代補刻）、《彌勒上生經》（元代高麗僧達牧補書）等。前門左右壁（東壁）主要的是《維摩經》全部，一部分是《華嚴經淨行品》。

過去除了雷音洞的石經以外，各洞的石經都是深藏嚴閉不易窺見的。貞觀八年所刻經末的銘記說：「此經為未來佛法難時，擬充經本，世若有經，願勿輒開！」所以，靜琬採用方石另外磨寫的石經，藏入室後，每一室滿即以石塞門，鎔鐵把它封閉起來。這種情況直到近世還是如此。所以，靜琬所刻的《六十華嚴》和《大涅槃經》

等石經始終不曾流傳於外。

靜琬寂後，他的石經事業由弟子們繼承。遼趙遵仁《續鐫成四大部經記》稱：「靜琬以貞觀十三年（六三九）奄化歸真，門人導公繼焉；導公歿，有儀公繼焉；儀公歿，有暹公繼焉；暹公歿，有法公繼焉。自琬至法凡五代焉，不絕其志。」

導公的事蹟從未見記載，但今年在雷音洞右面石楣上發現了一塊唐總章二年（六六九）的題記，知道導公即是玄導，在他老師靜琬寂後所刻的。這是一個重大的發現，在解決房山石經繼承事業的問題上是很有價值的。（題記直行計二十行，有△號者為行訖，下或有脫字）其文云：

「夫法性玄運，迎而△□□；至德虛凝，隨而莫△□。歸依者則波瀲識△海；□□者則塵落情峰。玄導△生鍾八苦，雖復夙△廁緇林，而分變二△息；惑智兩障隨眠△，借名會理，悟理者△趣真，得真者無相。△[先]師遺訓於此山峰△刊□□、《楞伽》、《思益》、《佛地》四△部經律；庶使罽賓△佛日長明，拘睒□△流無竭。又願雲居△群萌助施修營，[直]△昇都史，親覲慈尊△，願階初會，捨凡成[聖]△，緣共拔衮山，同登△[覺岸]。大唐總章二年，十△月己酉朔八日景△。」

此外，玄導又以雲居寺主僧銜刻了許多石經❸，有明顯年月題記的是唐咸亨三年（六七二）所刻的一部《僧羯磨經》❹。

儀公事蹟還沒有新的發現。暹、法二公，即惠暹和玄法。他們生存的時代正當開元、天寶盛時，由於玄宗八妹金仙公主的施助，使刻經事業得到順利的進行❺。開元十八年（七三〇）金仙公主奏送唐新舊譯經四千餘卷為范陽縣石經本，並派《開元釋教錄》著者（西）京崇福寺沙門智昇護送，這時雲居寺的主僧正是玄法❻。

玄法以後，在貞元五年至元和五年（七八九～八一〇）之間，由於幽州盧龍軍節度

---

❸ 第三洞新拓《勝天王般若經》卷七邊行有「雲居寺主僧玄導供養」題記。

❹ 第三洞新拓《僧羯摩經》碑中第十二行末有「於大唐咸亨三年七月十五日雲居寺僧釋玄導勒石傳後」題記。

❺ 開元九年玄英《雲居石經山頂石浮圖銘》。

❻ 唐王守泰開元二十八年《石浮圖後記》（碑在房山）。

使劉濟的施助，石經事業得到了更進一步的發展。劉濟的《涿鹿山石經堂記》記：「濟封內山川，有涿鹿山石經堂者，始自北齊；至隋沙門靜琬，睹層峰靈蹟，因發願造十二部石經。國朝貞觀五年，《涅槃經》成。……既而元宗開元聖文神武皇帝第八妹金仙長公主，特加崇飾。遐邇之人，增之如蟻術（聚）焉。……濟遂以俸錢為聖上刻造《大般若經》，以今年（八〇九）四月功就，親與道俗齊會石經峰下。飦等香積，而香雲靄空；會等華嚴，而花雨滿地。金篆玉版，燦如龍宮。……於是一口作念，萬人齊力。巖壑動、鸞鳳翔，或推之或挽之，以躋於上方，緘於石室。必使劫火燒而彌固，桑田變而不易。時元和四年四月八日記。」劉濟發願刻經的目的，以及他選定四月八日這一天，舉行盛會動員道俗運搬經石上山的情況，在這篇記裡生動地被表達出來。

到了遼代，得到契丹王室的援助，刻經事業更有顯著的發展。清寧四年（一〇五八）趙遵仁的《續鐫成四大部經記》和天慶七年（一一一七）志才的《續祕藏石經塔記》，是我們研究隋唐時代刻經事業的重要資料。《四大部經記》說：

「我朝太平七年（一〇二七）韓公紹芳，知牧是（涿）州，因從政之暇，命從者遊是山，詣是寺，陟是峰；暨觀遊間，乃見石室內經碑且多依然藏貯，遂召當時耆秀，詢以初蹟；代去時移，細無知者。既而於石室間取出經碑，驗名對數，得《正法念處經》一部全七十卷，計碑二百一十條；《大涅槃經》一部全四十卷，計碑一百二十條；《大華嚴經》一部八十卷，計碑二百四十條；《大般若經》五百二十卷，計碑一千五百六十條。四部合計七百十卷，碑二千一百三十條。自太平七年至清寧三年（一〇二七～一〇五八）中間，續鐫造到《大般若經》八十卷，計碑二百四十條，以全其部也。又鐫寫到《大寶積經》一部全一百二十卷，計碑三百三十條，以成四大部數也。都總合經碑二千七百三十條。」

韓紹芳最初打開石室清理了石經的數目和續鐫一些石經外，他又奏請聖宗復興刻經事業。聖宗本崇信佛教，即命瑜伽大師可元擔任刻經的監督。遼興宗重熙七年（一〇三八）並且撥出御府錢指定官員放利生息，做為寫經和鐫碑的費用❼。道宗時代造經四十七帙（四百七十卷）並藏於東峰七個石室❽。

❼ 遼趙遵仁《續鐫成四大部經記》。

此外，遼代通理（利）大師因遊房山，看見石經尚未完成，即於大安九年（一〇九三）在雲居寺傳戒，所得施錢盡交他的門人善定校勘刻石，至大安十年共刻碑四千八十片，經四十帙。通理刻了這些石經以後，大概東峰石室已滿，一時無處貯藏，他入寂以後，門人善銳和善定即勸募功德，至天慶七年（一一一七）於寺內西南隅穿地為穴，把道宗所刻石經大碑一百八十片，通理所造石經小碑四千八十片，完全藏瘞地穴之內，上面建立石塔一座，刻文為記，並把經題目錄全部刻在石塔上，這座塔就叫做「壓經塔」。通理所刻的佛典和他以前所刻的不同，以前多刻大乘的經，而通理多刻律和大乘論。如《大智度論》百卷、《十地經論》十二卷、《佛地經論》七卷、《瑜伽師地論》百卷、《顯揚聖教論》二十卷、《大乘阿毗達磨集論》七卷、《成唯識論》十卷、《大乘起信論》一卷、《摩訶衍論》十卷等，都是通理所募造的❾。其中如《釋摩

❽ 志才《雲居寺續祕藏石經塔記》。

❾ 志才《雲居寺續祕藏石經塔記》。

訶衍論》，是遼代搜尋遺失經典時所得到的大乘重要經典之一，後被編入《契丹大藏經》⑩。

據〈大遼燕京涿州范陽縣白帶山石經雲居寺釋迦佛舍利塔記〉說，自隋靜琬至遼天慶七年已鐫造了經近三百帙，祕藏於東峰，滿八石巖。在地宮有石經碑四千五百條（此碑為天慶七年（一一一七））雲居寺主善燈。尚座志溫、首座志珂、東峰山主志范、燕京右街管內僧錄善定、講經沙門善銳等所刻，最近始自雲居寺南塔塔基下發現）。按每帙十卷計算，到這時為止房山所刻的石經已有三千卷了。

金滅遼後，房山刻經事業仍然得到金朝的維護。據《藝風堂金石文字目》卷十四「鐫葬藏經總經題字號目錄」看來，其中有《大方廣陀羅尼經》四經、《佛觀三昧海經》、《大方便佛報恩經》、《大乘密嚴經》五經、《菩薩內息六波羅蜜經》、《金剛手光明灌頂經》等數十種。最後題記：「已上記二十七個字號。此經碑有長有短，

⑩ 法悟《釋摩訶衍論贊玄疏》卷一。

高下不平。當來出時，宜慎護之。鐫葬藏經施主山西奉聖州保寧寺沙門玄英、俗弟子史君慶等。奉為先亡生身父母，法界眾生，承此功德，同生華藏，親見諸佛。維天眷三年歲次庚申四月乙巳朔十五日己未辰時瘞之。」這是通理大師以後刻經最多的一次，和遼代通理的刻經字號目錄同是房山石經史上的重要資料。

到了元代，石經山已經非常荒廢。至正元年（一三四一）有個高麗僧慧月自五台山來遊小西天，看見華嚴堂石戶摧毀，經本殘缺，他就向朝野募化把門修好，又補刻了幾片殘缺的經石❶。據近日調查，慧月修補的經石現存在雷音洞的有右壁《彌勒上生經》四石中的二石，《勝鬘經》四石中的最後一石，及前壁《維摩經》三十三石中的二石。在《勝鬘經》末尾有「高麗國比丘等達牧書字、慧月修補經石五介」的題記。

關於房山石經，日本佛教學者塚本善隆等曾作了許多有益的研究。塚本博士的〈石經山雲居寺與石刻大藏經〉（一九三五）一文，是值得我們參考的。他在論文

❶ 元賈志道《重修華嚴堂經本記》（碑在房山）。

的「結語」一章中，提到「通過北方山間所保存的石刻遺物可以理解中原佛教的隆替」，並說「隋唐以來的經碑對於容易誤寫、誤刻、脫落、竄入的漢譯佛典之校勘極為重要，而完整保存於幽燕奧地一處的石刻大藏是超過敦煌石室遺書和日本奈良寫經的重要原典」。

他認為大部分的石經尚未得見，非經過一番調查，無法作徹底研究和闡明其重要性。最後他希望我國學術界和佛教界訂立計畫，進行調查研究和採取保護的措施。塚本博士的這些願望，原也是我們的共同願望，可是在過去是不可能實現的，只有在今天的新中國人民的雄偉的氣魄下，才能使我們佛教徒進行這種有意義的工作。

二、拓印的因緣及其發現

中國佛教協會在發揚佛教優良傳統的任務下，肯定了房山歷代所刻石經的文化價值，決定把各洞所藏的石經全部拓印攝影印行，做為隨喜東南亞佛教國家對釋迦牟尼佛涅槃二千五百年的紀念事業的獻禮。今年三月間，趙樸初居士在〈中國佛教協會第一屆理事會工作報告〉中扼要地說過：「一九五六年春季開始，我會進行了對房山石經的調查、發掘、整理和拓印的工作。這一部從公元七世紀至十二世紀陸續刻在石版上的藏經，一直被封藏在房山縣石經山上的九個石窟內和壓經塔下，從來沒有經過整理拓印。除其中部分曾遇破壞和盜竊，及這次整理中發現少數風化殘蝕外，大部分是完整的。」

以下，我想就自己幾個月來過目的石經拓片資料分為幾點初步地加以敘述。

（一）近世學者研究房山石刻藏經，都認為自元代慧月補刻幾塊石經之外，其事業已經完全停止，所以論述房山石經的歷史也以元代做為結束。但從去年全面開洞調查拓印的結果，在第六洞卻發現了明末萬曆－天啟年間所刻的四十卷《華嚴經》、《寶雲經》、《大方廣總持寶光明經》、《梵網經》及《六祖壇經》等十餘種。所以，房山石經的刻造時期應該說開始於隋代而終於明代前後的一千年，才符合於歷史的事實。

（二）石經山的石室數目，最古的文獻如《隋圖經》、《冥報記》和劉濟的《石經堂記》等都未明記。遼王正〈重修雲居寺碑〉最初說有九室，但同時代的趙遵仁《四大部經記》只說有石室七，明于奕正《石經堂記》和周忱《遊小西天記》都說除石經堂外只有七個洞。現在第六洞發現的一塊明萬曆己未（一六一九）年邑尉宋希誠詩碑——〈遊小西天〉有：「雲封七洞靈文秀」，也是當時慣稱的洞數。可見明代以前除雷音洞外，只知有七石室而已。而清乾隆時查禮〈芯題上方二山記遊〉所記，則除石經堂（即雷音洞）外已有八洞，這是以石經堂為中心，就其左右上下的位置而計算的。

按當時石室並沒有次第的編號，現在為便於整理拓印，將雷音洞下的二洞自南至北稱為第一洞、第二洞，自雷音洞的右方二洞順次稱為第三洞、第四洞，雷音洞為第五洞，以次稱為第六洞、第七洞、第八洞和第九洞，而第六洞就是明末最後開鑿的石室。

（三）房山石經最早的紀錄，是元代慧月所指出的華嚴堂（即雷音洞）堂戶首刻貞觀二年的題記。據元賈志道《重修華嚴堂經本記》所引的題記說：「靜琬隨為護正法，率諸弟子謹化檀越，廣結良緣苦行，即茲山頂刊經版不勝其數」，而日人關野貞、常盤大定共著《支那佛教史蹟》三影印拓片，所引文字略同而較為簡潔，未稱靜琬僅「就此山拓刊《華嚴經》等一十二部」。

（四）遼代韓紹芳打開石室調查的結果，知道有哪些經典並舉出某部經典條數的碑石；但未記載打開了哪幾個石室，所以現在無從核對。但據這次拓印的《大般若經》看來，雖然發現前後有幾種不同的字體，而遼韓紹芳所記《大般若經》五百二十卷的條數為一千五百六十條，顯然是和實際條數不符的。如在第八洞的《大般若經》第五百二十卷拓片，照韓紹芳的計數應是一五五八、一五五九、一五六〇，而實際佔有經版三條是：一二六九、一二七〇、一二七一條，和韓紹芳所記條數相差達二百九十條，大概韓紹芳當時的驗名對數只是憑著推測按照每卷三條計算所得的數字。對於《正法念經》、《大涅槃經》的條數也是如此，並沒有全部驗對過實物。

（五）為了工作的便利，一九五六年的拓印是從第三、第四、第六、第七、第八各洞順序進行的。一九五七年上半年又拓印了第九洞和第二洞（現尚未完），發現許多大部頭的經典石刻並不整齊地藏在一個洞中。如《正法念經》在第二洞只發現了一部分，《大涅槃經》大部分藏於第七洞，《六十華嚴》的〈世界淨眼品〉第一等已在第八洞發現。後兩部經的字體遒勁樸茂，當是靜琬最初所刻的；但尚未發現經上的題記（經石下部偶爾發現簡單編號的數字），同時還發現一部經也有複刻的石片。如《法華經》除雷音洞的一部外，現在第七洞又發現了一部。

這部《法華經》是幽州劉濟在撰《石經堂記》的前二十年——貞元五年（七八九）所刻的。據《石經堂記》說，他所刻的《大般若經》完成於元和四年（八〇九），實際上他自貞元五年在刻《法華經》的同時就開始刻造《大般若經》了。現在第二洞發現劉濟所刻的《大般若經》（卷三〇三、條七二一）係刻於貞元五年，而第四洞的《大般若經》（卷四三九、條一〇四五）則刻於元和四年，兩者都有題記，後者的題記是：「唐元和四年四月八日（前銜略）幽州大都督府長史上柱國彭城郡王劉濟奉願聖壽延長，遵石經故事，敬刻《大般若經》於石，以今日運上山頂，納於石室。」

在《法華經》的〈五百弟子授記品〉第八（條第八背）、〈勸持品〉第十三（條第十背）等的末行都題有「幽州盧龍節度副大使知節度事管內支度營田觀察處置押奚、契丹經略盧龍軍等使檢校兵部尚書兼幽州大都督府長史御史大夫上柱國劉濟，貞元五年二月八日建」的長記。除了劉濟自己發願以外，隨喜施造的還有他的部屬。在《法華經》的〈譬喻品〉第三（條第四背）和〈信解品〉第四（條第五背）末行題有「幽州盧龍監軍使雲麾將軍右監門衛將軍駱明斑，貞元五年七月十五日上」題記，而在〈序品〉第一（條第二背）末行駱明斑和年月題記之後，接著有「檢校官節度子弟朝散大夫太子洗馬翟光弼」的署名，翟光弼也許就是《法華經》的寫經人。

（六）其中以《大般若經》的分布最廣，分藏於第二、第三、第四、第六、第七、第八和第九各洞。從元和四年劉濟的《石經堂記》看來，好像這部經全是劉濟創科和完成的；但從這次整理發現的題記來看，在劉濟作記的六十多年前就開始了。試列表如下：

經名	卷數	刻造年代	公元	功德主	所在石洞
大般若經	9	天寶元年	742	李仙藥	第八洞
大般若經	20	天寶二年	743	游自勖	第八洞
大般若經	40	天寶四年	745	吳庭芝	第八洞
大般若經	65	天寶六年	747	游金應	第八洞
大般若經	106	天寶九年	750	李大師	第四洞

大般若經	163	天寶十三年	753	何元辿	第四洞
大般若經	195	（安祿山）聖武二年	757	趙法意	第二洞
大般若經	213	（史思明）順天二年	761		第二洞
大般若經	214	（史朝義）顯聖元年	761	王楚倩	第二洞
大般若經	303	貞元五年	789	劉　濟	第二洞
大般若經	442	元和四年	809	劉　濟	第八洞
大般若經	454	寶曆元年	825	朱　連	第三洞
大般若經	464	大和二年	828	李載寧	第三洞
大般若經	466	大和七年	833	管希倩	第三洞
大般若經	470	開成三年	838	史再榮	第二洞
大般若經	468	會昌四年	844		第二洞
大般若經	473	咸通二年	861	張允伸	第八洞
大般若經	553	（契丹興宗）重熙九年	1040	王　壽	第八洞

從上表看來，《大般若經》的刻造當始於開元年間，劉濟不過續刻了其中的一部分，而且是自三百卷以後開始的。所以，塚本博士據上原芳太郎的調查，認為《大般若經》卷十三是節度史劉濟在唐元和間所刻是有更正的必要了。同時上原氏記《大般若經》卷十三和《千臂千鉢大教王經》卷七在第六洞，也與現實不符（塚本善隆《石經山雲居寺與石刻大藏經》第五章）。

按《大般若經》卷十三共刻石三條，即第三十二～三十四條，第三十二條在第七洞，第三十三、三十四條在第八洞；而《大教王經》十卷（宋元本缺、《至元錄》溫帙，《高麗藏》溪帙；《房山石經》屬「府」帙，和其他經錄不同）則大部藏於第三洞，部分殘石在第四洞。據末卷題記是金代燕京沙門見嵩發願刻成於金天會十四年（一一三六）的。

（七）遼代朝野在房山的刻經既有計畫而又熱心。現在第二洞、第九洞等已經拓印的以千字文所編帙號的石經，自菜字起至談字止幾十帙似乎都是遼代的遺物。拿唐智昇《開元錄略出》的千字文帙號對照起來，這些遼刻石經的帙號大抵推後了一個字；但和五代石晉時可洪所編的《新集藏經音義隨函錄》的千字文編號卻幾乎完全一致，這是值得進一步加以研究的。

遼代的石經多數是由朝廷施造的，參加監造的官吏和僧俗人等，有的擔任「提點」（監督），有的擔任「校勘」，往往列了許多官銜。如第二洞《離垢女經》末的「知涿州軍州事蕭琓提點，講經論沙門季淨校勘」，《阿閦佛國經》末的「知涿州軍州事蕭惟平提點，當寺講經論沙門季香校勘，（王詮書）願以此提點、校勘、書鐫人等，同生兜率，共奉慈尊」等等，是常見的。

（八）房山石經在佛教文化史上的價值如何，尚有待於學者的全面研究；但有一點，即它對於校正後世印刷《藏經》的誤寫和脫字的價值是首先可以肯定的。我曾把第三洞所拓的〈勝天王般若波羅蜜經序〉和日本《大正藏》第八卷所收同經序校勘了一遍（此經經序《磧砂藏》、明南、北藏、《嘉興藏》、《頻伽藏》、江北刻經處本、《縮刷藏》等皆未收；僅《大正藏》依奈良正倉院聖語藏本載入），在短短五、六百字的序文裡就校正了二十六個誤寫和脫字。

茲依《大正藏》所載經序校讀如下（括弧內為石經正字）：

「……梁太清二年六月，於闐沙門求那跋陀，陳言德賢，賷一部梵文凡十六品始須（洎）京師，時中天竺優禪尼國王子月婆首那，生知後（俊）朗，世傳釋學，無（尤）精義味，兼善方言；避難本邦，登仕梁室，被敕總知外國使命，忽見德賢有此經典，敬戀宜（冥）懷，如對真佛，因從祈請，畢命弘宣。德賢嘉（脫「其」字）雅操，虛心授與。首那即又啟敕，求使顧（嶺）表，奉迎《雜華經》。辭闕甫爾，便值侯量（景）稱丘（兵）寇亂，頂戴逃亡，未暇翻譯。民之所欲，天必從焉。屬我大陳應期啟運重光累業（葉），再清四海，車書混同，華夷輯（輯）睦。首那貧（負）笈懷經自達（遠）而至，江洲（州）刺史儀同黃法氍……護持正法，渴仰大乘。以天嘉六年歲次乙酉七月辛巳朔二十三日癸卯，請首那於洲（州）聽事略開題序。說（設）無遮大會，四眾雲集五千餘人。碩難紛綸，靡不渙然水（冰）釋。……阿育王寺釋智昕暫遊鼓（彭）滙，伏應（膺）至教，耳聽筆疏，一言敢失，再三脩（循）環，撰為七卷，訖其年九月十八日文句乃盡。江洲（州）僧正釋慧恭法師，戒香芬郁，定水澄明，揩（楷）則具瞻，陳（棟）梁是寄。別駕豫章萬駰，洲（州）之股胡（肱），材之杞梓，信慧並修，文武兼用，教委二人，經始功德。輒附卷餘，略述時事，庶將來君子（脫「無」字）或精（猜）焉。」

最後一句如果沒有這個「無」字和「猜」字，原文是讀不通的。

三、石經功德主及寫經人

房山石經的刻造自唐初以來一直並未衰退，即在所謂「安史之亂」時期（聖武、順天、顯聖諸年間），或會昌滅法之年（會昌四年）都有人施造。其間固多達官顯宦提倡，而一般民間信徒實佔多數。當時地方長官除元和年間劉濟刻經事蹟見於碑銘外，其他歷任幽州地方節度使的刻經都未見諸記載。

從最近第九洞發現的唐開成三年和五年等史元忠所刻《勝光天子說王法經》、《瓶沙王五願經》和《盧至長者因緣經》碑下的三篇〈僕射四月八日於西山上佛經銘並序〉看來（其中一篇為「盧龍節度巡官宣德郎試太常寺協律郎周曈撰」，另二篇為「盧龍節度判官兼掌書記殿中侍御史寇公嗣撰」），史元忠是當時幽州、盧龍兩節度使，他被頌為是一個「心與佛契」和「宿植德本」的顯宦，「每當誕佛之期，常是藏經之日」（這三篇經銘文字優雅，足與北期唐邕的刻經發願文媲美）。他前後刻了石經十一條共十七部，碑首都刻有經題和精美的線雕佛菩薩像，是研究唐代美術史的寶貴資料。其次，咸通年間的幽州盧龍節度使張允伸（范陽人）也是非常熱心於石經的人。

石經的功德主（施刻人）由范陽逐漸推廣，其籍貫遍於今日的河北全省，並及於山西、河南各地。僅就《大般若經》的題記來看，屬今河北的有房山、范陽、板城、上谷、淶水、良鄉、宛平、大興、廣陽、昌平、懷柔、密雲、順義、盧龍、薊縣、武清、安次、固安、永清、文安、任邱、河間、定興、容城、遂城、徐水、清苑、高陽、安平、饒陽、正定、深州、冀縣、阜城、東光、景縣、清豐等地；此外，山西的潞安、河南的陳留、封丘等地名也時有發現。

靜琬刻經於石的目的本來是憂慮法滅而預為的，所以他主持所刻的經典尚沒有發現題記之類，但後來逐漸成為朝野佛教徒求福和迴向的手段了。如唐垂拱元年（六八六），龐德相為他的亡父龐懷伯鐫造的《金剛般若經》；長安四年（七〇四），湯懷玉、懷敏兄弟為他們的考妣造的《觀音經》都是為了迴向而捐資的。刻經的功德主涉及的階層也極為廣泛，主要的是民間各行業的人。有的是個人獨力認刻，有的是集體施資，有的並且定出每年刻經的條數。

從《大般若經》的題記看來，這些功德主都有一種「石經邑」（即募刻石經會）的組織，每邑有「邑主」（勸募僧）、「社官」、「平正」（主任）、「錄事」、「平錄」（平正兼錄事）、「邑人」（會員）等數人至數十人不一。《大般若經》的功德主多在經文下面刻著題記，這些複雜的行業的名稱，提供了對於唐代幽州范陽地方社會經濟的研究資料，同時也說明了佛教的信仰在唐代是如何地深入於民間了。當時施資刻經的人並不限於佛教徒，道教的男女道士也有不少人贊助過刻經的事業。茲舉一些見於《大般若經》的行業施刻的題記如下：

1. 「屠行邑平正安令瓌合邑人等上經一條，天寶二載四月八日造。」
2. 「什行社官張崇賓二十一人等上經一條，並願合家平安。」
3. 「范陽郡市大絹行邑社官遊金應合邑人等造經三條，天寶十載四月八日上。」
4. 「范陽郡市白米行吳庭芝等上經一條。」
5. 「范陽郡五熟行石經邑主何令賓史崇誨等上經一條。」
6. 「幽州油行社官李承福、盧庭芬合邑二十七人等，貞元五年四月八日上。」
7. 「范陽郡炭行邑社官魯思言錄事王伏三合邑人等上經一條。」

8.「范陽郡絹行邑人張國欽等同造。」

9.「范陽郡綵帛行社人劉正仙等天寶十四載四月八日上經一條。」

10.「范陽郡大米行社官吳庭芝合邑人等造《大般若經》二條，天寶十載四月八日上。」

11.「范陽郡小絹行邑社官催思貞合邑人等造經一條。」

12.「范陽郡幞頭行邑社官趙沖子、游子騫、田重光合邑等上經二條。」

13.「（范陽郡）小彩行設官口大娘等造。」

14.「（范陽郡）絲棉綵帛絹行經邑李昌俊（刻經一條）。」

15.「范陽郡宍（肉）行社官路龍等（造經一條）。」

16.「新絹行社官權思貞王曜暉等造石經一條，天寶六載四月八日上。」

17.「范陽郡粳米行社官何弘禮溫欽等（造經一條）。」

18.「范陽郡生鐵行社官吳承昭等二十人每年造經一條。」

19.「（范陽郡）布行人等造石經一條，天寶六載四月八日造。」

20.「范陽郡禮讓鄉張沉村邑主僧弘丕、道士紫雰等（造經一條）。」

21.「薊縣會川鄉白狼觀女觀上石經邑主祁妙行合邑人等上經一條。」

22.「幽州石經邑社官李丞福錄事高榮門、道士周藏真、劉敬崇、李國寧合邑人等共造經一條，貞元十三年四月八日上。」

23.「幽州油行石經社社人李承福、盧庭芬、周嘉榮、道士周藏真、李萬碩、趙法、性空，因經藏東廊外蓋屋三間並上經一條，貞元十七年四月八日記。」（第四洞《大般若經》卷四一一、第九七六條）

24.「涿州雜貨行邑平正魏庭光……貞元七年四月八日上。」

25.「涿州磨行邑一十七人等同造一條，貞元九年四月八日上。」

從上面施刻石經的行業和男女道士的題記看來，可以看出當時民間刻經的狂熱。

在《大般若經》的功德主中，刻經最多的在劉濟以前，是上谷郡脩政府折衝何元迦（刻一〇八條）和河間郡太守盧暉夫人（刻一〇〇條）。其題記如下：

1.「上谷郡脩政府折衝何元迦為大夫及合家平安敬造石經一百八條。」（《大般若經》卷一五〇～一五一、第三八九條）

2.「天寶十二載歲次癸巳四月壬申朔八日己卯，河間郡太守盧暉夫人東平呂氏十九娘妹十四娘弟子為患得損冀欲延壽，遂同發願為國為家於范陽縣界雲居山寺造經一百條，四月八日上。」（《大般若經》卷一五九、第四〇九條）

明代佛法日漸衰微，房山石經的價值已不為一般佛徒所認識，而文人墨客卻賞識它的書法藝術，因此石經便為碑版收藏家所垂涎了。清末金石學者葉昌熾在他所著《語石》卷四說：「查恂叔《芯題上方二山記遊》云：『小西天石經洞，四壁皆碑，即隋靜琬法師所刻經也。字畫端好，有歐（陽詢）褚（遂良）楷法，無一筆殘缺，總共一百四十六枚，刻《妙法蓮華》等經。』今世通行房山石經拓本，亦即此一百四十餘枚。廠肆往拓者日攜一二殘石至都，視之皆隋唐刻經也。恐毀失者已不少矣。」

由於石經在書法藝術上受了重視，因此關於石經書寫者是誰？便引起了他們的興趣了。過去通行的房山石經都沒有留下寫者的姓名，只有《續補寰宇訪碑錄》說：「《大般若波羅蜜多經》，楊元弘正書，咸通十五年四月八日。經文四百七十五卷，現已殘佚，所存者僅四石。」但楊元弘寫的這塊《大般若經》殘石不知何時流入日本，成為松本文三郎所有。他在所著《支那佛教遺物》的「房山咸通十五年楊元弘書《大般若經》斷碑」插圖說明：「房山石經中題書者之名者唯此耳。」可見他對此石的珍視。現在第八洞發現的《大般若經》卷四七二（條一一四四）係刻於咸通二年（八六一），卷數相差三卷，而時間卻相去十二年，從四七二卷的拓片字體和四七五卷的影印字體比較來看是一致的。

現在《大般若經》的書者在第三洞發現的，有在楊元弘之前的寶曆二年（八二六）署名為殿中侍御史內供奉鄭士儼寫的第四五五卷（第一〇九〇條）一條。第二洞有大和元年（八二七）劉公則寫的四六〇卷（第一一〇三）一條、年代失記的王全行寫的四七一卷二條、中和三年（八八一）顏守中寫的四八一卷一條等。此外，有長安四年（七〇四）燕州白鶴觀南岳子焦履虛道士寫的〈普門品〉（第八洞）、開元十年（七二二）范陽進士陽子推寫的《藥師經》（第九洞）、天寶四載（七四五）常過澐寫的《金剛經》（第四洞）、大和二年（八二八）前南院駈使官趙潭干寫的《般若心經》等。

遼代以後，寫經署名的人就多起來了。如清寧四年「四大部經成就碑」書者范陽鄉貢進士王詮寫的《得無垢女經》、《文殊師利所說不思議佛境界經》和《阿閦佛國經》等（第二洞），清寧六年李慎言寫的《文殊師利佛土嚴淨經》、《阿闍貰王女阿術達菩薩經》、《聖善住意天子所問經》、《大方等大集經》（第二洞），及未記年月的進士劉擇庸寫的《摩訶般若經》（河帙）一條、高孚寫的《放光般若經》（芥帙）一條等。還有僧人寫經的也署名了，如第三洞《德護長者經》邊款的「僧行傑書」、《不空羂索神變真言經》卷七邊款的「僧行省書」等，後來連鐫刻的人也多署名，如第七洞《大方等大集經》卷二十九邊款的「僧可昭鐫」等。

房山石經的題記以金代所刻最為詳盡，如第三洞《大教王經》第十卷終（府帙）題記：

「施主燕京圓福寺故大卿大師孫入道沙門見嵩，念無常倏忽，悟世不堅，因遊東峰見大巖室，遂發心造續辦石經一帙名《大教王經》，願所鳩勝利，法界先亡疾成佛道。故師講經賜紫沙門善念，……石經寺四百餘人。……見寺主沙門善儼，……書經沙門惟和，鐫經沙門志德、善擢、善樞、志同、惠琛、善妙、惠騰、義甫、志昫、惠讓，刻經涿郡呂孝敬，芯題韓孝成，獨樹（村）程公倚、石匠獨樹潘思孝、劉文義、劉文信、劉孝端、劉孝春等。大金國天會十四年（一一三六）……。」

第六洞的開鑿是房山石經掉尾的事業，洞額「寶藏」二字為明末崇禎四年董其昌所題。洞裡除少數舊刻石經外，都是明代所刻的小塊石經，計有《四十華嚴》、《大方廣總持寶光明經》、《梵網經菩薩心地品》、《佛說寶雲經》、《譬喻經》、《阿彌陀經》、《樓閣正法甘露鼓經》、《五大施經》、《四十二章經》、《佛遺教經》、《施食獲五福報經》、《法寶壇經》、〈壇經讚〉等。從現在已經拓印的《四十華嚴》和《大方廣總持寶光明經》看來，這些石經的功德主和寫經人都是明末在京的，主要是南方江浙兩省的人。他們寫經和刻經的地點，似乎多在北京的石燈庵。

據《北平廟宇通檢》上編〈石燈庵〉條說：「石燈庵又名石燈吉祥寺，本唐吉祥寺故址，元泰定間重建。明萬曆丙午（一六〇六）年，西吳僧自雲居來葺之，改名石燈庵。」據第六洞所藏《梵網經菩薩戒心地品》末「明石經山菩薩戒比丘真程書丹」及《四十華嚴》八三～八四頁的「西吳沙門真程書」、九九頁的「苕溪沙門真程書」等題記看來，則自雲居來石燈庵的「西吳僧」當是這個真程無疑。

般若三藏譯的《華嚴經．普賢行願品》即《四十華嚴》，共二五九頁，是用比較小的石版刻的，經字也比以前所刻的小，但寫經人和助刻的功德主每頁都有題記。這些助刻和書寫的人都自稱為佛弟子或居士，如「勾章佛弟子吳鍾英書丹」、「佛弟子葛一龍又書都門之石燈庵中」、「婁江學人定慧沐手書」、「吳門沙彌性湛書」、「閩中釋真靜書丹」、「鹿庵居士馮銓助刻」、「山陽弟子吳允師助刻並書」、「摩兜居士吳伯與助刻」、「華亭董其昌助刻」等。

《大方廣總持寶光明經》是鹿庵居士馮銓在北京石燈庵刻後送到房山去的。題云：「刻於都門之石燈庵中，為先考月禎居士早登安養，見佛受記。」《寶雲經》是湘潭湘洲居士李騰芳、李乞佛父子為迴向先人而刻的。它的題記：「大明賜同進士出身通議大夫禮部右侍郎兼翰林院侍讀學士、教習庶吉士掌院事李騰芳同男李乞佛為□□通議大夫禮部右侍郎兼翰林院侍讀學士父李乎……刻《寶雲經》一部，《譬喻經》一卷。」《法寶壇經》是明萬曆四十八年（一六二〇）海虞（江蘇常熟）趙琦美助刻而閩中真靜所書的。從趙琦美的「題《壇經》」跋語看來，他曾梓過《壇經》，再鐫石藏於房山石窟的。

四、御註《金剛經》、懺悔滅罪傳與道經之發現

唐玄宗《御註金剛般若經》的發現，是這次整理拓印石經的收穫之一。它藏在

第八洞已經一千二百多年了。註文雖然簡單，但由於在封建時代出於一個帝王手筆，當時是很受重視的。但這部「御註」似乎沒有收進《大藏》，所以也就未見傳世。唐長安青龍寺道氤當玄宗註經時，曾提了許多意見，後來玄宗即命他造疏並宣講（《宋高僧傳》卷五〈道氤傳〉）。《至元法寶勘同錄》卷十著錄的《御註金剛般若經疏宣演》（簡稱《金剛宣演疏》）六卷，就是道氤的著作。金刻《趙城藏》目錄把它收於庭帙，下註「唐道氤集今存一卷」。

又《宋高僧傳》卷十四越州〈玄儼傳〉：「開元二十四年，帝親註《金剛般若經》，詔頒天下資令宣講。都督河南元彥沖躬請儼重光慧日，遂闡揚幽讚，允合天心。」《佛祖統紀》卷四十，即據此說「開元二十四年，敕頒御註《金剛般若經》於天下」；但《釋氏稽古略》卷三卻說是「開元十九年」，當然是記錯的。

這部御註《金剛經》，本文是寸楷大字，雙行夾註，共刻四石八面。從玄宗自序和題記看來，是作者應僧徒之請而註的。註末題記：「右經開（元）二十三乙亥之歲六月三日，都釋門威儀僧思有表請，至九月十五日經出，合城具法儀於通洛門奉迎，其日表賀，便請頒行天下，寫本入《藏》，宣付史館。其月十八日於敬愛寺設齋慶讚，兼請中使王公宰相百官（下缺數字）。開元二十三年十月書手臣張若芳用小麻紙三十五張，校書郎□坦初校，校書郎韓液再校，正字李希言三校。裝書匠臣陳善裝，典書臣侯令惲、典祕書郎臣盧倬掌，朝散大夫守祕書監上柱國平鄉縣開國男臣宋鼎監，……上柱國載公臣李道、光祿大夫祕監同正員上柱國汝陽郡王臣揔淳監。天寶元年八月十五日立。」也可見此書問世之慎重了。這段題記總可補佛教史乘的簡略，而玄宗的〈《金剛經》註自序〉則可編入《廣弘明集》一類的補遺。〈御註並序〉云：

「述作者明聖之能事也。朕誠寡薄，豈宜空為好古，竊比前（八字不明）自為矜飾，蓋欲弘獎風教爾。昔歲述《孝經》，以為百行之首，故深覃要旨，冀闡微言。不唯先王至德，實謂君子務本。近又讚《道德（經）》，伏知聖祖垂教著（約十字不明）稟訓。況道象使人精神專一，動合無為，凡有以理天下之二經，故不可闕也。今之此註，則順乎來請。夫眾竅互作，鼓之者風也；相梨相殊，可口者味也。苟在（約九字不明）將助我者，何間然乎。且聖人設教以盡理，因言以成教，悟教則言可忘，得理而教可遺。同乎大通者，雖分門而一致；攻乎異端者，將易性於多方。諒（數字不明），意在乎不著人我，不住福德，忘心於三伐，閑境於六塵，以音聲求，如夢幻法。故發菩提者趣於中道，習無漏者名為入流。將會如如，故須遣遣。（數字不明）同證，皆眾妙門，可不美歟，可不美歟！若文關事跡，理涉名數，註中粗舉而未盡明，及經中梵音應須翻譯者，並詳諸義訣云。」

中世佛教徒通過因果報應寫成的通俗傳記故事，以敦煌的變文寫經等最為出名。如矢吹慶輝利用倫敦、巴黎所藏敦煌寫經等編成的《鳴沙餘韻》所錄《普賢菩薩說證明經》（此經收於《大正藏》第八十五卷「古逸部」）前面附載的〈黃士強傳〉，通過黃士強見閻羅王故事宣傳寫《普賢菩薩說證明經》一定可以獲得益壽延年的利益。《金光明經》在唐以前是非常流行的一部經典，當時佛教徒為了宣傳這部佛經一定採取過一些鼓勵的方法的；但佛教文獻上似未留下這樣的記錄。

然而房山第七洞發現的〈金光明經懺悔滅罪傳〉比較〈黃士強傳〉的故事還要曲折和細緻，文長約一千七百字，雖有一些漶滅，大體上還看得出故事的經緯。該傳文的大意以通過溫州州官張居道，因嫁女宴客殺了許多牛羊雞鴨的生命，得重病而死，被帶進陰府，而原告乃是豬羊等類。獄吏告以如能為所殺眾生造《金光明經》十卷當得免脫罪苦的故事，推動了民間書寫《金光明經》和戒殺放生的宣傳。這個傳記的本身雖屬於迷信傳說，但做為古代思想文獻的史料來看是有其一定價值的。在浩瀚的房山石經中，相信還埋著許多有趣的史料。

這次整理拓印中在第七洞發現的明代道教徒所刻的《玉皇經》，包括道教的《高上玉皇本行集經髓》、《太上洞玄靈寶高上玉皇本行集經》、《玉皇本行集經纂》、《無上玉皇心印經》四種道經，共刻八個經石。它的跋文云：

「涿鹿山雲居寺，有洞室，貯釋梵之經，殆至萬卷，故名是山為小西天焉。夫三界萬靈，尊莫尊於昊天金闕玉皇上帝，玄功妙德，載在《本行集經》。正當刻之金石，藏之名山，傳之萬世也。是以至心各捐貲力，請匠鐫刻《經髓》暨《經纂》及《心印經》，共為一卷，凡一千七百四十八字，置諸石室，用彰悠久。……時大明宣德三年歲次戊申（一四二八）四月吉日。奉道信官向福善、阮常、就勝等，稽首頓首百拜謹記。同盟助貲（官人名略）。嗣全真教高士陳風便，正一盟威寶籙弟子王至玄字利賓書，鐫匠程善刊。」

這些道經的刻造年代早於《四十華嚴》約二百年，當它進入第七洞時，第六洞似乎尚未開成。從各洞所處的位置來看，第七洞是進出最便利的一個洞，而且從現藏最古的隋刻《大涅槃經》、唐刻《大般若經》、遼刻《大集經》、金刻《大教王經》看來，恐怕它是靜琬開鑿以後歷代都被打開來送進一些新刻的石經的。通過這些道經的入洞，我們可以看出明代佛道消長史的一面。

五、房山石經的現存情況

房山石經自遼代韓紹芳大略調查過一次以後，長期地被封藏在石洞裡，從未有人作全面的調查。從現在已拓印的石經情況看來，有些經題已經磨滅，一時尚難判斷它的卷數起訖。又因拓印時隨拓隨時編號，各經互相混雜，卷數都不順序，其完整或殘缺尚有待於仔細的整理和分類。茲將各洞石經現存情況根據拓片編號確知其經名大體上是這樣的：

第一洞：本洞尚未拓印，從洞中表面所看到的有十幾種經。

第二洞：編號一～六六七，版數六六七，拓片一三三四，經六十九種，尚未全拓。這裡的編號，是拓印時所編的原號；卷數下還有千字文號，大抵是遼代所刻石經所屬的帙號，每帙十卷。

第三洞：編號一～三三三，版數三三三，拓片六六六，經四十種。

第四洞：編號一～一二五，版數一二五，拓片二三一，經十八種。

第六洞：編號一～二〇〇，版數一二〇，拓片三九五，經十六種。

第七洞：編號一～二八四，版數二八四，拓片五六五，經十三種。道經一種，大中七年、乾符六年造經巡禮人提名碑各一。

第八洞：編號一～八一九，版數八一九，拓片一七〇四，經三十九種。

第九洞：編號一～二二〇，版數二二〇，拓片四二〇，經一百二十三種，在《方等修羅王經》下附唐太宗〈聖教序〉及高宗〈述聖記〉。尚未全拓。

目前山下雲居寺南塔——壓經塔下所埋藏的石經正在發掘，本文未及介紹，待拓出後再作詳細的報導。

後記

房山石經事業的進行前後達一千年之久，歷代主持刻經的人只是繼承著前人的願力而並無具體的計畫。他們是靠功德主的喜捨而進行的，因此何時能夠完成多少石經自然不能預料；而且初期的石經刻後即被深閉錮藏並未留下刻經的記錄（遼、金刻經始有目錄），所以複本的產生是無可避免的。那些字數不多、流通較廣的經典固然容易被人重複刻造，就是一些大部頭的經之重複也是勢所難免的。

據我過目的羅什譯《摩訶般若經》、曇無讖譯《大集經》、月婆首那譯《勝天王般若經》、玄奘譯《大乘大集地藏十輪經》、《解深密經》等石經，在唐代已經刻過，但到遼代續刻時又依千字文編號的順序重刻。從這種情況看來，也許遼代刻經時並不知道這些經典是已經存在的。如果能把唐代和遼代所刻的兩種同本石經比較研究一下，倒是很有意義的事情。本文的目的在作初步的介紹，涉及的各方面只能概括的敘述，深入的研究只有俟諸異日了。

一九五七年七月一日於北京

（原載於《現代佛學》一九五七年第九期）

房山石經山巡禮

房山是我國首都北京西南郊的一個縣，距北京約七十五公里。房山縣原有兩個聞名中外的古蹟：一個是發現北京猿人化石的周口店，另一個是藏有大量石刻佛經的石經山。

石經山是自隋唐時代經過遼、金、元、明各代——即自第七世紀至十七世紀前後一千年間，刻造和保存著大量《藏經》的佛教聖地。那些佛教石經是我國寶貴的文化遺產，在東方文化史上有很高的評價。

最近，為了參觀這個著名古蹟，我約了幾個同伴從北京到房山去作了一次巡禮。出了廣安門以後，我們的吉普車沿著到周口店去的平坦柏油公路奔馳。同行的盧居士是一位熟悉北京附近地方掌故的人，經過他的指點，我們認識了許多歷史上有名的市鎮，一路經過盧溝橋、長辛店、良鄉，不久即到達周口店。周口店距北京五十公里，現在已劃入北京市區，各種建設呈現一種繁榮的氣象。

從周口店再向東南前進，經長溝鎮走了十五公里到達半壁店。半壁店是房山、涿縣兩縣交界的地方，從此折入山村的道路，經過石門到了下莊的河邊，吉普車就不能前進了。我們從這裡開始步行。這時，石經山的輪廓已呈現在我們的眼前，山上許多石洞也隱約可見了。陪我們同遊的中國佛教協會的盧居士，告訴我們有關石經山的一些情況：石經山有幾個名稱。由於山上常有白雲環繞，最初名為白帶山；因為山中產一種藥草，叫芯題，又稱為芯題山。當地的人傳說，山上的許多石經，是唐三藏西天取經回來後刻藏在這裡的，所以稱它為小西天。

根據房山歷史文獻的記載，隋代的高僧靜琬，鑒於北周滅法時手抄的佛經一時化為灰燼，秉承他的老師南嶽慧思禪師的遺願，發心刻造石經，藏之岩壑，以備法滅。他偶遊幽州經山（即今房山），看見這裡峰巒聳秀，便在山上鑿了幾個石洞，開始磨寫《涅槃》、《華嚴》等佛經十二部，每一洞滿，即以石塞門，鎔鐵把它錮封起來，並且敕銘敬告後人：「如果世上尚有經典，希望不要打開這些石洞。」靜琬的發願，得到隋末唐初兩代朝野道俗的施助。自隨大業年間至唐貞觀十三年，刻了近三十年，《大藏經》還沒有完成，靜琬就入滅了。後來他的弟子們五代相承，一直繼續了他的刻經事業。

我們一面談一面走著，不知不覺已登上了石經山。石經山的高度約四百五十公尺，孤峰突起，曲徑盤旋，奇松古柏，錯落地點綴在峭壁幽崖間，人到這裡，好像置身在一幅山水畫圖中。石洞是沿著峰頂一條磴道自南而北開鑿的。石洞分兩層，下一層二洞，上一層七洞，三、四、五層洞的洞前有一道曲折的漢白玉石欄圍繞著，遠望猶如瓊樓的玉欄干。正中一個洞叫雷音洞，也叫石經堂，是靜琬最初開鑿的。

我們一走進雷音洞，就被那些琳琅滿目的壁上石經所吸引。其中有《法華經》、《華嚴經》、《維摩經》、《勝鬘經》、《金剛經》、《彌勒上生經》等十餘種，經版大小一百四十四塊。這些都是隋唐時代所刻的佛經，字跡端嚴秀麗，前人稱它有歐褚的筆法。雷音洞方廣約四、五丈，高約一丈。正中供著佛像，四方有支著洞頂的四根八角形石柱，各雕佛像，每面兩行，每行十六佛，四柱共一千零二十四佛，佛像雕刻精美，是隋唐時代的遺物。可惜佛的頭部多數已被人為打落。洞前有門，兩旁各開一窗，間以直立石檽，上下左右還有許多題刻，都是和石經有關的記事。從雷音洞向前遠眺，群山俯伏，煙樹蒼茫，涿州平野雄大的景色完全展開在眼前，給人胸襟開闊的感覺。

據中國佛教協會駐山辦事的人員告訴我們，這次石經的拓印，是房山石經有史以來最初也是最大規模的一次。中國佛教協會為了紀念釋迦牟尼佛涅槃二千五百年，自一九五六年開始對房山石經進行了調查、發掘、整理、拓印的工作，將來全部拓印以後，還將攝影印行，分贈世界各佛教國家。從現在拓印的情況看來，除了少數風化殘蝕以外，大部分都是完整的。

我們順次參觀了各洞的石經。據說已經拓印了四千多條，包括佛經三、四百部，拓片約三萬張，拓印工程仍在緊張地進行著。其中最古的是《涅槃經》、《華嚴經》、《維摩經》、《法華經》、《思益經》、《楞伽經》、《正法念經》、《大集經》、《大寶積經》、《大般若經》等；單是玄奘法師翻譯的《大般若經》六百卷就刻了石版一千五百多條，前後刻了三百年才完成。這些經石一般都是兩面鐫刻，長約二公尺餘、寬約一公尺、厚約十二公分的巨大石碑，每塊至少非有十餘人無法移動的；而這些石料並非本山所出，單是搬運上山的工作也就夠艱巨的了。

據拓工們告訴我們，石經山的經石大半採自山下十公里外的石窩村，然後運到半壁店附近的摩碑寺刻字，刻完以後再運到石經山下暫時集中。到了每年四月八日佛誕那一天，施刻石經的功德主們往往在這裡啟建盛大法會，布施齋飯，舉行送經儀式，也有自動攜帶乾糧參加的。於是，在虔誠信仰的號召下，成萬的人一齊行動起來，有的推著，有的挽著，一直把經石從山下送到上方，納於石室，才算功德圓滿。這種定期送經的偉大場面，可以想見佛教在當時民間發生的力量。當石經山最盛的時期，在半山之間還建有一個義飯廳，招待那些巡禮石經山的人們，但到了後代，就變為施茶亭了。

我們參觀了九洞的石經以後，聽說山下雲居寺的壓經塔下埋藏的石經正在發掘，我們又趕到了雲居寺。

壓經塔下的石經，自第十二世紀的遼代埋藏以後，至今已經八百多年了。據說到了遼代，石經山的石室已經藏滿，契丹的道宗和高僧通理所刻的石經四千多片一時無處儲藏。通理入滅以後，他的弟子們秉承其遺願，在雲居寺的西南隅掘地為穴，把那些石經完全埋在地穴之內。上面建立一座八角幢形的石塔，勒石記事，做為埋藏石經的標誌。這座塔就叫做壓經塔。

中國佛教協會為了進行全部拓印工作，自一九五七年七月間，在文化部考古專家指導下開始進行發掘工作。現在，在發掘的工地上搭了一個很大的工棚。我們跟著接待人員在工地上進行參觀，發現它的周圍已掘成一條深約五公尺的壕溝，從壕溝裡可以看見露出的石經碑鱗次地立著。經碑所佔的面積，長約十九公尺、寬約十公尺。穴底鋪着大塼，然後把經碑直立地疊成三層，每層夾鋪黃泥，第三層碑上再蓋七片灰塼，加以保護；塼上又是一層黃泥，其上再鋪大塼，和原來的南塔塔基相接。這種工程，從今天看來，雖說不上怎樣偉大，但在八百年前，這樣深山的地方，成於一些勞動人民之手，其魄力也足夠我們佩服了。

近八年來，由於人民政府對於宗教政策的正確執行，首先注意的是保護和整理宗教的歷史文物，佛教的文化遺產逐漸得到各方面的注意。如清代官刻的《龍藏》，仍然保存於北京柏林寺，由故宮博物院管理。山西趙城金刻《大藏經》，保存於北京圖書館。大江南北民間所刻的十餘萬塊佛教經版，在政府的大力支持下，也已集中保存於南京金陵刻經處，並且得到妥善的保護和整理。而經過千百年歲月的房山石經的發掘和拓印，尤其得到政府的支持和幫助。這些石經的整理，對於佛教文化的研究將有很大的貢獻；同時，對於我國書法和雕刻藝術的研究也將有著很大的幫助。

我們接觸到這些古色斑斕的佛教文物，大家都有點戀戀不捨；但一想到它經過這次發掘之後，不再受到人為的破壞，心裡總是喜悅的。因為還要趕路，不得不辭別雲居寺。於是，我們就這樣結束了這次石經山的巡禮。

林子青

一九五七年撰於北京

房山石經《稱讚淨土佛攝受經》簡介

房山石刻《稱讚淨土佛攝受經》一卷，唐三藏法師玄奘譯，大中七年（公元八五三年）幽州大都督張允伸施造。此經祕藏房山石室已歷一千百有餘年，是現存此經石刻最古的一種版本。

這部石經藏於石經山第九洞。經文環刻於經碑正背及兩側，書法遒麗，略兼行楷，是晚唐房山石刻佛經中稀有的代表性遺物。

據《開元釋教錄》卷八記載：《稱讚淨土佛攝受經》，唐高宗永徽元年（六五〇）玄奘譯出，它和姚秦鳩摩羅什所譯《阿彌陀經》為同本異譯。❶《阿彌陀經》梵

---

❶ 唐智昇《開元釋教錄》卷八：「《稱讚淨土佛攝受經》一卷，見《內典錄》第三出，與羅什《阿彌陀經》等同本，永徽元年正月一日，於大慈恩寺翻經院譯，沙門大乘光筆受。」

本，前後凡有三譯。初譯為姚秦鳩摩羅什所譯《阿彌陀經》，第二譯為劉宋求那跋陀羅所譯《小無量壽經》（此經今已失傳），第三譯即玄奘所譯《稱讚淨土佛攝受經》。此經譯後，一時頗為流行。奘門弟子靖邁著有《經疏》一卷，窺基著有《述讚》一卷。此外，新羅的義寂、太賢等義學沙門又各有《經疏》及《古跡記》等著作傳世。後來由於什譯《阿彌陀經》盛行流傳，成為所謂「淨土三部經」之一，奘譯遂漸無聞。

我國佛教譯經史上，一般有舊譯、新譯之分。舊譯以羅什為代表，新譯以玄奘為代表，二者在譯語上有許多顯然不同。羅什譯經，以文字流暢便於諷誦為主，大體屬於意譯。奘譯佛經，音譯義譯，力求忠實原文，一般較重直譯。因此，這部經的譯語與什譯《阿彌陀經》譯語，是研究玄奘與羅什新舊二譯很好的比較資料。如經首什譯的「佛」字，奘譯作「薄伽梵」❷；什譯的「舍衛國」，奘譯作「室羅筏」❸；什譯的「比丘」，奘譯作「苾蒭」；什譯的「眾生」，奘譯作「有情」等，這些在玄奘、羅什新舊二大譯師的譯經中都是常見的譯例。

據日本故望月信亨博士介紹，「梵文《阿彌陀經》，一八八〇年馬格斯．牟勒

（Max Müller）曾為英譯，收於《東方聖書》（*Sacred Books of the East*）第四十九卷。一九〇八年，南條文雄氏又將它譯成日文。羅什譯本成立最古，梵文次之，玄奘譯的經本似乎比較在後代」❹。這個說法，值得學者進一步的研究。

房山石刻和《大正新修大藏經》（略稱《大正藏》）第十二卷所收的《稱讚淨土佛攝受經》比較起來，有幾段經文次第，詳略各有不同。如《大正藏》所載，此經第三段與第四段和房山石刻經文，次第大不相同。房山石刻經文第三段，七寶名稱在

❷ 薄伽梵，一作婆伽婆，是梵語Bhagavat的直譯，意為「世尊」，是佛十個名號之一。《佛地經論》第一「佛具十種功德名號」，「此一名籠攝眾德，餘名不爾。是故經首皆置此名」。

❸ 什譯《阿彌陀經》的「舍衛國」（亦稱舍衛城），奘譯作「室羅筏」，是室羅筏悉底（Sravasti）的略譯。慧苑《新譯華嚴經音義》卷下：「室羅筏國，舊云舍衛國，具稱室羅筏悉底，此翻為好道。」舍衛城是古代印度憍薩羅國的首都，釋迦久住之地。《分別功德經》第二：「佛在舍衛經二十五年，比在諸國，為時最久。」

❹ 見一九三七年望月信亨著《佛教史的諸研究・關於〈阿彌陀經〉的成立》。

前，繼則列舉四形、四顯、四光、四影。而《大正藏》經文則將七寶名稱及四形、四顯、四光、四影置於第四段，而於其前詳列八功德水的名稱，此為房山石刻所無。又，石刻第四段經文則與《大正藏》第五段相同。此外，經文大略一致。

房山石刻《稱讚淨土佛攝受經》的書法，頗多簡體字和別體字，這是晚唐所刻石經的特色。如無作无、爾作尒、來作来、號作号、惡作恶、軟作耎、與作与、網作网、圍作围、蘤作茤、藐作𫉬、世作卋、匝作帀、莊作庄、礙作碍等數十字，和我國今天使用的簡體字大致相同。可見自唐以來，簡體書法早已形成。然而石刻經文中也有若干脫字、誤字和倒刻的情況，和盛唐石刻佛經比較略有遜色。

最後，關於經主張允伸這個人，《新唐書·藩鎮盧龍列傳》第一百三十七有傳。晚唐房山石刻佛經中有張允伸施刻題記的達四十餘部，計自大中七年或咸通四年（八五三～八六三）前後約十餘年間。《稱讚淨土佛攝受經》刻於大中七年（八五三），是張允伸最初施刻的一部石經，他自署的官銜是：「幽州盧龍節度副大使知節度事觀察處置、押奚、契丹兩蕃、經略盧龍軍等使、銀青光祿大夫、檢校工部尚書兼幽州大都督府長史、御史大夫、上柱國張允伸。」這條官銜題記，足以補充

《唐書·張允伸傳》的缺遺，也是研究《新唐書·百官志》很好的參考資料。

（原載於《文物》一九七九年第一期）

佛教石經與儒教石經

佛教石經是在儒教石經之後刻造的，但兩者刻造的目的並不相同。儒教石經的刻造，始於漢代、迄於清代中葉，前後刻了五經、七經、十三經等，一般都是奉當時帝王之命而刻造的。其刻造的目的是為了把儒教經典的正文永傳後世，使它成為經典標準而刻之於石的。如漢的熹平石經、魏的正始石經、唐的開成石經、宋的嘉祐石經，乃至清代乾隆的十三經等，多立於歷代帝都的太學之地，是做為儒教經典之準則的。

佛教石經刻造的目的，則是為預防佛法消滅而刻造的，所以多刻於深山幽谷的摩崖，或刻於碑版而藏於石洞。著名的北齊晉昌郡開國公唐邕刻於北響堂山的〈刻經發願文〉所說：「眷言法寶，是所歸依。以為縑緗有壞，簡策非久，金牒難求，皮紙易滅，於是……訪蓮花之書，命銀鈎之迹。一音所說，盡勒名山。」和唐靜琬刻於房山華嚴經洞的題記說：「此經為未來佛難時，擬充經本，世若有經，願勿輒開！」都說明了刻造佛教石經的企圖和目的。

佛教石經刻造的形式，大致分為摩崖石經、碑版石經和石柱石經三種，或加刻於石洞壁面的石經為四種。摩崖石經係刻於自然岩石的摩崖，一般謂始於北齊時代，以山東泰山經石峪的《金剛經》和山東泰安東南徂徠山映佛岩的《大般若經》為其代表（這二部經，清錢大昕謂皆齊武平中王子椿所書）。其後這種刻經，分布於山東、山西、河南、河北、陝西、四川各省，呈現空前的巨觀。如鄒縣的嶧山、鐵山、葛山、岡山、尖山等所刻的《大集經》等，都有北周年代的題記。而鐵山的《大集經》，其規模之大實超過泰山的《金剛經》，且因其他交通不便，原型保存完好，並有北齊經主及僧侶題名。

清末長洲葉昌熾說：「佛經之有石刻也，其在高齊、宇文周時乎？陽曲一石（天寶二年）、齊刻之最先者也；鄒嶧四山（大象元年），周刻之最先者也。」又引其亡友王苐卿述顧漁溪通政之言曰：「衛輝（今河南汲縣）山谷中，遙望層巒嶂間，摩崖大字、參差高下，皆佛經也，世無有拓之者，乃知佛法廣大，無量無邊，三藏靈文，普徧大千世界。」

此外，山西遼州（今左權縣）的摩崖石經也是見於記載的。孫星衍《寰宇訪碑錄》引《郡國志》云：「遼山縣屋騋嶝，高齊之初，鐫山腹寫一切釋經於此。今所出之地名墨嶝峰，距遼州（遼山縣及遼州，即今之左權縣）四十五里，當即古之屋騋嶝。其經乃《華嚴經．成就品》。」葉氏以為元代居庸關的蒙古、畏兀、女真、梵、漢五體佛經，為佛經著錄的最後；但最後的摩崖石經，是清光緒四年（一八七八）杭州松木場彌陀寺所刻桐鄉沈善登書的大字《阿彌陀經》，今字跡尚完好，唯該寺已廢為工廠。（《語石》卷四）

石柱石經，當以山西太原風峪的《華嚴經》為代表。風峪距太原縣西五里，塼築一穴方五丈，中刻《華嚴經》，為北齊所刻。清代學者朱彝尊的〈風峪石刻佛經記〉，記他舉薪入視，親見有石柱一百二十六，惜皆掩其三面。世上所見拓本，只拓出其露出的一面，故經文不接續。其拓本的首末行，有卷第標目者，計三十八紙。這種石柱成為後世經幢的先驅。

又據朱彝尊所傳：明清之間，太原傅山（號青未），曾行於平定山中，誤墜崖谷，見一洞口石經林列，和風峪相等，皆北齊天保間字，大概亦屬於石柱。現在風峪這些石柱《華嚴經》尚存若干柱，已移置於太原郊外晉祠文物保管所。唐代以後，全國各地刻造最多的是類似石柱的經幢，因為主要刻的是《佛頂尊勝陀羅尼經》，所以也簡單稱為「尊勝幢」或經幢。

碑版石經，是石經中一種比較進步的形式。它可以鑲嵌於寺內的牆壁上，也可以貯藏於山間的石洞。嵌於寺壁的據《佛祖統紀》卷四十二記載：有唐長慶四年（八二四）沙門惠皎於杭州西湖孤山鐫刻的石壁《法華經》，刺史白居易九人助其功，宰相元稹為之記。及大和三年（八二九）沙門清晃於姑蘇（今蘇州）法華院刊刻的石壁《法華經》等八部，郡刺史白居易為之記。根據僧傳記載，唐末的洛陽長壽寺寫有《華嚴經》，聖善寺寫有《法華經》，嵩山嵩嶽寺寫有《楞伽經》，「悉刊貞珉，皆圖不朽」。（《宋高僧傳》卷二十七〈明準傳〉）杭州和蘇州、洛陽、嵩山的石刻《法華經》、《華嚴經》、《楞伽經》等，恐已無存。

宋刻石經最早的，有嵌於開封繁塔內壁間的太平興國二年宋宗室趙安仁所書的《金剛經》（經文分三段刻），似為便作經本。其他見於文物記載的有蘇州虎邱雲岩寺的宋刻《普門品經》、杭州六和塔的《四十二章經》、句容崇聖寺的《金剛經》等。（《語石》卷四）現在北京西郊八里莊摩訶庵明代刻於漢白玉的六十四塊《金剛經》，今尚存在。而碑版石經規模最大、歷史最久，具有代表性的是房山石經。

摩崖、石柱、碑版之外，還有一種闢石洞、削平壁面加以磨光而刻的壁面石經。最初見於河南武安縣北響堂山大住聖窟北齊唐邕的〈刻經發願文〉，即屬此類。據〈發願文〉記載，唐邕刻有《維摩經》、《勝鬘經》、《孛經》、《彌勒成佛經》各一部。

近年，在四川安岳縣的臥佛溝（唐臥佛院遺址）發現的唐開元二十三年（七三五）開鑿的藏經洞共有四十五洞，其中十六洞的三面石壁上刻有《大般涅槃經》、《報恩經》、《般若波羅蜜多心經》、《金剛經》、《阿彌陀經》等四十餘萬字。經洞之間，還鐫有佛像、菩薩像、飛天、供養人等。餘下的二十九洞，僅鑿開洞穴或磨光石壁，尚未刻經即中途停止，據後人推測，這可能與九世紀時的唐武宗會昌滅佛運動有關。

自北齊以來至宋元時代，中國全國究竟刻了多少佛經，固然無法統計。但清代金石學者葉昌熾就他所見聞到的舉出了四十一種，時代始於北齊，經隋唐五代宋遼金元，無不俱有。茲依時代先後略舉如下：

・北齊磁州鼓山的十二部經名（包括《維摩詰經》、《勝鬘經》、《孛經》、《無量義經》、《無量壽經論》）。

・隋開皇十三年，陽曲行唐邑龕《觀世音普門品經》。

・隋安陽寶山的《大集經月藏分中言》、《大集經月藏分法滅盡品初言》、《勝鬘經》、《涅槃經》。

・唐垂拱三年，中山法界寺的《觀無量壽經》；延載元年，洛陽龍門的《呵色欲經》。

・唐元和十四年，劉總造的房山孔雀洞《佛本行集經》。

・後晉開運二年，錢唐石屋洞的〈迴向咒〉。

・宋建隆二年，洛陽的《溫室洗浴眾僧經》；紹興五年，杭州六和塔沈該等四十二人書的《四十二章經》。

・金章宗時皇伯漢王造的（房山）《雜阿含經》卷第四十六息字。

・元至元三十一年，嘉興東塔寺僧溥光書的《八大人覺經》。

他又說：「《般若》、《華嚴》、《蓮華》（涅槃？）、《法華》諸大部經，卷帙浩如煙海，所見拓本不過一鱗半爪。安陽寶山僅有《菩薩明難品》一石，婁睿造。《初發心菩薩功德品》一石，□□延造。《華嚴》不止此二品也。」（《語石》卷四）他又提到中山（今河北定縣）法果寺經碑（垂拱三年），其間列經名數十部，每部石若干條，今唯存《金剛》、《兜率》兩經，尚為全部；《蓮花》、《華嚴》、《無量壽經》，皆只有一石；《郁迦羅越經》則僅存殘字一角而已。他說：「這些石經，當時所刻必皆全帙，沉埋而未出者，不知凡幾。」

又據葉氏記載：四川灌縣的青神山，有新出土的唐代佛經，大小有六十九石，雖無年月題識，而其中有《心經》三石最為完全，餘石亦有《涅槃經》，又屢屢記有「藥王菩薩」之名，可能是屬於《法華經》的斷片。

房山石經，在佛教石經中規模最大，近代學者至稱它為東方文化寶庫，不但各地佛教的石經不能和它比美，即使在中國儒道的刻經中也是獨冠古今的。

漫談中國佛教寺院、佛塔、經幢的建築藝術

中國佛教的建築，是印度佛教傳來以後，在我國建築的傳統形式上發展起來的一種造型藝術。其種類大別之約有三種，即寺院、佛塔和經幢。以下分別加以說明：

寺院　所謂寺院的「寺」，本是中國漢代的官舍。如眾所知，在後漢明帝的永平十年（公元六十七年），攝摩騰和竺法蘭自印度來到中國，他們最初被安置在洛陽鴻臚寺——即當時接待外國使節的賓館；後來明帝為他們在洛陽西郊建立一寺，因白馬馱境而來，即稱它為白馬寺。這是中國最初建立的第一座佛寺。

到了三國時代的吳赤烏十年（二四七），康僧會來遊建業（今南京），得到吳大帝孫權的信仰，於是為他在建業造了一所寺院叫做建初寺，這是長江以南最初的寺院。據史書記載，在第二世紀至第三世紀之間，安世高、笮融、孫權、潘夫人、闞澤等還曾在豫章（今南昌）、廣陵（今揚州）、武昌、蘇州、四明（今寧波）等地建立了幾座寺院。（《佛祖統紀》卷三十五）

自兩晉至南北朝時代，由於帝王貴族們的信佛，寺院的建築迅速地增加，捨宅為寺在貴族間成了一種風氣。北魏的洛陽和南朝齊梁的金陵寺院建築，都達到了空前的隆盛，這從《洛陽伽藍記》和《金陵梵剎志》的記載是可以知道的。北魏和北周的個別帝王雖曾毀壞寺院，但隋文帝統一南北以後又從事復興。隋煬帝時，長安以下四十五州各置大興國寺一所，並於一百餘州各各造了舍利塔。唐代造寺的風氣益盛，而規模也更大。玄宗開元二十六年（七三八）下敕全國諸郡各建開元寺一所，其他私人建立的所謂招提也不少。武宗會昌五年（八四五）所毀佛寺達四千六百所，當時佛寺之多可以想見。（《佛祖統紀》卷四十、四十二）

建築是有民族性的。寺院既然由官舍和貴族邸第轉變而來，當然保持著民族傳統的形式，但因印度、西域的高僧陸續前來中國，他們自然也會或多或少地傳入各種佛教的藝術，這對於佛教的建築無疑地是發生過相當影響的。佛教建築的特點可分以下幾方面來說：

(1)平面配置　中國寺院建築在原則上和宮殿的形式一樣，最重左右均衡對稱的布置。整個佛寺由若干座單獨的建築物互相配合，構成規模宏大的建築群。一般地勢以南向為常，山間寺院則多取背山面水的形勢。主要的建築物如佛殿、法堂等多配置於南北中心線上，殿堂的前面東西向相對為次要建築的配殿或廂房，周圍繞以廊廡或牆垣互相聯結，形成一個完整的院落。

隋唐以前，佛寺多是封建帝王和貴族為求福或報恩而建立的，一般的建築多在城市，山間偉大的建築是比較少的。雖然後秦皇始元年（三九四）竺僧朗曾在泰山北邊的山間建立精舍（神通寺），內外屋宇達數十餘區（《梁高僧傳》卷五〈僧朗傳〉），而北魏孝文帝又於太和二十年（四九六）為佛陀禪師在嵩山造了少林寺（《魏書．釋老志》）；但其規模是決不會怎樣龐大的。唐末禪宗盛行，百丈懷海（七四九～八一四）才建立叢林於山間，制定寺院的制度，但他所建立的禪宗寺院只有方丈、法堂和僧堂三個主要建築物而已。（楊億〈百丈古清規序〉）隨著禪宗的發展，其後才有佛殿、經藏、庫司等許多建築出現。南宋以後，史彌遠把江南的禪寺制定了五山十剎的等級，寺院建築的規模就更發展了。

據宋代日僧義介（一二一九～一三〇九）所繪的「大唐五山諸堂圖」看來，當時杭州靈隱寺、寧波天童寺等一些禪宗名剎的平面配置，大體上正面前方是放生池，再進是山門、佛殿、法堂、藏經閣、方丈等，配置於一直線。其左右由前而後，建有鐘鼓樓、僧堂、庫司（今稱庫房）及其他各種次要建築，採取左右均衡的比例。這種中心建築的配置，自宋以來並沒有多大的變化。（田邊泰《禪宗的寺院建築》）

(2)形制結構　一般寺院單座的建築，無論形制大小，其主體布局都有三個部分。即下面有磚石承托的台基，中間是木構的屋身，上面是蓋瓦的屋頂。由於屋頂的崇高壯麗，柱額的金碧輝煌，再加以穩固寬舒的台基承托其下，這種建築就呈現非常的美觀。主要的佛殿前面，一般還有向前伸出的月台，三面繞以石造的欄楯，其前面左右各設相應的步階，構成寬暢平穩的局勢。屋頂外觀，常見的有單檐歇山頂和重檐歇山頂，四方屋角反翹作燕尾形，稱為飛檐。正脊兩端各置鴟尾（或稱鴟吻），四方垂脊一般又分兩部，上部稱為垂脊，安置「垂獸」一頭，下部稱為戧脊，列置「蹲獸」六、七頭，四注屋坡以斜凹曲線為原則，使屋頂形成曲線的輪廓。

寺院建築的主體，一般以木材為主。主要的柱額樑枋都用木材構成，形成一種框架結構。框架所採用的方法，是在四根立柱的上面，用四根樑枋周圍牽制組成一「間」（間就是中國建築上計算的主要單位）。再在樑上加架層疊的樑架，以支持橫置的桁，桁就橫在架於一間的左右兩端，由最上的樑架上逐漸降落，以至前後枋為止，瓦坡曲線即由此而定，桁上列釘椽子和望板，板上鋪以屋瓦，這就是構架骨幹的基本組織。有了這樣的木材結構，就不需要堅厚的牆壁來負重了，四周的牆壁只有間隔的作用，而門窗就可在柱與柱之間變化伸縮，不受地位的限制。

中國建築所特有的「斗拱」在寺院建築上也被普遍地應用，而且通過寺院的古建築保存了歷代各種不同形式的斗拱遺制。斗拱是在框架結構中，在立柱和橫樑的交接處，利用斗形方木和弓形短木逐漸挑出以減少樑的折斷可能性。斗拱的功用在承受屋簷的重量，使它漸次集中於立柱，和屋頂具有密切的關係。每一個斗拱的單位稱為一朵，它的整個構造稱為「鋪作」。由於使用的地位不同，又稱它為株頭鋪作、補間（柱與柱之間的額枋上）鋪作和轉角鋪作。斗拱本來是寺院建築結構上的重要部分，元明以來日益講究華麗，形制逐漸纖小，後來就變成寺院殿宇檐下的裝飾部分了。

（梁思成《祖國的建築》）

(3)現存建築　古代寺院建築，由於現存遺物不多，詳細情形已不能明瞭。北魏洛陽永寧寺的規模，依《洛陽伽藍記》所載約略可以想像。永寧寺的中心建築有木造浮

圖一座，高達千尺（《魏書．釋老志》說是四十餘丈）。塔後有佛殿一所，形制如太極殿，僧房一千多間，雕樑畫棟，極盡輪奐的壯麗。四圍寺牆施以短檐，覆之以瓦，形式和宮牆一樣。又有四門，其南門有樓三重，下通三道，形制非常雄大，菩提達摩到洛陽時看見它的壯麗，曾稱它為當時世界所未有。（《洛陽伽藍記》）隋代長安所建的大興善寺，其面積佔靖善坊整個一坊。唐至德元年（七五六）成都所見的大聖慈寺，共置九十六院，八千五百區，這些寺院的規模都是很大的。

現存最古的木構建築，首推五台山的南禪寺（建於七八二年）和佛光寺（建於八五七年）的佛殿，（陳明達〈兩年來山西省新發現的古建築〉）而規模最大的是遼代所建的大同上華嚴寺、義縣奉國寺，和宋代的泉州開元寺的佛殿，這三座佛殿都是面闊九間，堂堂威壓四鄰的建築物。泉州開元寺內外各有百柱，亦稱為百柱殿。南方最古的寺院建築，現存的有宋代所建的浙江餘姚報國寺、廣州光孝寺、元代所建的上海真如寺、金華天寧寺的佛殿等。

到了明代，在木結構以外還有一種純用細磚建築的無樑殿。現存的有明初洪武帝年間（一三七六～一三八二）建的南京靈谷寺無樑殿、萬曆三十三年（一六〇五）建的句容寶華山無樑殿，及萬曆四十六年（一六一八）建的蘇州開元寺無樑殿。（江世榮等〈江蘇的三處無樑殿〉）現在全國各地寺院的建築物，大多數是清代（一六四四～一九一一）重建或重修的。規模比較大的除五台、峨嵋、普陀、九華四大名山及東南許多著名禪寺以外，首推自康熙十二年（一七一三）至乾隆四十五年（一七八〇）之間，在承德所建的溥仁寺、普樂寺、安遠廟、普佑寺、普寧寺、須彌福壽廟、普陀宗乘廟、殊像寺八個大寺，俗稱外八廟。這些寺院主要是為蒙、藏的佛教徒而建的，所以建築的平面和外觀在漢民族的形制上具有濃厚的西藏手法和趣味。其中規模最大的是「普陀宗乘之廟」（建於一七六七～一七七一年），它是按照西藏拉薩布達拉宮法式建造的。（盧繩〈承德外八廟建築〉）

佛塔　塔的梵語是窣堵波，略譯為塔婆，後來更加簡稱為塔，有時又稱它為浮圖。塔在印度原是一種墳墓的意義，所以瘞佛骨處名為塔婆，譯為「方墳」，後來又把它區別開來：有舍利的名為塔婆，無舍利的名為支提，或制底（Cailya），譯為「可供養處」。佛陀入天，遺體火葬後，他的遺骨——舍利被分成八份，由八王分別起了八座塔供養，這是佛塔的起源。佛滅約二百年後，阿育王發掘了八處的塔，取出佛的舍利，在各地建了八萬四千座塔，連中國都有阿育王塔的傳說，現存的是寧波阿育王寺的舍利塔，是聞名中外的，可見其分布之廣了。隨著佛教的傳播，佛塔建築也隨處出現，後來就成為宗教紀念性的建築了。

近代日本高僧籐井日達發願在世界各地建立佛塔，以做為和平的象徵。塔在原始佛教尚無佛像的時期，在佛教建築上具有神聖的意義，成為一個寺院的中心。印度原始的塔婆是一個墳形的覆缽狀，在它的頂上造著方形的平頭，在平頭上飾以竿和傘蓋，傘蓋的發展成為後來的相輪。這種寺院建築中心的塔，由於安置佛像的佛殿的出現而被分化。它最初本在四面迴廊的中央，和佛殿左右或前後並列，為伽藍配置上的重要建築物；但後來被置於迴廊之外或東西相對，即逐漸成了裝飾的意義。正因為如此，佛塔的發展便成為中國最優美的建築。

中國的佛塔創始於何時，未見明確的記載，大概是和佛教的建築同時存在的。佛教未傳入中國之前，中國早有一種多層建築物叫做「重樓」，這是古代封建帝王妄想會見神仙而建築的。《魏書．釋老志》記白馬寺的建築說：「凡宮塔制度猶依天竺舊狀而重構之，從一級至三五七九，世人相承，謂之浮圖。」當時的白馬寺在殿宇之外有印度式的塔是可以相信的。第二世紀的末年，笮融在廣陵、彭城間大規模地建築佛寺，就有浮圖的建築。他造的浮圖是：「垂銅槃九重，下為重樓閣道」（《三國志·吳志卷四劉繇傳》），至少其下必有三重以上的樓閣，其上面的九重銅槃應該是九個相輪的意思。因此，當時塔的形制就是在中國式的重樓頂上，安置一種佛教象徵的印度式窣堵波而成的。這也就是中印兩種不同的建築風格的結合。

三國時代，康僧會到了建業，他為孫權說了佛舍利的靈異和阿育王造塔的故事，孫權因此為他建了一塔和一寺，這是江南最初的一座塔。北朝的佛寺大概多有佛塔的點綴。據《洛陽伽藍記》所載，永寧寺有九層的大木塔，景明寺有七層的塔，瑤光寺、衝覺寺等各有五層的塔，其他三層的塔也不少。隋統一南北朝後，於仁壽元年（六〇一）、二年和四年三次下詔並分送佛舍利於全國一百餘州，命以同樣形式，一齊開工建築，造塔的風氣到此就達於極盛了。（村田治郎《中國之佛塔》三十二頁）

一般的塔，是由塔基、塔身、平頭、覆缽、盤蓋各部分組成的。平頭一稱為方龕，這裡本是安置佛舍利的，所以平頭的四面多雕刻著佛像。塔頂金屬所製的盤蓋，名為相輪。塔的上面有一根中心柱高聳於最上層的屋頂叫做剎柱，它被飾以露盤、相輪和寶珠，成為佛塔的標誌。普通相輪各部分的名稱，自下而上的順序是：露盤（一稱平頭）、覆鉢、仰蓮（日本稱為請花）、九輪、水煙（一稱火焰）、龍車、寶珠等，相輪高度和塔身的比例，最大的有三分之一，最小的大約五分之一。相輪的輪數，一般多用三、五、七乃至十三重的奇數，這是中國化的特徵。為了使塔上的剎柱保持直立的姿勢，一般使用鐵鏈在塔頂的翼角和柱頭寶珠下加以聯繫，使它不會發生偏向。這在北魏時代的永寧寺塔就用過了，所謂「復有鐵鎖四道，引向塔之四角」，是這種形式最古的記載。

中國塔的平面，最初多是方形的，木造的洛陽永寧寺塔和石造的濟南神通寺四門塔（建於五四四年）都是如此。唐代西安的大雁塔是現存最顯著的範例，但中國傳統的方形平面和印度窣堵波的圖形平面是有矛盾的。因為木構形式難以做成圖形平面，所以唐代的匠人就創造性地採用了介乎正方與圓形之間的八角形平面。七四五年，河南嵩山會善寺的淨藏墓塔是這種仿木結構八角磚塔的最重要遺物。在它出現之前，除去一座十二角形的嵩嶽寺塔和一座六角形的天台國清寺塔的孤例之外，所有的塔都是正方形的。後來八角形便成為佛塔最常見的平面形式了。（梁思成《祖國的建築》）

塔的建築材料，最初是木造，後來多用磚造，也有少數是用石造和銅鐵造的。塔的級數，自一級至三、五、七、九級都有，常見的有所謂「七級浮圖」（俗語有「救人一命，勝造七級浮圖」），也有高至十二、十三、十五、十六級的。中國的塔型是隨著時代而發展的，南北朝的塔型有：單檐亭式（山東神通寺塔）、多層疊澀檐式（龍門浮雕）、十二角疊澀檐式（河南嵩嶽寺塔）、覆缽頂式（山西雲岡中部第二洞小塔）。隋唐的塔型有：多層疊澀檐式（大雁塔）、石版檐式（房山北台石塔）、八角木構式塔（嵩山淨藏塔）、亭式石塔（淶水先天石塔）。五代及宋以後的塔型有：樓閣型木塔（山西應縣佛宮寺釋迦塔，一般簡稱為「應縣木塔」）、多層斗拱檐式（山東長清靈巖寺辟支佛塔）、多層疊澀檐式（河北定縣料敵塔）、疊澀檐高台基式（洛陽白馬寺塔）、擴大塔身式（遼寧朝陽白塔）、仿木構石塔式（福建泉州東西塔）、阿育王塔式（吳越王錢式所鑄阿育王塔）、多層阿育王塔式（普陀山太子塔）、喇嘛教式（北京妙應寺塔）、木構磚塔式（山西趙城廣勝寺飛虹塔）等。從上面塔型的變化看來，說明中國的佛塔是由崇高樸茂而趨於纖巧華麗的。

造塔的方法，佛典只有很簡單的記載。《有部毗奈耶雜事》卷十八說：「應以磚作其兩重，次安塔身，上安覆鉢，隨意高下。」這是印度的造塔法。中國也有一些記載，如唐代福州建造多寶塔時，恐怕發生偏頗和地面陷落，掘土至五十尺之深，百有餘尺之闊，然後舂土積石二十尺高，內甃以磚，外構以木，可知古人對於塔基的重視。（《閩中金石記》卷三，黃滔〈大唐福州報恩定光多寶塔碑記〉）

建於明永樂十年至宣德六年（一四一二～一四三一）落成的南京大報恩寺塔，雖高達三十餘丈，但它建築時不施木架，造一層四周壅土一層，隨建隨壅，至九層亦堆壅九層，始終如在平地建造。工程完畢時，將所壅土除去而塔身始現（南宋泉州的東西塔，相繼就用這種方法，舊稱「土門」，即出土的城門）。這樣偉大的工程，是我們今天所難想像的。（張惠衣〈金陵大報恩寺塔志〉塔圖說明）

在塔上懸掛風鐸和檐燈，這是樓閣式的中國佛塔所特有的規制。北魏洛陽的永寧寺塔有承露盤十三重，周匝皆垂金鐸，又有鐵鎖四道引剎向浮圖，四角鎖上亦有金鐸。浮圖有九級，角角皆懸金鐸，上下共有一百二十鐸。後趙石勒時，佛圖澄聽「相輪鈴音」能卜出師（打仗）的勝敗，可知那時的塔上也是懸有風鐸的。（梁《高僧傳》卷九〈佛圖澄傳〉）

唐福州定光多寶塔七層八面、高二百尺，相輪高四十尺，懸在相輪上的風鐸一百九十個，懸在每層翼角的風鐸五十六個，微風吹動，有如天樂鳴空，使人聽了不知不覺地對於佛塔發生了好感。明代南京大報恩寺塔，九級內外篝燈一百四十四盞，常川點燈，晝夜長明。它的燈盞用蜊殼製成，內置油盤，燈芯直徑盈寸，附有機栝，燃時引入檐內，燃畢旋機使出。這種塔燈不但增加佛塔的壯麗，在中古時代的都市裡還具有照明的作用。（張惠衣〈金陵大報恩寺塔志〉塔圖說明）

經幢　經幢是中國佛教建築特有的一種多角形石柱，它是從布帛所製的幢幡轉變而來。梵語馱縛若（dhvaja），巴利語脫闍（dhaja），譯為寶幢或天幢。它是印度古代帝王的一種旗幟；佛教稱佛陀為法王，也以幢為他的標誌，所以稱佛的說法為建法幢。古時的幢是用以書寫佛號和經文的；後來為保存久遠計，即用石材仿其形制，上有蓋，下有座，中有六角或八角形的柱，遠望之有如幢幡。這是經幢即石幢的起源，這種石幢原是為刻《尊勝陀羅尼經》而設的。因為《陀羅尼經》上說，若人能寫此陀羅尼安高幢上，或安置窣堵波上，那些被幢影映身或幢上的塵土落在身上的人們的罪業就會消除。所以，佛教徒最初多用布帛的幢寫這部經，後來才改用石刻的。

中國的經幢，自唐永淳二年（六八三）佛陀波利譯出《尊勝陀羅尼經》以後，才廣泛地流行起來。這一部經雖有許多譯本，一般以佛陀波利所譯的為最流行。經幢最初雖因刻《尊勝陀羅尼經》而設，但是盛行以後，其他經咒也有刻之於石幢的。一般的經幢是八角形的，六角形的也有，四角形的最少。大的幢身高至丈餘，小的不過一尺，普通的是三、四尺，最大的分為三級。上面有蓋，下有台座，幢首的各面雕刻著佛像或佛龕。（葉昌熾《語石》卷四）

現存最古的經幢，是唐天寶四年（七四五）四川閬中鐵塔寺的鐵幢。它的下部僅飾仰蓮一週，即立八稜幢身，鑄陀羅尼經文；上部以疊澀形曲線向外挑出，再向內收進，冠以寶珠，形制極為簡潔雄健。大中（八四七）以後，幢下設須彌座，上加華蓋，幢的形體更加變得壯麗。如浙江海寧硤石鎮惠力寺的兩座唐咸通經幢就是很好的範例。

北宋經幢的規模愈趨愈大，而以景祐五年（一〇三八）所建河北趙縣經幢為唯一巨作，行唐縣封崇寺的經幢次之。（陳從周《硤石惠力寺的唐咸通經幢》）遼金及元各代的經幢雖有製作，但已不如唐宋之盛。清光緒七年（一八八一）保定蓮華池建六幢亭，收藏了遼幢二、金幢一和元幢三座，體例比較複雜。（鄭賓於《保定蓮華池六幢考》）元代以後，石幢已漸成尾聲。比較著名的有明永樂十年（一四一二）四川新都寶光寺所建的一座和北京西山碧雲寺的兩座經幢，形制和唐幢很相接近。

清代的遺物，那就以北京北海天王殿前的雙幢為巨擘了。北海的雙幢建於清乾隆二十四年（一七五九），都是漢白玉建造的八角形石幢。下部須彌座有三層束腰，上為幢身，再上為一稍大的天蓋，上有三層佛龕，間以仰蓮，每面各雕坐佛一尊。其上為三層天蓋而冠以寶珠。兩幢形制相同，高各約三丈。東幢刻《金剛經》，西幢刻《藥師經》。這種石幢的建築在中國各地非常流行，幾乎成為寺院的標誌；也有用來刻修建寺院題記以代替碑石的。現存的遺物還到處可見，但都成為寺院內部的點綴品了。

漫談佛像與壁畫

佛教的象徵，除了表現在佛塔、寺院建築等造型藝術以外，主要還表現在精美的佛像雕造和莊嚴殿堂的壁畫方面。

佛像 據《增一阿含經》卷二十八的記載，佛像的製作在佛陀時代已經開始了。那就是憍賞彌國的優填王為思慕佛陀，命工匠所作的五尺牛頭旃檀像。不久，舍衛國波斯匿王也用純紫磨金造了同樣的像。相傳這是世界上最初的兩尊如來造像。

但一般美術學者認為，在原始佛教時期，是以塔、法輪、菩提樹等來代表佛的。真正佛像的雕造，應該說是開始於古西北印度的犍陀羅。犍陀羅藝術的最重要貢獻是佛像的發展，它表現佛傳中各種神話的精美佛、菩薩像以及浮雕，都是以非常手法在黑石上雕出的。這不僅是最早的佛陀造像，還是中印度以及遠東的藝術家們所獲得啟示的根源。（印度沙拉特·古瑪爾〈犍陀羅（希臘——佛教式）的雕刻〉——《美術》，一九五六年十一月號）

佛像的種類有廣義的和狹義的兩種。廣義地說，一切尊像都是佛像；狹義地說，可以把佛教所有的禮拜像總括為佛像（或稱為如來像）、菩薩像、明王像和諸天像四大類別。佛像的特徵是：頭部具有輪形的圓光，全身穿著衣服，有時露著右肩，身體上不附飾任何莊嚴具。頭髮一般束為二段，上部隆起，稱為肉髻。頭髮有許多變態，有直條向上的，有上縱作波紋狀的，而螺髮是後世最常見的手法。菩薩像大抵袒著右肩或露上半身，頭戴寶冠，胸部和手足都有許多瓔珞鐲環的飾物。明王多現忿怒相，手執各種器杖。諸天像是護法諸神，形狀各不相同。初期，佛和菩薩像的樣式，大體上是這樣定的。後世許多造像，雖然有時複雜有時簡單，但都不脫這個類型。

佛像的區別在於印相（即手的姿勢）。印相的梵語為母陀羅（mudra），是用屈曲手指表示諸佛的誓願，所以稱為手印，是佛像的一種標誌。佛的立像常見的是施無畏印和與願印，坐像常見的是說法印、禪定印、降魔印（一稱觸地印）、彌陀定印和密教的智拳印；脇侍菩薩多作合掌印。

中國的佛像，一般分為漢式和梵式兩種。漢式的佛像自漢武帝時得到休屠王祭天金人（佛像）安置於甘泉宮以來，經過兩晉六朝至唐玄奘請來的許多金石的佛像，這些都是直接或間接輸入的造像。自漢以來，造佛像的都以這些西來的佛像為模型，這叫做漢式或唐式。（工布查布：《造像量度經引》）梵式的造像，是元世祖時尼泊爾工匠阿尼哥傳入中國的。

阿尼哥善造西域建築和梵像，被聘至西藏造黃金塔和佛像；後隨八思巴到了北京，奉敕修理了明堂針灸的銅像，後來兩京寺觀的像多出其手。（柯劭忞《新元史·卷二四二·阿尼哥傳》）阿尼哥的弟子劉元，是一個天才的雕塑家，他的官名為昭文館大學士、正奉大夫、祕書卿，一般又稱他為劉正奉。兩都名剎的塑像、鑄像、摶換像等，多是在他設計之下完成的。元世祖特設梵像提舉司，令劉元總管繪畫佛像和土木刻削的工藝。阿尼哥和劉元這一派所造的多屬密教佛像，一般稱它為梵式，實際就是藏式佛像。（陶宗儀《輟耕錄》卷二十四）

佛像的造法，有鎔金、琢石、雕木、塑造、夾紵（俗稱脫沙）等方法。初期的佛像多是先用金鑄而後石造的，因為金石具有較長的壽命，而佛典上也說以銅造黃金色佛為最得福。所以，古代所造銅佛多鍍金，稱為金泥銅佛像，略稱為金銅佛。現存六朝以前造像的遺物，多是琢石成龕或金屬的鑄像；塑像是隋唐時代才盛行起來的。其後木雕泥塑並行，鎔金和砯石的佛像就漸少了。

佛像為佛教徒禮拜的對象，也是歷代名手精心創作的藝術品。晉宋之間，戴逵、戴顒父子所造佛像的精妙是見於記載的。戴逵造無量壽佛、脇侍菩薩時，他造了像型以後，自己潛坐帳中，密聽眾人的批評，然後加以斟酌修改，經過三年才告完成。（《法苑珠林》卷二十四）他的兒子戴顒繼承他的妙技，也是非常著名的。（《宋書》卷九十三本傳）

唐初麟德間（六六四～六六五），長安敬愛寺的彌勒像是依王玄策所取來的印度菩薩形像為樣，在王玄策督工之下由張壽、宋朝、李安等集體創作的。（張彥遠《歷代名畫記》卷三）到了開元間（七一三～七四一），楊惠之的塑造更為出色。他所塑的佛像、山水、人物，被推為古今第一。現在蘇州用直鎮保聖寺的羅漢像，相傳就是楊惠之的傑作。

現代中國寺院佛像的配置，大抵是沿著宋元時代的遺制。小的佛殿正中只塑釋迦坐像，左為迦葉、右為阿難二弟子侍立像。一般寺院多塑釋迦、藥師、彌陀三如來坐像於正中，左右兩壁分塑十八羅漢或二十四諸天像。佛座屏後有塑壁，中塑觀音菩薩踏鰲像，以普陀山為背景，所以通稱為「海島」。佛殿之前的天王殿，正中塑著笑口迎人的彌勒坐像，背後內向塑韋陀菩薩立像，左右分塑四天王像。這樣的配置，現在已成為定型了。

佛像的造法，在明代以前尚無詳細的記錄。自清乾隆七年（一七四二），西藏學者工布查布譯出《造像量度經》並撰經解和續補，才詳細說明了佛像、菩薩像、辟支佛像、羅漢像、佛母像、明王像、諸天護法像等的量度和作法。這部經解又附有釋迦、彌陀、文殊、天女、脇侍等佛菩薩像的身量比例的畫圖，後來藏式的佛像就以此為準繩了。（工布查布《造像量度經解》）

壁畫 佛教的壁畫是隨建築而產生的。據《有部毗奈耶雜事》卷十七的記載，給孤獨長者造了祇園精舍施佛時，他認為不施彩畫不夠莊嚴，就請示佛應該如何描畫。佛逐一地指示說：「於門兩頰應作執杖藥叉，次旁一面作大神通變。又於一面，畫作五趣生死之輪，簷下畫作本生故事；佛殿門旁，畫持鬘藥叉；於講堂處，畫老宿苾芻宣揚法要。於食堂處，畫持餅藥叉；於庫門旁，畫執寶藥叉；安水堂處畫龍持水瓶、著妙瓔珞。浴室火堂，依天使經法式畫之，並畫少多地獄變。於瞻病堂，畫如來像躬自看病；大小行（便）處，畫作死屍，形容可畏。若於房內，應畫白骨髑髏。」

這些壁畫的原則，首先被表現在窟室內部的藝術。如印度古代佛教壁畫的代表作多存於阿旃陀石窟寺院，而中國的壁畫多存於敦煌的千佛洞，就是這樣的例子。敦煌千佛洞一共有四百多個洞窟，從西魏到元朝一千多年，代有興築。它的洞窟構造，佛龕形制，藻井裝飾，塑像的題材、姿態、服飾及作風，寶座的背光，壁畫的題材、布置、作風及所用的顏料，以及供養人的畫像和題記等，都是研究中國佛教藝術發展的最好資料。

印度的佛畫最初傳入中國的，是漢時蔡愔從西域所得的釋迦倚像的畫像，是一種所謂爭幢畫。（《高僧傳》卷一〈竺法蘭傳〉）我國的畫家自己畫佛的，一般以吳的曹不興為始。那時康僧鎧初入吳設像行道，曹不興看見他所背的印度佛畫，儀範端嚴，即就其背把它臨摹起來。（曼殊〈致莊湘處士書〉）後來他能連五十尺絹畫一佛像，可見其筆力的雄偉了。曹不興的弟子衛協畫了楞嚴七佛，被稱為中國佛畫之祖。

衛協的弟子顧愷之，最初在金陵瓦官寺壁畫維摩詰像，轟動一時。因此，中國佛寺的壁畫以顧愷之的維摩詰像為嚆矢。一說以漢代洛陽白馬寺壁畫所畫的千乘萬騎繞塔三匝圖為最早。南北朝時寺壁佛畫漸盛，有名寺院多有壁畫，壁畫多出於名手，而顧愷之、陸探微、張僧繇三大家的壁畫尤為著名。

梁武帝崇飾佛寺，又多命張僧繇作畫，於是南朝建業便成為佛畫的中心，而江陵和江都次之。隋朝統一南北以後，在長安大造寺院，這時名畫家展子虔、董伯仁自江南、河北分別到了長安，於是壁畫的風氣就由江淮而趨於京洛了。（鄭午昌〈中國壁畫歷史的研究〉——《東方雜誌．中國美術號》第二十七卷第一號，一九三〇年一月十日）

寺院的壁畫以唐代為最盛，尤其是密宗興起以後，造佛畫佛都有一定的儀軌，壁畫的發展就登峰造極了。現在遺物雖很難看到，但從文獻記錄上是大概可以知道的。唐張彥遠《歷代名畫記》卷三記錄了會昌五年（八四五）以前兩京寺觀的畫壁（壁畫原稱為畫壁）；據他統計，有畫壁的寺院，西都長安寺院四十四所，東都洛陽寺院十二所，合計五十六所。壁畫的畫題有維摩經變、涅槃經變、金剛經變、金光明經變、彌勒下生經變、華嚴經變、十輪經變、日藏月藏經變、業報差別經變、藥師經變、十六觀、西方變、地獄變、分舍利等，乃至菩薩像、高僧像、鳥獸、山水等豐富多彩的內容。

著名的畫工有張僧繇（梁代）、展子虔、鄭法輪、楊契丹（隋代）、張孝師、范長壽、吳道子、盧楞伽、楊庭光、楊仙喬、韓幹、王維、畢宏、張璪等（唐代），其中最為著名的是吳道子。他所畫的地獄變相，筆力奔放，光怪陸離，使人看了毛髮悚然。特別是他畫的景雲寺地獄變，使長安一些屠戶和漁夫看了心生恐怖，常有畏罪而改業的。可知他的壁畫感人之深了。

我國佛教的壁畫，現在除敦煌、麥積山等地的石窟尚能保存一些優秀作品以外，古代寺院的壁畫已大部分隨建築物的毀滅而同歸於盡了，這對於研究古代畫壁的製法發生了極大的困難。印度阿旃陀石窟的畫壁，大都是在高低不平的壁上塗著一層用泥、牛糞、石粉和成的泥漿，泥中雜有碎草和穀糠米，其上再塗以一層薄如椰殼的石灰，然後畫師才在上面施彩作畫。這種畫壁技術自印度經新疆傳至敦煌，而唐代兩京的寺觀畫壁制度，又承襲敦煌而加以發展。敦煌壁畫的地子先以厚約半寸的泥塗平壁內，泥內以剉碎的麥草及麻筋為骨骼。泥上更塗一層薄如卵殼的石灰，彩色即施於乾燥的石灰面上。畫壁的制度在唐人著作中，尚未發現何種記載。

到了宋代李誡著《營造法式》（卷十三）才有說明，它的「泥作制度·畫壁」條說：「造畫壁之制，先以粗泥搭絡畢，候稍乾再用泥横被竹篾一重，以泥蓋平。又候稍乾，釘麻花以泥分披令三，又用泥蓋平，方用中泥細襯。泥上施沙泥。候水脈定收，壓十遍，令泥面光澤。凡和沙泥，每白沙二斤用膠十一斤，麻擣洗擇淨者七兩。」這就是先用粗泥夾竹篾麻筋將壁面遍塗蓋平，次加中泥細塗，最後施以和膠的沙泥，候乾壓平，摩治光潔。然後再在上面作畫。（向達《莫高·榆林二窟雜考》）元明以後，壁畫製作的方法大概多是依照宋《營造法式》的記錄而加以多方變化的。

◎參考資料

宋志磐：《佛祖統紀》卷三十五、四十、四十二。
梁慧皎：《高僧傳》卷五〈僧朗傳〉。北齊魏收：《魏書·釋老志》。
元德輝：《敕修百丈清規》卷八楊億〈百丈古清規序〉。

田邊泰：〈禪宗的寺院建築〉（《佛教考古學講座》第一卷，一九三六年，東京）。

梁思成：《祖國的建築》。

魏楊衒之：《洛陽伽藍記》。

陳明達：〈兩年來山西省新發現的古建築〉（《文物參考資料》，一九五四年第十一期）。

江世榮等：〈江蘇的三處無樑殿〉（《文物參考資料》，一九五五年第十二期）。

盧繩：〈承德外八廟建築〉（《文物參考資料》，一九五六年第十～十一期）。

村田治朗：《中國之佛塔》三十二頁，一九四〇年，東京。

唐義淨譯：《根本說一切有部毗奈耶雜事》卷十八。

葉大莊：《閩中金石記》卷三。

張惠衣：《金陵大報恩寺塔志》。

梁慧皎：《高僧傳》卷九〈佛圖澄傳〉。

中國名學梗概

中國論理學原稱名學。以一切思想法則不外名之分別，故稱為名學。班固《漢書·藝文志》所稱名家，只有鄧析子、尹文子、公孫龍、成公生、惠子、黃毛公七家。此說實非確論。

云何為名？劉熙釋名曰：「名者明也。名實使分明，是則名也者，人治之大者也。人不可別，別之以名字，所以別萬物萬事也。故亦謂之名。」《左傳》曰：「名以制義。」莊子曰：「名者實之賓也。名附於實，而即以見義，六書之例，首重指事象形，形者統乎物者也。」孔子曰：「名不正則言不順。」尹文子曰：「名定則物不競，非無心，由名定。」墨子曰：「以名舉實。」荀子曰：「故聖王之制名，名定而實辨。諸子於名，雖各有定義，然其觀念實各有別。若就一般之定義：所謂名者，所以代表內心之概念，而為言語之發端，判斷之工具也。」

孔子為正名之唱始者，其目的乃在正名字、定名分、寓褒貶，僅為倫理上之辨名。仲尼曰：「名不正則言不順，言不順則事不成，事不成則禮樂不興，禮樂不興則刑罰不中，刑罰不中則民無所措手足。因以是說倡，不行乃作《春秋》。寓褒貶於文字間，文字即名也，作《春秋》即正名也。」故《左傳》云：「仲尼作《春秋》而亂臣賊子懼，蓋懼彼之實行正名也。」

孫卿出於子夏之門，詳制名之術，始作〈正名篇〉，其思想則介於倫理與倫理之間，然而不著辯律。其正名之動機，乃因當時學術界名實是非顛倒不明，慨然有以援之也。周秦諸子，並無名學專家，而談名之資料，不過散見於諸子之著述，東麟西爪而已。孟子與莊子雖稱善辯，然亦未有具體組織以垂後世。

墨子魯人，與孔子同國，稍後於孔子。嘗學儒業，受孔子之術，後以其禮煩擾，糜財貧民，遂背周道而用夏政。故與楊朱同為孟子之所攻擊，然以彼之辯才與博學，故於論理學之法則有所發明，其所作〈經上〉、〈經下〉、〈經說上〉、〈經說下〉、〈大取〉、〈小取〉六篇，後世遂稱為《墨經》。然此六篇，是否為墨子自著，古今學者意見不一。其文古奧，號稱難讀。梁任公先生曰：「墨子之所以教者，曰愛與智。〈天志〉、〈尚同〉、〈兼愛〉諸篇，墨子言之，而弟子述之者，什九皆教愛之言也。〈經〉上下兩篇，出自墨子自著，南北墨者俱誦之，或述所聞，或參己意，以為經說，則教智之言也。」

《墨經》六篇，為文不過六千，為條不過七十九。然凡知識之本質，知識之來源，與及如何為真確，如何為謬誤，其分析實甚精微。惜以文簡義幽，解者殊少，遂致不易發揚光大耳。《墨經》之組織，每條必以一字或數字標題，下說明題字定義。如第一條標為「故」字，接云「所得而成也」。第二條標為「體」字，接云「分於兼也」。餘俱類是。其所標題字，若「故」若「體」，皆名也；所述題字定義如「所得而後成也」、「分於兼也」，皆所以正「故」，「體」之名也。墨子之正名偏於論理方面，與儒家正名分之名不同。茲舉其例，略說明之。

知識之本質

〈經上〉知，材也。

〈經說上〉知：材字舊衍。知也者，所以知也；而不必知若眼。

材者，本能也，與孟子所謂「不能盡其材」同義。謂知識之要素，須有能知之器官眼耳等，是此器官所以恃以知也。然有之未必遂能知，例如眼能見也；然有眼未必即能見也。如心不在焉，視而不見。

〈經上〉 慮，求也。

〈經說上〉 慮也者，以其知有求也。而不必得之，若睨。

慮者，使所以知之官能向一方向發動，以求真理，略當於佛法之思心所。然僅此主觀之條件知識，未必遂得，例如睨而視物，不能斷定其真見也。

知識之來源

〈經上〉 知：聞，說，親。

〈經說上〉 知：傳受之，聞也。方不瘴，說也。身觀焉，親也。

知識之來源有三：一聞知，二說知，三親知。親知為上，說知次之，聞知又次之。

一親知，由五官感驗所得之知識，因明以為現量。

二方不瘴，說也。由推論而得之知識，因明以為比量，瘴即障字。說者，即以已知推及未知也。

三傳受焉，聞也。即由傳聞而得之知識也。因明以為聲量，歷史地理記載之知識屬之。

辯之定義

〈經上〉辯，爭彼也。辯勝，當也。

〈經說上〉辯，或謂之牛，或謂之非牛，是爭彼也。是不俱當，不俱當，必或不當，不若當犬。

辯之界說，在《墨經》最為重要。墨子認論理學為知識之源泉，故甚重視辯術。「爭彼」二字之釋義訓詁，近人有三家之不同。梁任公曰：辯者何？對於所研究之對象，辯論以求其是也。故曰「爭彼」。

胡適云：「爭彼」，當做「爭佊」，引《論語》「子西彼哉」，今《論語》作「彼」，乃佊之語，彼與「詖」通，《說文》：「詖，辯論也。」故「爭佊」即爭駁之意。

章行嚴曰：〈經上〉云「辯，爭彼也」。彼與他同，爭彼也者，爭第三物之當否也。其〈經說上〉曰：「辯，或謂之牛，或謂之非牛，是爭彼也。」謂一物而有是非兩說，即其物而求之，無所得也；即物而求之不已，唯有因物以付物。呼我為牛者，吾應之以牛；呼我為馬者，吾應之以馬；謂之牛則牛，謂之非牛則非牛，此非所論於名學也。名學必明是非，而是非無由自定，因舉他物立於第三位以為準則。謂如彼者方為牛，否則非牛也，故曰「爭彼」。於是牛之定義紛起矣。

有兩人於此，一人曰：「甲，牛也。」一人曰：「甲，非牛也。」於是爭論起焉。此兩說不能俱是，必有一是有一非。例如甲實大也。則謂之非牛者是也，謂之牛者非也。故曰：「辯勝，當也。」❶

〈經說下〉云：「以牛有齒，馬有尾，說牛之非馬也，不可。」又曰：「牛之與馬

❶ 德國黑格爾說，思想都從反對方面得來，例如有人說此是甲，又有人說此是非甲。二人爭論起來，第三者說此不是甲，也不是非甲，此是乙。此乙便是甲與非甲的精華所在，如是演進不已，則思想無窮，是謂分合進化法。

不類，用牛有角，馬無角，是類不同也。」有齒未可也，以牛有齒，馬亦有齒也。有角可也，以牛有角，馬無角也。有齒失其所爭，而有角得之也。然有角為牛，對馬言之則正，天下之獸，不止牛馬；牛有角，他獸如羊鹿亦俱有角。有角仍未得其所爭，而當進以求之也。

辯之功用及其法則

〈小取〉篇云：

「夫辯也者，將以明是非之分，審治亂之紀，明同異之處，察名實之理，處利害，決嫌疑；焉（訓乃）摹略萬物之然，論求群言之比，以名舉實，以辭抒意，以說出故，以類取，以類予。」

辯既有明是非、審治亂等如是之功用，故必知辯之法則。故所引下半段，則論辯之根本法則也。摹略萬物之然，即搜求一切事物之真相。論求群言之比，即比較各現象間相互之關係。既搜求一切事物，又比較其相互之關係。於是更以方法表達之，是謂：

⑴以名舉實——概念
⑵以辭抒意——判斷
⑶以說出故——推理

此演繹法也。又以類取，以類予，即歸納法也。

以名舉實者謂一概念以特別之名號表出之，如桃名所舉之桃，即以名舉實也。

〈經上〉名，實，合，為。

〈經說上〉所以謂，名也。所謂，實也。名實耦，合也。志行，為也。

〈經上〉實，榮也。

〈經說上〉實，其志氣之見也，使人如己。

實為主詞，名為賓詞，合則名實相耦。此如因明之前陳有法（實）與後陳法（名）成一不相離性之宗體，名為合。梁任公曰：實是客觀的對境，名是主觀上之概念。將對境攝取成為概念，概念對境一致吻合，如印印泥，印出的形象，即原型的形象，即謂之名實耦。

志氣為事物之屬性，志為靜的屬性，志止也。氣為動的屬性。如水，冷是其志，流相是其氣。凡指一物，須指其物之全部屬性。全部屬性，即此物異於他物，此即物之「己」，恰如其己，便謂實。

以辭抒意者，即論理學之所謂判斷，所以規定兩概念之連結也。判斷以言語表之，論理學謂之「命題」，墨子謂之「辭」。如云：「人是動物」，則人與動物主賓二概念涵義一致而使之合也。以辭抒意，即以命題之形式表示所連繫之判斷也。

以說出故者，即以二辭或三辭推論其原因與結果也。此乃以既知之判斷為根據，而更推知新判斷之謂也。「以說出故」，即論理學之推理也。故《墨經》開端即釋此「故」。

〈經上〉　故，所得而後成也。

〈經說上〉　故，小故，有之不必然，無之必不然。體也，若有端。大故，有之必然，若見之成見也。

「故」有二種：一曰大故，二曰小故。總原因謂之大故，別原因謂之小故。如吾人見之所以能成見，其所需之「故」甚多。此以佛法之術語釋之，殊為易解。如眼識生起必以自種子為因，復有八緣，即空、明、根、境、作意、分別依、染淨依、根本依八種，見乃得生。此八緣者僅有其一，未必能見，若缺其一，決不能見，故曰「小故有之不必然，無之必不然」。蓋小故分大故之體，其性質若尺之有端也。合八種小故（八緣），則成為大故。具此大故，則見可成，故曰「大故有之必然」。

墨子之歸納法

墨子曰：「推也者，以其不取之同於其所取者，予之也。」

如吾人立一「凡人必死」之宗，人問何由知之？乃謂因見墨子死也，孔子死也，孟子死也。因見往古之人皆死，而現在與將來之人與往古之人同類，故可推知現在將來之人亦必死也。此即歸納之推理。往古觀察之例，即「其所取者」，現在將來謂未觀察之同事物，即「其所不取者」。因其所不取之事物，與所取之事物相同，故可決定以其所不取之同於所取者予之也。此即「此類取，以類予」之義。

〈經上〉 正，因以別道。

〈經說上〉 正，彼舉其然者，以為此其然也，則舉不然者而問之。

此論推理之蔽，莫甚於僅見一方面，而不見其他方面。彼舉其然者，我舉其不然者而問之。此即因明真能破似能立之義。

名學方法論

墨子〈小取篇〉立有七種：一或，二假，三效，四辟，五侔，六援，七推。

（一）**或** 「或也者，不盡也。」〈經上〉：「盡，莫不然也。」或者特稱，盡者全稱。如言：「凡人必死」，則主詞、賓詞兩皆盡也。故曰：「莫不然也。」然事物之性質，亦有非莫不然者，如曰：「墨子人也」，墨子為人類中之一人，是為特稱，則不盡也。

（二）**假** 「假也者，今不然也。」即假設事物之前後條件，而主、賓二概念之關係乃定。謂非目前之事實，先假設其如此，故曰：「今不然也。」如云：「明夜若無雲，則月必明」，則假之義。

（三）**效** 「效也者，為之法也。所效者，所以為之法也。故中效則是也。不中效則非也。」效即法則，推理循其應守之法則而無誤，謂之效。其法則謂之所效。能與推理諸法則相應，則為中效；反之則不中效也。

（四）辟　「辟也者，舉也物而以明之也。」王念孫云：「也與他同，舉他物以明此物謂之譬。」如梁王謂惠子曰：「願先生言事則直言耳，無譬也。」惠子曰：「今有人於此，而不知彈者。曰：彈之狀何若？應曰：彈之狀如彈，則諭乎？」王曰：「未諭也。」於是更應曰：「彈之狀如弓而以竹為弦，則知乎？」王曰：「可知矣。」惠子曰：「夫說者固以其所知諭其所不知而使知之，今王曰無譬，則不可矣。」

（五）侔　「侔也者，比辭而俱行也。」辟，是以他物說明此物，用之於以名舉實及以說出故。侔，是以彼判斷比較此判斷，用之於以辭抒意。〈公孟篇〉公孟子謂子墨子曰：「君子恭己以待，問焉則言，不問焉則止。譬如鐘然，扣則鳴，不扣則不鳴。」子墨子曰：「今未有扣子而子鳴，是子所謂不扣而鳴耶？是子所謂非君子耶？」此之謂「侔」。

（六）援　「援也者，曰：子然，我奚獨不可以然也。」援則援例之意，多用於以說出故。凡物之「然」，必有其所以然者在，知其所以然之道，不惟他人有之而然，而我有之亦莫不然也。

（七）推　「推也者，以其所不取之同於其所取者，予之也。是猶謂他者同也，吾豈謂他者異也。」此則推論之法則。

以上為中國名學梗概，蓋純粹以論理為主旨者，實以墨子為主要人物，今且止此。好學者願更詳之。

本篇參考虞愚之《中國名學》而成。

量之定義

量之研究，印度各派哲學各有大同小異之解釋。正理派之解釋曰：量者，謂得知識之方法或其工具。無論感覺之知識或推理之知識，自感覺與推理所起之最初，至其最後知識確定之作用過程，形式上視為一種固定的、實在的，而以為工具者稱為量。

正理派（Nyaya）將此區別為量、所量、量者、量知；然通常量與量知即量果，並不區別。故量僅含有作用之過程，及作用過程與其結果之所知而已。以此量分為現量、比量、譬喻量、聲量四種。

現量（pratyaksa）乃由根與境之接觸而證知，所謂不得言詮而無謬誤之決定性者，故此即指直接無分別之現量。因此，概念作用之加以間接有分別者，不稱為現量。

所謂由根境接觸，對象要存於眼前；然此現量並不能恆常依舊存在，而必成為有分別之物。若然，則間接之物從何而入？正理派於是乃說聲量、譬喻量。

比量（**anumāna**）乃所謂基於現量，此現量並非直接無分別者，故事實上可稱為間接有分別之現量。正理派所言，即為聲量、譬喻量之理。此比量依古代說法，分為三種：

第一因河水之氾濫，而推知上流之地有雨，自現在及於過去，有前。

第二因蟻之運卵，而推知將雨，自現在而及於未來，有後。

第三因聞鳴聲，而推知其處有孔雀在，由現在及於現在。

註釋者之解釋如：

第一見黑雲之漲而推知降雨，乃自因及果。又見前所見二物中之一，而推知其另一今不見者，例如自烟比量於火。

第二如見河水之氾濫，而推知上流之地曾雨者，乃自果及因。

第三如由人因步行而變其場所，今見太陽變其場所，而推知太陽之有運行，即由果及果。

譬喻量（**upamāna**）者，乃因某物與既知之物類似，而成立其某物者之謂。如使未知水牛之人，告以彼為似牛而使知之。從未知之人而言，因如此之見告而至於知者，此點稱之為譬喻量。在實際上如此見告之後，出於山野見似牛之物，而知此為水牛者，即成譬喻量。

然被告之剎那是現量，而所以知解水牛似牛者，不外聲量；進而實際所見之剎那亦現量。此所確定為水牛者，乃徵於聲量之事實，即間接有分別的現量之完成。故聲量與譬喻量，可認為當於間接有分別之現量。

聲量（śabda）者，乃可信賴之人的教示。所謂可信賴之人，即指親自確知事物的真相之人。由其人之經驗所言詮之言教，依此而得知者，得為聲量，或聖言量，或聖教量。故可以信賴之人，無論聖人、中國人、外國人皆可。其教示之對象，亦有可見的與不可見的，即現量得經驗者，或經驗以外之事物。可見者，相當於中國人、外國人之教示；不可見者，即指聖人之教示。正理派即指韋陀之聖教量。❶

❶《解深密經》第五所說，現見所得相即現量。依止現見所得相，即比量。自類譬喻所得相，即譬喻量。善清淨言教相，即聖教量。

聲量若說由耳而入，不如說是由目而入。其最初自然為現量；然以由耳目入者，如此如此所以解知而存其本質，此即構成觀念之過程與其結果，而未徵事實於經驗上者。故此正可當為間接有分別之現量。

於前四量之外，又有傳承量、義準量、隨生量、無體量四種，正理派並不否定。

一傳承量，由傳說風聞而知者。

二義準量，與法比量同，即就兩種相關聯之法上，由此一種比知決定另一種者。（即換質換位之解釋）

三隨生量，謂從基於不相離性二物中之一，從他或全體而知其部分者。

四無體量，乃指依矛盾而知者。

《因明大疏》卷一：「諸量之中，古說或三：現量、比量及聖教量，亦名正教及至教量。或名聲量，觀可信聲而比義故。或立四量，加譬喻量，如不識野牛，言似家牛，方以喻顯故。或立五量，加義準量，謂若法無我，準知必無常。無常之法，必無我故。或立六量，加無體量，入此室中，見主不在，知所往處；如入鹿母堂，不見苾蒭，知所往處。陳那菩薩廢後四種。隨其所應，攝入現比。故理門論云，彼聲喻等攝在此中。由斯論主，但立二量。」

四記（亦稱四答）

《俱舍論》十九曰：「一，一向記：若作是問，一切有情皆當死否？應一向記一切有情皆定當死。二，分別記：若作是問，一切死者皆當生否？應分別記，有煩惱者，當生，非餘。三，反詰記：若作是問，人為勝劣？應反詰記，為何所方？若言方天，應記人劣；若言方下，應記人勝。四，捨置記：若作是問，五蘊與有情為一為異？應捨置記。有情無實故，一異性不成，如石女兒白黑等性。如何捨置而立記名？以記彼問言：『此不應答故。』」

又《智度論》二十六曰：「佛有四種答：一者定答，二者分別義答，三者反問答，四者置答。」

十四置記（亦稱十四難）

考因明學成立之因緣，則窺基所謂因明論者，源唯佛說，文廣義散，備在眾經。其內因實在佛說之內明知識論及四記、十四置記墮負等論法。十四置記者，即外道之世界及我常、無常等十四難問，佛不為常乃至非無常之四句定記，若為之則背於道理也。

外道十四難句，佛不答之。

「一世界及我為常耶？二世界及我為無常耶？三世界及我為亦有常亦無常耶？四世界及我為非有常非無常耶？五世界及我為有邊耶？六世界及我為無邊耶？七世界及我為亦有邊亦無邊耶？八世界及我為非有邊非無邊耶？九死後有神去耶？十死後無神去耶？十一死後亦有神去亦無神去耶？十二死後亦非有神去亦非無神去耶？十三後世是身是神耶？十四身異神異耶？」

「問曰：若佛為一切智人，何不答此十四難？答曰：無此事實，故不答。諸法有常無此理，諸法斷亦無此理。以是故佛不答。譬如人問搆牛角得幾汁之乳，是為非問，不可答也。」（出《智度論》二、《俱舍論》十九）

六離合釋（亦簡稱六合釋）

印度文法慣用之術語，謂諸法以二義以上為名者，以六種法式分別其名義。所謂構名成句，有時或用構成之句，用之若名。唯一義之名，則不當於此釋。二義之名，為判其歸屬何義，必須用此法式。其釋法：初離釋二義，或三四義，次合釋之為一合成語句。故謂之離合釋，其數有六：

一依主釋（又曰依士釋）：從所依之體而立能依之法之名也。即句之前分為後分所依，而對之有領屬關係者。如眼識為依眼而生之滅，眼為所依之體，識為能依之法。識依眼為主故，名依主釋。又如因明二字之釋法，因之明故，號曰因明。所明者因，能明者教，因之明故，號依主釋❷。又如入正理之因明，正理為所入，因明為能入，亦依主釋也。

二持業釋（又曰同依釋）：體能持用，謂之持業。此義雖二而體則一之名也。句中前分汎用諸名以敘述後分者，如因即是明。又同依者，依二義一體之義，如藏識。藏即為識，識持藏用，藏與識義，同依一法體故。

❷意識依止末那，曰意之識，是依士釋，即所依劣也。所依若勝，名依主。

三帶數釋：句中前分專用數名以　述後分者，此義與持業釋同，唯其前分專用數詞而已。如五蘊、十二處、三十唯識等。

四有財釋（又曰多財釋）：多用他語轉以形容別一名詞者。所謂以他為自，如覺者，為有覺之佛陀，故名覺者。又如唯識論，為有唯識理之論，故立唯識論之名。唯識理為此論之所有，故名有財。

五鄰近釋（又曰不變釋）：句中前分為助動詞等，全句亦用如助動詞者。不變者，其句語無尾聲轉變也。鄰近者，從鄰法之強物而立名也。如云念住，實住定慧，念顯定慧所近之處，用顯住於定慧。念易知故，近定慧故。故為助動詞而不變尾聲。猶云近於香港之大嶼山住，欲人易知，但曰近香港住，是名鄰近釋。

六相違釋（又曰對偶釋）：句中兩名，立於並立之位，前分後分無關屬者。例如教、觀、立、破，教與觀本別，立與破不同，合相違之物而為一名者，故曰相違釋。

然一名非止一釋，而亦有涉及數釋者。例如：論語二字，可作五釋。

一論，聖賢之議論；語，為其議論之語。論即語，持業釋。

二論，聖賢之議論；語，依其論之語非依經之語。論之語依主釋。

三論語，總括聖賢議論之語——有財釋。
四論，聖賢之議論；語，聖賢之教語——相違釋。
五論語，非僅為書中議論之言語，實以議論之語為主，故名論語——鄰近釋。

八囀聲

梵語蘇漫多（Subanta），此云八囀聲，即有八種之語格也。

一體聲，又名汎說聲，此為主格，表能作者，或一事一物之當體，乃汎說物體之語也。
二業聲，又名所說聲，此為賓格或目的格，表所作之所止。
三具聲，此表能作者之具，居於句中之附加主位。
四所為聲，又名所與聲，此表能作者之所對或何所為，居句中之第二賓位。
五所從聲，此表示動作之所從來，乃明他緣。
六所屬聲，屬物之主格，表動作者繫屬所在，乃舉物主以示所屬之格也。
七所依聲，此表示動作之所依對。

八呼聲，此但為指呼物體之格。獨舉其物之名，與餘無涉，故在句中為獨立格。

蘇漫多聲之變化，乃於名詞之語基上附以語尾，由其語尾之變化而來。而附加語尾，僅限於前七囀。第八囀呼聲，非有語尾之變化，僅於語基上加一醯字而已。

茲以問答之體，明八囀聲之關係焉：

例如觀一農作，問曰：「農作者誰？答曰：「農人。」（一囀）工作何事？答曰：「務農。」（二囀）用何務農？答曰：「由耕種力。」（三囀）為何務農？答曰：「為資生活。」（四囀）何能務農？答曰：「從師學來。」（五囀）務農何屬？答曰：「務農中國。」（六囀）將何務農？答曰：「依農具等及於田地。」（七囀）爾何姓名？答曰：「張三。」（八囀）

集成一文：即農人，務農，由耕種力，為資生活，依犂田等，從師傳習，務農中國，各為張三也。於此文中，各名關係及其位次，在梵文皆以各名之尾聲變化，示其區別；察其尾聲區別，知示何種關係，居何位次，謂之囀聲。

思考之形式——判斷、概念、推理

一曰判斷：謂之意識之內容，如由知覺記憶或想像所得之表象，從而分析之或綜合之之謂也。表象者乃將無形象之物而形象化之也。如吾人聞庭中花香，將注意之表象分析之，判明花之為物，與香之為一屬性。同時兼定花之為物，屬性中實有香，而此香實即此花之所有屬性。遂綜合之而生出「花香」之一判斷語。故判斷一語，實兼有分析、綜合之二作用在也。判斷有三級：

（一）**蓋然判斷**：即主概念與賓概念不敢據以為實，而想其或當然者。例如「慧星想亦有軌道」、「星中大概有居民」之類。

（二）**實然判斷**：即能明主賓概念之現實動作及狀態，而實知其然者也。例如「鳥啼」、「花開」、「水流」、「風吹」之類。

（三）**必然判斷**：即主賓概念之關係，不僅現實為然，且能深悉其理由，而知其必不得不然者。例如「凡人皆不能免於死」。吾人知識之發展，恆由此程序漸進：先蓋然而後實然，最後入於必然之門，是則可以發明真理矣。

二曰概念：如吾人於分合事物之屬性後，將若干判斷，分別其屬性之共通者，抽象的而集合為一類。例如院中有若干梅花，一紅而香者，一白而香者，一綠而香者，是為三等判斷。其形色雖各異，而其同為梅花，同其香味；吾人可即其全體就其共通屬性而概括之，是則形成吾人一種梅花之概念也。

簡言之，謂根據幾許判斷，將同種類之事物，抽象的統一其所有共通屬性而成之作用也。

概念成後，即成為吾人意識之內容，而作種種判斷材料：生此樹為梅，梅者香之若干判斷。故概念者，本由判斷而生，又可作其他判斷之資料也。

三曰推理：推理者判斷之判斷也。如根據既知之判斷，推而至於未知之判斷。例如由「凡馬非牛」之一判斷，推至「凡牛非馬」，是為一推理。又或由「凡馬非牛」、「此動物者馬也」之二判斷，推至「故此動物非牛」，是亦一推理也。

命題

命題為倫理學術語。即一有主詞、賓詞及連詞而成之判斷也。

如「聲是無常」，此一命題，聲為主詞，無常為賓詞，是，連詞也。

定義

定義者，即劃定事物概念之內包，而使其意義明確之謂也。如佛教之定義：佛教者，佛陀一代之遺教也。

前提

前提者，謂論理學上三段論法三個命題之次序，先提出者曰前提。如吾人欲成立馬為有機體，而藉動物之一概念以為媒介，論定「馬」與「有機體」之概念之關係者。例如吾人既知「凡馬者動物也」，更知「凡動物者有機體也」。依此二命題，而推知「故凡馬者有機體也」，是為間接推理。如是推理，其與件（即既知之判斷，因明之同喻）稱為前提。

三命題中所用之名詞，只限三個，蓋少則無從聯絡，多亦失其媒助。如凡馬者動物也，凡動物者生物也。此二前提中，馬為小名詞，動物為中名詞，生物則大名詞也。

大前提

比較大名詞與中名詞之關係，而位置於前提者，曰大前提。

例如：凡動物者生物也。

小前提

比較小名詞與中名詞之關係，而位置於前提者，曰小前提。

例如：凡馬者動物也。

斷案（結論）

由二前提而推出之新判斷，稱為斷案，或曰結論。

例如：故凡馬者，生物也。

具體名詞

代表事物實體之名詞，例如山河日月、花鳥風雲等，有實事物可指者，謂之具體名詞。相當於因明之所謂有體法。

抽象名詞

由某事物，抽出其所含有之屬性而表示之之義。例如慈悲喜捨、苦樂瞋慧等，無實體可指而有義者，謂之抽象名詞。相當於因明之所謂無體法。

喻體（即邏輯之命題）

喻體者，從因向宗所發見之必然關係也。例如「凡所作者皆是無常」。

喻依（即實例之事物，具有歸依之意）

喻依者，能為從因向宗所發現的必然關係之所依也。如「譬如瓶等」。古因明有五段命題，故第三段喻中無分喻體、喻依之必要。反之，若分喻體、喻依，則於第三段命題而外，不須別有合結二段矣。辨此喻體、喻依者，實始於陳那。

間接推理

間接推理有三，即演繹推理、歸納推理、比論推理是也。

一、演繹推理：以普遍之真理置諸前提，而以特殊之真理為判案。謂從一般原理以推特殊之原理，亦即由一般原理以說明個個事實之謂也。例如「凡人皆不免於死」，據此原理，推至「孔子亦人也」、「故孔子不免於死」之一斷案。名為演繹推理。

演繹法大率由三個命題所構成，舉既知之與件二命題為前提，由此推出新命題為斷案。是等三命題之連結，論理學稱為推測式。例如：

凡動物者生物也（大前提）

凡馬者動物也（小前提）

以此二命題為前提，推出下文之新斷案曰：

故凡馬者生物也（斷案）

二、歸納推理：謂置若干特殊事實為前提，而以普遍原理為斷案。即據特殊之事實，而推知普遍之原理也。例如：

甲者死
乙者死
丙者死
丁者死
而甲乙丙丁者人也
故凡人者死

大前提所舉甲乙丙丁若干事例，具有「人」之屬性者，任吾人耳目所及，縱不能網羅殆遍；而凡宇宙間屬於「人」性之同性事物，均得依此推斷其必有同樣關係。此雖近於不完全之歸納推理，然唯其不完全故，是以為真正之歸納法。蓋歸納推理之命題，無一定限制，所舉之事實愈多，則其推論亦愈確。名詞之多寡，亦因命題多寡之數為增減。但其主賓詞，彼此非互有同種類、同因果之關係者不可也。

按歸納推理，所由能確見其所以然，因而推知當然者，有二原則在，使人之知識不入於模稜之域也。

（一）**自然齊一律**：依同樣之事情，吾人可信其生同樣之現象；據同樣之現象，吾人可逆料其為同一原因。此乃由人類於自然界中，積日常之種種經驗，毫不更易所得之信念也。

（二）**因果律**：凡有一現象，必有一原因在前。凡有同樣之原因，必生同樣之結果於後。二者之關係成為不移之法，故名因果律。

歸納推理，若僅恃有自然齊一律，尚未為完全。必因果律與自然齊一律並行，乃愈明確而無遺憾。蓋自然齊一律者，蓋然也。因果律者，必然也。歸納法之究竟目的，乃欲由結果推原因，或由原因推結果，期在必然而不僅期其蓋然。故此二原則，實究歸納推理者之圭臬也。

三、比論推理：亦名類似推理。謂取特殊之事實為前提，比附其他特殊之事實而成斷案。即因此一種特殊之事實，具有若干屬性，而在其他同類之事物亦備有之。吾人於此可以認知二物必有類似之點，故名比論。例如：

德國曾欲獨霸世界而用兵故失敗
日本今亦欲獨霸世界而用兵
故日本亦當失敗

此例乃從既知類似之點，比較論及未知之點，故所生之斷案，難免為蓋然程度而不確實。然古今科學上之新發現與新發明，實多基於此種之推論也。

演繹法與歸納法之關係

演繹法與歸納法之推理，形式上之根據既殊，自表面觀之，似甚衝突；然在真理之討究上，實有相須相因而不可或缺者。蓋演繹推理，其所假定之原理或證據，若對之起疑問時，非證明不可。而證明之法，即歸納推理也。

又歸納推理，本欲集許多事實或經驗，以求統一之原理。若對此事實或經驗翻欲說明時，又非假定一普遍原理，依演繹之方法行之不可。譬如：

空氣因熱而膨脹

水因熱而膨脹

金銀銅鐵等亦因熱而膨脹

是個個特殊事實或經驗也。觀察此等許多事實經驗，因之成立凡物體因熱而膨脹。此一原理，是即歸納推理。然吾人之知識，僅由觀察事實或經驗，以集成一般原理，必且以為未足。非更依據方法，以說明個個事實經驗，不足堅自己之信念。其法即先承認「凡物體因熱而膨脹」之一原理，應用至「某物者物體也，故某物亦因熱而膨脹」為確實之說明，是即演繹推理。如是兩兩之相助，實不相衝突也。

周延

凡一判斷中之主賓概念，如包舉全體而無少遺漏時，該主詞、賓詞謂之周延。例如「凡馬者動物也」，主詞舉一切之馬，無少遺漏，故周延。周延者，周涉其外延全體之謂也。

若所舉事物之範圍，僅能表其一部分，是謂不周延。例如：

某植物開花

主詞僅及植物中之小部分，故不周延。

更即賓詞言之，如第一判斷：馬者，包容於動物之中，而不能占動物全體之範圍；故動物一賓詞，僅現其外延之一部分，非舉全體可比，是謂不周延。然如：

凡人非植物

此判斷為否定判斷。人在植物全體之外，人自為人，植物自為植物。因之該植物之一賓詞，實包括全部而為周延者。

茲定其原則四條如左：

判斷	主詞	賓詞
全稱肯定	周延	不周延
全稱否定	周延	周延
特稱肯定	不周延	不周延
特稱否定	不周延	周延

竊取論點

因欲證明斷案之故，將未經證明之論據，預先假定於前提中，以企斷案成立之謂。例如：

社會者有機體也　又　上帝者能創造萬物也

凡有機體為有機之發達　　凡能創造萬物者為全能
故社會為有機之發達　　例　　故上帝為全能

此一推理，社會是否為有機體，尚未得確實證據；則社會之為有機之發達與否，自未可斷言。此即陷於不當假定之竊取論點也。

元素

元素（英文element），化學名詞，亦稱原質。為最純之物質，任何用法，不能分為二種以上之異性物質也。現已考得者，約八十餘種元素，可分為兩大類：一曰金屬，一曰非金屬。非金屬者無金屬之性質，為硫黃、養氣（酸素）、淡氣（窒素）、輕氣（水素）等。金屬者，有金屬之性質。其中又分為輕金屬（如鉀、鈉、鈣、鎴等），重金屬（如金、銀、銅、鐵、錫）兩大部。

原子

物質至細之部分，即原質之最小顆粒，不能再分割，亦不能獨自成立，僅與其他原子連合而成分子也。

分子

物體最細之微粒曰分子。凡物皆由分子構成，又可依化學分解法，分為原子。

引力

引力亦名攝力，為力學名詞。即萬物互相攝引之力。宇宙間之物體，無不有互相攝引之力。物體大者，攝力亦大；物體小者，攝力亦小。通常物體之攝力，皆甚微小，為他力所妨礙，故不顯。唯地心攝力最為顯著，地球上之物體，常向地球落下者，即因物體與地球有互相攝引之力也。

又如各行星環繞太陽，皆互有攝引力，故不能個個絕跡飛行；又互有反撥力，故不至互相衝突。此兩力發生作用，離不得合不得，乃不得不公共旋轉也。

錯覺

心理學上之名同，與事實不符合之知覺也。視聽觸各種感覺均有之。如聞耳畔蟲聲，疑為雷響，視不相連之二線，誤為相連，皆是。

因明專論篇

因明入正理論淺疏自序

予於因明未嘗作深刻之研究。嘗聞治唯識學者於其論理之推究
每感不易通澈，蓋由不善因明論法與數式。因明理繁文約，法則森
嚴，非好學深思之士鮮有過問，故論道東傳千有餘載，未能發揚光
大。近日邇於式微，此治佛學者所同慨也。若因明成立之因緣，世所
知者，為印度正理派足目所創，始其論式為各派哲學所引用。然竊
甚大疑，則云：深唯佛說，備在眾經，「西[illegible]各有一說。蓋因明之用，乃以
考定是非，辨別邪正，為立宗護教之工具，實印度古代環境之產物。
以當時學派繁盛，不免入主出奴之見，有所軒輊。於是辯論之術，乃
興。然眾生多執，各自為是。大智如佛，猶世間解尚有十四置記之說。
其他凡愚，無論矣。故若不折中於正理者，固非因明所能為力也。因
明在佛教教義中，雖無直接之關係，然於教義研究之方法，則甚為
重要。蓋佛陀說法，所謂「如法實相知解，知已亦為眾生如實而說。」初
無若何之辯證法，然無意中實含有不易之規則。故其遺教之思想，
體系乃所以被稱為契理契機是也。我佛滅後，外道寖盛，世親、陳那
之輩，廣代才人，以因明論法，作護教長城，紬繹整理，遂成為有系統
之佛理學。故因明組織，乃隨佛學之發達而益恢弘，所謂附庸蔚為
大國者也。故治佛學者，於因明乃必要之知識，尤以治唯識學者尤
重視。蓋不通因明論式之應用，欲知唯識系統之學，殆不免墮入於
五里霧中。自奘公譯成因明，發微顯伏，無不窮盡。一時才智，爭仰彌
深。窺基之疏尚矣。然自元代兵燹，大疏遂亡。幸流傳異域，獨得保全，
迫為今日禮失求野之地，非學術界之幸事歟？前此唐疏既失，此學
遂不易索解人。雖有注釋者，皆未能窮其源，此文獻之不足，非諸賢

▌作者因明著作手稿之一。

因明入正理論淺疏

慧雲編述

敬禮善說因明者　令佛論法不絕世
千年此學傳東西　演繹歸納非所比
我今攝略諸師說　欲令隨文同了義
若有謬誤我所釋　唯願智者垂教之

緒論

一　科學之科學

人類思想之發達，乃因思考之進步，思考乃所以成就知識。故吾人思想之歷程，實不外概念判斷推理三作用之發展演進。關於研究知識之問題，在哲學上名為認識論。如吾人見水而知其為水，乃認識知覺之作用；然進而知其為流動為冷熱之諸種屬性，及比諸屬性與他物屬性之相異處，則思考之作用也。

所謂科學，乃依嚴密之實驗，於一類之事物以一種規律組織之為正確知識，而悉統合於一定法則之下者也。然科學有論究自然之法則與研究當然之法則焉：論究自然法則者，如物理學博物學心理學諸類是也。研究當然之法則者，如倫理學教育學論理學諸類是也。蓋論理學為研究思想之當然法則，如吾人憑已知之經驗以推測未知之事物，而求其合當然法則者，實有賴於論理學之功。所謂科學方法，實不外由思考力以組織成統一之知識；而論理學即為闡明一切思考力所當遵由之普遍法則之學。無論何等科學，不能違論理學所論定之當然法則而有所立足。故近世學者乃視論理學為科學之科

作者因明著作手稿之二。

自序

因明入正理論淺疏

余於因明未嘗作深刻之研究。嘗聞治唯識學者於其論理之推究，每感不易通澈，蓋由不善因明論書法所致。夫因明理繁文約，法則森嚴，非好學深思之士鮮有過問，故論道東傳千有餘載，未能發揚光大，反日趨於式微，此治佛學者所同慨也。

考因明成立之因緣，世所知者，為印度正理派足目所創始，其論式為各派哲學所引用。然窺基大師則云：「源唯佛說，備在眾經」，當亦自有一說。蓋因明之用，乃以考定是非，辨別邪正，為立宗護教之工具，實印度古代環境之產物。以當時學派繁盛，不免入主出奴之見，有所軒輕，於是辯論之術乃興。然眾生多執，各自為是。大智如佛，稱世間解，尚有十四置記之說，其他凡愚無論矣。故若不折中於正理者，固非因明所能為力也。因明在佛教教義中，雖無直接之關係，然於教義研究之方法，則甚為重要。蓋佛陀說法，所謂「如法實相知解，知已亦為眾生如實而說」。初無若何之辯證法，然無意中實含有不易之規則，故其遺教之思想體系，乃所以被稱為契理契機是也。

我佛滅後，外道寖盛，世親、陳那之輩，曠代才人，以因明論法，作護教長城，紬繹整理，遂成為有系統之佛教論理學。故因明組織，乃隨佛學之發達而益恢弘，所謂附庸蔚為大國者也。故治佛學者，於因明乃必要之知識，尤以治唯識學為尤重視。蓋不通因明論式之應用，欲知唯識系統之學，殆不免墜入於五里霧中。自奘公譯成「因明」，發微顯伏，無不窮盡。一時才智，鑽仰彌深，窺基之疏尚矣。

然自元代兵燹，大疏遂亡。幸流傳異域，獨得保全。預為今日禮失求野之地，非學術界之幸事歟？前此唐疏既失，此學遂不易索解人。雖有注釋者，皆未能窮其源，此文獻之不足，非諸賢之過也。不慧比年悠悠行腳，學殖荒廢，於時賢因明之論述，亦罕寓目。今以避寇因緣，遯跡海濱山中坐夏，看雲望月，禪悅彌深。諸同道頗有致意於因明者，索解於余。嗟此絕學，墜緒茫茫，乃取大疏及多種著述，比較參讀，盡月餘之力，成此《淺疏》一書。

為便初學，依舊有分科子目，於疏前別置緒論十段，略述古今因明之梗概。正文解釋，仍以大疏為經，以諸家著述為緯，錯綜組織，分別去取，條析而貫通之。求其淺達，晦者明之，明者略之，為講解行文之便，於諸家著作或全段引述，或斷章取義，此不能不表示感謝者也。夫以基師之賢，竭其精力，著成大疏，實已精博並兼，後此作者，豈能有所增益?!如余淺學，寧容置喙。今茲所釋，知不免蛇足之嫌，亦以欲利初學，忘其譾陋云爾。嗟我明達，幸匡正之。

民國二十七年七月二十三日龍溪沙門

慧雲記於大嶼山寶蓮寺

緒論

敬禮善說因明者　令佛論法不絕世
千年此學傳東西　演繹歸納非所比
我今撮略諸師說　欲令隨文同了義
若有謬誤我所釋　唯願智者垂教之

一、科學之科學

人類思想之發達，乃因思考之進步，思考乃所以成就知識。故吾人思想之歷程，實不外概念、判斷、推理三作用之演進。關於研究知識之問題，在哲學上為認識論之任務。如吾人見水而知其為水，乃認識知覺之作用；然進而知其為流動、為冷熱之諸種屬性，及此諸屬性與他物屬性之相異處，則思考之作用也。

所謂科學，乃依嚴密之實驗，於一類之事物以一種規律組織之為正確知識，而悉統合於一定法則之下者也。然科學有論究自然之法則與研究當然之法則焉：論究自然法則者，如物理學、博物學、心理學諸類是也。研究當然之法則者，如倫理學、教育學、論理學諸類是也。蓋論理學為研究思想之當然法則，如吾人憑已知之經驗以推測未知之事物，而求其合當然法則者，實有賴於理論學之功。

所謂科學方法，實不外由思考力以組織成統一之知識；而論理學即為闡明一切思考力所當遵由之普遍法則之學。無論何等科學，不能違論理學所論定之當然法則而有所立足。故近世學者乃視論理學為「科學之科學」，其在學術上之重要，固不待言。若因明之在佛學，則有「論中之論」之稱，其重要性亦復如是。故治佛陀論學者，無不以精通因明為先決條件也。

二、西洋論理學與因明學

古代希臘民族，賦性聰慧，俗以博學多知為榮譽。其人遂藉互相辯論以求智力之發展。故涉訟公庭者，必親赴裁判官前自為論說以爭勝負，而不能委託他人辯護者也。其社會狀態如此，於是有詭辯學派[1]者出，專以修辭辯術教導其人，而不以求真理為目的。

賢者蘇格拉底（公元前四六九～三九九年）起而唱根據道德說以維持之。其門人柏拉圖（公元前四二九～三四七年）更即而擴充之，謂不獨道德為然，即知力亦宜有普遍之標準。亞里斯多德（公元前三八四～三二二年）為柏拉圖氏之門人，始著《論理學》一書，其中心學說即所謂三段論法。後其門人益加考究，更施精密之分類，以求適教於人，論理學之名乃大著，故西洋學者遂稱亞里斯多德為論理學之始祖。

印度因明之三支作法與亞氏之三段論法近似，彼此有如何之關係，為歷史家之一大疑問，經古來中西學者之考究，至今尚未得直接歷史之證據也。

論理學亦稱邏輯，乃英語（Logic）之音譯，即言語與思想之學。謂言語中含思想道理，用其思想探求真理，而得一定法則之學也。吾國昔稱名學，即邏輯也。論理學自亞氏首唱以後，降及近代，經無數學者之發揚光大，已龐然成其極大之體系，非數

❶ 詭辯學派：起於西元前五世紀，古希臘學派之一。

言所能盡也。治學，貴在觸類旁通，故於論理學如有造詣，則與因明比較研究，自易融會。

三、印度五明與因明學之傳承

古代梵土總括一切世間學術，分為五類，稱曰五明。五明者：一曰聲明，即音聲訓詁、文法修辭，所謂語言文字學是也。文字根於語言，語言本乎聲韻，故以明語言文字之學曰聲明。二曰工巧明，即一切天文、曆算、卜相、技術製造等是也。三曰醫方明，即藥石、針艾，乃至禁咒、閑邪等是也。四曰因明，即考定邪正，分別真偽之方法，所謂論理學是也。五曰內明，即以各人所信仰之宗教教義經典等為其內明。

當時印度學者，共分為六大派，今日所謂印度六派哲學是也。曰聲論派（彌曼蹉，Mīmāṃsā），曰吠陀派（吠檀多，Vedānta），曰正理派（尼耶野，Nyāya），曰勝論派（衛世師迦，Vaiśeṣika），曰數論派（僧佉，Sāṃkhya），曰瑜伽派（瑜伽，Yoga）。因明之學，即正理一派之所唱導，故正理派又名論理派。其創始者，《因明大疏》稱為足目（梵語雅苦沙巴達，Akṣapāda），時在劫初，足目蓋尼耶野學派之開祖也。

佛陀在世，以因明能摧破邪論，安立正道，故亦甚為重視，嘗云菩薩求法當於五明處求。其一代遺教，實以嚴密之因明法組成者。佛陀滅後，龍樹、無著、世親等相繼弘之；至大域龍論師出（梵語具云摩訶陳那伽，Maha Dinaga，簡稱陳那），奮其雄大之力，著書四十餘部，將古來因明論法，改訂一新，遂成為新因明學之開祖，《因明正理門論》即其傑作之一。至陳那弟子商羯羅主（Śaṅkara譯曰天主），大弘厥宗，改良整理，復著《因明入正理論》，斯學組織，益臻完善。故陳那以前之因明，曰古因明。以後歷次改良，又經天主增補者曰新因明。

唐時玄奘法師，入印留學，就彼土眾稱戒賢勝軍諸師，學習因明，盡傳其學；歸國後即譯陳那之《因明正理門論》及天主之《因明入正理論》二書，新因明之學，遂傳東土。窺基法師得奘公之傳授，復著《因明入正理論疏》八卷，闡發精義，極其淹博，世稱《因明大疏》是也。窺師以後，雖亦有若干著書，然皆屬註釋而已，未能有所發明也。

四、三段論法與三支作法

西洋形式論理學之三段論法與新因明之三支作法，皆以三個命題而成。其不同者，方式排列之次序，恰成顛倒耳。因明之宗，即論理學之斷案，喻即其大前提，唯彼此異位；其未變易者，唯因與小前提耳。形式論理學三段論式中，小前提介於大前提與斷案之間，承上接下，關係至大。而因明之因，亦適介於宗與喻之間，其重要性，實無稍異。故因明之因之為小前提，固未嘗遷位而變其關係也。茲舉二式對照之：

三段論法
- 凡炭素物皆可燃——大前提（喻）
- 金剛石是炭素物——小前提（因）
- 故金剛石可燃——斷案（宗）

三支作法
- 金剛石可燃　　宗（斷案）
- 炭素物故　　因（小前提）
- 若炭素物見彼可燃（喻體），譬如薪油等（喻依）　　喻（大前提）

三段論法乃演繹斷案，為思考之法則，而三支作法則證明斷案，為談論之規則。在因明之喻依已具歸納之意，其喻體又似三段論法之大前提，實已連貫演繹歸納而為一。

三段論法之演繹推理，其斷案類皆從大前提之全稱命題而來。然此大前提之全稱命題，又從何處得來，實不能無疑問。如第一推理，金剛石居炭素物中之一部分；若據大前提云云，既知凡炭素物者皆可燃，不必更研究及金剛石。若金剛石之究竟為炭素物與否，尚在未知；則凡炭素物皆可燃，更何所據而判定？蓋論理性質，本由既知推未知。今大前提之範圍如尚未定，則何者屬諸其內，何者在外，尚且不能得其究竟，更無從演繹。

如前例所引之金剛石，既不能謂為非炭素物，即當定為既知。已知者復從而研論之，在因明上有便立已成之過。故演繹推理之性質，殆就已知之一般原理確實證明耳。實為既知之分析，而非由既知以推未知也。又大前提之設置，乃在引據一般原理；小前提之設置，在確定各個事物，二者相須為用，缺一不可。若小前提所論之事物，如金剛石尚未經明晰，則其果為炭素物與可燃與否，俱未定，而包含於大前提之中，遽判之曰，凡炭素物皆可燃，則又有竊取論點之弊矣。

三支作法之宗，如前陳之聲，與後陳之無常，其關係雖在於遍是宗法之因，此因之所據以定正當與否者，則視其喻。聲是無常之宗，雖在敵者未經承認之際，使所作性之因，已有同品如瓶等者，具宗上後陳之義；則聲之無常，已在比較可能之列。更得因之異品如虛空等者，與宗之後陳，居於反對之地位，以證明非無常者不具所作性，即可反證具所作性者之必是無常。此乃根據少數之經驗者，以例推多數之未經驗者。實為推已知以成未知，亦容廣驗未知以發新知也。

復次，因明學嚴其立破真似之法，專重在「為令他知」之方法。其實用自不同邏輯之用其格式以自求知識，而在建設言論，立真破似，曉悟他人。故因明除具論理學之形式外，實兼具有辯論學之意味。

五、五分作法最初之記載（參照《印度哲學史》）

古因明之顯著者，乃五分作法及九句因。五分作法為正理派研究之中心，五分是以宗、因、喻、合、結五個作法為組織論式之命題。然五分作法初見於文獻者，乃馬鳴菩薩之《大莊嚴經論》❷卷一：「如僧佉經說有五分論義得盡，第一言誓，第二因，第三喻，第四等同，第五決定云云。」與《遮羅迦本集》（*Caraka Samhita*）之：神我是常住。非所作性故。譬如虛空。如非所作性之虛空；神我亦如此，故為常住。

馬鳴菩薩之年代，大體與迦膩色迦王為同時代之人。

僧佉，即數論派名之音譯。《僧佉經》可認為經，或認為數論說俱無不可。言誓，即宗；等同，即合；決定即結之異譯。五分論義，即五分作法。

又《遮羅迦本集》，乃遮羅迦的迦濕彌羅之內科醫，為迦膩色迦王之侍醫，即增補自古已有之《亞俱尼婆舍本集》（*Agnivesa Samhita*）之書。從《遮羅迦本集》看來，其中論義道，以四十四題說論理學，並說五分作法。原來此書乃屬醫書，以此等乃寓於醫師之心得而著述者。四十四題之第二至第七，即勝論派之六句義。《遮羅迦本集》之五分作法，第三喻單舉喻依（即實例），尚未說明喻體（即命題），若言詮

❷《大莊嚴經論》：十五卷，馬鳴菩薩造，後秦三藏鳩摩羅什譯。

喻體，即成為演繹之論證。

依宇井伯壽博士之研究《方便心論》一書，通常雖稱龍樹之作，然實際乃龍樹以前小乘佛教徒中某學者之所著。此明為採用當時其他之所說，而以特別組織整理之者。內容雖與《本集》有共通之點，然可推定為論理家第一種系統之說也。

六、《方便心論》之因明法

《方便心論》之內容，共分四品。第一〈明造論品〉，第二〈明負處品〉，第三〈辯正論品〉，第四〈相應品〉。

第一品，說明譬喻、隨所執、語善、言失、知因、應時語、似因非因、隨語難八種之論法，示其論理說之大綱。

第二品，說十七種之負處。此乃附隨八種論法，故為互相補充之性質。蓋知八種論法，未必常得正格；故消極方面舉出可以成為負處之條件情形而誡之。

第三品，正示論證形式之意趣，但因譯文之難讀，不能示其正論為何物。然其為五分作法，則完全可以推定也。

第四品，舉出反對者反立量之誤者二十種，而稱之為相應。即通常稱為誤難或似能破是也。

此等之中，八種論法為根本。其中似因非因，最視為重要。若用之，主張者於論爭必陷於負處，故第二品即述負處。為不陷其負處，可成為正論，故第三品說明正論。此正論乃使反對者之反主張成為誤難，故第四品乃述相應。而此乃八種論法之隨語難之詳述。故八種論法全體結合，因此能將前遮羅迦所述四十四題一切包括而組織之。此《方便心論》不但成為正理派學說之資料，而且為印度論理學歷史上重要之著作。

【論式構造法】

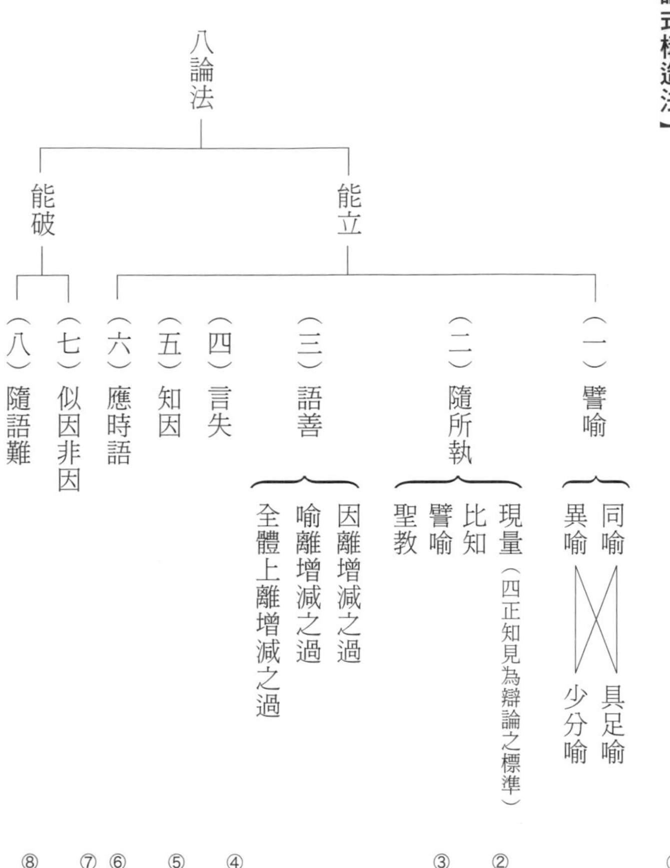

①《方便心論》：若就喻者凡聖同解，然後可說。如言是心動發，猶如迅風。一切凡夫，知風動故，便得決了心為輕躁。若不知者，不得為喻。

②隨其所執，廣引因緣；立義堅固，名為執相。

③語善者，語順於義。

A.因，妄說非理為增，缺因說明為減。

B.喻上亦然。言語乖違，或減或增，未能使聞者速悟。即全體上之過。離此三過，名為語善。

④言乖於理，不離三過，與語善反。

⑤能知生了二因。前三四指言語，此指思想。

⑥善通達言語次第。

⑦以不合四正知見者為因，名似因非因。

⑧立者如有似因，隨其言語，便招過難。

七、正理派之五分作法

尼耶野者，乃依諸量而研究事物之意義，亦有譯其意為推論者，則論理派得名之所以也。其研究中心之五分作法可得而言者，大率如此：

一、五分中之宗，乃言詮可為論證之事，此名為所立（所成立）。以三段論法言之，即當於「斷案」。其主部稱為「有法」，賓部稱為「法」。法乃性質之謂，有法乃有性質之物之謂。實例言之：聲是無常。然在梵文讀為「阿尼提也哈，邪孛達哈」（Anityah Sabdah），直譯之為「無常聲」，主賓兩部在國文順序顛倒，且無繫辭。蓋梵語有語尾變化，而不須另外繫辭也。

次所謂因，其性質乃與喻成為共通，使成立所立之法而言詮者。故因習慣上必省去主部，僅出賓部作理由之言詮。實例上如「生法性故」。省去此主部者，不外因為將宗之主部直即複述。在「生法性」與喻共通之性質上，使成立所立宗的無常之法。因可謂恰當於小前提。

次所謂喻，乃與因共稱能立，與所立同其性質，為言詮有所立之法之實例的事物。故譬如瓶。然瓶乃實例中任意取其一物，於「生法性」之義與聲同，又於有「無常性」之點亦同。如此瓶以生法性是無常；故以此為基，聲之生法性，無論何人皆所承認，同樣不得不是無常。

故此所明，基於共通所見比論之論證，稱與如此所立同性質之喻為同喻。反之，以和所立矛盾之性質者為實例，從矛盾方面而論證之，亦屬併用。譬如言詮「如我」，於「我」上無無常性，因而生法性亦無。故成為生法性之聲不得常住之論證，稱此喻為異喻。喻可謂當於大前提。然此派自古不以此命題為言詮，僅舉實例而已；故論理學上之解釋並不嚴正。

次合，乃基於喻如此或不如此，將所立與因結合，又言詮引離，故結果乃因之複述。

結，乃示因而再說宗，故此結果亦為宗之複述。

以上之說，若舉例明之如左：

宗：聲是無常。

因：生法性故。非不生法性故。

喻：譬如瓶等。譬如我。

合：如瓶等，聲亦如此。如我，聲不如此。

結：生法性故，聲是無常。非不生法性故，聲是無常。

又古師五分作法之例：

宗：聲是無常。

因：所作性故。

喻：譬如瓶等。

合：瓶有所作性，瓶是無常。聲有所作性，聲亦無常。

結：是故得知聲是無常。

五分作法是比論法而非演繹法，故配當於三段論法，並不正確，但資瞭解之便宜耳。以非演繹法故，必然之確實性不可得。

八、因明之論證

因明之學，雖創始於足目，應用於正理派；然經古來佛徒之整理弘傳，至今稱之為佛教論理學，實非掠美，故世人視因明為佛學之一科，殆已成常識矣。

印度之論理學，一切以論證為主，決不僅推理而已。論證之根本，當然為推理之所存，又無此則其成立殆不可能。但以所有推理應用於論證，即論證之研究也。

論證之發達並論證方法之發現，最有重要之關係者，最初乃行於彌曼蹉派（聲論）與衛世師派（勝論）之間之聲常無常論之論爭。實際之論爭猶未成為形式，不過舉出事例主張反駁而已。然若將兩派之論述各在形式上觀察之：則第一段乃立其主張，第二段舉其理由之根據，更述其種種之事例。第一段通常稱為宗，第二段為因，而在述其種種關係之中，得到實例之喻亦所散見。故在此實際上論爭之間，可謂宗因喻業已存在。後將此形式上整理之際，自然必要上加上合結，而成為五分作法之論證形式與論證方法矣。

譬如知太陽變其場所，因此於人變其場所之事為「共通所見」。人之變其場所若基於步行，則成為太陽亦有步行（即運行）之論證。蓋論證云者，即據既知之正確判斷，證明其他判斷之正確與否之謂也。

若就形式詮之，如左：

太陽是運行者，

以變場所故。

譬如人，如變場所之人。

太陽亦如此，

故太陽是運行者。

即稱此宗、因、喻、合、結五段之形式為五分作法。

九、九句因

九句即九種。因有九句之意，謂因於宗同品及宗異品，以關係之有無，而判其正否，有九種之別也。蓋因原為成宗，故必於宗之同品有關係，於宗異品無關係，始能確定其為正因。否則諸過必生，不能成宗矣。

何謂同品異品？如立「聲是無常」宗，聲為主詞有法，無常為賓詞之法，無常者乃表示聲之性質，故除聲之外，凡物之具有此無常性質者，名為同品。反之，物之常住，而不具此無常之性質者，則名為異品。然真正之因，於同品必須全具有因之性質，或一分有一分非有，而異品則絕對不可有因之性質也。茲舉例一一述之。

◎九句因

（一）同品有，異品有。　共不定

（二）同品有，異品非有。　正因

（三）同品有，異品有非有。　不定（同全異分）

（四）同品非有，異品有。　相違（法自相相違）

（五）同品非有，異品非有。　不共不定

（六）同品非有，異品有非有。　相違（法自相相違）

（七）同品有非有，異品有。　不定（同分異全）

（八）同品有非有，異品非有。　正因

（九）同品有非有，異品有非有。　不定（俱品一分轉）

【九句因舉例】

因之判定	宗	因	宗同	因同	同喻依	宗異	因異	異喻依
共不定（第一句）	聲是常住	所量性故	常住者	所量性	虛空	無常	非所量性	瓶等
正因（第二句）	聲是無常	所作性故	無常者	所作性	瓶等	常住	非所作	虛空
不定（第三句）	聲是勤勇所發性	無常性故	勤勇所發性	無常性	瓶等	非勤勇所發	無常常	電空
相違（第四句）	聲是常住	所作性故	常住	非所作性	虛空	無常	所作性	瓶
不共不定（第五句）	聲是常住	所聞性故	常住	所聞性	虛空	無常	非所聞性	瓶
相違（第六句）	聲是常住	勤勇所發性	常住	勤勇所發	虛空	無常	非勤勇發	電瓶
不定（第七句）	聲非勤勇所發性	無常性故	非勤勇所發	無常性	電空	勤勇所發	常住	瓶
正因（第八句）	聲是無常	勤勇所發性	無常者	勤勇發	電瓶	常住	非勤勇發	空
不定（第九句）	聲是常住	無質礙故	常住者	無質礙	虛空極微	無常	有質礙	瓶樂

《大疏》：「理門論示九宗云：『常無常勤勇，恆住堅牢性，非勤遷不變，由所量等九。』恆住堅牢性及不變，此四皆常義，遷是無常。此四句中，上之三句，顯示九宗，下之一句，結由九因而成九類。」

「其九因者，理門論云：『所量作無常，作性聞勇發，無常勇無觸，依常性等九。』言無觸者，無質礙義。上之三句顯示九因，下之一句，結由九宗而成九類。以此上三句，成前上三句，一一句中，皆有三種，次第配之，即成九也。」

第一，同品有，異品有。同異二品，皆共此因，曰共不定過。如聲論對佛徒立「聲是常住」宗，所量性故為因，同空異瓶為喻。

宗：聲是常住。

因：所量性故。

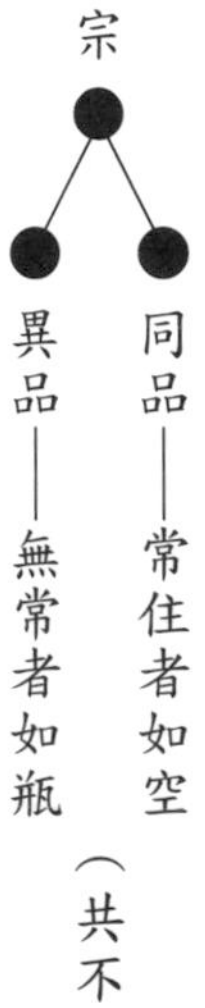

宗

同品——常住者如空

異品——無常者如瓶

（共不定）

常住之物（同品）與無常之物（異品）皆所量性故因，所量性即心所度量之境。

虛空常住者也，瓶等無常者也，其為心之所量則一。故所量性之因，遍通於二。以此因而判斷聲之常與無常，皆不能定，故曰共不定。

第二，同品有，異品非有。此為正因。如佛徒或勝論對聲論立「聲是無常」宗，所作性故為因，同瓶異空為喻。

宗：聲是無常。

因：所作性故。

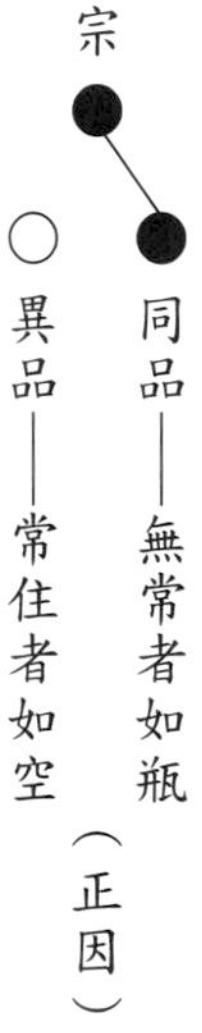

宗 ●—● 同品——無常者如瓶

○ 異品——常住者如空

（正因）

所作之物，皆是無常，人所共知。瓶等（同品）所作，知是無常；虛空（異品）常住，知非所作。故以聲之所作性故，得知聲是無常，是為正因。

第三，同品有，異品有非有。如聲顯論師對聲生論師立「聲是勤勇無間所發」宗，無常性故為因，同瓶異如電，空為喻。

宗：聲是勤勇無間所發。

因：無常性故。

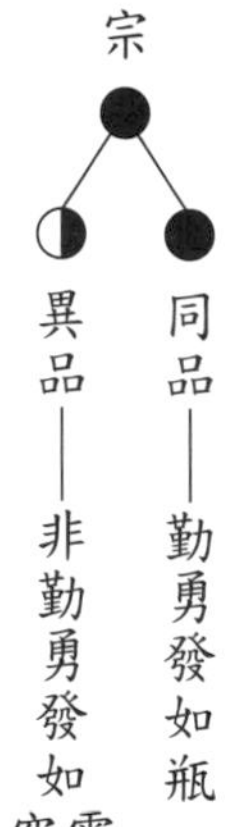

宗

同品——勤勇發如瓶

異品——非勤勇發如電空

（不定）

此句無常性之因，於同品遍轉，即瓶等皆有無常性也。然異品中，電為無常，虛空為常。於無常因，得一分轉，故為不定。勤勇無間所發者，謂以意志之動力而發顯也。

第四，同品非有，異品有。此因於異品，盡見其存在；而於同品，全不存在。與第二正因之條件，完全相反，名法自相相違。如聲論師立「聲是常住」宗，所作性為因，同空異瓶為喻。

宗：聲是常住。

因：所作性故。

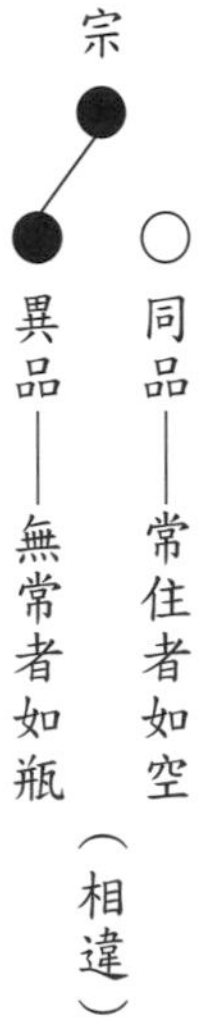

宗

同品——常住者如空

異品——無常者如瓶

（相違）

此中同品之虛空，全非所作性；而異品之瓶，反皆有所作性。違反「同品定有性，異品遍無性」之義，故曰相違。

第五，同品非有，異品非有。此因於宗同品及宗異品，皆難尋一實例之喻，故名不共不定。如聲論師對佛弟子立「聲是常住」宗，所聞性故為因，同空異瓶為喻。

宗：聲是常住。

因：所聞性故。

宗● ○同品——常住者如空
　　 ○異品——無常者如瓶
（不共不定）

此因除聲以外，絕無同品。蓋任何常住（同品）之物，與無常（異品）之物，皆非耳根所得而聞。如同喻之空與異喻之瓶，皆非所聞性故。欲以此因而斷定宗之常與無常，俱陷不定之過。

第六，同品非有，異品有非有。如聲顯論師對勝論立「聲是常住」宗，勤勇無間所發性為因，同空異如電，瓶為喻。

宗：聲是常住。

因：勤勇無間所發性故。

宗

同品——常住者如空

異品——無常者如電瓶

（相違）

此勤勇所發之因，乃無常之物。一切常住（如空）之物，無一為勤勇所發性，是因於同品上全非有；而反在於異品之一部分有。蓋無常之物（異品），如雲走電閃，乃非勤勇所發者。若如瓶等，則為勤勵無間由塵泥所顯發者，故云異品一分轉。故此因與第八正因相反，亦為法自相相違也。

第七，同品有非有，異品有。如聲生論師對聲顯論師立「聲非勤勇無間所發」宗，無常性故為因，同如電、空，異如瓶為喻。

宗：聲非勤勇無間所發。

因：無常性故。

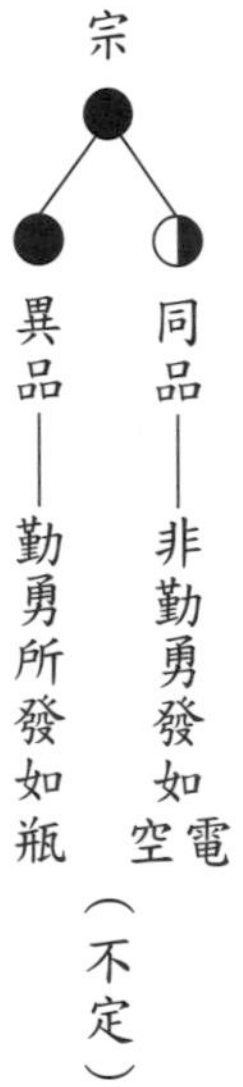

宗

同品——非勤勇發如電空

異品——勤勇所發如瓶

（不定）

此中無常性之因，於同品之電等有，以電非勤勇所發而為無常；於同品之空則非有，以虛空非勤勇所發而為常住也。反之，異品之瓶，則全為無常性，故不能決定。

第八，同品有非有，異品非有。如勝論師立「聲是無常」宗，勤勇無間所發性故為因，同如電、瓶，異如空為喻。

宗：聲是無常。

因：勤勇無間所發性故。

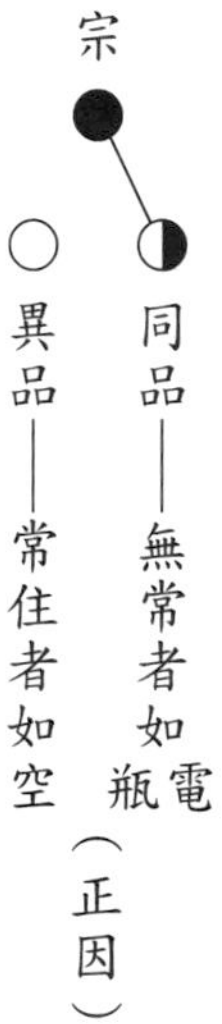

宗 —— 同品——無常者如電瓶（正因）

異品——常住者如空

世間所有無常之物（同品），未必皆勤勇無間所發；故因於同品之瓶等有，於電等無。然常住者（異品）如虛空，又必非勤勇無間所發者，故可斷其為無常也，是為正因。

第九，同品有非有，異品有非有。如聲論對勝論立「聲是常住」宗，無質礙故為因，同如虛空、極微，異如瓶，樂為喻。

宗：聲是常住。

因：無質礙故。

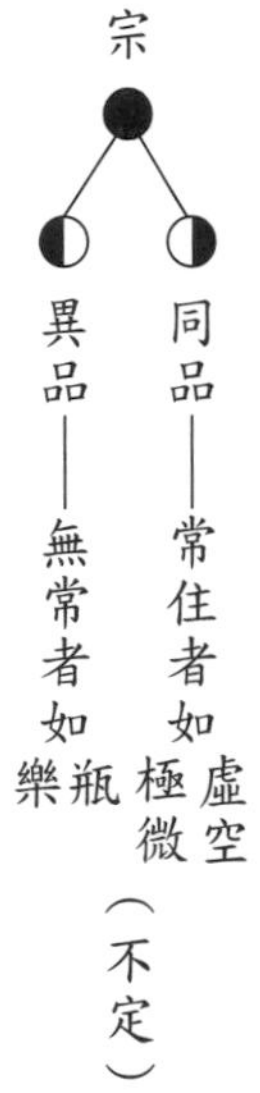

宗

同品——常住者如虛空 極微

異品——無常者如瓶 樂

（不定）

此宗以無質礙故為因，於常住者（同品）之虛空有，於極微無。以無常之瓶樂為異品，於樂上有，於瓶上無。故此因為不定。二宗皆承認極微為常住而有質礙者。極微相當於「原子」之義，樂即心所之一，與感覺略同。

十、無著世親與陳那之因明

龍樹以後，至無著世親，因明應用益廣。無著於所著《顯揚聖教論》之第十卷、《雜集論》之第十六卷，俱曾論及因明之學。據吾人所知，因之三相之說，無著時代，業已發明，唯譯文與新因明不同耳。彼於所釋龍勝菩薩之《順中論》，已舉出因之三相而應用說明之。如《順中論》❸卷上云：「復以何者是因三相？問曰：朋中之法，相對朋無，復自朋成。如聲無常，以造作故，因緣壞故，作已生故。如是等故，若法造作，皆是無常，譬如瓶等；聲亦如是作，故無常。諸如是等一切諸法作故無常。」從上述之實例，而知為五分作法之所存。

朋中之法，即遍是宗法性之異譯，相對朋無，即異品遍無性之異譯。雖僅如此，已足示因之正確。而復自朋成，乃自宗成立之意味，或可視為同品定有性之異譯歟？設復自朋成，非同品定有性之異譯，而以朋中之法相對朋無已完全示因三相之意趣矣。

無著雖一方於《瑜伽師地論》奉因明，而一方又知因之三相之說，卻以其「語言不能說出世間法，與世間法復不相應，以其虛妄，最凡鄙故。」而不欲詳論。蓋此時外道中，已有若耶須摩論師發現應用「因三相」之說，曲解正理，無著不欲襲其覆轍歟？

世親承無著之學，於因明曾著《論軌》、《論式》，復著《如實論》。於《論

❸《順中論》翻譯記：「……龍勝菩薩，通法之師，依大般若而造中論眾典，於義包而不悉。大乘論師，名阿僧佉，解未解處，別為此部。魏尚書令儀同高公延國上賓瞿曇流支，在第供養，正通佛法，對釋曇林，出斯義論。」

軌》已採用因三相之說，但以喻依為主，不重喻體之點，猶未十分完全。至著《論式》，乃以喻體為主，而成為完全之因三相說。此據近代學者從梵文所存之斷片研究所知者。然作法依然為五分作法，此則《如實論》亦皆同也。《如實論》之因三相則譯為：「是根本法，同類所攝，異類相離。」如該論云：「我立因三種相，是根本法，同類所攝，異類相離，是故立因，成就不動。」此可謂示陳那新因明之因三相之定義。

《如實論》一卷為現存之書，僅有全體中後部之一部分，即僅存〈反質難品〉中之「無道理難品第一」、「道理難品第二」與「墮負處品第三」三品耳。然其解釋甚為明晰，例如誤難大別為：顛倒難、不實義難、相違難之三，含有十種、三種、三種。更說正難五種。而於誤難，則說明反對者之立論如不具足因之三相，則為不正，以示因明不變之法則。

誤難中一顛倒難者，立難不與正義相應，是名顛倒難。有十種：一同相難，二異相難，三長相難，四無異難，五至不至難，六無因難，七顯別因難，八疑難，九未說難，十事異難。

二不實義難者，妄語故不實，妄語者不如義，無有義，是名不實義難。不實義難有三種：一顯不許義難，二顯義至難，三顯對譬義難。

三相違難者，義不並立，名為相違難。譬如明暗坐起等不並立，是名相違難。相違難有三種：一未生難，二常難，三自義相違難。

正難有五種：一破所樂義，二顯不樂義，三顯倒義，四顯不同義，五顯一切無道理得成就義。

舉例詳述，見《如實論》。茲略舉二難明之：

・一同相難者，對物同相之難，是名同相難。

論曰：「聲無常。因功力生，無中間生故。譬如瓦器因功力生，生已破滅。聲亦如是，故聲無常。是義已立。」

外曰：「若聲無常，與器同相者，聲即常住。與空同相故。是故如空，聲亦常住。同相者，同無身故。」

論曰：「復次，聲無常。因功力生，無中間生故。若物常住不因功力生，譬如虛空常住不因功力生。聲不如此，是故聲無常。此義已立。」

外曰：「若聲與常住空不同相故，是故聲無常，則何所至？若與空同相，聲即是常。同相者是無身，是故常。」

論曰：「此二難悉是顛倒不成難。何以故？決定一味法立為因，顯一切物因功力生，故無常。是顯無常因，決定一味，是故無常不動。欲顯其同類，故說瓦器等譬。」

外依不決定一味立難云：「若汝依同相立聲無常義，我亦依同相立聲常義。若汝義成就，我義亦成就。」

論曰：「汝難不如。何以故？汝立因不決定，常無常遍顯故。」

‧二異相難者，對物不同相立難，是名異相難。

論曰：「聲無常。何以故？因緣所生故。若有物依因緣生，即是無常，譬如虛空（異喻）。虛空者常住，不依因緣生。聲不如是，是故聲無常。」

外曰：「若聲與常住空不同相故無常，復何所至？若與瓦器不同相，聲即常住。不同相者聲無身，瓦器有身。是故瓦器無常，聲則是常。」

論曰：「聲無常，依因緣生故。譬如瓦器依因緣生故無常，聲亦如是。」

外曰：「若汝立聲無常，與瓦器同相者，復何所至？聲即常住，與瓦器不同相故。不同相者聲無身，瓦器有身故。」

論曰：「此兩難悉顛倒。何以故？我立無常因，決定一味故。汝立常因，不決定一味，常無常遍顯故。是故不定因，不能難決定因。我立因者，是依因緣生故，聲無常。是因是根本法，同類所攝，異類相離，具足三相，故不可動。汝立因者，是無身故，聲常住。是因根本法，同類異類所攝，是故不成因。」

世親以後，陳那出世，遂整理因明論理學而大成之，已如上述。陳那論理學上之著述，有《集量論》、《因明正理門論》、《因明論》、《似因門論》等。此中《似因門論》已全不傳，其內容無從得知。《因明論》聞梵文尚存斷片，恐為《因輪論》相似之著作。

《因輪論》存西藏譯，明九句因。《因門論》從題目看來，似為說九句因及因之三相等。《似因門論》，亦可想像為說其錯誤之情形。然僅就漢譯《因明正理門論》，已足知陳那論理學之大綱。《集量論》存西藏譯，又陳那自己之註釋亦存，欲究此論，則有待於致力藏文者之努力也。《正理門論》，如其名所示，似為《廣論》的《集量論》之入門書；然依《正理門論》所見，陳那之新因明論理學之根據全在九句因，殆無疑義。

九句因即因輪，乃因對於同品與異品組合：有與非有，與有非有。第一句同品有異品有，乃至第九句同品有非有，異品有非有。凡舉因可有之情物，示因之正否條件。示此以二八為正因，四六為相違，所餘（餘五）為不定。因此，正因同品之有或有非有任一種，異品必為非有是明確的。故因三相之第二相同品定有性，與第三相異品遍無性確立。

又因必對於宗，但慣例上因命題其主詞省去不言詮，故彼與宗主詞為同一物。因必要包攝之，而不可同延。故依九句因而確立因之三相。又因此故，喻以喻體即命題為主。更因第二相、第三相之相互關係，益嚴密其法則。以此為中心，故省合結之蛇足，而成三支作法。至於誤難，陳那似基於世親之《如實論》而整理為十四過以述之也。

因明入正理論

本論依梵文直譯，為因明正理入論，奘師為順此方言，稱因明入正理論。窺師《大疏》依此標名，合為五釋，茲取其第一釋，曰因之明，依主釋也。明者五明之通名，因者一明之別稱。入正理者，此論之別目。因體有二，所謂生了。二各有三，廣如下釋。今明此因義，故曰因明。入者達解，正理者諸法本真自性差別。由明此二因，入解諸法之真性，即正理之入，亦入正理之因明，故曰依主釋。

因明為能入，正理為所入。因者諸法所以然之故，明者悟了。謂能悟此諸法所以然之故之因，即能入解於諸法正理。以普通術語稱之，「因明」當於主詞，「入」當於動詞，「正理」則當於賓詞也。

復次，因明正理，俱陳那本論之名；入論者方是此論之稱。由達此論故，能入因明正理也。正理門論，詞旨深微，學者難入；天主乃作此論以通之，故名因明正理入論。論為三藏之一。或云論者量也，謂量定真似，抉擇性相，教誡學徒，故名為論。

因者何義？一言以盡之，凡所以致論敵之悟了者皆是。自論敵方面而言，須有相當能悟了之智力以為因；而在我尤必有所以致此悟了之言論以為因，二者缺一不可也。

因有二種：一者生因。凡由某一事用可以發生另一事用者，如種生芽，如土成瓶，能起別用，種與土為生因。本無今有，方名生因。二者了因，謂如燈照物，能顯果故，本有今顯，故名了因。譬如黑室，其物本有，而人不見；以有燈故，其物非從燈出，而吾人能見其物之存在。此燈於黑室之物，便為了因。兩造爭端之時，必有此生因與了因之別：一就立論者而言，而一則就論敵者而言也。

生因有三：一者言生因，謂立論者所說種種之言語，由此言語可以指示來問之人所不明之理，令其生決定之瞭解也。二者智生因，謂立論者所以能發言之智慧，由此智慧，始能發言，而令對答者生了悟也。三者義生因，謂立論者言所詮義，即所說語中之意義，正有所為而說者；但須有理有境，有理者即有相當正理，有境者即使對答之人能見能聞，因而生其智解也。

了因有三：一者言了因，謂由因言，了所說義。即立論者所說之語，能令對答者明其所主張之故也。二者智了因，謂對答者所有能瞭解之智慧，可以解立論者之語言，如敵論者有解所作等智故，便能顯了無常義，故名智了因。三者義了因，謂立論者所說之義理，正為對答之人所見所聞，而生起智解，如能解所作等義故，便能顯無常等宗也。

凡立論者須有致人悟了之言論，而為對辯者亦須有所以能悟了之智慧。蓋立論者根本立義，擬生他解；他智解起，本藉言生，故前者以言生為正因。而論敵者之所以能悟了立論者之意旨，端賴其自身之智力，故後者以智了為正因。

《大疏》云：「分別生了，雖成六因，正意唯取言生智了；故正取二為因體，兼餘無失。」蓋由立者之言生因，故敵論未生之智得生；由敵者之智了因，故本隱真實之理今著也。

六因中既以言生因與智了因為主，即立者出言便使聽者有正確之瞭解。故因明不外說明此六因之定律耳。茲以表示之。

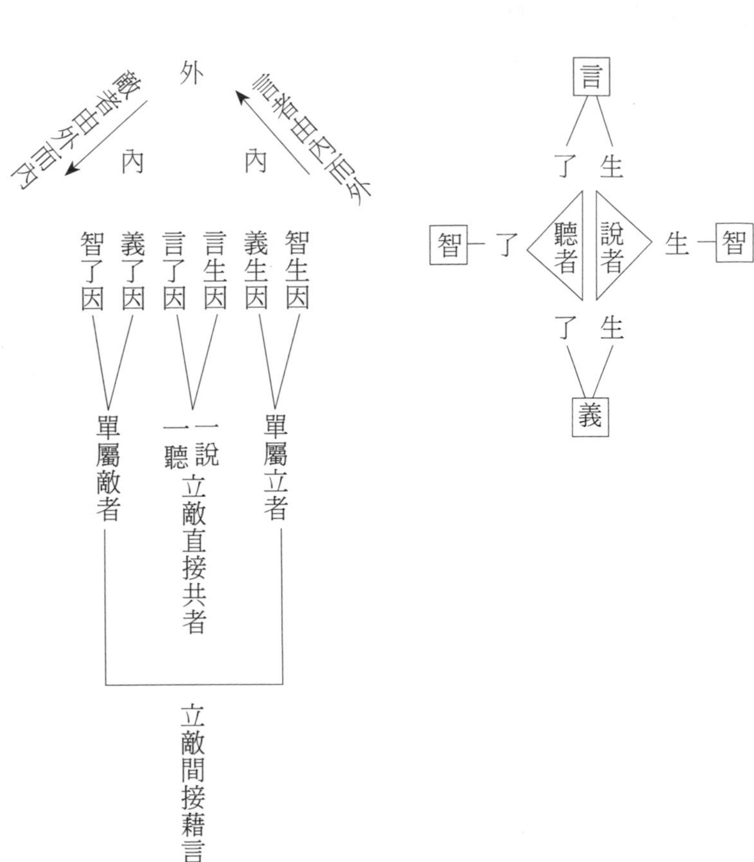
外
言者由內而外
敵者由外而內
內
內
智生因
義生因
言生因
言了因
義了因
智了因
單屬立者
一說
一聽
立敵直接共者
單屬敵者
立敵間接藉言通者
言
了
生
說者
聽者
生
智
了
智
了
生
義

《大疏》云：「立論雖假言生，方生敵論之智；必資智義，始有言生。敵者雖假智了，方解所立之宗；必藉義言，方有智了。故但標言生智了，即已兼說二了二生。攝法已周，略無餘也。」

立者由智持義，由義立言，故由內而外。謂立者必先有能言之智與欲言之義，方能發言；否則胡說八道，焉能曉人？

敵者由言見義，由義發智，故自外而內。謂敵者若非聽清立者之言而審其義，亦終無由啟其智也。

商羯羅主菩薩造

商羯羅，梵語，義為骨璅，天名，故此譯為天主，即陳那之弟子。菩薩如常解，此論即其所造也。

三藏法師玄奘譯

能通達經律論三藏之法師，稱三藏法師。唐時被稱此尊號者，僅玄奘、義淨二人。玄奘法師事蹟，具載《慈恩法師傳》。譯之廣義，通稱以一種文字語言傳達另一種文字語言之意義者曰譯。此論之譯，即指以華言譯梵語也。

本論一部之中，依《大疏》科目，大文分為二分：初標宗隨釋分（初一頌及所有長行），二略顯指廣分（末後一頌）。初中分二：甲初舉類標宗（即初一頌），二隨標別釋（諸長行也）。

甲初舉類標宗

能立與能破，及似唯悟他。現量與比量，及似唯自悟。

此頌四句，分自他二益八門。二益即悟他自悟，八門即八義，四真四似，名為八義。悟他者四，曰真能立、真能破，及似能立、似能破。自悟者四，曰真現量、真比量，及似現量、似比量。以表示之。

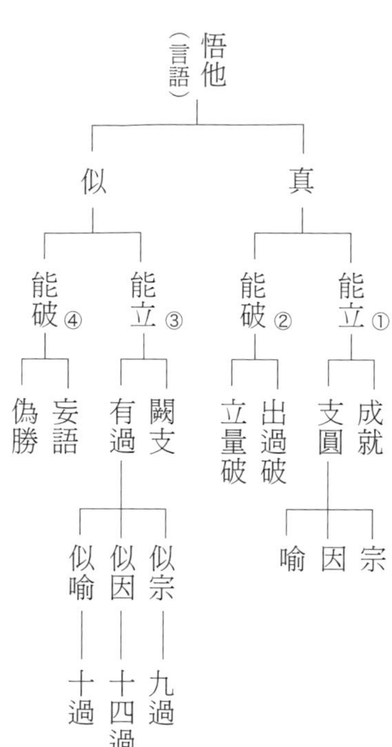

自悟（思想）

似：比量⑧　現量⑦

真：比量⑥　現量⑤

①因喻俱正，宗義圓成，顯以悟他，故名能立。

②敵申過量，善斥其非，或妙徵宗，故名能破。

③三支互闕，多言有過，虛功自陷，故名似立。

④敵者量圓，妄生彈詰，所申過起，故名似破。

文說與字，表多體相違，致及似言，顯過通能立破。

宗義各定，邪正難知；由況既彰，是非遂著。功成勝負，彼此俱明。故從多分，皆悟他也。

⑤行離動搖，明證眾境，親冥自體，故名現量。

⑥用已極成，證非先許，共相智決，故名比量。

⑦行有籌度，非明證境。妄謂得體，名似現量。

⑧妄興由況，謬成邪宗。相違智起，名似比量。

及似等言，皆準前釋。法有幽顯，行分明昧。故此二刊定，唯有悟自非他。

因明既為考定是非真偽之規繩，即如何令自己先明解此真實之理，然後如何能以自己之所解者傳授曉示於人，此即「自悟」與「悟他」之方法。然因明主旨，重在悟他，故頌中先說能似立破，而後及於理比二量也。茲分八門述之。

以自己所知之心得而假以言語表宣者，不外二種目的：一則發表自己之主張，此名「能立」。一則駁難他人之主張，此名「能破」。由此能立能破，始能辨明是非，決定勝負，而令他人瞭解正理。故因明論理之軌則，悉存於能立門之中，學者必由此一門而窺其堂奧也。

（一）**真能立**　能立有二要素：一必須義理成就，二必須言詞圓滿。義理須正而不邪，真而不妄；言詞須先標宗旨，再敘理由，後要舉出譬喻，始稱圓滿。此中宗旨，理由譬喻，即名宗因喻三支。三支成立，遠離諸過，名真能立。

能立之中，古新因明學者，分類意見頗有不同。一《瑜伽》十五、《顯揚》十一，說有八種。二《雜集》十六，亦說有八種。三有古師說四能立。四世親《論軌》等說能立有三。五至陳那則以因喻為能立，宗為所立。《大疏》所載，有此五說。前四說屬古因明，後陳那一說屬新因明。

學術演進，愈久而愈周密，故解釋上亦有今古之不同。如因有智因、言因、義因，古來以言因、智因合是能立，義因是所立。謂由智慧而出文句，成立道理。智因即現量、比量、聖教量，言因即宗因喻，義因即自性、差別。故古來以自性、差別為「所立」，立宗、辯因、引喻、現量、比量、聖教量，全是「能立」。

陳那以智因乃自悟之事，因明目的在於悟他；義因即在言因之中，倘有言無義，焉能使人瞭解？故智因於因明能立上無提出之必要，義因僅為文字之所依，但就宗因喻三支分能立所立即已充分，而自性差別二者乃屬宗依。故云宗為所立，而因喻為能立也。

	所立（義）	能立（文）
地論	一 自性 二 差別	一 立宗 二 辯因 三 引喻（總） 四 同類（別） 五 異類 （瑜伽以合結不離因喻而有，故略之。） 六 現量 七 比量 八 聖教量
雜集論	一 自性 二 差別	一 立宗 二 立因 三 立喻 （為使所立義更明，故別立合結。） 四 合 五 結 六 現量 七 比量 八 聖教量
古師		一 宗 二 因 三 同喻 四 異喻 （古師以合結及三量，無直接能立之效，故不以為能立。）
世親		一 宗 二 因 三 喻
陳那	宗依：自性、差別	所立：宗 能立：因、喻

（二）**似能立**　錯誤之能立，名似能立。謂義理錯誤，言詞悖謬，或雖宗因喻三支俱全，而為強詞奪理者；或宗因喻隨闕其一，不能成立其宗所顯之義者，皆名似能立。

（三）**真能破**　真能破有二：一曰出過破，即就他人所說之言詞宗因喻上，指出其不合因明定律者而駁破之。二曰立量破，即於他人所說之言詞外，別立宗因喻論式與之敵對，而直接攻擊其錯誤者。然因明中多說「出過破」，而「立量破」乃「出過破」之引申方式耳。蓋組織論式以破敵者，同時不得不顯敵論之過失也。

顯過破中：第一有過，第二闕支。因古今能立之分類不同，故闕支之過，就今古學說亦有多寡之不同。

《大疏》云：「顯過破中，古師有說八為能立：闕一有八，闕二有二十八，乃至闕七有八，闕八有一。亦有說四，以為能立：闕一有四，闕二有六，闕三有四，闕四有一。世親菩薩缺減過性，宗因喻中，闕一有三，闕二有三，闕三有一。世親以後，皆除第七。以宗因喻三為能立，總闕便非。既本無體，何能成立？有何所闕，而得似名？陳那菩薩，因一喻二，說有六過。即因三相六過是也：闕一有三，闕二有三，無闕三者。」試各以表示之。

【第一表】

就古師瑜伽八種能立說，闕支過有二百五十五
闕一有八如：宗因喻同異現比教之類 闕二有二十八如：宗因喻同異現比教之類 闕三有五十六如：宗因喻同異現比教之類 闕四有七十如：宗因喻同異現比教之類 闕五有五十六如：宗因喻同異現比教之類 闕六有二十八如：宗因喻同異現比教之類 闕七有八如：宗因喻同異現比教之類 闕八有一如：宗因喻同異現比教之類

闕支過中，闕一有八，與八有一，其理甚明，無難計算。如闕宗者一，闕因者一，乃至闕比教者各一。故闕一者總計有八。唯闕二有二十八，乃至闕七有八，《大疏》未列算法，成為千古懸案。近代學者陳寅恪先生雖以代數學組合法解之，求得其所以然，然其公式之如何成立，則仍未說明。此則學因明者之所憾也。

【第二表】

就古師四為能立說，闕支有十五	
	闕一有四如：**宗**因同異，宗**因**同異，宗因**同**異，宗因同**異** 闕二有六如：**宗因**同異，**宗**因**同**異，**宗**因同**異**，宗**因同**異，宗**因**同**異**，宗因**同異** 闕三有四如：**宗因同**異，**宗因**同**異**，**宗**因**同異**，宗**因同異** 闕四有一如：**宗因同異**

【第三表】

就世親三為能立說，闕支有七過	
	闕一有三如：**宗**因喻，宗**因**喻，宗因**喻** 闕二有三如：**宗因**喻，**宗**因**喻**，宗**因喻** 闕三有一如：**宗因喻** 陳那學說以因同喻異喻三支為能立，其闕支過與此相同。自世親後無「闕三有一」此句。如

	《大疏》所云：「總闕便非，既本無體，何能成立？」即一句話尚未曾說，何能論其過？

【第四表】

就陳那以因三相為能立，闕支有六過	闕一有三如：闕初相，闕次相，闕後相 闕二有三如：闕初次相，闕初後相，闕次後相或有說言闕三相亦是過，因雖說話而三相俱不合，當然即錯。故闕支亦是七過。

闕支過有二種：一曰無體闕，二曰有體闕。無體闕者，即於因同異喻三支之中，任少說一句或多句，便成為過。如數論師執我為思，不申因喻，豈不成過？有體闕又有二種：一就因三相而論，任闕何相皆是過，但皆為因過，而總是不成、不定、相違之類。二就因、同喻、異喻三支而論，意義不全便是過，皆為因中不成過與同喻五過、異喻五過之類。茲將陳那等之闕減過計算法，舉例明之。

【第五表】（參閱《大疏》卷八）

闕數	立	敵	宗	因	同品	異品	闕相
闕一有一	數論	聲論	聲是無常	眼所見故	瓶盆	虛空	此因但闕初相（遍是宗法性）而有後二相。
	聲論	有部	聲常	所聞性故	虛空	瓶盆	此因闕第二相（同品定有性）。
	同前	同前	聲常	所量性故	虛空	瓶盆	此因闕第三相（異品遍無性）。
闕二有三	聲生	聲顯	聲非勤發	眼所見故	虛空	瓶盆	此因闕初二相。
	數論	佛法	我常	非勤勇發	虛空	電等	此因闕初三二相，電異，因缺所依，故無初，電有缺第三。
	聲論	勝論	聲常	所作性故	虛空	瓶等	此因缺第二第三兩相。諸四相違因，即缺後二相。
闕三有一			聲常	眼所見故	虛空	瓶盆	此因初二三相全缺。

（四）**似能破**　即真能破之相反。謂他人所說本來不錯，或所立之量（論式）完全無缺，而欲妄生辯難彈詰；或自言有過而妄以為是，自以為勝，自陷於過失之境，此名似能破。

（五）**真現量**　現量者，謂存在於眼前之對象物，與吾人感官機能接觸之時，不用言詮分別而感覺者或知覺者之知識。簡言之，即凡事實上在眼前能直接證明者曰現量。如《顯揚聖教論》云：「現量有三種相，一非不現見相，二非思構所成相，三非錯亂所見相。」因明學上所謂「真現量」者，即依此現見之事實以組織論法，而由此得其最確實之論證者也。

（六）**似現量**　即錯誤之現量，謂不正確之認識。如眩翳者於一月處，見多月象；或於旋火，見彼輪形。《大疏》謂，若散心分別，妄謂得體，或闇昧無記，不證現境，名為似現量。

（七）**真比量**　比量者，乃基於現量而起。即凡事實上在當時不能直接證明，須用前因後果以至經驗為間接之證明者，曰比量。古代印度正理派將比量分為三種：

第一，如因河水之氾濫而推知上流之地有雨者，自現在及於過去，乃自果及因之比量。

第二，如因蟻之運卵而推知將雨者，自現在及於未來，乃自因及果之比量。第三，如因聞鳴聲而推知其處有孔雀在者，自現在及於現在，乃由果及果之比量。又佛典之比量，復有五種：一曰相比量，二曰體比量，三曰業比量，四曰法比量，五曰因果比量。

簡言之，吾人思考所得，除現量外所餘之正確知識概曰比量。《大疏》謂，用已許因喻，成未許宗，使敵證智起，名真比量。

（八）**似比量**　即錯誤之比量，謂不正確之推論也。《大疏》謂，妄興由況，謬成邪宗，順解不生，相違智起，各似比量。

甲二隨標別釋又分三：乙初總綰群機，二依標隨釋，三示略息煩。

乙初總綰群機

如是總攝諸論要義。

《大疏》釋云：「如是者指頌所說。總攝者以略貫多。諸論者今古所製一切因明。要義者立破正邪，紀綱道理，此義總攝瑜伽對法顯揚等說。」

所謂今古一切因明者，因明有七。頌曰：

論體論處所　論據論莊嚴　論負論出離　論多所作法

一者論體，謂言生因，言論之體。《瑜伽》謂論體有六：一言論，二尚論，三諍論，四毀謗論，五順正論，六教導論。因明立論之實際立場，賓主對揚，盛興論議，將以判決是非，辨定勝負，宜有共循之法則。故首應區別論之性質，是曰論體。《瑜伽》雖說有六，實可大別之為四，一隨習俗之論，二故詭諍之論，三顯正理之論，四為教導之論。

一，若審知立場之論眾，其所欲立之論，在前一種，則當隨俗和光，置而不言。

二，在第二種，則為詭辯，故興諍謗；可謝絕曰：既為詭諍，恕不參加。

三，在第三種，則為立論對辯之真目的，乃應如法論辯。

四，在第四種，乃為先覺覺後覺之事，著書立說，端在乎此。故佛陀之立論，唯此後之二種耳。

二者論處所有六：凡立論處，除立論者，應更有對辯者與證義者及旁聽眾。蓋證義者之裁決，旁聽眾之贊否，皆有重大關係。故凡論辯真理，應：⑴於王家，⑵於執理家，⑶於大眾中，⑷於賢哲者前，⑸於善解法義沙門婆羅門前，⑹於樂法義者前。

三者論據，謂論之依，即真能立及似等。此有十：謂所成立義有二種，即自性差別也。能成立法有八，即前《瑜伽》所說：立宗、辯因、引喻、同類、異類、現量、比量、聖教量之八能立也。

四者論莊嚴，謂真能破。即論者應有善成所立論之功德：一善知自他宗，二言音圓滿，三無畏，四辯才，五敦肅，六應真（應於真理也）；而以善知自他宗否為尤要。

五者論負，謂似立似破，即論墮負相。此有三：一捨言，二言屈，三言過。

一捨言負相，謂在立論者或對辯者，自知所論辯有屈於理，重真理故，發言謝過，捨自所論，曰捨負相。此為光明磊落之易可知負相。設或情不甘服，聲請暫時思滯，容更考慮，亦為捨言負相，則須證義者為裁決其墮負也。如奕棋者，託言再奕，不認為輸，即為輸也。

二屈負相，其或理言俱屈，矯設其他取巧言語，以圖混亂於證聽者；或偽為靜默等形容，以掩飾其窮相者，曰屈負相。如奕者託事置而不奕，甚或發諸不善言詞以強爭軋，所謂雜亂語、粗獷語、含糊語、繁簡失當語，非義相應語，前後不次語，屢自立毀語、不規則語、不相續語等是也。

三過負相，如奕棋者之亂其子翻其枰等，作負時惱羞成怒之狀態者，皆須由證義者為裁決其負也。

三種之中，捨於論德為上，屈猶不失中德，過斯下也。

六者論出離，謂將與論時，立敵安處身心之法。此有三種觀察：一觀察得失，二觀察時眾，三觀察善巧不善巧。觀察論端，方興言論或不言論也。

七者論多所作法，謂具上六能多所作法。此有三：即一善自他宗，二勇猛無畏，三辯才無竭是也。

此第一頌中，唯攝第一第三第四第五之要義，不攝餘三。故《大疏》云：「今此括要，總為一頌，雖說八門，即彼四種：第一第三第四第五。但敘紀綱，不彰餘理，名攝要義。」

乙二依標隨釋又分六：丙初明能立，二明似立，三明二真量，四明二似量，五明真破，六明似破；丙初又分三：丁初舉體釋義，二示相廣陳，三總結簡釋；丁初又分二：戊初舉體，二釋義。

戊初舉體

此中宗等多言，名為能立。

此中二字即起論端義。凡發論端，汎詞標舉也。又謂前標八義，今簡餘七，持取「能立」一義而先釋也。

宗等多言，意取宗家所有因喻諸義為能立，非以宗為能立。世親以前，宗為能立，自性差別為所立。陳那以自性差別二者為宗依，非所乖諍，說非所立，所立即宗（此指宗體）有許不許，所諍義故。陳那天主以既稟先賢而為後論，文不乖古，舉宗為能等；義別先師，取所等因喻為能立性，遂以因之三相，因同異喻，而為能立，故稱宗家多言為能立。多言即指因之三相及同異喻之多義也。

今言宗等名能立者，謂宗是所立，因等能立；若不舉宗以顯能立，不知因喻誰之能立？今標其宗，顯是所立；能立因喻，是此所立宗之能立故，雖舉其宗，意取所等。

頌中以因明之旨，在立正破邪，故先明能立，次乃能破，悟他重於自悟也。

戊二釋義

由宗因喻多言，開示諸有問者，未了義故。

此釋能立之義。問：宗等多言云何名為能立耶？答：謂能開示諸有問者未了義故。蓋論議之法，立敵分庭抗禮，須有善解自他宗義，心無偏袒者以為證義。故《大疏》云：「諸有問者，謂敵證等；未了義者，立論者宗。」

何謂敵者：一由無知，二為疑惑，三各宗學。由此等人未了立者立何義旨，而有所問，故以宗等如是多言成立宗義，除彼無知、猶豫、僻執，令了立者所立義宗。何謂證者，《瑜伽》等說有六處所（見前論處所中）於此六處，必須證者善自他宗，出言有則，能定是非。證者即問立何論宗，今以宗等如是多言，申其宗旨，令證義者了所立義。

「由」者因由，「故」者所以，因由敵證問所立宗，說宗因喻開示於彼，所以多言名為能立。多言開示者，《大疏》云：「開示有三：一敵者未閑，今能立等剏為之開。證者先解，今能立等重為之示（為敵者開，為證者示）。二雙為言開示其正理。三為廢妄宗（妄據先解）而問為開；為欲憶宗（憶前未解）而問為示。」

又云：「諸有問者未了義故。略有二釋：一諸問者通證及敵。敵者發問，理不須疑。證者久識自他宗義，寧容發問未了義耶？一年邁久忘，二賓主紛紜，三理有百途，問依何轍？四初聞未審，須更審知；五為破疑心，解師明意，故審問宗之未了義。二應分別：為其證者論，但應言多言開示問者義故，證者久閑而無未了；為其敵論者論，應說言多言開示諸有問者未了義故，敵者於宗有未了故。今合為文，非彼證者亦名未了。由開示二，故說多言，名為能立。」

丁二示相廣陳又分三：戊初示宗相，二示因相，三示喻相；戊初又分三：己初牒章，二示相，三指法。

己初牒章

此中宗者。

梵語皤囉提若（Pratijña），此譯為宗，宗者所信所崇所立之主義也。

自下示相廣陳，分宗因喻三。

《大疏》云：「問：何故先立宗耶？答：為先顯示自所愛樂宗義（如聲是無常）故。問：何故次辯因耶？答：為欲開顯依現見事（如所依止之瓶等）決定道理（如能依止之所作性因），令他攝受所立宗義（如聲是無常）故。問：何故次引喻耶？答：為欲顯示能成道理（所作性因）之所依止現見事（瓶等）故。」

此中宗者之言，即初示宗相中，先牒宗相之章也。

己二示相又分四：庚初顯依，二出體，三簡濫，四結成。

庚初顯依

謂極成有法，極成能別。

此正顯宗依。《大疏》云：「極者至也，成者就也，至極成就，故名極成。有法能別，但是宗依，而非是宗。此依必須兩宗至極共許成就，為依義立，宗體方成。所依若無，能依何立？由此宗依，必須共許。共許名為至極成就，至理有故，法本真故。」

宗有二分：一分是體，句中主語，正名「有法」，能有餘法以為義故（如以句中所敘述者及所出因皆為其所有法）。一分是義，句中敘述語，正名「能別」，能差別有法成別義故。此宗二分，為總宗之所依，謂之宗依，亦名別宗。合此二分成為一句，謂之宗體，亦名總宗。

依別宗之二名，成總宗之一句。在別宗之二名，必為遍所許之名理，故非立敵諍論所在。非遍所許，則須寄言簡別，否則成過，而總宗之一句，又為立知餘未知之句理，乃生起敵論之諍辯，否則立等不立，墮相符極成過。故宗依之一別名必須極成。正為宗體之一總句，必應有異共知，否則不生敵論，即不應有因喻。無能成因喻以相對，則亦無所成立宗可名也。

以敘述詞差別主詞，例云聲是無常。以無常義軌範聲故，使聲離別於常義外。故「無常」義為能別，而「聲」為所別。然在名句之次序上，本以敘述語解主語，不以主語解敘述語。立意亦在立聲屬無常義，不在立無常義屬聲。故以敘述語為能差別，主語為所差別。依此能所差別次序上之不相離差別義（即所謂不相離性），是為所構成之宗體。亦即敵論諍之所在也。表解如左：

（一）宗依
- 前陳——體三名：自性——有法——所別
- 後陳——義三名：差別——法——能別

聲……有法（所別）……┐
　　　　　　　　　　　├——別依（宗所依）——必已極成非諍所在（可據為立宗材料之所以）
（二）無常……法（能別）……┘

聲是無常——總體……（宗正體）——必未極成為諍所在（須更用因喻成立之所以）

體義合論，共有三重：第一重自性與差別，第二重有法與法，第三重所別與能別。

第一重，唯局自體，不通於他，是名自性。如縷貫華，共通一切，是名差別。如說「花美」、「月明」，此中前陳之「花」與「月」，只稱自體之名，未顯何等之義，是名自性。後陳之差別者，即望自性有分別之義，同時於其他外物亦能貫通之。如花美月明之「美」與「明」，不僅限於花之美與月之明，而可適用於花月以外之廣大範圍也。以普通文法上之術語解之，自性即普通名詞，差別則其形容詞也。通於他者其義多，局於自體者其義少。故以後陳解前陳，不以前陳解後陳也。

第二重，前陳名有法者，謂前之所陳，能有後法，故名有法。凡前陳之名詞中，必含有後陳名詞之意義。為說花美，於花之語中，已含有美之意義，而美之條件，亦即含於花之中也。後陳之所以名法者，以法有二義：一能持自體，二軌生他解。前陳但持自體，未有屈曲不生他解，但名有法。如僅云「金屬者」，於金屬者之上無何等之解釋，聞者不知言者意旨所在，何能生解？故後陳隨繼之曰：「元素也」，至此方有解釋「金屬者」之地位。由此意義之屈曲，能使聞者生其新悟，別得異解。故後陳分別前陳，名「軌生他解」。後陳比於前陳，其義殊勝；又前陳僅有法之一義，後陳則兼具二義，故獨得名「法」。

第三重，立敵所諍，不諍先陳之體，乃諍先陳上有後所說之義。以後所說別彼先陳，不以先陳別於後說。故先陳自性名為所別，後陳差別名為能別。有法能有於法，能別別於所別。後陳既分別前陳，同時前陳亦有分別後陳者：如說「鷺白」，乃白之鷺非黑之鷺，是後陳分別前陳；然鷺之白非鶴之白，是則前陳分別後陳也。又如「無常」義為能別，「聲」為所別，雖屬二名合成一句，於一句中，聲亦軌範於無常義，使無常義不出聲外，可云互為能別所別。此因明中所謂互相差別也。

前陳後陳既為主詞與賓詞之關係，可以主詞、賓詞之概念而解釋之。凡概念皆有外延與內包，故研究主詞與賓詞之關係，可從外延、內包兩方面觀察。

例云：凡金屬者元素。此判斷金屬之外延，包括於元素之外延中；而金屬之內包，又兼有元素之屬性。故其關係，以圖明之，如左：

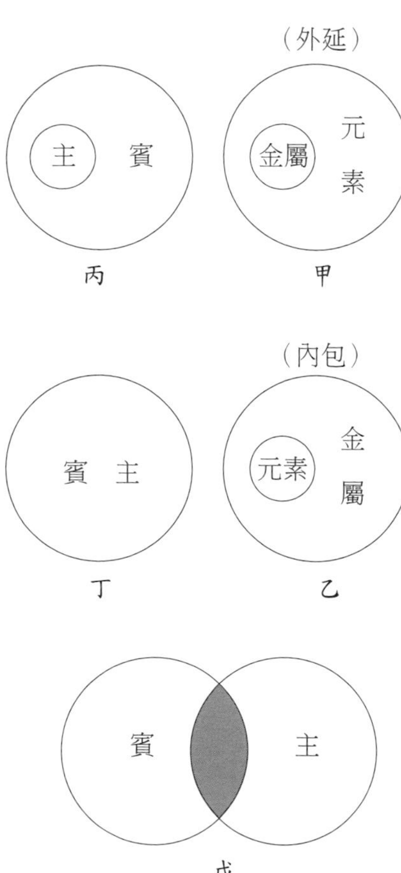

由上觀之，主、賓詞之關係，外延上，主詞有時被包於賓詞；內包上，賓詞亦有時被包於主詞。如甲、乙二圖。

通常以主詞之全範圍，包括於賓詞之範圍內。例云：凡草木者植物也，如丙圖。然亦間有主、賓詞之範圍全相一致者，例云：凡人者理性之動物也，如丁圖。主詞與賓詞，僅有某部分相一致者，例云：某人黃色人種也，如戊圖。

庚二出體

差別為性。

此出宗體也。《大疏》云：「差別者，謂以一切有法及法互相差別。性者體也。此取二中互相差別不相離性，以為宗體。」是知宗體之成立，必有二要件：一者互相差別，二者不相離性。以舉「聲是無常」為例，以前別後，則聲無常，非色無常；以後別前，則無常之聲，非常住之聲。所以欲其互別者：一以前後陳但為宗依，非正所諍，取其不相離性，方為所諍之體。二以表宗依二者須各極成，能依宗體，方有所附，故曰差別性故。

宗體之安立，古因明家有多種異說：

一、有謂以「有法」為宗者，以有法為所立，法為能立故。

二、有謂以「法」為宗者，立敵諍論之所在故。

三、有謂以「有法」及「法」別之非宗，合則為宗者。

以上三說為陳那新因明所不取，但取宗依之互相差別，不相離，有許有不許者，以為宗體耳。

庚三簡濫

隨自樂為所成立性。

此簡濫失。謂宗依極成，必立敵共許；宗體則與之相反，定非立敵同許，即己許而敵不許也。

《大疏》云：「隨自者，簡別於宗。樂為所成立性者，簡別因喻。故《理門論》云：隨自意顯，不顧論宗，隨自意立，樂為所立，謂不樂為能成性。」

謂立者為主張自己之教理，不但不顧敵者之持論，亦且乖違敵論，主張自說。或有時為講能破之策略，故順敵者之教理，不顧自己之持論，亦所不惜。所謂以子之矛，攻子之盾，此即四宗中之不顧論宗也。

古來因明宗之種類，凡分為四：一遍所許宗，二先承稟宗，三傍準義宗，四不顧論宗。

一遍所許宗，即人所共知者，或當前說者、聽者皆已明白之事。如立眼能見色，彼此兩宗，皆共許故。宗雖可立，然無必要。所謂先來共許，何須建立？

二先承稟宗，即立者照其所學所傳受者，如瓶瀉瓶，依樣說出，其間無自心得者：如佛弟子自立諸法皆空，或二外道，共稟僧佉，對諍本宗，亦空無果。

三傍準義宗（或作傍憑傍顯），即用此宗之義以間接表示一種道理者。如立聲是無常，以傍憑顯諸法無我之義。雖於因明未見其過，然非言所諍，此復何用？

四不顧論宗，即立者以自己之聰明才智，隨自意樂，或破他宗，故違舊立，或發前人所未發之理者。如佛弟子立佛法義，不顧外道之持論也。

陳那以後，唯取後一。或發微言，不顧前三。以前三似宗，不可建立故。故隨自樂言，簡前三宗，非隨自樂（前三總名自不樂宗），唯第四宗是意所樂。然立宗非故與世間興諍，及就自教詭辯，必不悖於世智共許，所稟自教，知比現證，而後所宗乃得成立。然既遍許，不須重立，先稟遺教，猶應抉擇。傍比所準，非今正意。故唯依現所知正理，隨自信崇，不顧一切，或立或破，令他曉悟未知之義，即建設宗言也。

【明宗之種類】

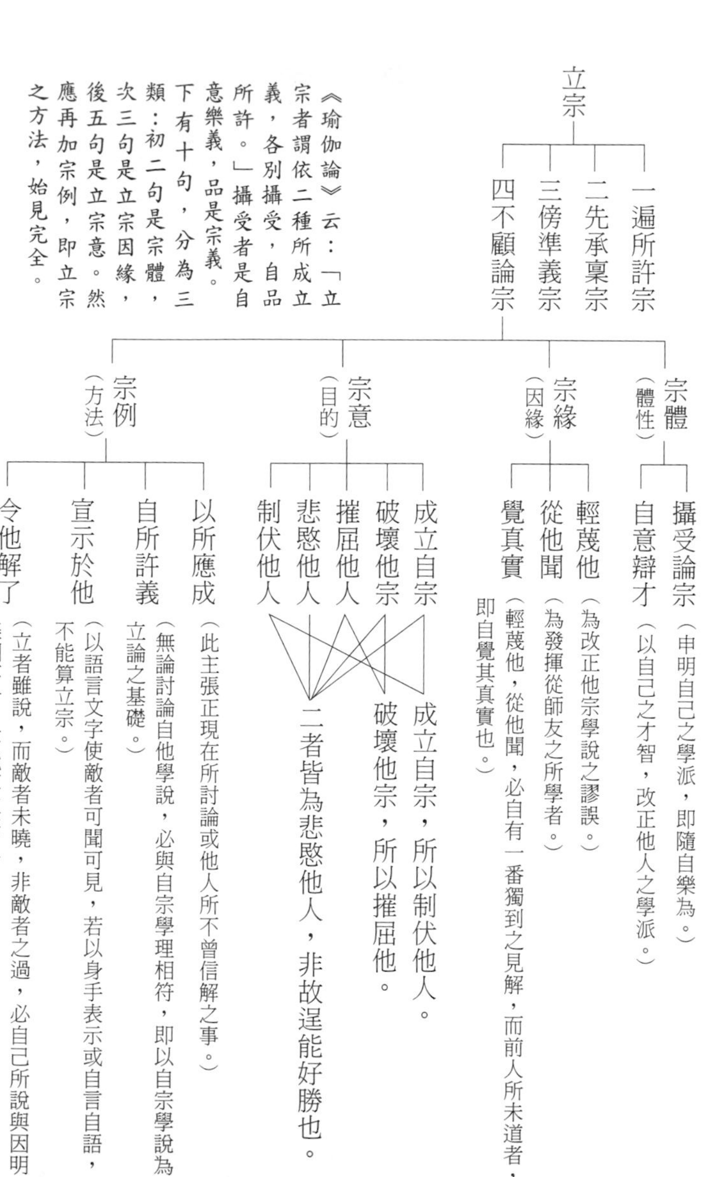

《瑜伽論》云：「立宗者謂依二種所成立義，各別攝受，自品所許。」攝受者是自意樂義，品是宗義。下有十句，分為三類：初二句是宗體，次三句是立宗因緣，後五句是立宗意。然應再加宗例，即立宗之方法，始見完全。

庚四結成

是名為宗。

此結成宗之完全定義也。

己三指法

如有成立聲是無常。

此謂指法，《大疏》釋云：「如佛弟子對聲論師立聲無常。聲是有法，無常為能別。彼此共許有聲及無常，名極成有法，極成能別，為宗所依。（以上顯依論文）彼聲論師，不許聲上有此無常；今佛弟子合之一處，互相差別不相離性，云聲無常，聲論不許，故得成宗。（以上出體論文）既成隨自，亦是樂為所成立性。（以上簡濫論文）故名真宗。（以上結成論文）恐義不明，指此令解。」此即正舉實例以證真能立之宗支形式也。

戊二示因相又分五：己初標舉，二徵數，三列名，四別釋，五示法。

己初標舉

因有三相。

此標因而總舉其表相。梵語醯都（Hetu），此譯為因。因之語義有二：一曰生因，能親生義，如種生芽，種為生因。二曰了因，能顯果義，如光顯色，光為了因。細說為六，已如前述。因者對宗而言，因此能成立於彼宗義故。宗為所立信義，因為出義所由，喻為譬合因義。三支之中，因最重要。蓋非因則前之宗不成，非因則後之喻不生。故三支之學名因明學。相者，向也，面也，謂向三面皆有連帶之關係也。

己二徵數

何等為三？

此徵數也，因之成宗其相有三。

己三列名

謂遍是宗法性，同品定有性，異品遍無性。

此列名而規定因於宗與同喻、異喻之關係也。試以表示之。

因
- 第一相——遍是宗法性——與宗有法之關係
- 第二相——同品定有性——與同喻之關係
- 第三相——異品遍無性——與異喻之關係

缺第一相，不成過起；缺第二、三相，相違過生；缺第三相，不定過成。故因之是否正確，可就三相之具缺而判斷之也。

一者遍是宗法性：即因與宗之關係，具言之則遍是宗上有法之法性。性有義性、體性之分，此中因相所言性者，唯取義性，如所作性，唯是有法之別義也。

因亦稱宗法，宗者命題全體，或僅宗之主詞，或僅宗之賓詞之謂。於此指宗主詞之謂。因此所謂宗法，即宗主詞之賓詞。此因省其主詞，僅以賓詞為理由而言詮者為慣例。因其賓詞乃宗主詞之賓詞。因必要立者、敵者共許之極成；然彼乃因對宗主詞要於外延之關係而包攝之之意味。主詞賓詞同延同義之情形實際亦有之，但此乃因明之所不許。此因與宗主詞之關係，以第一相遍是宗法性而規定之也：遍者包攝，宗法即因之意味。故以因包攝宗主詞為宗法之意味。

蓋宗有前陳後陳之別，即「有法」與「法」。有法上所有之法有二：其關係至為密切。一者不共有，宗之法是。二者共有，因之體是，故因體又為宗上前陳之別義。如「聲是無常，所作性故」，此中「無常」與「所作性」，必皆為之一種性質。然聲上之所作性立敵共許之，無常則立許而敵不許。故今舉共許之因法，以成立宗上後陳之法耳。謂宗上所立有法之法，以自知而他有未知，故為敵論所諍。今別出一彼有法上共知之法，以此共知成未共知，故為能立彼宗之因。若因義與宗上有法無關，則墮不成諸過。

因義成立之重要條件有二：一、因必為宗上有法所具之一性質或事理。二、因於宗之前陳，以範圍較大為必要。

謂因性須遍於前陳有法，如遍一切聲有所作性故。又例如：

宗：人必有死。

因：為生物故。

人為生物之一部分，生物中必有人，是生物周遍於人之範圍，此合因之第一條件。若因之範圍較宗上前陳為小，例云：「人必有死，以素食故。」素食者反為人之一部，以人非完全素食者也。故此因不遍於宗之前陳。又如例云：「沙門終成正覺，以篤信邪道故」，則違反人之理解，蓋此因與宗前陳毫無關係也。以上所舉二例，俱缺因之第一相。

因明原則，先陳者為有法，後陳者為法。「因」雖為說一種事理，然必先有宗而後說因，故因於宗只可是法。茲以四句例明之：

一、有法不能成立有法

二、有法不能成立法

三、法不能成立有法（法者因法也）

四、法能成立法

一如遠見煙立：下有火，以有煙故。豈非彼以有法成有法耶？煙之與火俱有法故。次如見火云：「定有熱，以有火故。」熱觸既是火家之法，豈不以有法成於法耶？《大疏》：「陳那釋云，今於此中，非以成立火觸為宗，但為成立此相應物。謂成『山處』決定有火，以有煙故。『爐中』定熱，以有火故。名為煙火相應之物。非以有法煙，還成有法火；亦不以有法火而成熱觸法。」故必須以另一法式證明之。如云：「山上有火，因為有煙。」此煙非作有法解，乃以「有煙」二者合作為法解。

三不以法成立有法，謂宗中所陳，後能別前，名為能別，亦名為法。因成於此，不欲以因，成前所陳，是所別故，非別後故。即前陳有法業已共許，不必因以成之也。

四如《理門頌》云：「有法非成於有法，及法此非成有法，但由法故成其法，如是成立於有法。」謂有法因法二俱極成，宗中之法，敵先不許，但得共許因在宗中有法之上，成不共許宗中之法，如是資益，有法義成。

然因之第一相，何以必須「遍」耶？以不遍則不能完全成立宗故。例云：

宗：人性須由教育感化。

因：因為是惡故。

此語若對主張有性善、有性惡之人說，則不能證明此宗。因彼只承認有一部分人之性為惡，非一切人如此。故因於宗必定須「遍」，此有四料簡：

是宗法而非遍

是遍而非宗法

非遍亦非宗法

是遍亦是宗法

印度學者凡研究一法，或兩相連屬之法，慣以四句例而推究之，名為料簡。此雖亦有四句，而實際僅有三句。《大疏》云：「有宗法而非遍，有是遍亦宗法，有非遍非宗法，必無是遍非宗法句。」

第一是宗法而非遍，如前例所言是也。

第二是遍而非宗法，為實際上所無，因既非宗法，則此法在有法上無有；若在一切有法上有，當然為宗法，不能為非宗法。

第三非遍亦非宗法，如言「聲是無常，眼所見故」，但一切聲全非眼所見者。故唯有第四句是遍亦是宗法，方能完全成立此宗。

二者同品定有性：即因與同喻之關係。同品者相似之品類也。品者宗上所立之能別義（例無常），於宗之有法（例聲）外，其餘（例瓶等）事物上有如此之能別義處，謂之同品。即與宗後陳同類之事物也。雖瓶等打破義是無常，非即聲緣息義是無常，然於聲上無常相展轉少分相似，是聲無常相似品類，即名同品。《瑜伽論》言：「同類者，謂隨所有法（同喻）望所餘法（所立法），其相展轉少分相似。」❸故舉瓶為喻，但應分別是否所有作而無常，或是否常而非所作；不應分別聲無質礙，瓶有質

---

❸《瑜伽論》：「同類者，謂隨所有法望所餘法，其相展轉少分相似。此復五種：一相狀相似，二自體相似，三業用相似，四法門相似，五因果相似。」此處說「法門」相似。

礙也。同品有二：一宗同品，二因同品。

一切有此宗上所立法顯現之處，名為宗同品。
一切有此因上能立法顯現之處，名為因同品。

為使二同品易於分別，故宗之同品，簡稱「同品」；因之同品，簡稱「同法」。然何以須此二同耶？《大疏》云：「因之在處，說宗同品，欲顯其因，遍宗喻故。宗法隨因，說因同法，顯有因處，宗法必隨故。」

此同品定有性者，謂凡一切有因法相同之處，必須有此宗法顯現之處；換言之，即此所舉因，於所立宗同品法上決定要有關係也。

因明能立之目的，在宗之成立。故就同品定有性上說，實以因同品為第一要義。即凡是宗同品，乃兼帶有因同品。儘可一切宗同品上，有一部分非因同品，並不妨礙此宗之成立。因實際上乃以因證宗，非以宗而推測因者。故須一切因同品必定為宗同品，方為正當之同品。故云同品定有性，不云同品遍有性。蓋一切因同品，必在宗同品上顯現也。例如：「人必有死，為動物故。」此宗因中，有死之物，不必皆屬動物，故無說：「有死者皆是動物」之必要。因動物外草木等亦有死故。又如云：「因明學為研究哲學所必讀，以是明理之工具故。」然研究哲學所必讀者甚多，並非全是明理之工具，此於宗上並不發生關係。但凡明理之工具，必為研究哲學所必讀。此正為宗上主要之原因。而同品所以不必遍有，然而須要定有。

此明因與後陳宗依之結合，正在因與同喻有關係之同品定有性也。可知因之外延須大於有法，而法之外延更須大於因。如上述動物之範圍大於人，人僅為動物之一部故；而死之範圍則更大於動物，動物僅死者之一部耳。試舉圖以明之。

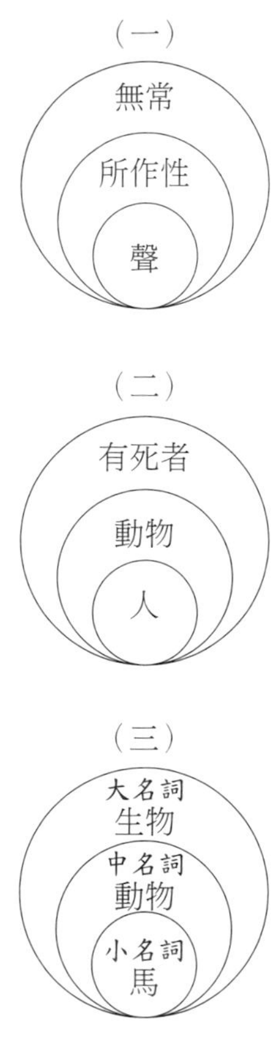

三者異品遍無性：即因與異喻之關係。前之同喻乃從正面推斷所立之宗，而異喻乃從反面而確定同喻之推斷也。凡體類不同之法，名為異品，此有二種：一宗異品，二因異品。

（一）凡與宗上所立之法不同類者，名宗異品，意以後陳宗依之範圍外，所有全體指為異品也。

（二）凡與因上能立之法不同類者，名因異品。

是宗因二異品，為異喻之本體，與宗因二同品之為同喻本體相反，《大疏》云：「然論多說宗之異品，名為異品，宗類（瓶、休）異故。因之異品，名為異法，宗法（所作）異故。何須二異？因之無處，說宗異品，欲見其因，隨宗無故。宗之無處，說因異品，顯因無處，宗必先無。」

譬如：「人必有死，為生物故。」人外之有死者為宗同品，凡生物者皆因同品。若為異喻，則不死者皆宗異品，凡非生物皆因異品。例立宗云：

宗：僧伽應守佛教之戒律。

因：佛教之僧伽故。

喻：譬如他教之僧伽。

此中不守佛教之戒律者為異喻，以彼等不守佛教之戒律（宗異品），亦非佛教之僧伽也（因異品）。

所謂異品遍無性者，謂凡舉出之因法，必在一切宗異品上完全不發現。由此可用此因以證明宗之正當，故異品須遍無。唯異品可以無體，蓋反證之理由，或為世間不可能之事實。故同品必須有依，無依則不能有事實之證明。異品可以無依，以僅為證明此宗之正當耳。異喻本以止濫，不遍止者非遮，故言遍無者，謂凡無所立宗處，必須遍無此之因法。蓋若異品中亦可有此因法，則不定過生。

《大疏》云：「難曰，言遍無性，已顯無因，宗必隨無，何須言異品？既言異品，即顯無宗，因亦隨無，何須復云遍無性也？（謂既云異品，其為遍無性可知；既云遍無性，其為異品亦可知。何須具言「異品遍無性」耶？）答：但言遍無，不言異品（濫同品遍無故），乃顯此因成相違法等（四相違過）。非離於宗，返成宗義（謂既非離於宗，亦非返成宗義）。但言異品，不言遍無，亦顯此因成不定等，非定成宗（無常）。今顯此因，定成於宗，同品定有，於異品上決定遍無，故說異品遍無性也。」茲以四句分別之：

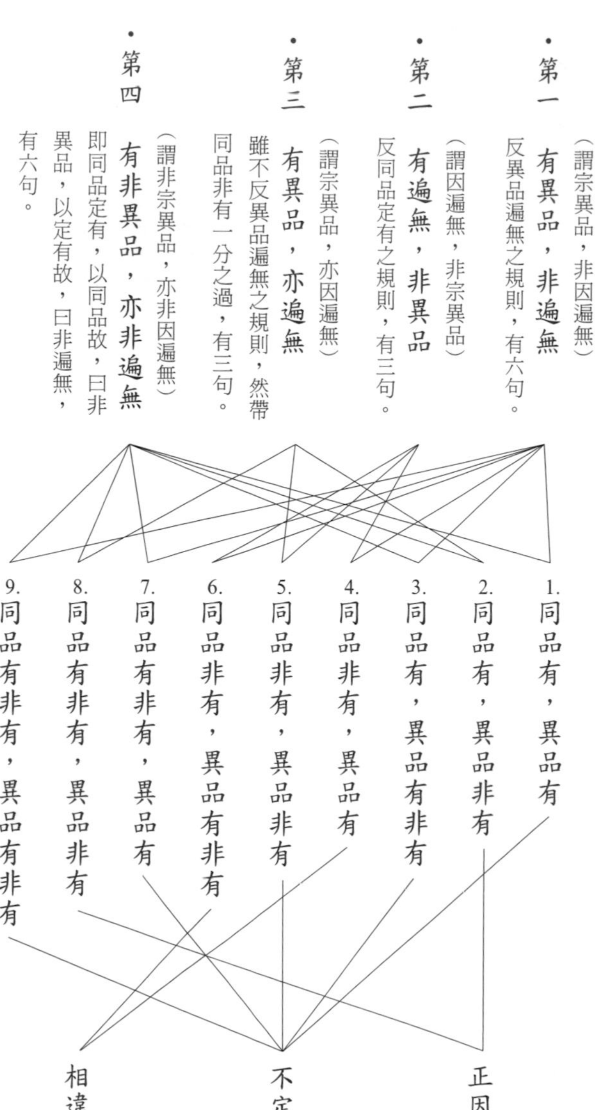

‧第一　有異品，非遍無
（謂宗異品，非因遍無）
反異品遍無之規則，有六句。
‧第二　有遍無，非異品
（謂因遍無，非宗異品）
反同品定有之規則，有三句。
‧第三　有異品，亦遍無
（謂宗異品，亦因遍無）
雖不反異品遍無之規則，然帶同品非有一分之過，有三句。
‧第四　有非異品，亦非遍無
（謂非宗異品，亦非因遍無）
即同品定有，以同品故，曰非異品，以定有故，曰非遍無，有六句。
1. 同品有，異品有
2. 同品有，異品非有
3. 同品有，異品有非有
4. 同品非有，異品有
5. 同品非有，異品非有
6. 同品非有，異品有非有
7. 同品有非有，異品有
8. 同品有非有，異品非有
9. 同品有非有，異品有非有
正因
不定
相違

《大疏》：「如上所說諸句料簡，自句他句皆無過者，正因所攝。當句之中雖無其過，他句有過，故應如前一一分別。初三句中，唯第三句少分正因，餘皆有過。為簡彼過，故說異品遍無性也。」

自九句因觀察之，異品雖可有遍無，遍無亦可是異品；然不能肯定為遍無者必異品，異品者必遍無也。可知單言異品或單言遍無者，其意義皆不完全也。

復次前之同品定有，不單稱「同品」或單稱「定有」❹，而必須具稱同品定有性者，亦有四句分別：

有同品非定有（謂宗同品非定有因，即九句中「中三句」是。第四第六相違過收，第五不共不定。）

❹《因明入正理論疏》卷一：「問：言定有性，已顯有因，宗必隨逐，何須言同品？既云同品，即顯有宗，因必隨逐，何須復云定有性也？答：但言定有，不言同品，乃顯此因，成義不定，非定成宗。但言同品，不言定有，亦顯此因，成相違法等，非本宗義。」

有定有非同品（謂定有因非宗同品，於九句中，除二五八，餘六句是。四六相違，餘四不定。）

有亦定有亦同品（謂是宗同品亦定有因，九句中除中三句，初後三是。實若無過，唯取二八以為正因。）

有非同品亦非定有（謂非宗同品亦非定有因，即異品遍無性，於九句中，二五八所攝，二八正因，第五不定。）

此初三句內，唯第三句少分正因，餘皆有過。為簡過句，顯自無過，故說同品定有性也。

己四別釋又分二：庚初問，二答。

庚初問

云何名為同品異品？

此問，次釋，何故不徵釋初相，而獨徵釋二相？謂同品異品各分為二。即宗同異與因同異。今說宗同異，恐濫於因同異，故遍問之。初相無此分別，故不須簡。

庚二答又分二：辛初同品，二異品；辛初同品又分二：壬初總出體，二別指法。

壬初總出體

謂所立法均等義品，說名同品。

此出同品之體。《大疏》云：「所立法者，所立謂宗，法謂能別，均謂齊均，等謂相似，義謂義理，品謂種類有無法處。此義總言：謂若一物有與所立總宗中法，齊均相似義理種類，說名同品。」所謂同品，但取少分相似，非指一切。如立聲無常宗，但取瓶上有無常性，即名同品。所謂齊均相似，意謂彼法有與此法平等相似之義，即可名同品，非謂聲之氣散無常與可聞不可見，亦欲瓶之氣散無常可聞不可見也。以立敵所諍者為聲上之有無常性，非強有法亦欲相似。故不說與所立有法相似種類，取為同品。如聲之有法，不同於瓶，蓋聲不可燒而瓶可燒，但取其無常性為同品耳。

壬二別指法

如立無常，瓶等無常，是名同品。

此指同品之法。謂如立聲是無常，但取瓶等之無常，即名同品。《大疏》云：「此立宗中陳無常法聚名宗者，瓶等之上亦有無常，故瓶等（釋正□是字）聚（無常聚），名為同品。其中但取因成法聚（簡虛空上無我，不得為同品），名為同品。」

辛二異品又分二：壬初總出體，二指別法。

壬初總出體

異品者謂於是處無其所立。

此出異品之體。《大疏》云：「處謂處所，即除宗外餘一切法，體通有無（有喻依無喻依）；若立有宗，同品必有體。所以前言均等義品。異品通無體（通無所依），故言是處。所立謂宗不相離性。謂若諸法處，無因之所立（不相離性），即名異品。」異品亦但取少分不相似義。謂無所立之宗，即名異品，非遍無一切。如無常宗中有無我義，不欲異品法中亦離此無我也。同品言均等，以體之有無，必與宗體相同。異品本以止濫，體通有無。故但云是處無其所立，不必定隨宗體而有無也。如無常詮宗，同品瓶必有體，方生敵證之智。異品虛空，不必定有體也。

壬二指別法

若有是常，見非所作，如虛空等。

此指異品之法。《大疏》云：「如立其無常宗，所作性為因。若有處所，是常法聚，見非是所作，如虛空等，說名異品。」如空等者，此舉喻依，以彰喻體，標其所依有法，顯能依之法非有。等者，等取隨所應宗涅槃等法。

《大疏》云：「問：如立無常，龜毛無彼常住之相，亦名無常；於一切時性常無故，亦得名常。何故不立非同異品（謂於同品異品之外，再立第三非同非異品）？答：聲言無常，性是滅義所作性者，體是生義。龜毛非滅（無生故），亦非有生（無滅故），既無所立（無常所立），即入異品。故喻唯二，更無雙非。」

己五示法又分三：庚初舉兩因，二成三相，三顯所成。

庚初舉兩因

此中所作性；或勤勇無間所發性。

此示法也。此中者於此所說因義之中雙舉兩因故。所作性者，因緣所作，彰其生義。勤勇無間所發性者，謂勤策善染無記等諸心所，擊臍輪等風乃至展轉擊動咽喉唇舌等，勇銳無間之所發顯。所作者，指一切聲言。勤勇者，指內聲言。

《大疏》云：「雙舉兩因者，略有三義：一對二師，二釋遍定，三舉二正。」

一對二師者，聲論師中總有二種：一聲從緣生，即常不滅，二聲本常住，從緣所顯，方今可聞，緣響雖息，而聲性常在。前者名聲生論師，後者名聲顯論師，二者皆主張聲為常住者也。

二師於聲之常性，各有四計。《大疏》謂：「此二師皆有一分（內聲）一切（內外聲）內（有情）外（非情）異性，一體多體，能詮別故。」今佛弟子對聲生論，立聲無常，所作性因，便具三相；對聲顯論，立聲無常，所作性因，隨一不成。彼不許故，他隨一不成。若言勤勇為因，便具三相，可成無常之宗。若對聲生論立一切聲皆是無常，勤勇為因。宗法非遍，兩俱不成。以敵者立者皆不許勤勇因能成外聲是無常故。今言若對聲生，說所作因；若對聲顯，說勤勇因；又立內外聲皆無常，因言所作；若立內聲，因言勤勇，俱具三相。故文中雙出二因，以對敵有別也。

二釋遍定者，無常之宗，立所作因，則三相皆遍，同品電瓶俱有所作性故。立勤勇因，則同定餘遍，瓶有（屬勤勇）電無（屬所性）故。顯順成宗，同定亦得，故舉二因也。

三舉二正者，所作因為九句中之第二句，勤勇固為九句中之第八句。陳那說二，俱是正因，具三相故。以狹因可成寬宗，雖同品非遍，三相具故；寬因必不能成狹宗，異品非遍無，不定過生故。今以二八為正因，故並舉之。

庚二成三相

遍是宗法，於同品定有，於異品遍無。

此顯成三相。謂如上所說生顯二因，皆具三相，故為正因。

庚三顯所成

是無常等因。

此顯因所成。《大疏》云：「等者，等取空無我等。此上二因，不但能成宗無常法，亦能成立空無我等。隨其所應（意許之意），非取一切。」意謂等取無我及空之別義尚可；若等取苦，於理有未當也。蓋若以所作因，亦能成立聲是苦宗，以有漏法苦集二諦為其同品，以無漏法滅道二諦為其異品，所作性因於其異品一分上轉，應為不定。此所成聲之苦，可作不定云：為如於瓶所作性故，體是苦耶？為如自宗道諦等法所作性故，體非苦耶？此所作性因，於同品有，異品有非有，故為不定。

《大疏》云：「故瑜伽說同異喻云：少分相似（同喻），及不相似（異喻），不說一切皆相似（同喻），一切皆不相似（異喻），不爾（謂若不取少分而取一切義者），一切便無異品。」又云：「因狹（所作；勤勇）若能成立狹法，（無常）其因亦能成立寬法（無我寬宗）。同品之上，雖因不遍，於異品中定遍無故。因寬若能成立寬法（無我寬宗），此（所量性因）必不能成立狹法（無常狹宗）。於異品有，不定過等，隨此生故。」此可以四句例明之。

狹因能成立狹宗：如內聲無常，勤勇發故 ╲
狹因亦能成寬宗：如人必有死，為動物故 —— 無過
寬因能成立寬宗：如人必有死，為生物故 ╱
寬因不能成狹宗：如聲是無常，所量性故 —— 不定

戊三示喻相又分三：己初標舉，二列名，三隨釋。

己初標舉

喻有二種。

梵語「烏陀訶羅諵」（Udaharaṇa），直譯為見邊。謂同異喻正反相成，極世間智見共喻之邊際。又《大疏》謂：「梵云達利瑟致案多」，亦稱見邊，當是同義異譯。此翻為喻。喻者，譬也，況也，曉也。由此譬況，曉明所宗，故名為喻。

蓋因明乃由已知以推斷未知，為一定不易之法則。喻云見邊，謂以共同曉喻之法，以極顯因之後二相。三支作法，宗出其義，因正能立，喻以助顯於因，故喻亦為因分。

無著釋云：「立喻者，謂以所見邊（喻），與未所見邊（宗），和合正說（簡似喻）。」謂從已顯了分而顯未顯了分之義也。

陳那新因明廢合結二支，但存宗因喻三支。以正反相成之喻支既舉，已知因所在處定有宗義同品；復知因所無處遍無宗義異品。則疑難已決，合結可省矣。

己二列名

一者同法，二者異法。

《大疏》云：「同者相似，法謂差別。共許自性名為有法，此上差別所立名法。今與彼所立差別相似名同法，無彼差別名為異法。」

此釋至明。謂如所作無常等，有此所作無常之屬性者，即名同法；無此所作無常之屬性者，即名異法。同喻之中：有宗同品因同品，若同喻而不具此二件，不可名真同喻。如云：「甲者乙也，為丙之故」，舉例云：「人必有死，為生物故」，則人以外之有死者皆宗同品，有生物皆因同品。反之則不死者皆宗異品，無生物皆因異品。如此舉一物之中，具乙丙之兩條件者為同喻，即有丙乙必附隨，不相離性是也。又例如：

宗：國民應守中國之法律。

因：中國之國民故。

喻：如其他非協約之國民。

此中不守中國之法律者為異喻，如與中國非協約之諸國民者是。以彼等享有治外法權不守中國之法律（宗異品），又非中國之國民也（宗異品）。

宗之同異名品，因之同異名法，前已略述。如聲是無常之量中，瓶是所作性又是無常，合有所作與無常之意義。其所作性即因同法，無常性即宗同品。故因明之喻，必具宗同品與因同法，始能於「凡所作性皆是無常」之命題下，而下「聲是無常」之斷案也。又同喻之中，以因同為正，宗同為助。如以所作之因成無常之宗云：「若是所作，見彼無常。」即有因宗必隨。異喻則以宗異為正，因異為助。如云：「凡非無常者，皆非所作性。」即宗無因不有，乃從反面以限定因之範圍也。

《大疏》云：「問：何故宗同異名品？因同異名法？答：若同異總宗（同異喻體非一），不相離性種類名品；若不同異於總宗，亦不同異於宗有法，但同異於有法之上所作（因體是一）義者，名之為法（此云多法名品，一法名法，以總宗之體非一，而因體是一也）。又此所作非總所立（唯為喻所立故），不得名品，名之為法。宗總所立（因喻所共成故），遂與品名，能所異故（宗局於所立名品，因通能立所立名法）。又因宗二，同異名法，別同異名品。此同異二（宗與因同異俱），故名為法。次下二因同異，及上宗同異，並別同異，故皆名品（此明總同異名法，別同異名品。

是即因之同異亦云品，宗之同異亦云法也）。」上下品法互稱，此中後釋，雖違問意，然實為正。凡同喻無宗同品者，有所立不成之過；無因同品者，有能立不成之過；無宗因二同品者，有俱不成之過。凡異喻無宗異品者，有所立不遣之過；無因異品者，有能立不遣之過；無宗因二異品者，有俱不遣之過。詳說於後。

己三隨釋又分二：辛初牒顯，二別指。

辛初牒顯

同法者，若於是處顯因同品，決定有性。

同法牒名，餘總顯。《大疏》云：「處謂處所，即是一切除宗以外有無法處。顯者，說也。若有（瓶等）無（龜毛）法，說與前陳因相似品，便決定有宗法（無常）。此有無處，即名同法。因者即是有法之上共許之法。若處（喻）有此（因），名因同品。所立之法，是有法上不共許法。若處有共因（即共許之因所作），決定有此不共許法（無常），名定有性。以共許法成不共故。」例云：「鐵遇熱必膨脹，為金屬物故」，「凡金屬物者皆遇熱而膨脹，譬如銀。」此「如銀」之喻中，具有金屬物與膨脹之二法。其共許之金屬物即因同品，故有因同品之處，則定有與因俱有之不共許宗法隨之也。《大疏》謂此中正取因之同品，由有此故，宗法必隨；故亦兼取宗之同品，合名同法。

因同品與決定有性究有如何之連帶關係，《大疏》曾設問答作歸納云：「問：顯因同品，宗法必隨，何須復言決定有性？言決定有性，因必在宗，何須復言因同品？答：⑴唯言因同品，不說定有性，即九句中諸異品有，除二五八餘六句是。相違（第四、第六句）不定（第一、第三、第九句），二過所攝，異喻亦犯能立不遣（異品有故）。⑵若言定有性，不說因同品，亦即是九句中同品非有，四五六是。相違（四六句）不定（五句）亦二過攝，同喻亦犯能立不成（同品非有故）。⑶若非因同品亦非定有性，即九句中異品非有，二五八是。正因（二八句）不定（五句）二種所攝，即同喻亦犯俱不成過（此乃喻過，非因過。非因同品，即喻中能立不成，非定有性，即喻中所立不成。如立聲常，無礙為因，瓶為同喻，常無礙二義，瓶皆無故，曰俱不成）。⑷若顯因同品亦決定有性，即九句中同品亦有句，除四五六，餘六句是。正因（二八句）不定（一二七九句）二種所攝。異品無過，正因所攝。異品有過，不定所攝。異喻或有一分全分能立不遣（一七句全分不遣，三九句一分不遣）。此同異喻所犯諸過，或自或他，或全分或一分，隨其所應，皆應思惟。為遮前三句及第四少分所說過失，顯第四句少分為正，必須雙言顯因同品決定有性。」四句列表如左：

一、非宗同品，唯因同品（非宗同品即異品，唯因同品即定有）：異品定有。

二、唯宗同品，非因同品（唯宗同品即同品，非因同品即非有）：同品非有。

三、非宗同品，非因同品（非宗同品即異品，非因同品即非有）：異品非有。

四、亦宗同品，亦因同品（亦宗同品即同品，亦因同品即定有）：同品定有。

辛二別指

謂若所作，見彼無常，譬如瓶等。

此別指法。《大疏》云：「如立聲無常宗，所作性因，瓶為同喻。此中（新師）指法，以相明故（以義相明之），合結總陳。」

古師於三支之外，別立合結。新師則於同喻義相之中，兼取合結之義。「若是所作，見彼無常。」合也。「譬如瓶等」，結也。謂諸有生處（所作），決定有滅（無常），母牛去處（比所作因），犢子必隨（比無常宗），因有之處，宗必隨逐。此為合也。若有所作，其敵證等，見彼無常，如瓶等者，舉其喻依有法（有體法），結也。前宗以聲為有法，無常所作為法。今喻以瓶等為有法，所作無常為法。正以所作無常為喻（喻體），兼舉瓶等喻依，合體依二者始具。等者，等取餘罌等瓦器之物也。

古因明謂瓶為同喻體，空為異喻體，故三支中，因不是喻。新因明謂因三相實有喻在內，故古因明家駁新因明學說：若因三相即有喻，則因明豈非僅有宗因二支耶？新因明家辯曰：雖喻即因，但文字上第一句僅能表示遍是宗法性，故必須以文字將第二第三相表出，一方可謂之合；再舉一二事實如瓶空等，即為喻依，一方則謂之結也。若不說明宗法與因法之關係，而憑空說出此事實，究不能證明是非。若瓶空為喻體，則瓶為泥土之物可見可觸，而聲不然；空乃不可見不可觸，而聲卻又如此。若不說明以何為同，以何為異，則自難免誤會。若以文字將第二第三相叙明，則古因明之合結二支，便可省矣。

茲引《大疏》之文證之：「古因明師因外有喻。如勝論云：聲無常宗，所作性因，同喻如瓶，異喻如空。不舉諸所作者皆無常等，貫於二處（宗喻），故因非喻。瓶為同喻體，空為異喻體。陳那已後，說因三相攝二喻。二喻（喻體）即因，俱（因喻）顯宗故。所作性等，貫二處故。古師難意：若喻亦是因所攝者，喻言應非因外異分，顯因義故。應唯二支，何須二喻？陳那釋云：事雖實爾，然此因言，唯為顯了是宗法性，非為顯了同品異品有性無性。故（謂因雖攝二喻而言外）須別說同異喻言。意答：喻體實是因爾，不應別說。然立因言，正唯為顯宗家法性是宗之因，非正為顯同有異無順返成於所立宗義。故於因外別說二喻。顯因有處，宗必隨逐，並返成故，令宗義成。」

庚二解異又分三：辛初牒顯，二別指，三釋成。

辛初牒顯

異法者，若於是處，說所立無，因遍非有。

異法者牒名餘總顯。《大疏》云：「處謂處所，除宗已外，有（空）無（龜毛）法處。謂若有體若無體法，但說無前所立之宗（宗異品），前能立因亦遍非有（因異品），即名異品，以法異故（虛空上之凡常住皆非所作之不相離性與聲上異也）。二俱異故（空之常與非所作與聲之無常所作異也）。」

例如：聲是無常，所作性故。此中法上之非無常（即常住）者，必非因之所作性，此異品之必要點也。

《大疏》云：「何故所立不言遍無，能立之因言遍非有？答：宗不成因，不言遍無。因成宗故，言遍非有，因不遍無，便成（九句中異品有攝）異法❺，不定相違種種

❺《理門論》云：「宗無因不有，名為異法。不云因，無宗不有，名為異喻。然此不欲別成異法。故先無宗，後方無因。」

過起。宗之所立，其法極寬。如聲無我，空等亦有（空聲俱有無我性，是通常無常，故曰極寬）。若異皆無，都無異品；如空等言，便徒施設。故知但無隨應少分因之所立（無常），即是異宗，非謂一切皆遍非有。」

所立無與因遍非有之必然連帶關係，《大疏》又設問云：「問：說所立無，因已非有；何須復說因遍無耶？說因遍無，已無所立；何須復說所立宗無？答：⑴但言所立無，因不遍非有。即九句中異品有攝，除二八五，餘六句是。異喻亦犯能立不遣。⑵若言因遍非有，不說所立無，即九句中同品非有攝，四六五是，同品亦犯能立不成。⑶若非說所立無，亦非因遍非有，即九句中同品有句，除中三句餘六句是，異喻亦犯俱不遣過。⑷若說所立無，因亦遍非有，即九句中二五八是，二八為正，第五不定，同喻或犯俱不成過。他句有過，故此有過。不爾，非有過收。此中諸過，或自或他，或全或分，隨其所應，準前思作。第四句少分為正，餘皆有過。為遮此等，必須雙言說所立無因遍非有。」四句列表如左：

一、唯宗異品，非因異品（唯宗異品即異品，非因異品即定有）：異品定有。

二、非宗異品，唯因異品（非宗異品即同品，唯因異品即非有）：同品非有。

三、非宗異品，非因異品（非宗異品即同品，非因異品即定有）：同品定有。

四、亦宗異品，亦因異品（亦宗異品即異品，亦因異品即非有）：異品非有。

辛二別指

謂若是常，見非所作，如虛空等。

此指別法。《大疏》云：「如無常宗，是常為異。所作性因，非作為異。返顯義言：於常品中既見非作；明所作者定見無常。同成宗故，先因後宗（同喻合作法）；異法離前，宗先因後（異喻離作法）。若異離中，因先宗後，如言非作，定是常住，翻成本來非諍空常住，非是離前成於無常之宗本義也。若成常住，便犯相符，舊已定宗，今成立故。同既成立先因後宗，異既離前，隨宗先後，意欲翻顯前成立義。今者宗無因既不轉，明因有處宗必定隨。異但說離，離成即得，必先宗無後因無也。」

茲就陳那建立之合作法與離作法試明之。

【同喻合作法】

甲者乙也。　　聲是無常。

為丙之故。　　所作性故。

凡為丙者皆是乙，譬如丁戊等。　　凡所作者皆是無常，譬如瓶等。

此中「凡為丙者皆是乙」者，乃在喻依之先，以和合因與宗而出之一命題也。蓋在同品，以因同為正，宗同為助，由此而產生先因後宗之規則也。

【異喻離作法】

甲者乙也。　　聲是無常。

為丙之故。　　所作性故。

凡非乙者皆非丙，譬如己庚等。　　凡非無常者皆非所作，譬如空等。

舉異喻之先，以結合異品設立命題為必要。蓋在異品乃以宗異為正，因異為助，由此而產生先宗後因之規則也。故完全之因明論式如左：

甲者乙也。

為丙之故。

凡為丙者皆乙，譬如丁戊等。

凡非乙者皆非丙，譬如己庚等。

若不依此規則，於同喻不立合作法，則有無合之過。於異喻不立離作法，則有不離之過。又同喻中若倒轉「凡為乙者皆丙」，則有倒合之過。異喻中若有倒轉「凡非丙者皆非乙」，則有倒離之過。後當明之。

然嚴密言之，所謂「凡為丙者皆乙」，乃為邏輯之慣用術語，雖可除不定過，然既曰「凡」曰「皆」，則宗上之「有法甲」與「法乙」，亦已概括於凡皆之內，非以已知成立未知之正當推論。蓋吾人既未能盡知全宇宙中一切為丙之物如諸有所作性者，安知所作者不或有常耶？既未盡知全宇宙中諸是常者，安知是常者不或有所作性耶？於於因可有不定過。在因明慣例上則不用「凡皆」之汎詞，而曰：「若是所作，見彼無常」，言若言見，故無斯過。蓋言：若是某某，見彼某某，如某某等之喻；有此如某某等為實證，復有若是某某，見彼某某以為推論，實具有論理學之演繹歸納二法之原理而連貫之，故成為真正以已知而推未知之定律。

【因明三支式之一】

宗：聲是無常。

因：所作性故。

喻
- 同喻：若是所作，見彼無常，譬如瓶等。
- 異喻：若是常者，見非所作，如虛空等。

【因明三支式之二】

宗：聲是無常。

因：所作性故。

喻
- 同喻：諸所作者，見彼皆無常（同理喻），譬如瓶等（同事喻）。
- 異喻：諸非常者，見彼皆無所作（異理喻），如虛空等（異事喻）。

辛三釋成

此中常言，表非無常；非所作言，表無所作。如有非有，說名非有。

此釋成義，顯異喻雖無所依，亦成第三相之義，為正因所攝。《大疏》云：「因明之法，以無為宗（宗無體時），無能成立（同喻雖無事喻，亦能成立），有無皆異（有無事喻皆可，不相妨也）。」茲將同異喻之作用差別比較如左：

一、同喻之合作法必先因後宗；異喻之離作法必先宗後因。

二、同喻以因同品為主，宗同品為助；異喻以宗異品為主，因異品為助。

三、同喻在有體論法，必舉事喻之物體；異喻雖在有體論法，只以理喻為足，而事喻則不必要。

前二規則，前已述及。茲略明第三之理。依論法之性質，事喻之有無則無一定；

唯理喻不問如何論法必不可缺。即因喻在無體之宗，其理喻如已確實，卻以無事喻之物體為正。至有體之宗，理喻事喻，當然具足，不能缺一。

一無體宗，如佛徒對耶徒立量云：

獨一神必非存在。

無理論實驗之證明故。

如事火外道之信仰火神（同喻），又如物質（異喻）。

此無體之宗，同喻上只有理喻，而無事喻之物體，以事火外道之信仰火神無實在故。然於異喻之處，則理事二喻皆完全有也。

二有體宗，如物理學家立量云：

甲物必有引力。

以屬物質之範圍故。

譬此乙丙之物質等。

此有體之宗，同喻中理事二喻，悉皆具足。蓋「凡屬於物質之範圍者，皆有引力」，此理喻既存在，同時並舉有乙丙等事物可證故也。然此論式「凡無引力者皆非屬物質之範圍」之異喻中，理喻難可存在；但萬物中尋其物體，實不能得。故僅存理喻，已足反證凡物之必有引力，而無事喻之必要也。

若同喻中，宗有體則喻亦須有體，宗無體則喻亦須無體。蓋同喻性質，順因成宗。若在異喻，宗有體時，無體亦可。蓋異喻之性質，只在制因之濫用，非順因成宗也。

大抵「有體」用於立量，「無體」用於破量。即於用詞上遮表立遣，以別所詮法體之有無也。可成四式如左：

有體宗
- 一聲是無常　　有法之聲有體，能表無常表立。
- 二眼等識非異熟心　　眼等識有體，非異熟心遮立。

無體宗（此但破量）
- 三汝我有用應無常　外執之我無體，能別無常表立。
- 四真性有為是空　真性有為無體，能別之空表遣。

事喻
- 同品有體（宗有體）
- 同品無體（宗無體）
- 異品有體（宗有體或無體）
- 異品無體

同異相例難

《理門論》中，於此二喻而設難言：謂何緣第一說因宗所隨，第二說宗無因不有，不說因無宗不有耶？即何不以同例異，先宗後因，說無常皆是所作；而言諸所作者皆是無常，說有因處宗所隨逐？又何不以異例同，先因後宗，說非所作者皆見是常，而言若有是常見非所作，說宗無處因亦隨無？

彼論答云：由如是說能顯示因，同品定有，異品遍無，非顛倒說。即彼頌言：

應以非作證其常　或以無常成所作　若爾應成非所說　不遍非樂等合離

初三句答所作遍因，後一句答勤勇狹因。同喻先宗後因，異喻先因後宗，返覆相例俱為不可。

若以離類合先因後宗，而云非所作者皆是常住，即應以非所作因自證常住，非離先立先宗後因。若許爾者，即應成立非本所說無常之宗。又空常住，立敵本成，若今更立，犯相符過。既非本諍，翻乃立常，由此故言，若爾應成非本所說。

若以合類離先宗後因，而云諸無常者，皆是所作，即應以無常成所作性，非以所作成宗無常。若許爾者，即應成立非本所諍無常宗義。

彼許聲所作非無常，許瓶所作亦無常，舉瓶所作既無常，類聲所作亦無常，不欲成瓶所作無常，何得別以無常成所作。第四句釋勤勇因亦為不可，言不遍者，若以離類合先言若非勤勇所發定是常住，電非勤發而非常住。非勤因寬，常住宗局，局宗不遍常住寬因，即應以非勤發成其常住。若爾應成非本所說。

若以合類離先言諸無常者，皆勤勇發，電等無常非勤勇發。無常因寬，勤勇宗狹，宗狹因寬，亦是不遍。若亦許爾，應成非本所諍之說。其非樂者，此不遍因，應別有成立不愛樂宗。謂若以離類合言諸非勤發皆常住者，空非勤發，可是常住，電非勤發如何皆常？此因既於異品中有，即成不定，便為成立電等常住不樂之宗。

又若以合類離言諸無常者皆是勤發，瓶等無常則是勤發，電等無常如何勤發？此勤發因亦於異品中有，還成不定。既以無常成立電等而是勤發，還非所樂。由此合離二等相例，咸為不可。但應合離同異，如我所說。（見《大疏》卷四）

此中常者，但遮無常。非所作言，唯遮所作。蓋因明法，凡是遮詞，但遮非彼，不立何義。故非別立一常住非所作法為宗。如有非有，說名非有者，有者大有性也，即有法；非有者能別也。說名非有者，即遮有性，更無別所詮也。《大疏》釋云：「恐說異喻，遮義不明，指事為例。……如勝論師，為其五頂不信有性，實等外有。遂立量云：有性非實非德有業，有一實故，有德業故，如同異性。陳那破云：此因有有法自相相違。謂有性應非有，有一實故，有德業故，如同異性。此引陳那有非有言（謂非有者僅遮有性，更無別詮），豈言非有，別有所目（自體）？一向遮有，故言非有，常等亦爾（等及非所性）。一向遮無常及所作性故。非有所目。」

因明舉喻，原有具陳略陳之別，隨機應用，神而明之，存乎其人。《大疏》引《理門論》問云：「為要具二譬喻（同異）言詞，方能成立。為如其（所作勤勇等）因但隨說一？（此問二喻，為要具說二，方能成立，成立所宗；為如所作勤勇二因，但隨說一，即能成立，成立所宗？）答：若就正理，應具說二。由是具足顯示所立不離其因，以具顯示同品定有，異品遍無，能正對治相違不定（由具顯二，故能顯示宗不相離因，亦顯宗因同品定有，異品遍無。二喻既足，故能正除相違不定。相違不定二相過故。相違之因同無異有；不定之因，二有二無。故說二喻具以除二過）。若有於此一分已成，隨說一分（兩喻之中，隨解其一喻，各一分）亦成能立（謂於二喻，有已解同，應但說異；有已解異，應但說同，不具說二亦成能立）。若如其聲，而義（所作無常）同許，俱（二喻）不須說（聲謂有法，所作性因，依此聲有。若敵證等聞此宗因，如其聲上兩義同許，即解因上二喻之義，同異二喻俱不須說。或立論者已說一喻，義準顯二，敵證生解，但為說一）。」

此上意說二俱不說，或隨說一，或二具說。隨對時機一切皆得。

論式之組織，若期其完善，自必具宗因喻三段，而喻中又必舉同異二喻，同異喻中又必有事理之別，一一皆須言表。然因明重在實用，以悟他為主，但使對方解了自宗之義，已達立者之目的。故有時出一宗體，初陳因義，敵即達我所宗，則不陳二喻，亦無妨也。要之此必立敵二者智辯敏捷，如龍樹出缽水示其智之圓，而提婆投針便極其底。故若欲刪繁就簡，僅出事喻，亦可成立。而合作法離作法之命題（理喻）則可省略也。如常例言：聲是無常，所作性故，譬如瓶等；或如虛空。已成比量，有時並二喻亦省之也。

丁三總結簡釋又分二：戊初結成前，二簡同異；戊初又分二：己初總結成，二別牒結。

己初總結成

已說宗等如是多言，開悟他時，說名能立。

解能立中，此總結成前也。《大疏》云：「若順世親，宗亦能立，故言宗等。宗因喻三，名為多言。立者以此多言開悟敵證之時，說名能立。陳那已後，舉宗能等，取其所等一因二喻，名為能立。宗是能立之所立具，故於能立，總結明之。」具者，作具。由先有宗，因喻方成。若先無宗，能立於何？由此稱宗名為立具。即八囀聲中之第三具聲之義。

己二別牒結又分四：庚初牒前宗後指法，二牒前因後指法，三牒前同喻後指法，四牒前異喻後指法。

庚初牒前宗後指法

如說聲無常，是立宗言。

謂如有能立聲是無常者，是即立宗之言。

庚二牒前因後指法

所作性故者，是宗法言。

《大疏》云：「此中所作性者，是宗之法能立因言。由是宗法，故能成前聲無常宗，名為因也。有故字者，前無（前明因三相宗中無故字）今有，顯立因法，必須言故。不爾，便非標宗所以。前略指法，由此略無。前指法中，指示二因，今牒唯一。前者欲顯同品定有，餘二言遍，三相異故，別顯二因（勤勇因同品瓶有電無，而不為遍；所作性因，同品遍有，故言別也）。今略結指，故唯牒一。」

庚三牒前同喻後指法

若是所作，見彼無常，如瓶等者，是隨同品言。

《大疏》云：「謂若有所作因，見有無常宗，猶如瓶等，是無常宗隨因所作同品（合作法）之言。雖所作因舉聲上有以顯無常，無常猶未隨所作因。所作因通聲瓶兩處，名因同品。今舉瓶上所作故無常，顯聲無常亦隨因同品，義決定故。……問：敵者不解聲有無常，何得以瓶而為同品？答：兩家共許所作同故，因正同品。立者所立本立無常，故舉於瓶為宗同品，亦無過也。」

庚四牒前異喻後指法

若是其常，見非所作，如虛空者，是遠離言。

《大疏》云：「若是其常，離所立宗；見非所作，離能立因；如虛空者，是異喻依。此指於前宗因二濫，名遠離言（離作法）。遠宗離因，或通遠離。或體疏名遠，義乖名離。與能所立體相疏遠，義理乖絕，故名遠離。問：何故但離宗之與因，不能離喻？答：別離宗因（即舉異品之喻體），合則離喻（即離同品之喻體）更不別說。然同成宗，故必須體（喻所依之體），今以止非（異喻但止濫），不須異性（無喻所依亦無妨礙）。」

問：「何故但名異喻，不名異宗因耶？」答：「喻有二法，宗因各一，但總名異喻，即合異宗因，故不別說。」

戊二簡同異

唯此三分，說名能立。

此簡新因明與古因明能立之同異也。《大疏》引《理門論》云：「又比量中，唯見此（因）理，若所比處（宗有法）此（因）相審定（遍是宗法性），於餘同類（瓶等），念此（因）定有（同品定有性）；於彼（宗）無處，念此（因）遍無（異品遍無性），是故由此生決定解，即是此中唯舉三能立。」此顯因之三相，因一喻二，由此三分於所立宗，生決定解，故曰唯此三分，簡與古師不同。蓋諸外道等立審察支，謂立敵皆於未立論前，先生審察，問定宗徒，以為方便，言申宗致。而《集量》破云：由汝父母生汝身故，方能立論；又由證者語具床座等方得立論，皆應名能立？又古師所立合結二支乃至八四三等能立支，皆非親勝，陳那不說，故言有異也。

以上真能立之梗概，略述已竟；下明似能立。

丙二明似能立又分二：丁初別解似，二結非真；丁初又分三：戊初解似宗，二解似因，三解似喻；戊初又分二：己初牒己說有過非真，後隨標似列指釋結。

己初牒己說有過非真

雖樂成立，由與現量等相違故，名似立宗。

謂因明立宗雖以隨自樂為所成立性，若己說與現量等相違，則成似宗。《大疏》云：「樂為有二：一當時樂為（謂立者當時樂為今成立故，不可更成立），二後時樂為（謂由現量等相違故，後時樂為，更可成立），前樂為當時之所樂。似宗所立，後時樂為（後時既可再樂為立宗，於當時必有過故，名似立宗）。故樂為言，義通真似。前將當時之樂，為簡非當時之所樂。故似宗等，非是真宗。」

似宗九過中後四不成過，陳那不說，唯說前五相違，以能別不成，即因中之不共不定及喻中之所立不成。所別不成，即因中所依不成。俱不極成，即合前二過。相符極成，既言義相符，便非立宗之意，如何論過？猶如不受戒之人，談不到持戒破戒。

故陳那不立後四。

《大疏》云：「陳那唯立此五，天主更又加餘四。若依結文，或列有三：初顯乖法（五相違），次顯非有（能別所別及俱不成），後顯虛功（相符）。」

天主以能別等三，雖過通因喻，然實宗過，以所依非極，故重加之。因中既有不共等過，喻又有能立不成。因有異品遍轉異品一分轉等過，喻中又有能立不遣。因喻之過既各別說，因與宗過亦應如是。況宗乃以能別所別互相差別不相離性為宗，若能別所別皆不極成，則誰與誰不相離耶？若無此三，則宗依之極成不極成便無定準。相符非宗，雖不能算過，然因中之兩俱不成既不成因，喻中之兩俱不成兩俱不遣亦不成喻。因喻既皆立過，宗亦當爾，故加相符以為宗過。

似能立之所以為過，乃因其缺乏真能立之必要條件。厥過大略有二：一曰缺過，二曰支過。茲列表如左：

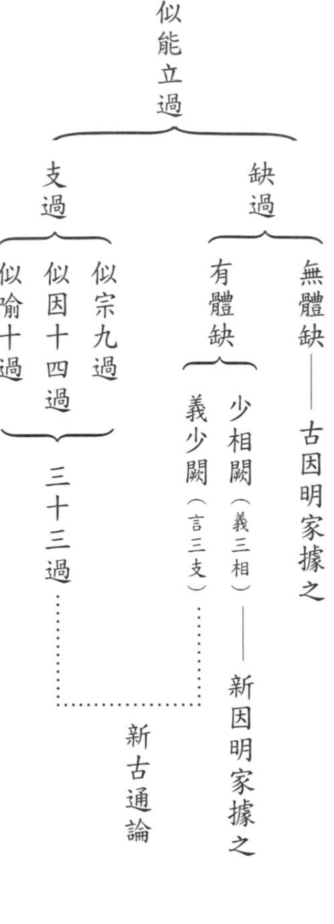

在古因明立量之命題上三支，任缺一支或全缺，謂之缺過，即無體缺。若三支雖無缺，而於各別支上生種種過者，謂之支過。謂宗有宗過，因有因過，喻有喻過是也。然新因明家以無體根本不能成立，何能論過？故必須發言之後，始能判別，名有體缺。所謂有體缺者，《大疏》云：「有體缺者，復有二種：一者以因三相而為能立，雖說因三相，少相名缺。二者因一喻二，三為能立，雖陳其體，義少名缺。」（參閱第四一四頁八門中之真能破條）因明重在支過，故舉三十三過以說明之。

己二隨標似列指釋結又分三：庚初隨標列名，二隨列指法，三隨指釋結；庚初又分二：辛初隨古列，二隨今列。

辛初隨古列

謂現量相違，比量相違，自教相違，世間相違，自語相違。

此隨古列名也。《大疏》云：「乖法有二：自教自語，雖違自而為失；餘之三種，違自共而為過。又現比違立敵之智，自教違所依憑，世間依勝義而無過，依世俗而有犯，據世間之義立，違世間之理智。自語，立論之法有義有體，體據義釋，立敵共同。後不順前，義不符體，標宗（有法）既已乖角（法），能立（因喻）何所順成？故此五違，皆是過攝。」

辛二隨今列

能別不極成，所別不極成，俱不極成，相符極成。

此四不成過，為天主所加。《大疏》云：「謂初三闕依，後一義順。若為三科，下顯非有。宗非兩許，依必極成。依若不成，宗依何立？且如四支無闕，勝軍（謂象馬車步四軍）可成。眾支既虧，勝軍寧立？故依非有，宗義不成。又此（後一）虛功，對敵諍宗，本由理返；立宗順敵，虛棄己功，故亦過攝。」

【古今因明似能立三支過數比較表】

	古師	陳那	天主	附釋
似宗	六相違 ○	五相違 ○	五相違 四不成	1.古師多一宗因相違過如立：聲是常住，以一切皆無常故。宗既說常，因忽又說無常，是名宗因相違。 2.似宗之中，陳那僅說五相違無四不成，見疏文解。
似因	二不成 五不定 四相違	四不成 六不定 四相違	四不成 六不定 四相違	1.似因之中，古師無猶豫所依不成二過，因其不能成因，亦不能成宗，即兩俱不成，隨一不成。 2.似因之中，古師無不共不定，以無異品故。陳那加之。
似喻	同喻五 異喻五	同喻五 異喻五	同喻五 異喻五	

陳那以兩俱不成及隨一不成過是決定性，猶豫是疑惑性。前二過中，所依一定成立。所依不成，是所依決定不能成立。性質不同，故分為四過，天主因之。

【宗九過列表】

過名	舉例	附釋
現量相違	聲非所聞	人皆以耳聽聲，今說非所聞，是名現量相違。
比量相違	瓶等是常	瓶等雖堅，或可保存若干年代，若說永常，以他物比量，是不可能。故曰比量相違。
自教相違	聲是常住	如勝論師立聲是常，與其自派所主張者相違，因彼宗固不言聲是常住，是名自教相違。
世間相違	懷兔非月	印度之俗皆信月中有兔（見《西域記》卷七），若與相反，難以理喻，孔子所謂不可與之言，而與之言，失言。
自語相違	我母是石女	石女乃不能生育者，今言我母，明必生子，為何又稱石女？是自語相違。
能別不極成	聲是滅壞	如佛弟子對數論立聲是滅壞，彼宗只承認聲是轉變無常，而非滅壞，是宗依能別不極成。

所別不極成	我是思	我者指神我，思指受用。如數論對佛子立我是思，思為心所之一，佛子雖許有，而不許有我故。
俱不極成	我為和合因緣	如勝論對佛子立此量，我為佛子不許，和合因緣為勝論不許，是名俱不極成。
相符極成	聲是所聞	此量人所共知，立無益處，是名相符極成。

庚二隨列指法

此中現量相違者，如說聲非所聞。

以下九過，隨一指法解釋。此中者謂簡持，唯且明一。《大疏》云：「現量體者，立敵親證法自相智（現量智）。以相（因三相）成宗，本符智（現比二智）境。立宗已乖正智（現量），令智（現比二智）哪得會真（諸法本真）？耳為現體，彼此極成。聲為現得，本來共許。今隨何宗所立，但言聲非所聞，便違立敵證智，故名現量相違。」❻

現量者乃不假推論而現見之事實。通常以五識所取之無分別境為現量；然意識中之五俱意識，亦稱現量。如自耳聞聲至達於意識，實已有多少分別之意。然因明之所謂現量乃屬廣義，而不重此心理上之作用。

現量之定義，即前「真現量」條所說之三相：一非不現見相（亦名非重緣），重緣者，即須由一事物以推知另一事物，此乃比量而非現量。二非思構所成相（亦名非猶豫），六識取境，當下了知，不待猶豫思構而得者。三非錯亂所見相（亦名非顛倒），意識取境，雖非猶豫，如夜見杌而以為人，或於一月而見多月，實不得事物之真相，亦非現量。

如云聲是所聞，乃人所共知之事實，不待推論而知者。反之，若說聲非所聞，則與事實相違，背於立敵之證智也。如云：「蛇必有足，以能行故，如犬。」蛇之無

❻《瑜伽》說有四種現量：一色根現量，二意受現量，三世間現量，四清淨現量。色根現量者，謂五色根所行境界，故知色根得為現體。

足，人所共知共見。今以能行之因，以成立有足，乃違宗之現實。蓋蛇之能行，乃利用其全身屈曲之姿勢以前進，而並非藉足以行者。若立有足，是名現量相違。

因明論法，在辯論是非，故必有自他立敵之關係。若立宗為指多數之事理，就自他而論，有四句例，即全分四句。若其中有一分錯，有一分不錯，亦有四例，是各一分四句。故一過之中，重複成為八句。每四句之中，二句是過，二句非過。茲以表明之。

【全分四句】

過名	舉例	解釋
違自現非他（有過）	勝論對大乘：同異大有，非五根得。	同異為眼觸所取，大有性為一切根所取，勝論本許為現量所得，若自云為非五根得，則有違自現量。
違他現非自（非過）	佛子對勝論：覺樂欲瞋，非我現境。	勝論謂覺樂欲瞋為我現得，佛子不許有我，主張非我現得，故違他現。
有違共現（有過）	如說聲非所聞	聲非所聞，自他現量俱違。
自他俱不違（非過）	如說聲是無常	聲是無常，自他現量俱不違。

【一分四句】

過名	舉例	解釋
違自一分現非他（有過）	如勝論立：一切四大，非眼根境。	勝論說風大及三極微，非眼根得，然地水火三麤（極微以上）可得，今說一切違自一分。
違他一分現非自（非過）	如佛子對勝論：地水火三，非眼所見。	由前之理，勝論謂麤三為眼所見，極微非眼所見，今但說三非眼所見，故違他一分之現量。
俱違一分現（有過）	如勝論對佛子：色香味，皆非眼見。	色為眼見，香味非眼見，二者共知，今說色香味，三皆非眼見，有違自他各一分現量。
俱不違一分現（非過）	如佛子對數論：自性我體皆轉變無常。	自性我體，數論執無常住；佛子則根本不許自性我體之存在。今立此量，雖違彼教，然二者皆不云自性我體，現量所得，故曰俱不違一分。

《大疏》云：「此二四句中，違他及俱不違，並非過攝。立宗本欲違害他故。違他非過，況俱不違。違自及共，皆是過收。現比量等立義之具，今既違之，無所準憑，依何義立。」

比量相違者，如說瓶等是常。

比量乃基於現量而起，若無現量，比量則不生。而現量乃於眼前要對象物之存在，其現量雖為現見之確實性，然此範圍殊狹，且乏推理之餘地，難免有錯覺之可能。故吾人欲得一事物之真實性，可從一物之前因後果或已往之經驗而推知其當然與必然，是名為比量智。比量智較現量智為廣，故因明之論法，亦獨稱為比量。

《大疏》云：「比量體者，謂敵證者，藉立論者能立眾相而觀義（宗義）智。宗因相順，他智順生。宗既違因，他智返起。故所立宗，名比量相違。此中意言：彼此共悉瓶所作性，決定無常。今立為常，宗既違因，令義乖返，義乖返故，他智異生，由此宗過名比量相違。」

所謂比量相違者，乃立宗之法與吾人之推論互相矛盾也。如云：「人必永生，為生物故。」以吾人之知識經驗，皆知一切生物有生有死，無有能永生者；若如此立宗，反令敵者於宗上生相違之智，而反生「人必有死」之念，此則比量之相違也。

比量相違就自他比例，亦有全分四句與一分四句。

【全分四句】

過名	舉例	解釋
違自比非他	勝論立：和合句義，非實有體。	勝論依比量，主張和合句義，實有體故。
違他比非自	小乘對大乘立：第七末那定非實有。	末那為第六識所依，由有意識，比知有末那，除佛為現量知。
違共比	如立瓶常	解如論文所釋。
不違共比	如立瓶是無常	可就違共比之例反知之。

【一分四句】

過名	舉例	解釋
違自一分比非他	勝論對佛徒立：我六句義皆非實有。（即非比量所知）	勝論說前五句義現量所得，和合一句，比量知故。又如佛子對耶徒立：凡此世修善者，全升天堂。亦此過攝，以佛有三世因果故。
違他一分比非自	大乘對薩婆多（一切有部）說十色處定非實有	有部說五根，除佛以外，皆比量得故。如性宗對相宗立：一切眾生皆能成佛。相宗說無種姓者，不得成佛。

違共一分比	明論（吠陀）師對佛法立：一切聲是常。	明論自說明論之聲為常，除此餘聲，彼說體是無常。又如科學家說：一切星球皆不動，然星球有動（行星）有不動者（恆星）。
不違共一分比	如說五蘊皆無我	此色受想行識五蘊一一無我，人人可比量而知。

《大疏》云：「此中但宗法自相比量，準因亦有法之差別，有法自相，有法差別比量相違。」如是一比量相違，可成三十二句，恐文繁憒，所以略之。

自教相違者，如勝論師立聲為常。

謂凡所競理，必有據憑。義既乖於自宗，所競向有憑據？故對他異學立量，必不能違自教。此亦有全分一分四句：

【全分四句】

過名	舉例	解釋
違自教非他	如勝論立聲為常	勝論自宗固主張聲為無常者。

違他教非自	佛子對聲論立聲無常	聲論以聲為常，佛子不許，故違他非自。
違自他教	如勝論對佛法立聲為常	勝論與佛法皆以聲為無常者。
不違自他教	如說聲是無常	

【一分四句】

過名	舉例	解釋
違自一分非他	化地部對薩婆多立：三世非有。	違自所宗，現世有故。化地部自有部出立現世有體，過未無體。
違他一分非自	化地部對大乘立：九無為皆有實體。	違大乘師除真如（三）外（餘六），無實體故。九無為：一擇滅，二非擇滅，三虛空，四不動，五善法真如，六不善法真如，七無記法真如，八聖道支性，九緣起支性。
違共一分	經量部對一切有：立色處色皆非實有。	經部色中，粗假細實；有部粗細俱實。彼宗共許極微實有，且取細者立為非實，違共一分。亦名他全自成一分。又如云四時日光可畏。
不違共一分	如云五塵部是無常	此乃人人所知。

以上二四句中，違自及共者皆為過失；他則非過，準前可知。

世間相違者，如說懷兔非月有故。又如說言人頂骨淨，眾生分故，猶如螺貝。

所謂世間者，《大疏》云：「此有二種：一非學世間，除諸學者，所餘世間所共許法。二學者世間，即諸聖者所知麤法（蘊處界等）。若深妙法（離言真如），便非世間。」

此處所言：月是懷兔，人頂骨不淨，即此非學世間之所共信。即普通人所了知者，名非學世間。聖哲所了知者，名學者世間。若夫出世深妙之法，則世間學者所知矣。如今日之地球迴轉與地心引力，已成科學界之定義，若反其立論，則有世間相違也。

懷兔故事之因緣，出《西域記》第七卷。相傳昔有狐猿兔，共為親友，行仁義時，帝釋欲試，現老人身，餓乏求食。猿狐皆有所供，兔乃燒身供養，帝釋感歎曰：吾感其心，不泯其迹，收其骸形，寄於月輪，以垂後世。後人建窣堵婆以記之。此印度人信有月中懷兔之因緣也。❼

人頂骨不淨者，昔印度有迦婆離外道，此名結鬘。穿人髑髏以為鬘飾。人有誚者，遂立量言：人頂骨淨宗，眾生分故（眾生莊嚴具）因，猶如螺貝喻。能立因喻，雖無有過。宗違世間共為不淨，是故為失。如《大疏》出二量云：

宗：懷兔非月。
因：以有體故。
喻：猶如日星等。

宗：人頂骨淨。
因：眾生分故。
喻：猶如螺貝。

以上二量，因喻雖正，宗違世間，故名為過。

此二皆是普通非學世間，但有違共，無自他等。文唯說全，理亦應有一分違者。若有合說懷兔非日月，唯月一分違共世間，日不違故。

❼《五經通義》謂月中有兔，與蟾蜍同，故月別名蟾宮。又吳剛學仙有過，被謫月中伐桂，亦此土之俗信。

凡比量式，從或立或破之用辭上，可分三類：一曰共比，是正立量。二曰他比，是正破量。三曰自比，是立量中之救量或破量中之設量，介於立破之間。此三分類，由所用為「有法」、「能別」、「因」及「喻依」之四單詞，極成或不極成，有所簡而區別。極成謂共許者，不極成謂不共許者。此四單詞本應共許，乃可用為構成不共許之總宗，復以共許因喻，成立不共許總宗為共許，故以共比為正立量。

《大疏》云：「凡因明法，所能立中，若有簡別，便無過失。若自比量，以許（自許）言簡（謂在救量或設量所用之詞。若非他許而唯自許，可用「自許」簡別之，故自比亦可用不極成之單詞），顯自許之，無他隨一等過。若他比量，「汝執」言簡（謂在破量所用之詞若為他許而非自許，可用「汝執」簡別之，故他比亦可用不極成之單詞），無違宗等失。若共比量等，以「勝義」言簡（謂在正立量中，若唯取一分「超俗間」之共許詞，可用「勝義」而簡別之。又若唯取一分共許者為共許詞，可用「極成」而簡別之），無違世間自教等失。」

茲舉玄奘法師之真唯識量以明之。

《大疏》云：「大師周遊西域，學滿將還。時戒日王，王五印度。為設十八日無遮大會，令大師立義。遍諸天竺，簡選賢良，皆集會所。遣外道小乘，競申論詰。大師立量，時人無敢對揚者。大師立唯識比量云：

宗：真故極成色，不離於眼識。

因：自許初三攝，眼所不攝故。

喻：猶如眼識。

世間共說色離識有，今說不離色有，豈非世間相違？然此比量中，有所簡別，故無諸過。此為立量而兼救量之例。此中「色」是有法，「眼識」是法。色不離眼識是總宗。色上「真故」，明依勝義，不依世俗。既有此簡，可防俗間之難。以此所言非俗間所執離眼識存在之色故。「極成」明依大小乘共許之一分色，不依小乘不許之他方佛色等。既有此簡，可防小乘之難。以此所言非小乘所不許之他方佛等色故。因上「自許」，明依大乘自許初三。初三即十八界中之最初眼界色界眼識界。於色界中，簡非依小乘所許佛有漏色等。然「大乘自許色界」中，除他方佛色等，仍有為小乘共許之一分餘色，屬初三攝。眼所不攝，為宗上有法之所有。既有此簡，可防小乘之難。遂於喻上亦以自許簡之。如：

若是自許初三攝，眼所不攝者，見其不離眼識（同喻體）如眼識（同喻依）。

若是離眼識，見其非自許初三攝，眼所不攝者（異喻體）如眼根（異喻依）。

《大疏》釋云：「有法言真，明依勝義（世間勝義，道理勝義），不依世俗，故無違於非學世間。又顯依大乘殊勝義立（證得勝義），非依小乘，亦無違於阿含等教色離識有，亦無違於小乘學者世間之失。『極成』之言，簡諸小乘後身菩薩染污諸色（小乘謂最後身菩薩有納妻生子故為染污），一切佛身有漏諸色（此二者為大乘所不許）。若立為唯識，便有一分自所別不成，亦有一分違宗之失。十方佛色及佛無漏色（此二者為大乘所立），他（小乘等）不許有。立為唯識，有他一分所別不成。其此二因（為二色之因），皆有隨一（自他）一分所依不成。說『極成』言，為簡於此。立二（大小乘各不共許色外）所餘（眼所行之青黃等色）共許諸法，為唯識故。」

然因上何以定須並舉「初三攝」及「眼所不攝」耶？謂若但言「眼所不攝故」，便有不定可以違宗。如云：

極成之色：為如眼識，眼所不攝故，定不離眼識耶？

為如五三：（耳界、聲界、耳識界以下十五界），眼所不攝故，極成之色，定離眼識耶？

若許五三，眼所不攝故，亦不離眼識，便違自宗。為簡此過，言「初三攝」。茲更以表明之：

宗：極成色不離眼識。

因：眼所不攝故。

宗

同品——不離眼識者，如眼識。

異品——定離眼識者，如五三。

此中不離眼識者（宗同品）與定離眼識者（宗異品），皆共眼所不攝故因。而此因遍通於二者——即同品與異品，故欲以此因判定色之不離眼識，或離眼識，皆不能定，有共不定過。

然「眼所不攝」言，亦簡不定及法自相決定相違。謂若不言眼所不攝，但言初三所攝故者，亦可作不定言：

極成之色：為如眼識，初三攝故，定不離眼識耶？為如眼根，初三攝故，非定不離眼識耶？

復可作法自相相違言：

宗：真故極成色，非不離眼識。
因：初三攝故。
喻：猶如眼根。

由此復可決定相違。為簡此三過，故言眼所不攝故。

自語相違者，如言我母是其石女。

謂一人所說前後矛盾，即宗上前陳後陳兩名詞，互不相順。《大疏》云：「宗之所依，謂法有法。有法是體，法是其義。義依彼體，不相乖角，可相順立。今言我母，明知有子；復言石女，明委無兒。我母之體，與石女義，有法及法不相依順。自言既已乖反，對敵何所申立，故為過也。」

《理門論》云：「如立一切言皆是妄：謂有外道立一切言皆是虛妄。陳那難言：若如汝說諸言皆妄，則汝所言稱可實事，既非是妄，一分實故，便違有法一切之言。若是所言，自是虛妄，餘言不妄。汝今妄說，非妄作妄。汝語自妄，他語不妄，便違宗法言皆是妄，故名自語相違。」

此中亦有全分一分二種四句：

【全分四句】

過名	舉例	解釋
違自語非他	順世外道對空論言：四大無實。	彼說四大必非無實；彼云無實，必非四大。（違自教自語）
違他語非自	佛法對數論言：彼我非受者。	彼所說我，必非非受者；若非受者，必非彼我。（違他教他語）
俱違自他	如立一切言皆是虛妄	如上所解。
俱不違自他	與不違自他教同	

一分四句，與前一分自教相違同例，義準應悉。二四句中，違自及共，皆此過攝。其違共中，違他非過，違自為失。故此但名自語相違。雖俱不違非此過攝，兩同必有相符極成，故亦過攝。犯自教相違過者，亦多犯世間自語相違。詳細論之，亦有兩俱隨一全分猶豫自語相違。

以上五過為陳那所成立，即就已經組織之宗上，就其立宗之事實，思想之法則，自教之宗義，普通之輿論，與自己之言論，而考慮其是否有過也。

能別不極成者，如佛弟子對數論師立聲滅壞。

謂宗中後陳之能別辭不極成，是名能別不極成。蓋宗上前陳後陳，例須共許，今後陳不共許，故名為過。

數論者梵云僧佉奢薩怛羅，為劫初劫比羅所創。謂以智數（三量）數度諸法。從數起論，論能生數，復名數名。其學數論及造彼者，名數論師。彼說二十五諦：略為三，中為四，廣為二十五諦。

略為三
- 自性（未成大等名自性，亦名冥諦，為物質之本體）第一諦
- 變易（非體新生，根本自性所轉變故）中間二十三諦
- 我知者（亦名神我，為精神之本體）第二十五諦

中為四：

- 一本而非變易（自性）——第一諦
- 二變易而非本（自性能成他故名本，非他成故非變易）
  - 一說十六諦（十一根及五大）
  - 一說十一諦（十一根）
- 三亦本亦變易（五唯能成五大名本，為自性所成，故亦變易）
  - 一說七諦（大、我執、五唯量）
  - 一說十二諦（前七、五大）
- 四非本非變易（我知者。謂不能成他，亦非他成故）——第二十五諦

廣為二十五：

（一）**自性**：謂能變二十三諦，即物質之本體也。總名自性，別名三德。謂由此三德，是生死因。神我本性解脫。若我思勝境，三德轉變，我乃受用。我若不思，自性則不變。

三德

	（作用）	（色相）	（本性）		
薩埵	勇義	黃	貪	明態	貪多輕舉故色黃，於境有勇取之義。
剌闍	塵義	赤	瞋	動態	瞋多動躁故色赤，於境有塵染之義。
答摩	闇義	黑	癡	闇態	癡多蓋覆故色黑，於境有闇鈍之義。

（二）**大**：由自性增長轉成名大諦。

（三）**我執**：由大復生我執。我執知神我欲受用諸境，能令自性變起，唯我能變，故亦名我慢。

（四）**五唯**：由我慢生五唯（即五塵），即色、聲、香、味、觸。

（五）**五大**：由五唯生五大，即地、水、火、風、空。

（六）**五知根**：眼、耳、鼻、舌、身。

（七）**五作業根**：口、手、足、大、小便處。

（八）**心平等根**：分別為體。

由五大復生以上十一根。

（九）**我知者**：謂神我能受用境，有妙用故。

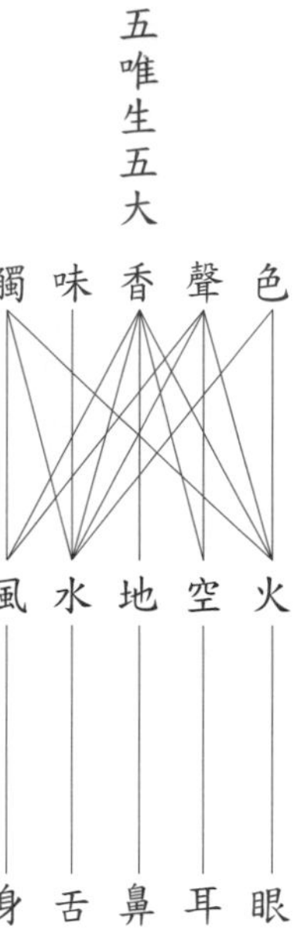

此二十五諦，即數論派說明宇宙萬有開展狀況順序之根本原理。謂萬有最初皆從闇態之盲目意志，引發妄動，漸見光明之現象。由此現象而生二十三諦。

《大疏》云：「中間二十三諦，雖是無常，而是轉變，非有生滅。自性神我，用或有無，體是常住。然諸世間無滅壞法。廣如《金七十論》及《唯識疏解》。今佛弟子對數論師，立聲滅壞。有法之聲，彼此雖許。滅壞宗法，他所不成，世間無故。總無別依，應更須立，非真宗故，是故為失。」

此亦有全分四句一分四句之例。

【全分四分】

過名	舉例	解釋
自能別不成非他	數論對佛子立：色聲等五，藏識現變。	色雖共有，藏識數論自宗不立故。
他能別不成非自	如論文所舉之例	
俱能別不成	如數論對佛子立：色等五，德句所收。	彼此兩宗皆不說德句故。德句為勝論所立。
能別俱極成	如聲是無常	

【一分四句】

過名	舉例	解釋
自一分能別不成	薩婆多對大乘說所造色，大種藏識二法所生。	薩部僅有極微四大種，藏識非彼所立故。
他一分能別不成	佛弟子對數論立：耳等根，滅壞有易。	數論承認有易，而不許有滅壞，故一分不成。
俱一分能別不成	勝論對佛子立色等五，皆從同類及自性生。	同類所生，佛法立同類因，勝論立同異性，兩皆許有，自性是數論所立，兩無一分。
俱非一分能別不成	如聲無常	

此二四句中，唯俱成非過，其餘皆過攝。前五就宗體立論，違他非過，違自成失。此三就宗依立說，違他亦非，俱不違者，乃可為依。論說於他全分不成，餘皆準悉。

所別不極成者，如數論師對佛子，說我是思。

謂宗中有法宗依不極成，名所別不極成。蓋有時後陳宗依之能別雖極成，反於前陳所別生不共許也。

《大疏》云：「數論立神我諦，體為受者。由我思用五塵諸境，自性便變二十三諦，故我是思（思即受用之意）。是思宗法，彼此共成，佛法有思，是心所故（五遍行心所之一）。唯有法我，佛之弟子多分不立。除正量等，餘皆無故（然彼所指乃實我，非佛法所說之假我）。」

此亦有全分一分兩種四句。

【全分四句】

過名	舉例	解釋
自所別不成非他	佛子對數論立我是無常	無常宗法，兩所共許，有法神我，自所不成。若以「汝執」簡之，便無過失。
他所別不成非自	如論中所舉例	數論說有我，佛子不許故。
俱所別不成	薩婆多對大眾部立神我實有	實有可成，我兩無故。曰俱所別不成。
俱非所別不成	聲是無常	如前例可知。

【一分四句】

過名	舉例	解釋
自一分所別不成	佛子對數論言：我及色等皆性是空。	色等佛數共許，數論有我，佛教無我，故自一分不成。
他一分所別不成	數論對佛弟子立我與色等皆並實有	佛教不許有我體，故他一分不成。
俱一分所別不成	薩婆多對化地部說：我去來皆是實有。	二宗皆說三世來去實有，我俱無故。
俱非一分所別不成	如前例略	

此二四句，唯第四俱不違，非是過攝，餘皆有過。

俱不極成者，如勝論師對佛弟子立我以為和合因緣。

謂前陳所別與後陳能別皆不共許，是曰俱不極成。

如論文所舉之例，有法之我，佛弟子不許，是所別不成。

此中所謂和合因緣，勝論謂和合諸德與我合時，我為和合之因緣，始能令覺等與和合；若我不為因，覺等終不能和合。故曰我為和合之因緣。此義非佛教之所謂和合因緣，故佛子不許，是曰能別不成。合二能所別皆不成，故曰俱不極成。

《大疏》述勝論大意云：劫初有外道出名嗢露迦，此云鵂鶹。以其晝藏夜出，遊行乞利，人以為名。亦云吠世史迦（與衛世師同音異譯），此譯為勝論。造六句論，諸論中勝，或勝人造，故名勝論。彼說萬有之形成，不出此六句之定義。一實句（萬有所依之本體），二德句（實上所有之德相即屬性），三業句（實德所有之作用），四有句（即大有，十句論中亦名為同。謂共通性，即由實德業三形成萬有，而離實德業外，萬有各有一能有本性，名大有性。有體是一，實德業三，同一有故），五同異句，六和合句，為萬有物物間之固有性。其後裔慧月，造十句論，將第五之異，別為異、有能、無能、俱分之四。別立第十無說，合為十句義。

同異者，同異體多，實德業三各有總別之同異故。謂實德業上各各有同異性，體常眾多。如九實望於德業，則九實為總同。德業為總異。九實中地望於地為別同，望水火等為別異。故萬物恆有一同異性。和合者，和合唯一，能令實等不相離相屬之法故。謂實德業能成萬有，使各個分子不相離散者，別和合性之功也。

（一）**實**：有九種，地、水、火、風、空、時、方、我、意。

（二）**德**：有二十四種，色、味、香、觸、數、量、別性、合、離、彼性、此性、覺、樂、苦、欲、瞋、勤勇、重性、液性、潤性、法、非法、行、聲。

（三）**業**：有五種，取、捨、屈、伸、行。

（四）**有**：有體是一，實德業三，同一有故。

（五）**同異**：同異體多，實德業三，各有總別之同異故。

（六）**和合**：和合唯一，能令實等不相離相屬之法故。

實句之中，地水各有十四德，火有十一，風有九，空有六，時方各有五，我有十四，意有八。

德句二十四
- 常住者十：色、味、觸、數、量、別性、合、重性、液性、潤性。
- 無常者十四：香、離、彼性、此性、覺、樂、苦、欲、瞋、勤勇、法、非法、行、聲。

我具十四德者，謂數、量、別性、合、離、覺、樂、苦、欲、瞋、勤勇、法、非法、行。勝論謂我屬人之全體，故以十四德和合因緣起智為相。意為我體中別一實物，但為部分作用，故以八德不和合因緣起智為相。此為勝論思想大意，惜傳入中國僅《十句義論》❽一部，無系統之著書可供研究，誠學術史上一缺憾也。

此之全分一分，詳分各有五種四句。以能別為首有二種，以所別為首亦有二種，能所合說有一種。一分五種例知。

❽ 勝宗十句義論：一卷，慧月造，玄奘譯，《磧砂藏》第四三七冊。

能別為首（一）

自能別不成，他所別　數論對勝論：自性體是和合因緣。（所別他非有，能別自不成。）
他能別不成，自所別　數論對勝論：和合因緣體是自性。（所別自非有，能別他不成。）
俱能別不成，自所別　數論對大乘：阿賴耶識是和合因緣。（所別自不成，能別俱非有。）
俱能別不成，他所別　大乘對數論：藏識體是和合因緣。（所別他不成，能別俱非有。）

能別為首（二）

自能別不成，俱所別　數論對勝論：藏識體是和合因緣。
他能別不成，俱所別　勝論對數論：藏識體是和合因緣。
俱能別不成，俱所別　薩婆多對大乘：我是和合因緣。
俱能別不成，俱非所別（同許，此句乃前偏句能別不成中全俱非句。）

所別為首（一）

自所別不成，他能別：即前第二句。
他所別不成，自能別：即前第一句。
俱所別不成，自能別：即前第五句。
俱所別不成，他能別：即前第六句。

（二）所別為首
- 自所別不成，俱能別：即前第三句。
- 他所別不成，俱能別：即前第四句。
- 俱所別不成，俱能別：即前第七句。
- 俱所別不成，俱非能別。（此句乃前偏句所別不成中，全俱非過是。）

能所混合
- 自兩俱不成非他　佛教對勝論：我以為和合因緣。
- 他兩俱不成非自　勝論對佛教：我以為和合因緣。
- 俱兩俱不成　薩婆多對大乘：我以為和合因緣。
- 俱非自他兩俱不成　如無過宗。初三皆過，第四非過。

以上三過皆說自相，然三種差別亦有不極成。於不極成中，亦有自他兩俱全分一分等過。恐厭文繁，故不具述。

相符極成者，如說聲是所聞。

謂宗體立敵共許，不成爭端。如說聲是所聞，或眼能見色，人皆承認，何須立為？因有反於違他順自之規則，宗則四宗中之遍所許宗及先承稟宗所攝。

此亦有全分一分四句。

全分：
- 符他非自　數論對勝論立業滅壞。
- 符自非他　勝論對數論立業滅壞。
- 俱相符　聲是所聞。
- 俱不符　數論對佛教立業滅壞。（立敵俱不立業句故。）

一分：
- 符他一分　薩婆多對數論，立我意實有。（說意為實兩不相符，立我實有符他一分。）
- 符自一分　薩婆多對大乘，立我及極微二俱實有。（我體實有兩不相符，極微實有，符自一分。）
- 俱符一分　薩婆多對勝論，立自性及聲二俱無常。（自性無常，兩不相符，聲是無常，兩符一分。）
- 俱不符一分　薩婆多對大乘，立我體實有。

此二句中，符他俱符，全分一分皆是此過。符自全分，或是真宗。全分之俱不符，或是所別能別不成，俱不極成，違教等過。皆如理思。論中但依兩俱全分相符極成，示其法耳。

宗過之綜合

上說九過中，一宗上同時可有二過，如現量相違，同時亦為比量相違。乃至有現量相違，亦相符極成。或同時具三過、四過乃至九過，皆有可能。

如是就合二過說：現量一箇為首有八種四句，比量一箇為首有七種，自教為首有六種，世間為首有五種，自語為首有四種，能別為首有三種，所別為首有二種，俱不極成為一種，合有三十六種四句。

茲就現量與其餘八過隨一同時犯者，列表明之。比量以下類推。（表中第四句之俱不違，則反第三句量。）

違現非比	聲非所聞。
違比非現	如說瓶常。
違現亦比	小乘對大乘立：觸處諸色非定心得；或云，鬼是不可見者。（比量可證明有鬼，現量也有人曾見。）

違現非自教	科學家說，太陽為不動者。（違他現非違自教，常人以太陽為動者。）
違自教非現	勝論立聲常（常與不常，非現量中事，雖不符□為過。）
違現亦自教	如唯識家言阿賴耶識之相分非前五識所緣（諸違自現，必違自教。）
違現非世間	懷兔是月（違自現非違非學世間，傳說月中有兔，而不能見。）
違世間非現	懷兔非月。
違現亦世間	聲非所聞。
違現非自語	如違他現：太陽為不動者。
違自語非現	一切言皆妄。
違現亦自語	如違自現，必違自教自語。
違現非能別不成	聲非所聞。
能別不成非違現	如對數論立聲滅壞。
違現亦能別不成	唯違自現及他能別不成，若違共現能別必成故。
違現非所別不成	聲非所聞。
所別不成非違現	對佛子說我是思。
違現亦所別不成	如違自現亦所別不成，若違共現所別必成故。

違現非俱不成	聲非所聞。
俱不成非違現	對佛子說我以為和合因緣。
違現亦俱不成	如違自現他俱不成，若違共現，他俱必成。
違現非相符	聲非所聞。
相符非違現	聲是所聞。
違現亦相符	勝論立覺樂德，非我境界。如違自現，有符他義，若違共現，必非相符。

茲將似宗九過，展轉相合所生之多種四句列表如左：

（一）二過合者有三十六種四句
（二）三過合者有八十四種四句
（三）四過合者有五十六種四句
（四）五過合者有三十五種四句
（五）六過合者有二十種四句
（六）七過合者有十種四句

（七）八過合者有四種四句

（八）九過合者有一種四句

以上共有二百四十六種四句。

一、二過合者，如前所述。

二、三過合者，謂現量相違亦比量自教相違。如以現量合二，有二十八四句。以比量合二，有二十一四句。自教合二，有十五四句。世間合二，有十種四句。自語合二，有六四句。能別合二，有三四句，所別合二，有一四句。如是三合，總有八十四種四句。

三、四過合者，謂現量相違亦比量自教世間相違。如以現量合三，有二十一四句。比量合三，有十五四句。自教合三有十種四句。世間合三有六四句。自語合三有三四句。能別合三有一四句。如是四合，總有五十六種四句。

四、五過合者，謂現量相違亦比量自教世間自語相違。如以現量合四，有十五四句。比量合四有十種四句。自教合四有六四句。世間合四有三四句。自語合四有一四句。如是五合，總有三十五種四句。

五、六過合者，謂現量相違亦比量自教世間自語相違能別不極成。如以現量合五，有十種四句。比量合五，有六四句。自教合五有三四句。世間合五有一四句。如是六合，總有二十種四句。

六、七過合者，謂現量相違亦比量自教世間自語相違所別能別不成。如以現量合六，有六四句。比量合六，有三四句。自教合六，有一四句。如是七合，總有十種四句。

七、八過合者，謂現量相違亦比量自教世間自語相違能別所別俱不成。如以現量合七，有三四句。比量合七，有一四句。如是八合，有四四句。

八、九過合者，謂現量相違，同時其餘八過亦同觸犯。如是九合，有一四句。

以上總計合有二百四十六種四句。

茲舉一量，宗上總犯九過，以示其例。

勝論師對佛弟子立量云：「我非現得覺樂等德。」勝論本許覺樂為我現境，故有違現、違教、違語及違自宗學者世間之過。又其自比云：覺樂必我現境，許我所攝故，如苦欲。其自比本為無過量，今云我非現得覺樂等德，故亦有比量相違。前陳我及後陳覺樂等德，皆非佛弟子所許，故又犯能別不成、所別不成，及俱不成過。佛弟子本不許我現得覺樂等德，今案不違他，故又相符。

《大疏》云：「一一過中皆有自他俱不俱全分一分二種四句（即每過中合有八句），以現量中初違自現，對比量中初違自比為四句云。有違自全現非違自全比量，有違自全比非違自全現，有違自全現亦違自全比，有非違自全現亦非違自全比，為初四句。」

「其比量中既有八句，如以自現相對為四句；以現量中餘七，對比量中八句各為四句亦爾。如是比量，相對為句，計有六十四種四句。」可類推之。❾

❾ 如以二過一類相合而算，亦可衍成二千三百零四種。試算如下：現量為首二過相合者，有三十六種四句；以自他俱不俱全分一分八句乘之，即成二百八十八種四句。復以現量八類各自乘之，即成二千三百零四種。

（一）現量八句乃至對相符極成八句計，現量八句一分有八類六十四種四句，合成五百一十二種四句。

（二）比量對自教以下七種，有七類六十四種四句，合成四百四十八種四句。

（三）自教對世間以下六種，有六類六十四種四句，合成三百八十四種四句。

（四）世間對自語以下五種，有五類六十四種四句，合成三百二十種四句。

（五）自語對能別以下四種，有四類六十四種四句，合成二百五十六種四句。

（六）能別對所別以下三種，有三類六十四種四句，合成一百九十二種四句。

（七）所別對俱不成以下二種，有二類六十四種四句，合成一百二十八種四句。

（八）俱不成對相符之一種，有一類六十四種四句，即成六十四種四句。

總計合有二千三百零四種四句。是句非句（四句中亦有非過攝者），準前八句。各如理思。恐憂文繁，所以略止。

庚三隨指釋結

如是多言，是遣諸法自相門故，不容成故，立無果故，名似立宗過。

此隨指釋結。《大疏》云：「如是多言，牒前九過。下之三故，釋過所由。名似立宗，總結成也。是遣諸法自相門故，釋立初五相違所由。宗之有法名為自相，局附自體，不共他故。立敵證智，名之為門，由能照顯法自相故。凡立宗義，能生他智，可名為門。前五立宗，不令自相正生敵證真智解故，名遣諸法自相之門。不容成故者，容謂可有。宗依無過，宗可有成。依既不成，更須成立，故所立宗不容成也；故似宗內，立次三過。立無果者，果課果利。對敵申宗，本爭先競，返順他義，所立無果。由此相符，亦為過失。結此九過，名似立宗。」

宗過九種，前五名相違。相違者即與事實相背，謂宗上有法所指之事，各有自相，由言生義了，使他人明此有法之自相，此為自相之門。如聲是諸法自相，為耳所聞；瓶為諸法自相，為比量所知。能聞之耳與比量之智，名之為門。今宗卻與事實相反，謂聲非所聞或瓶等是常，使人得錯誤之瞭解，正遣能聞與比量之門，故名相違過。

次三名不成，因自性差別之名字，他人不曾認識，或不許有此事實；宗依既無，則自性差別。所合成之意義，如何辨其是非？末名相符，因人皆了知之事，不須說明也。是謂宗之九過。

戊二解似因又分二：己初結前生後，二依標正釋。

己初結前生後

已說似宗，當說似因。

此結前生後也。

己二依標正釋又分二：庚初列三名，二隨別釋。

庚初列三名

不成、不定，及與相違，是名似因。

先列似因三名，後當別釋。《大疏》云：「能立之因，不能成宗；或本非因，不成因義，名為不成。或成所立，或同異宗，無所楷準，故名不定。能立之因，違害宗義，返成異品，名相違。」

因過十四種，就因三相而分，可為三類。一、若是初相，於宗有失，不能成宗，無別勝用，與名不成。第一相之過所以名不成者，謂因定要為宗上有法之法，始能證明宗之正確。因若非宗上有法之法，則宗自宗因自因，互相無關係，自不能成就宗之正確也。二、若後二相，俱有俱無，異全同分，同全異分，俱分難準，不能定成一宗，令義無所決斷，與名不決定。謂第二第三相參差之過，蓋因本須同品定有，異品遍無。今或同品亦有，異品亦有；或同品非有，異品亦非有；或同品一分有而異品全有；或同品全有而異品一分有，或俱品一分有，則不能斷定此宗之是非也。三、若後二相，同無異遍，異分同無，不成所立，返成異品，與名相違。謂第二第三相決定相反之過。蓋因本要同有異無，今反同無異有，豈非適證明此宗之誤，而相反之宗為正耶，是故名相違。

又印度古師解說因自不成名不成，非不能成宗名不成也。謂此因根本不成其為因，故曰不成。然陳那不以為然，謂先有宗而後有因，因不能獨立；若離宗獨說有因，可因自不成。因既是宗因，明知不能成宗，始名不成。

庚二隨別釋又分三：辛初不成，二不定，三相違；辛初又分二：壬初標列，二別釋。

壬初標列

不成有四：一兩俱不成，二隨一不成，三猶豫不成，四所依不成。

此初列不成過數而下其界說。謂因於宗有法之上，全無關係；或僅一部分關係而不遍，皆違因第一相之定義，故為過。茲以三圖明因與宗有法之關係。

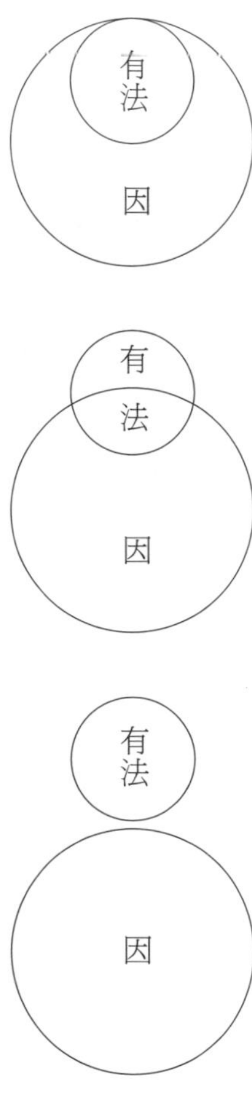

《大疏》云：「凡立比量，因後宗前。將已極成（因），成未共許（宗）。彼此俱謂因於有法非有，不能成宗，故名兩俱不成。一許一不許因於有法有，非兩俱極成，故名隨一不成。說因依有法，決定可成宗；說因既猶豫，其宗不定成，名猶豫不成。無因依有法，有法通有無。有因依有法，有法唯須有，因依有法無，無依因不立，名所依不成。」

所依不成，茲以四句例分別之。

一、無因依，有有法：如勝論對聲論，立聲無常，德句攝故。（聲兩共許，德句聲論不許，他隨一不成。）

二、有因依，無有法：如有部對大乘，立我常住，識所緣故。（有法所依不成）

三、有因依，有有法：如立聲無常，所作性故。（無過）

四、無因依，無有法：如大乘對數論立和合非實有，六句攝故。（所依不成）

壬二別釋

如成立聲為無常等。若言是眼所見性故，兩俱不成。

謂因不遍於宗上有法，為立敵所共知。如說聲無常，眼所見性。此因對於說者聽者，皆不能證明宗之認識，以聲決非眼之所見，如何能以此因而判斷聲為常無常耶？

《大疏》云：「凡宗法因，必兩俱許，依宗有法，而成隨一不共許法。今眼見因，勝聲二論，皆不共許聲有法有。非但不能成宗，自亦不成因義。立敵俱不許，名為俱不成。」

此不成因，依有有法，合有四句。有有體、無體之別：有體者，立敵雖不許此義於有法上有，而許此道理之存在。無體者，不但不許此義遍於有法，且根本否認此道理之成立。不成四句如下：

一、有體全分兩俱不成：如論所說。

二、無體全分兩俱不成：如聲論對佛子立聲是常，實句攝故。

三、有體一分兩俱不成：如立一切聲皆常，勤勇無間所發性故。

四、無體一分兩俱不成：如聲論對佛子立聲是常，實句所攝，耳所取故。❿

⑴眼所見因，雖兩不許於聲有法有，然許其存在，故名有體。

⑵實句攝因，聲論佛子，兩不承認，故說無體，共說於有法上無，曰全分。

⑶勤勇發因，立敵雖皆許有，然於外聲無故，不遍一分。

⑷耳所取因，雖立敵皆許於聲有法有；實句所攝一分，兩俱無故。於聲不符，故曰無體一分兩俱不成。

此四皆過，不成宗故。

宗上之等義，謂此眼見之因，不但不能成立聲為無常之宗，即成立其他聲是無漏等，亦皆為過也。

所作性故，對聲顯論，隨一不成。

初一句為因體，次一句辯宗，後一句結過。

謂因是否遍於有法，自立敵兩方觀之各異其見，一許一不許，名隨一不成。如耶

---

⑩ 一分有二解：一、為討論多種事物，即有多種有法，所舉之一因，只與所討論事物之一分有關，並無全分。二、為討論一種事物，卻舉出二因以上而申述，因法之中，一分與有法有關，一分無關。前者屬有體一分，後者屬無體一分。

教徒對科學家說：人性是善，上帝所造故。此因耶徒雖自許，而為科學家所不承認，名他隨一不成。若科學家亦說上帝所造為因，名自隨一不成，以違自宗理論故。

論文謂如勝論對聲顯論立聲是無常，所作性故。所作性因，為聲生論所許；聲顯論謂聲本有，由緣而顯，非所作新生故。故不許所作性因於聲有法上有，名隨一不成。

或有傳釋，謂所作性義，不限於新生，亦通聲顯，何故名隨一不成？但此因乃對聲顯而發，故唯生義。

此隨一因有有體無體全分一分八句之別：

・全分四句

一、有體他隨一不成：如論所說。

二、有體自隨一不成：如聲顯對佛子立聲為常，所作性故。

三、無體他隨一不成：如勝論對聲論立聲無常，德句攝故。

四、無體自隨一不成：如聲論對勝論立聲常，德句攝故。

・一分四句

五、有體他一分隨一不成：大乘對聲論立聲無常，佛五根取故。大乘佛等諸根互用，於自可成，於他一分四根不取。

六、有體自一分隨一不成：聲論對大乘立聲為常，佛五根取故。

七、無體他一分隨一不成：勝論對聲論立聲無常，德句所攝，耳根取故。

八、無體自一分隨一不成：聲論對勝論立聲常，德句所攝，耳根取故。

《大疏》云：「此中諸他隨一全句，自比量中說自許言；諸自隨一全句，他比量中說他許言，一切無過，有簡別故。若自全句無有簡別，及一分句（不能簡別），一切為過。」

如《攝大乘論》說：

諸大乘經皆是佛說
一切不違補特伽羅⓫無我理故
如增一等

⓫ 補特伽羅：此譯數趣取，即指人也。

此對他宗，有隨一失。何以故？他宗不許大乘不違無我理故，以大乘說有常我為真理故。設小乘許不違，亦有不定。六足等論⑫，皆不違故。

《大疏》引勝軍論師⑬經四十餘年之思考，立一比量以救此量云：

宗：諸大乘經皆佛說。

因：兩俱極成非諸佛語所不攝故。

喻：如增一等阿笈摩⑭。

---

⑫ 六足論：指《集異門足論》，二十卷，舍利弗造；《法蘊足論》，二十卷，目犍連造；《施設足論》，七卷，迦旃延造；《識身足論》，十六卷，提婆設摩造；《品類足論》，十六卷，筏蘇蜜多造；《界身足論》，三卷，筏蘇蜜多造。筏蘇蜜多，亦譯婆須蜜、世友。六足之身論即《發智論》，為佛滅三百年，迦多衍尼子所造，二十卷，為有部聖典之大成。

⑬ 勝軍論師：為當時印度著名學者。

⑭ 阿笈摩：舊譯阿含，即指四阿含：增一阿含、長阿含、中阿含、雜阿含。

註在唯識決擇，此土未譯。兩俱極成非佛語所不攝者，謂立敵共許非佛語所不攝；則非外道及六足等教之所攝故。時久流行，無敢徵詰，奘公遊學印度而難之曰：且《發智論》薩婆多師自許佛說，亦餘小乘及大乘者兩俱極成非佛語所不攝，豈汝大乘亦許《發智論》為佛說耶？又誰許大乘兩俱極成非佛語所不攝，是諸小乘及諸外道兩俱極成非佛語所攝。唯大乘者許非彼非佛語攝，因犯隨一。前說有不定過，後說則有隨一不成過。

若以發智亦入宗中，則違大乘自教，因犯一分兩俱不成，因不在彼《發智論》故。不以為宗，故有不定。小乘為不定言：

為如汝自許發智兩俱極成非佛語所不攝故，汝大乘教非佛語耶？

為如增一等兩俱極成非佛語所不攝故，汝大乘教並佛語耶？

由此奘公正彼因云：自許極成非佛語所不攝故，簡彼發智等非自許故，便無茲失。

可出同喻體云：若是自許極成非佛語所不攝者，見是佛說，如增一等（同喻依）。此中因上自許極成之簡別言，乃為救小乘之難而設。故此為兼救量之立量。唯識亦言：

諸大乘經至教量攝。樂大乘者許能顯示無顛倒理，契經攝故。如增一等。

以諸因中，皆應簡別，並如前自比量所說之自許等。

於霧等性起疑惑時，為成大種和合火有，而有所說猶豫不成。

西方濕熱，蘩草多霧，時有煙塵。若遠望為塵為煙為霧，尚未能決定之時，而遽立量云：「彼處似有大種和合之火（宗），以見煙故（因），如廚舍等（喻）。」火有二種：一者性火，如草木中極微火大，觸處可有立乃相符。二者事火，炎熱騰燄，有處非有，故今建立。凡諸事火，要有地大為質為依，風飄動燄，水加流潤，方可燎原，故為成大種和合火有，有彼火故。

猶豫不成者，謂此因不但立者自惑，不能成宗；亦令敵者於所成宗，疑惑不定。夫立共因，成宗不共，欲令敵證決定智生。於宗共有疑，故言於霧等性起疑惑時。更說疑因，不成宗果，決智不起，是故為過。

此有立敵兩俱，及自隨一、他隨一之三類，分為六句：

一、兩俱全分猶豫：如論所說（於因宗內，雖皆生疑，成宗不決，故但有因過）。

二、兩俱一分猶豫：如立敵俱於近處，見煙決定，遠處霧等疑惑不定，便立量云：彼遠近處定有事火，以有煙等故，如廚等中。近定遠疑，俱一分故。

三、隨他一全分猶豫：如立者從遠處來，見定是煙，敵者疑惑。立初全分比量（即論所說量）。

四、隨自一全分猶豫：如敵者從遠處來，見煙決定，立者疑惑。立初全分比量。

五、隨他一一分猶豫：如立者於近遠處見煙決定，敵者近定遠疑。立第二一分比量。

六、隨自一一分猶豫：如敵者俱於近遠見煙決定，立者近定遠疑。立第二一分比量。

量。

以上六句，明因上猶豫。宗上尚有猶豫，如《大疏》云：「能別、所別、總別猶豫，各有六句。謂兩俱全分，及一分隨他，及自各全一分，合成十八句。如於角決定，於牛有疑（能別猶豫），或於火決定，於煙有疑（如云彼似煙下，定有事火，所別猶豫），或二俱疑故。別於三事（能別所別及俱），並生猶豫，不過六因，故唯說六句。問：此宗此因，俱有疑惑，因名猶豫；宗何過耶？答：若所別定，即是能別猶豫不成。若能別定，即是所別猶豫不成。互生疑依（能所別相互決定），互決定故。若兩俱疑，即是兩俱俱不極成。若隨一疑，即是隨一俱不極成。前似宗中，但說所依無體俱不極成，義準亦有有體猶豫俱不極成，不生自他決定智故。或此亦是自語相違。言似煙等，云何可言定有事火？定有事火，云何可言彼似煙等？或此亦是相符極成，他本生疑，符彼疑故。獨法（能別所別猶豫）合法（俱猶豫），兩俱隨一全分一分，言相違故，順符彼故。」

虛空實有，德所依故。對無空論，所依不成。

凡法有法，必須極成，不須更成，宗方可立。因既為宗之因，故因必有所依之有法，立乃無過。所依不成者，即宗之有法，立敵未共許時，因上所生之過也。故宗上若有所別不極成，因上亦有所依不成之過。

如勝論對經部⑮師立：虛空實有宗，德所依因。勝論師謂空有六德，數、量、別性、合、離與聲，經部不許。此空實有，有法已不成，更復說因，因依於何立？故對無空論因所依不成。

又此因不但有所依不成過，亦帶他隨一之過。故示法舉略，非顯唯有所依不成，無他隨一，既具二過，體即隨一所依不成。

《大疏》云：「今此過所依必無；能依之因，有無不定。由此總有二類差別。」謂所依不成之因，必成於有法之不極成。故此過所依必是無體。然能依之因，則有無不定。如虛空實有宗，若立識所緣故，因即有體；若立德所依故，即為無體。由此有兩俱所依與隨一所依不成二類差別，合有六句。

⑮經部：即經量部，此宗不許虛空之存在，故稱無空論。

兩俱所依不成三
- 有體全分　薩婆多對大乘立：我常住，識所緣故。（所依我全分無體，能依因有體。）
- 無體全分　數論對佛弟子立：我實有，德所依故。（兩俱不許德所依，因於有法有，名全分。）
- 有體一分　勝論對大乘立：我業實，有動作故。（我無業有，故名一分。）

隨一所依不成六
- 有體他隨一　數論對佛弟子立：自性有，生死因故。（佛子不立自性，故他隨一不成。）
- 有體自隨一　數論對大乘立：藏識常，生死因故。（數論不立藏識，故自隨一不成。）
- 無體他隨一　數論對大乘立：我其體周遍，於一切處生樂等故。（生，樂者我之名，大乘不許，亦如此論所說者是。）
- 無體自隨一　經部對勝論立：虛空實有，德所依故。
- 有體他一分隨一　數論對大乘立：五大常，能生果故。（四大生果，二俱可成，空大生果，大乘不許。）
- 有體自一分隨一　大乘對數論立：五大非常，能生果故。

＊有體無體指因，全分一分指宗。

《大疏》云：「上來所說兩俱隨一二種不成，所依唯有（共言四有，簡所依不成，如論文所舉之聲有法，二者共許，曰有體），因通有無。然皆決定兩俱隨一無（謂此因皆決定於宗有法兩俱無；隨一無則簡猶豫不成），所以並得能依有無（有無體因），以為諸句（兩俱四句，隨一八句）。猶豫不成，所依能依雖復皆有（有法及因皆共言故），因不決定（現煙之因，是疑因故），故總為句（六句），不分有無（有無體）。所依不成，所依唯無，能依通有（因通有無）。但兩俱隨一所依不成為句，故無他自無體隨一一分所依不成（無無體他一分隨一句及無體自一分隨一句）。若許自他少分因於宗有，必非一分隨一所依不成（謂無體因不可言於有法中，遍一分不遍一分），亦無猶豫所依不成。後二（猶豫所依）不成，二種所依有無別故，二種能依疑定異故。所依若無，不猶豫故。」

復次四不成之中，各有參差互犯耶？《大疏》作問云：「諸兩俱不成，皆隨一不成耶？乃至諸猶豫不成，皆所依不成耶？」答：「此四皆別。兩俱必非隨一，二一相違故。亦非猶豫，定疑相返故，亦非所依（不成），兩俱所依有，此所依無故。隨一不成，亦非餘二（猶豫所依），定疑異故。二種所依，有無異故。猶豫不成，亦非後一，疑決異故。」此即陳那之四不成說也。四不成過乃由缺因初相而來，然初相亦有分別耶？《大疏》云：「因三相中，初遍宗法，總成三句：一宗法而非遍，四不成中皆一分攝，合攝十二句（兩俱中二句，隨一中四句，猶豫中三句，所依中三句）。非遍非宗法，四不成中皆是全分，合攝十五句（兩俱中二句，隨一中四句，猶豫中三句，所依中六句）。」

辛二不定又分二：壬初標列，二別釋。

壬初標列

不定有六：一共，二不共，三同品一分轉異品遍轉，四異品一分轉同品遍轉，五俱品一分轉，六相違決定。

此標不定過數而列其名。前四不成，缺因初相而有。今六不定，乃隨缺因之第二相或第三相而生。蓋以因成宗，須同品定有，異品遍無，方顯有因所在，宗必隨逐，為無過因，謂第二支之因，乃為第三支之同喻與第一支之宗之媒介物，故於同品不可無關係，於異品必不可有關係也。若於同異品中，有無不能決定，則非真因。其過有六不定。

《大疏》云：「因三相中，後二相過。於所成宗（樂為宗）及宗相違（不樂為宗）二品之中，不定成故，名為不定。若立一因，於同異品皆有名共（即九句中第一句共不定），皆無名不共（即九句中第五句不共不定）。同分異全是第三（即九句中第七句不定），同全異分是第四（即九句中第三句不定），同異俱分是第五（即九句中第九句不定）。若二別因，三相雖具；各自決定成相違宗，令敵證智，不隨一定，名相違決定。」茲以九句因例以圖明之，示諸過之缺相。

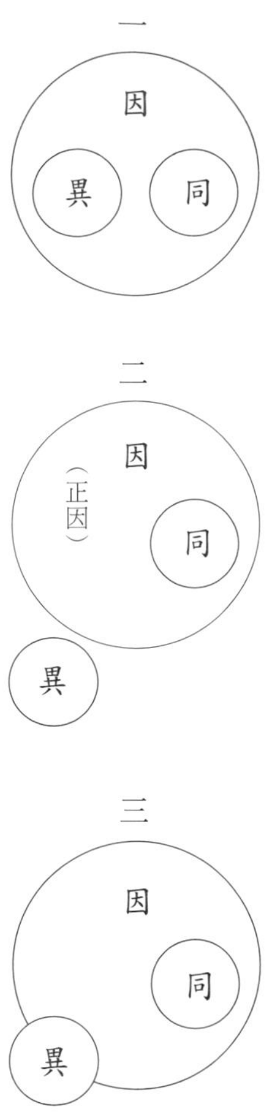

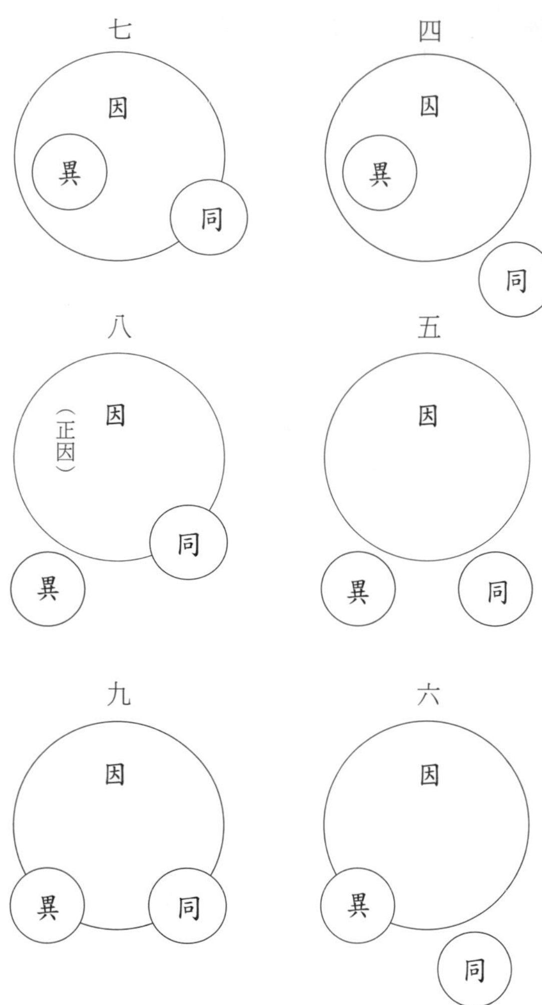
七
因
異
同
四
因
異
同
八
因
(正因)
同
異
五
因
異
同
九
因
異
同
六
因
異
同

《大疏》云：「初五過中，唯第二過，是因三相，第二相失，於宗同品非定有故（見第五句圖），餘四皆是第三相失，謂於異品非遍無故。後一並非（非缺因相），至下當知。」

壬二別釋

此中共者，如言聲常，所量性故。常無常品，皆共此因，是故不定。為如瓶等所量性故，聲是無常？為如空等所量性故，聲是其常？

此因名共不定者，以其範圍寬廣，不但遍於同品，且亦遍於異品，違第三相異品遍無之定義，是故為過。

《大疏》云：「如聲論者對佛法者，立聲常宗，心心所法所量度性為因。空等常法為同品，瓶等無常為異品，故釋共義。同異品中此因皆遍：二共有故，名為不定。」

由此敵者就此一因，可出不定相云：為如瓶等所量性故，瓶等是無常；聲是所量性故，聲亦無常耶？為如空等是所量性故，空等是常；聲是所量性故，聲亦是常耶？

此名不定作法，下過準此。

《大疏》云：「狹因能立（勤勇所作是狹因），通成寬（無我）狹（常無常）兩宗，故雖同品而言定有非遍（如勤勇因可不遍同品電而無妨），寬因能立（所量性寬因），唯成寬宗。今既以寬成狹，由此因便成共。共因不得成不共法（不共常宗）。若有簡略（如因上簡言，耳心心所所量性故），則便無失。」（參閱示因相之末）

復次釋云：「然宗有二：一寬，二狹。如立聲無我名寬，聲外一切皆無我故。立聲無常為狹，除聲以外有常法故。因品亦二：所量所知所取等名寬，無有一法非所量等故。勤勇所作性等名狹，更有餘法非勤勇發非所作故。若立其狹常無常宗，說前寬因，同異二品因皆遍轉，故成不定。若望寬宗，其義可立。唯說狹因，可成狹宗，亦可成寬，異品無故，可成正因。如聲論師對勝論立聲常為宗，耳心心所所量性故，猶如聲性。有此簡略，即便無失。故此（共）與不共二不定差別，彼（不共）於一切品（同異品）皆都無故。」

凡屬比量，可分為三：一他比量，二自比量，三共比量。他比量中又有自他俱三種不同，自比量中亦有自他俱三種，共比量中亦有自他俱三種，如是重合有九過。

《大疏》以文太繁複，僅舉三種，下可準知。茲列其名左：

- 他比量
  - 他共不定
  - 自共不定
  - 共共不定
- 自比量
  - 他共不定
  - 自共不定
  - 共共不定
- 共比量
  - 他共不定
  - 自共不定
  - 共共不定

（一）**他比量之他共不定**　如佛法破數論云：「汝（自所許）我無常，許諦攝故，如許大等。此他比量無常之宗，以二十三諦為同品，以自性為異品。許諦攝因，於同異品皆悉遍有，故為他共不定。」

（二）**自比量之自共不定**　如數論云：「我常，許諦攝故，如許自性。此自比量立我常宗，自性為同喻，大等二十三諦為異喻。許諦攝因，二皆遍轉，故是自共不定。」

（三）**共比量之共共不定**　如論所說。

言不共者：如說聲常，所聞性故。常無常品，皆離此因。常無常外，餘非有

故，是猶豫因。此所聞性，其猶何等？

不共不定者，適與共不定相反。如此所舉之所聞因，於宗之同品卻無實例可以證明。謂此常宗當以虛空為同品，而虛空如何可聞？又其異品應為一切無常之物，此無常之物又無一物可聞。故以此因絕不能判斷聲為常或無常，以此因乃聲所獨有而不與他法共故。

《大疏》云：「如聲論師對除勝論（除勝論以外）立聲常宗，耳所聞性為因。此中常宗、空等為同品，電等為異品。所聞性因，二品皆離，於同異品皆非有故。離常無常，更無第三雙非二品，有所聞性故。故成猶豫，不成所立常（無因同品），亦不返成異品無常故（異品原以遮濫，離因雖屬正當，然此因非成無常也）。其勝論師亦立有聲性，謂同異性等，並所聞性。若對彼（勝論）宗，非無同喻，故除勝論（其他各派）對立成過。」

猶者如也。夫立論宗，因喻能立。舉因無喻，因何所成？其如何等，可舉方比。因既無方，明因不定，不能成他決定智故。

《大疏》設問云：「問：舉因能立，立未成宗，無喻順成，其宗不立（謂因與同喻為成宗之必要條件，若二者關係斷線，則失能立之體，宗乃不立）。宗既順先不立，此因應非不定？（謂宗既先已不立，此因根本已不成因，如何論其不定？）答：因闕同喻，宗義無能可成，亦不返成異宗，由此名為不定。非是定能成一宗義故，不與其定名（即謂不定能成一宗義故，非令宗不定，名不定也）。《理門》難云：理應四種（不共外四不定，即九句中一三七九句）名不定因，二俱（同異品）有故。所聞（同異品俱無之因）云何（不定）？古因明師不許四外有此不共。（參閱四八九頁【古今因明似能立三支過數比較表】）故今難云：以理言之，除決定相違，餘四不定，於同異品，若遍不遍，皆悉俱有，可成異類法（法者因也），故可名不定。今所聞性因，不可屬異類，無更所成（不能成宗），如何不定？比量難云：

所聞性因，非不定攝（宗）
（一）異品無故（因）
如二八因（喻）

所聞性因，非不定攝（宗）
（二）同品無故（因）
如四六因（喻）

「彼論釋云：由不共故，謂如山野，多有草木。雖無的屬，若有取之，即可屬彼，亦是不定。此因亦爾：同異二品雖皆不共，無定所屬。望所成立宗法同異（若常若無常），可有通一隨成（常與無常之任何）一義，故名不定。」

此上之量，表面三支雖似無過。古師曾作決定相違云：

宗：所聞性因是不定因。

因：闕一相故。

喻：猶如共等四種不定（此四皆闕異品遍無之一相故）。

然此解有不定過，非決定相違。可為此量作不定云：

彼不共因，為如共等闕一相故，是不定攝？

為如隨一不成，闕一相故，非不定攝？

如對聲顯立量云：

聲是無常

所作性故

如瓶等

此因但缺初之一相，非不定攝。如何乃以闕一相因為相違量？應與初量作不定過云：

此不共因，為如二八異品無故，非不定攝？

為如三九異品無故，是不定因？

與前第二量作不定云：

此不共因，為如四六同品無故，非不定因？

為如七九同品無故，是不定因？

前因總言同異品有無，不為簡別，故有不定。由此彼因應言異品遍無故，同品遍無故，既遮不定，便無彼失。

此不共因，不唯闕初相，非不成攝；不返成異宗，非相違攝。前既唯闕無第三相名共不定，今唯闕無第二相，故名不共不定，不順不違成共宗故。

此有三句分別如下：

（一）**他比量不共**　如佛子對勝論立彼實（彼許實句）非實，執德依故，如德句等。非實之宗，德句等以為同品，雖無異體，許德依因，於同異品，皆非有故。名他不共。

（二）**自比量不共**　如勝論立我實有（我許實句），許德依故（於同異品，皆非有故）。

（三）**共比量共不共**　如論所說。

同品一分轉異品遍轉者：如說聲非勤勇無間所發，無常性故。此中非勤勇無間

所發宗，以電空等為其同品。此無常性，於電等有，於空等無。非勤勇無間所發宗，以瓶等為異品，於彼遍有，此因以電瓶等為同品，故亦是不定。為如瓶等無常性故，彼是勤勇無間所發？為如電等無常性故，彼非勤勇無間所發？

電空俱非勤勇無間所發，故為此宗之同品。無常性因，於電有空無，故名一分轉。瓶盆等法皆是勤勇無間因四塵所發，故名為異品，無常性因，於彼全有關係，故曰遍轉。為縮短易稱，故亦名同分異全。因三相中，缺第三相，即九句中之第七句攝，參看「九句因第七句圖解」。

《大疏》云：「若聲生論本無今生，是所作性，非勤勇顯。若聲顯論，本有今顯，勤勇顯發，非所作性。故今聲生對聲顯宗，聲非勤勇無間所發，無常性因。此因雖是兩俱全分兩俱不成（聲生聲顯皆立聲常），今取不定，亦無有過。」

宗之同品為電與空，然電為無常，虛空為常，於無常因僅轉一分，而異品之瓶等，反遍轉於無常之因。此無常因以電瓶等為同品，雖於宗同品空上無，然雙於宗同異二品電瓶上有。如是可出不定相，彰無常因，能成前聲，或是勤勇，或非勤勇，故為不定。如論所舉不定作法云：

為如瓶等無常性故，彼是勤勇無間所發？

為如電等無常性故，彼非勤勇無間所發？

此亦有三句分別如左：

（一）**他比量**　如小乘對大乘立：汝之藏識非異熟識，執識性故，如彼第七等（等取色聲）。（此非異熟識宗，以除異熟六識外一切法而為同品。執識性因，於第七等有，於色聲等無。異熟六識而為異品，執識性因於彼遍有。故是他比量之同分異全不定。）

（二）**自比量**　如薩婆多對大乘：立我之命根，定是實有，許無緣慮故。如許色聲等。（此實有宗，以餘五蘊無為等為同品。無緣慮因，於色等有，於識等無。以瓶盆等而為異品，無緣慮因，於彼遍有，故是自比量同分異全不定。）

（三）**共比量**　如論所說，是共比量同分異全不定。

異品一分轉同品遍轉者：如立宗言，聲是勤勇無間所發，無常性故。勤勇無間

所發宗，以瓶等為同品。其無常性，於此遍有。以電空等為異品。於彼一分電等是有，空等是無。是故如前，亦為不定。

瓶盆皆為勤勇無間四塵所發，為宗同品，無常之因，遍轉於彼。電空皆非勤勇所發，為宗異品，然無常之因，於電等有，於空等無，僅轉其一分。因此無常性因，不能定成一宗。蓋違反因三相中之第三相，即九句中之第三句攝。為易稱故，又名異分同全。

《大疏》云：「謂聲顯論對聲生立，（聲）是勤勇無間所發宗，無常性因。」此因遍轉於同品之瓶等固宜，而於異品又轉一分，是故為失。蓋此無常因，不但能成於聲，如瓶盆等，是勤勇發；亦能成聲如電光等，非勤勇發。是故如前成二品故，可出不定相云：為如瓶等無常性故，聲是勤勇無間所發耶？為如電光等無常性故，聲非勤勇無間所發耶？此亦有三句分別：

（一）**他比量**　如大乘對薩婆多立：汝執命根定非實有，許無緣慮故，如所許瓶等。（非實有宗，以瓶等為同品，無緣慮因，於彼遍有。以餘五蘊無為為異品，無緣慮因，於彼一分色等上有，心心所無，故是他比量之異分同全不定。）

（二）**自比量**　如大乘立：我之藏識是異熟識，許識性故，如異熟六識。（異熟識宗，以異熟六識而為同品。許識性因，於此遍轉。以除異熟六識，餘一切法而為異品。許識性因，於彼一分非業果心有，於彼一分色等上無，故是自比量異分同全不定。）

又如前所說：勝軍論師成立大乘真是佛語，兩俱極成非佛語所不攝故，如增一等。（亦是此過，唯前例為自比量，此為共比量。謂此中佛語宗，以增一等而為同品，大小乘兩俱極成非佛語所不攝因，於此遍有。以發智六足等而為異品，兩俱極成非佛語所不攝因，於發智有，於六足無。以《發智論》等小乘自許亦是佛語，大乘不許。亦兩俱極成非佛語所不攝故因，既於彼〔發智〕有，亦此因攝。）

（三）**共比量**　如論所說。（是共比量中共異分同全不定。）

俱品一分轉者：如說聲常，無質等故。此中常宗，以虛空極微等為同品。無質礙性，於虛空等有，於極微等無。以瓶樂等為異品，於樂等有，於瓶等無。是故此因以樂以空為同法故，亦名不定。

大乘假立極微，不說實有。聲勝二師以極微有方分，認為常住實有。故今此常宗，以極微虛空為同品，無質礙因雖轉於空，不轉於極微。以無常之瓶樂（樂受心所）為異品，此因雖不轉於瓶，而亦轉於樂故。是於同異品各通一分，不能定成一宗。因三相中，缺第三相，即九句中第九句所攝。今聲論對勝論立聲常宗，無質礙因。二宗皆說聲無質礙，俱說地水火風極微常住，麤者無常。勝論謂實句中之地水火風是極微性，若劫壞時此等不滅。散在處處，體無生滅說為常住。有眾多法體非是一；後劫成時，兩兩極微合生一子微，子微之量，等於父母，體唯是一，從他生故，性是無常。如是展轉成三千界，所生子微皆合一，能生之體則可有無量。廣如《二十唯識述記》、《成唯識論述記》中解。

《大疏》云：「無質礙因，空為同品，能成聲常。樂為同品，能成無常。由成二品（同異常無常），是故如前亦為不定。」為作不定云為如虛空無質礙故，聲是常住耶？為如樂受無質礙故，聲是無常耶？

《理門論》云：「若於其（因）中俱分是有，亦是定因（亦是相違決定及正因）。簡別餘故（第五不定，若有簡別，即成正因及相違），是名差別。故與餘四有差別也。」

《大疏》釋云：「謂此第五俱分之因，於同異品，皆悉分有，是不定因。由有相違及正因故。此所說因，不於一分異品轉故，是定因（正因）攝。⑴如立聲常宗，無質礙故因。諸無質礙皆悉是常，猶如虛空為同喻。若是無常即有質礙，猶如瓶等為異喻。空為同品，無質礙因有；瓶為異品，無質礙因無。故是其正因。⑵若望樂等心心所法，異品有故，即是相違。謂聲無常，無質礙故，如心心所。謂若是常，見有質礙，猶如極微。今此不定因，望異品一分無邊（如第一例①），可是決定。若望異品一分有邊（如第二例②），即成（法自相）相違。故是猶豫。」此亦有三句分別如左：

（一）**他比量**　如大乘對薩婆多立：汝之命根非是異熟，許非識故，如許電等。（此非異熟宗，以非業果（非異熟善惡）五蘊無為而為同品：許非識因，於電等（色蘊）有，於心等（四蘊）無。以業果（即異熟無記）五蘊而為異品：許非識因，於心等無，於眼等（五根）有。故是他比量他俱分不定。）

（二）**自比量**　小乘反立，如薩婆多對大乘立：我之命根非異熟，許非識故，如許電等。（是自比量自俱分不定。）

（三）共比量　如論所說。（是共比量共俱分不定。）

相違決定者：如立宗言，聲是無常，所作性故，譬如瓶等。有立聲常，所聞性故，譬如聲性。此二皆是猶豫因故，俱名不定。

立敵兩方相難，各執偏見，無從定其是非。謂相違宗之決定因，或決定令宗相違。如立敵二量，各具三相因，各自決定成相違之宗，名相違決定。

此過在前同異有無四句例中所無，九句因所不攝，為過失論中一有趣之論題。因此乃兩個相反隨一不成之因，各各證明其相反之宗，不能調和不能決定。如甲云：「靈魂不滅，無體質故。」乙者見其無隙可破，另立一量云：「靈魂散滅，色身之用故。」甲乙二者各有其理，此所謂道不同不相為謀是也。

如勝論對聲生論立「聲無常，所作性故，譬如瓶等」，所作性因為二者共許；而無常之宗則敵者所不許。然聲生論欲本其聲常之主張，試其駁辯，又見立者之量無過；為擁護自己之宗，乃放棄破量之方法，而另立一量云：「聲常，所聞性故，譬如聲性。」以是二宗，截然相違。勝論之所作性因固，固決定不動；而聲生論之所聞性因，亦卓然不動。二者勝負，終不能定，此則相違決定之原因也。

有立比量云：

宗：此之二因非是過因。
因：三相具故。
喻：如二八因。

二因若是過因，則二八因亦應非正因。量云：

宗：二八因應非正因。
因：具三相故。
喻：如此二因。

可為彼立相違量云：

宗：此之二因不定因攝。　　此二因非正因攝。

因：令敵證者生疑智故。　　又式不令敵證生定智故。

喻：如五不定。　　如餘過因。

若二八因，許非正因，便無正量違教世間種種過失。故知彼是正因所攝。此二乃是不定所收。可立量成之：

宗：二八句因正因所攝。

因：生敵證者決定智故。

喻：如餘正因。

勝論對聲生之所作性因，二者共許，故可成立。若對聲顯論則有隨一不成，以彼不許聲是所作故。

聲生對勝論之所聞性因，亦二者共許；若對餘宗說所聞性，以成常宗，有如前說不共不定。

《大疏》云：「勝論聲性（所聞性之因）謂同異性。實德業三各別性故，本有而常。大有共有，非各別性，不名聲性。聲生說聲總有三類：一者響音，雖耳所聞，不能詮表，如近坑語，別有響聲。二者聲性，一一能詮各有性類。離能詮外，別有本常，不緣不覺，新生緣具，方始可聞。不同勝論。三者能詮，離前二有，響及此二皆新生，響不能詮。今此新生聲是常住，以本有聲性為同品。兩宗（聲生與勝論）雖異，並有聲性可聞且常住，故總為同喻。不應分別何者聲性。如立無常，所作性因，瓶為同品，豈應分別何者所作，何者無常？若繩輪（陶工之具）所作，打破無常，聲無瓶有。若尋伺（心所作用）所作，緣息無常，聲有瓶無。若爾一切皆無因喻，故知因喻之法，皆不應分別。由此聲生立量無過。若分別者，便成過類，分別相似。」

在理論上，因之三相既已具足，似不得謂之過。然因明目的，重在悟他，以真能立為主。真能立者，即以正當之因喻，成立己宗，使敵者瞭解自宗教義，於彼素所反對者，翻然歸順，始達因明之目的。若立量形式雖無過，各執一端，不能收悟他之效果，是則已失立宗之義。如是欲成聲為常既不可，欲成聲為無常亦不可，所謂二因皆不能令他敵證生決定一智，令他不定，與不定名。作不定云：

為如瓶等所作性故聲是無常耶？

為如聲性所聞性故聲是其常耶？

《大疏》云：「論說此二，俱不定攝，故不應分別前後是非。凡如此二因，二皆不定故。古有斷云：如殺遲碁，後下為勝。」此非確論。若爾便決定，云何名不定？由此論主恐謂一切決定相違皆後為勝，故結之云，二俱不定。此亦有三：

（一）**他比量相違決定**　大乘破薩婆多云：⑴汝無表色定非實色，許無對故，如心心所。⑵彼立量云：我無對色定是實色，許色性故，如許色聲等。

此他比量相違決定，初是他比，後必自比。若立自比，對必他比，名自比量相違決定。無二自他，若二自他，俱真立破，非似立故。如大乘立破前無表比量。小乘對云：大乘無表定有實色，許非極微等是無對色故，如許定果色（此色有假有實，今取實色），此非相違決定，俱真能立，真能破故。

（二）**自比量相違決定**　薩婆多立：我之無表色定是實色，許色性故，如許色聲等。大乘破云：汝之無表色，定非實色，許無對故，如心心所。（若先立自義，後他方破，即是自比量相違決定。）

（三）**共比量相違決定**　如論所說，是共比量相違決定。

《大疏》設問云：「問：若共不定亦不共耶？乃至復俱品一分轉亦相違決定耶？答：此六過體，行相別故。皆各相違，體相無雜，無二同體，況多合耶？」

又云：「問：此六過因，於九句因各是何過？答：此初共因，是彼初句。此第二不共，是彼第五句。此第三是彼第七句。此論第四，是彼第三句。此第五是彼第九句。此第六過，彼因所無。此相無闕，彼有闕也。」

然此相違決定除就自比、他比、共比量，可複成三過成九過外。又可就有法及法之自相差別見其四面之衝突，是則二過複成四過，如是九過重複應有三十六過矣。

《大疏》云：「問：相違決定違法自相，亦有法差別，有法自相，有法差別耶？答：有。若不改前因，違宗四種，是後相違過。若改前因，違宗四種，皆相違決定。」茲舉四例明之。

過名	舉例	解釋
有法自相相違決定	勝論自比云：所說有性非四大種，許除四大體非無故，如色聲等。破云：汝有性應非有性，非四大故，如色聲等。（有法自相相違決定者，決定彼違自宗也。）	勝論謂離實德業外，萬有各有一能有本性，各大有性。以除四大及有性外並為同喻，無自不定。
有法差別相違決定	勝論：所說有性非四大種，許除四大體非無故，如色聲等。破云：汝之有性應不能作有有緣性，許非四大故，如色聲等。	勝論意說有能作有性之有能緣性故，作有有緣性；非有有緣性，是意所許，有性有法之差別也。
法差別相違決定	勝論：所說有性非四大種，許除四大體非無故，如色聲等。破云：汝之有性非能有四大非四大種，許非無故，如色聲等。	勝論之非四大種，是法自相，能有四大非四大種；與不能有四大非四大種是法差別。又說色等雖非四大種，不能有四大。然說有性能有四大，非四大種，故成法差別相違決定。
法自相相違決定	如論所舉：聲是無常，所作性故，譬如瓶等。反立量云：聲是常住，所聞性故，譬如聲性。	

論中僅舉法自相相違決定，而不舉餘三相違決定而說明者，亦有其故。《大疏》云：「今論但說言之所陳，違宗能別本所諍因，名相違決定。其有法自相，雖言所陳，非宗相返本所諍法。二種差別意之所許，雖意所諍，非言所陳。此三相違決定之因皆略不說。以此準前比量相違亦有四種。」

如前所說六不定，各有九過，合言五十四種不定之中，自共比中，諸自不定，及共不定，是不定過。自共有過，非真能立，何名破他？他比量中，若他不定及共不定，亦不定過。立他違他及共有過，既非能破，何成能立。自比量中，諸他不定；他比量中，諸自不定，皆非過攝。立義本欲違害他故。

五十四種諸不定過，既各有四，即成二百一十六種不定過攝。若四不成有體無體全分一分自他共許合二十七，皆準前說。謂六不定一一之中，皆可有兩俱隨一猶豫所依四種不成。即所依不成九句中，初二三共也，四六八他也，五七九自也。猶豫不成六句中，初二共也，三五他也，四六自也。隨一不成八句中，四句為他，四句為自。既隨一故無有共。兩俱不成四句皆共也。既兩俱故無自他不成。其二十七（不成）過，五十四諸不定過，一一皆有。總成一千四百五十八種諸不定過。或云準理二百一十六種不定過，望二十七句不成過，應有五千八百三十二種不定。如此推算則不勝其繁矣。

辛三相違又分二：壬初標列，二別釋。

壬初標列

相違有四：謂法自相相違因，法差別相違因，有法自相相違因，有法差別相違因等。

相違因者，即與宗相違法為因。謂立者欲以此因成立己宗，敵者即利用此因反成其相違之宗。《大疏》云：「相違因義者，謂兩宗相返。此之四過，不改他因，能令立者宗成相違，與相違法而為因故，名相違因；因得果名（前者是因，相違即果），名相違也。非因違宗，名為相違。」

相違因與相違決定及比量相違之差別：

相違因於一有法，敵者因仍舊定（如立者前量之因不改），喻可改依，或不改依，能令立者宗成相違。相違決定，於一有法有二正因，但互不生決智。前後二量俱邪，無悟他之功用，為似能立。相違因則前邪後正，立者之量為似能立，敵之之量為似能破。

比量相違者，宗違於因，謂立者之宗違於敵者所見之因。相違因者，立者之宗違於敵者之因喻，即立者之因，不順自己之宗，反與之相違，成立敵宗也。

然因名相違而宗不名相違者，《大疏》云：「由因成宗，令宗相返，因名相違。非宗成因，令因相返，不名相違。又因名法自相相違（即就因以論違宗之過），宗名比量相違（即就宗以論違因之過）。」

因明習慣上，前陳名自性或自相，後陳名差別或共相。在此相違因中則特有其名稱，以言所陳者名自相，意許樂為所立者名差別。前陳後陳皆有言陳意許之相，故重複成四。以表示之：

宗依
- 前陳自性
  - 言陳……自相
  - 意許……差別
- 後陳差別
  - 言陳……自相
  - 意許……差別

……四相違門之特稱術語

自性差別之定義，《大疏》以三重對立明之：

一者局通，即狹寬相對。自性者，謂我自性，法自性，若有若無，所成立故，各別性故。差別者，謂我差別，法差別，若常若無常，若有色若無色，如是等無量差別，前局後通，故二差別。

二者先後，謂於宗中，言先陳者名為自性；言後說者名為差別。以後所陳分別前故。局附自性，名為自相；貫通他上，名為共相。如聲等局體，名為自性；無常貫他，名為差別。若立五蘊一切無我，五蘊名為自相，我無我名差別。

三者言許，言中所陳，前局及後通，俱名自性。故法有法皆有自性。自意所許別義，所可成立名為差別。故法有法皆有差別。

四相違因，自身本不能有如何分析重複；但一因同時可犯各種相違過。即就四種互相綜合，可有十五種過。

《大疏》云：「論說等言者，義顯別因。所乖返宗不過此四，故論但說有四相違。能乖返因有十五類。違一有四，謂各別違（四宗各一，即違第一，違第二，違第三，違第四）。違二有六。謂違初二，違初三，違初四，違二三，違二四，違三四。違三有四，謂互除一（即違初二三，違初二四，違初三四，違二三四），違四有一（即四宗全違），故成十五。論中但顯初二（法自相，法差別），別顯一因。後二共違二因。舉此三種（三種因），等餘十二。故說等言。」今舉五例如左，其餘十種可依例知之。

過數	過名	宗	因	解釋
違一	法自相相違	聲是常住	所作性故	由此因推，當一切所作皆常，然事上卻一切造作者皆無常，恰證明宗上之法為錯誤。

違一	法差別相違	眼等必為他用	積聚性故	他乃法上意許之神我非由積聚成者，今欲以臥具等之積聚成故為人身所使用，而證明眼等為積聚成之神我所用，便失神我之本義。
違二	有法自相相違 有法差別相違	心不是物	假借色身而有作用故	譬如刀之利性，刀之利性非物質，卻偽借物體而有作用：但以此因喻亦可證明此心是無。此有法自相是心，今立因證明心不成其心，即有法自相相違。又此有法的差別，是指靈知之心或無知之心，此因表面似正，如刀之利，實際此因只能證明無知之心不是物，不能證明靈知之心不是物。心若無知，便失立者本義，此即有法差別相違之因。
違三	法差別相違 有法自相相違 有法差別相違	元氣不是物 （儒家謂大化之氣曰元氣。曰地者，元氣所生，萬物之祖，因轉以稱人之精力。）	不屬於物而有實體故	1. 儒家作如是說，此法差別是能生物而不是物與不能生物而不是物。元氣既不屬於物而有實體，便與物相對為不能生物，故云法差別相違。 2. 又可以此因，證明元氣不能成為元氣。因既有實體，便有生滅；若不屬於生滅，便無生理之作用。失元氣之本義，名有法自相相違。

	違四
	法自相相違 法差別相違 有法自相相違 有法差別相違
	元氣是離物之外有體者
	非斷滅故
3. 有法上之差別是能生物之元氣，或不能生物之元氣。元氣既不屬物而有實體，當是不生滅；不生滅之元氣，自不能生物故又是有法差別相違。	若如此說，元氣既非斷滅而又是物之生滅之用，即可證明元氣非離物之外有體者，故是法自相相違。法上差別，立者謂能生物，但元氣既非斷滅便不能生物。有法上差別，亦是能生物與不能生物，大略相違，餘如前說。

壬二別釋

此中法自相相違因者，如說聲常，所作性故；或勤勇無間所發性故。此因唯於異品中有，是故相違。

相違有四，何故初說法自相相違因？謂正所諍故。前比量相違，相違決定，皆唯說彼法自相故，是故初說。法者宗之後陳；自相簡別立者意許，乃以言語所陳之事物；相違對於立者所言陳之法，另作相反之判斷也。此有二師，如聲生論：「立聲常宗，所作性因，同空異瓶。」；聲顯論：「立聲常宗，勤勇無間所發性因，同空異電瓶。」

照此二因本意，當在成立常宗；然事實上凡常者卻非所作及勤勇發，是則恰成反對之無常宗。《大疏》所謂：「此之二因，返成無常，違宗所陳法自相故，名相違因。」

第一所作性因，翻九句中第二正因，屬第四句因；第二勤勇因，翻九句中第八正因，屬第六句因。第四句同品空非有，缺第二相；異品瓶有，缺第三相。第六句同品空非有，缺第二相；異品電無瓶有，缺第三相。故於立者之宗相違。若敵者知此似因，因仍用舊，喻改先立，以成立者相反之宗，則成正因。如第一能違量云：「聲無常，所作性故，同瓶異空。」第二能違量云：「聲無常，勤勇無間所發性故，同如電瓶，異如虛空。」是則可以推翻前二而有餘。

此過必舉二因以為例者，略有五義。一立者生顯不同故。二顯內外聲有異故。三因有寬狹故。四顯二八正因相故。五顯四六句相違不同故。寬因成寬宗，狹因成寬宗，前已詳說，如理應知。

法差別相違因者，如說眼等必為他用，積聚性故，如臥具等。此因如能成立眼等必為他用，如是亦能成立所立法差別相違積聚他用。諸臥具等，為積聚他所受用故。

凡宗上言陳之有法及法名為自相，餘一切義，皆為差別。即在言陳之上尚有意許而未明言者，名為差別。從論式三支而言，成法自相，雖似無過；然能成法差別之相違宗。

如數論對佛徒立：「眼等必為他用（宗），積聚性故（因），如臥具等（喻）。」表面看來雖似無誤，如臥具為積聚性故，為人身所使用；然數論意許在成：「必為非積聚性他用」，故佛徒可即此積聚性因難其意許云：「眼等必為積聚他用，積聚性故，如臥具等。」如能證明神我為積聚性，便失數論本意。

《大疏》云：「此中義說，若數論外道對佛弟子，意欲成立我為受者，受用眼等。若我為有法受用眼等（即直云我能受用眼等），便有宗中所別不成。積聚性因，兩俱不成。如臥具喻，所立不成。若言眼等必為我用（我為有法既不成，即改為法），能別不成，闕無同喻（佛子不許有一法為實我所受用故）。積聚性因，違法自相。臥具喻有所立不成。若成眼等為假他（即偽我）用（立敵無許）相符極成。」

數論若欲顯立眼等必為不積聚他之用，則有前說諸過。為圖避免此等過失，故方便矯立宗云：「眼等必為他用。眼等有法，指事顯陳。為他用法，方便顯示。意立必為法之差別不積聚他實我受用。」積聚性因，積多極微成眼等故。如臥具喻，其牀座等是積聚性，彼此俱許為他（偽我色身）受用，故得為同喻。

數論師以眼等五知根，臥具牀座，為五唯量（色等五塵）所集成法。樂為意許之不積聚他，謂實神我，體常本有。其不樂為意許之積聚他，即依眼等所立之色身總體假我，無常轉變。然勝論所立眼等五根，為神我假我兩者所受用，而神我親用於五根受五唯量故，實我用勝；由眼等方立假我，故積聚假我用眼等劣，勝劣乃基於親疏之用也。今臥具等，本以安處假我，非親為神我之所思，用神我量同虛空，不須安處之具。故於臥具假他用勝，實我用劣。如是同喻之臥具，反與宗異，而成為異品。

《大疏》云：「此前所說積聚性因，如能成立數論所立眼等有法必為他用法之自相。即指此因，如是亦能成立所立宗法自相意許差別之義積聚他用。宗由他用，是法自相。此自相上意之所許積聚他用，不積聚他用，是法差別。彼積聚因，今更不改，還即以彼成立意許法之差別積聚他用。其臥具等積聚性故，既為積聚假我用勝；眼等亦是積聚性故，應如臥具亦為積聚假我用勝。」

舉例明之：

數論意許之量 ｛ 眼等必為不積聚他用
積聚性故
如臥具等

佛徒之能違量 ｛ 眼等必為積聚他用
積聚性故
如臥具等

數論立因之意，成非積聚他用勝。其積聚他用勝，即是異品（假我所用臥具，望宗實我為異品）。宗無同喻，佛法都無不積他故。同品無有，闕第二相。積聚性因，通於臥具，於異品有，闕第三相。

凡四相違因能違作法，皆遮詮而非表詮。依因明法，凡是遮詮，但遮非彼，不立何義。即在打消立者之論旨而已，不須同時另立一義成其反對之宗也。

有法自相相違因者，如說有性非實非德非業，有一實故，有德業故，如同異性。此因如能成遮實等，如是亦能成遮有性，俱決定故。

凡因明立宗，必須前陳後陳二宗依為立敵所共許，然後和合為一不相離性之義，方是二者諍論所在，前已屢述。然二者所諍，有諍義者，有諍體者。諍義者，如立聲無常，「聲」與「無」常二宗依，為立敵所共許；唯聲是否為無常之一不相離性問題，是二者所諍之點，此為諍義之立量，即諍物之屬性也。諍體者，即諍物之存在與不存在。此四相違中之後二相違，皆屬諍體之立論也。

然體之存在何以成為疑問耶？蓋因明作法，多諍後陳；然有時此物體之存在，不為敵者所共許，立者常用曖昧語而矯立之。因此諍點遂不限於後陳，反無形中移於前陳，在立破論中，實常有之情形也。

夫因明比量之是否為真能立與真能破，本以宗因喻三支有無過失而定。然諸過中，多於言陳之上可以審察其是否為過，如宗過中之相違、能所俱不極成、相符極成；因過中之不成不定；同喻過中之能所立法俱不成，無合、倒合；異喻過中之能所立俱不遣、不離、倒離等，皆可就言陳以審察之也。獨因過中之四種相違，在表面上，三支雖似完備，驟見之直覺評點仍在後陳；然進一步探知立者所樂為之意許，轉不在後陳而在前陳。所謂有法意許，即為立者之所欲立而敵者之所欲破也。前二舉例易明，故述在先，即從淺而深，而第三第四之有法自相相違與差別相違，其評點似在後陳非實等語，而反云有法自相及差別相違。此即立者於論式發表之因，適以打消自己之發言（有法自相相違），或打消自說之意義（有法差別相違），是後二相違因之由來也。試述此量成立之因緣如下：

勝論鼻祖鵂鶹仙人，悟所證六句義已，謂證菩提，彼欣入滅。但嗟所悟未有傳人，乃執七德之條件以求傳者：一生中國，二上種姓，三有寂滅因，四身相圓滿，五聰明辯捷，六性行柔和，七具大悲心。經無量時，伺無具者。後遇儒童之子曰五頂，七德雖具，根熟稍遲。仙人伺其根熟，乃迎往所住山中，徐說先悟六句義法，說實德業，彼皆信之。至大有句，彼便生惑。仙言大有性者，能有實德業，離實德業三外別有，體常是一。五頂不從云：「實德業之性不無，即是能有；豈離三外，別有能有？」仙人便說同異句義，能同異彼實德業三，此三之上各各有一總同異性，能使實德業相分相同，有總有別，體常眾多。又說有一常能和合性，即和合句義，是一是常，能和合實德業三，令不相離互相屬著。五頂雖信同異和合，然猶不信別有大有，鵂鶹便引同異性為同喻，而立論所陳量。此量有三，實德業三，各別作故。以是因緣，故今引此以為有法自相相違因之例。

《大疏》云：「今指彼論（勝論），故言如（勝論）說。有性有法，非實者法，合名為宗。此言有性，仙人、五頂兩所共許實德業上能非無性，故成所別。若說大有，所別不成，因犯隨一（若顯言大有性實在，為表詮之論法，則大有性之有法為五頂所不許，宗有所別不成，因亦犯隨一不成）。此之有性，體非即實。」

即實者，實（德業亦同）即是有性，實外別無有性。離實者，實外別有有性，能使實有。鵂鶹之有性語中，實含有即實離實之二等意許。立者之樂為所立，在於離實別有有性，故依相違作法，可顯其有法自相相違之失，而反成立者所不欲成之即實之有性也。

有一實故有德業故之因，此中原可分別為三比量，實德業三各別作故。如言有一一實故，亦簡二實多實無實等。

同喻如同異性，此同異性能有於一一諸實（德業亦同），既為五頂所許，因第二相無過；若以虛空為異喻，虛空不能有實，因第三相無過。立者意謂同異性有一實故，同異性非實非德非業。有性有一實故，有性亦應非實非德非業。唯其意許並非以言陳之「有性非實」為目的，實欲成立其大有性之存在，故目的反在前陳而不在後陳。此量在鵂鶹對五頂自可成立，許有同異性故。

陳那整理因明，探其意許別義，謂同異性雖能有於一一諸實，而能有者為同異性，非即大有性。離實有體之同異性，非離實有體之大有性，二者互為異品，無可引為同品之理。同異性望大有性既為異品，此因無同品可轉，反向異品中轉。陳那乃尋意許以難言陳，即作有法自相相違。因論云：「此因如能成遮實等，如是亦能成遮有性，俱決定故。」相違量云：「汝言有性應非有性，有一實故，有德業故，如同異性。」同異能有於一一諸實，同異非大有；有性能有於一一諸實，有性應亦非大有。義俱決定故。《大疏》設問云：「今難有性應非有性，如何不犯自語相違？謂若前未立有性非實，今難實等能有非有，此言乃犯自語相違，亦違自教。然彼先已成立離實等之有，既意在成立其大有性；今即難彼，破他違他，非成諸過。又前後二有性，皆作名詞解，與有無之有不同。前之因喻，適成此量因喻，是名有法自相相違因。

實得一實者，勝論六句，束為四類。

四類
- 一無實……地水火風父母常極微，空、時、方、我、意，并德業和合。
- 二有一實……大有同異（一、三、四三種實等，雖有功能各別，皆有大有令體非無，皆有同異令三類別。）
- 三有二實……兩常極微合生第三子微。
- 四有多實……兩子微所生之孫微，即初三三合生第七子，七七合生第十五子，如是展轉生一大地也。

《大疏》解云：「四本（地水火風）極微，體性雖多，空時等五，體名唯一，皆無實因。德業和合，雖依於實，和合於實，非以為因，故此等類，並名無實。大有、同異名有一實，俱能有於一一實故。至劫成初，兩常極微，合生第三子微。雖體無常，量德合故，不越因量，名有二實。自類眾多，各各有彼因二（父母）極微之所生故。

自此已後，初三三合生第七子，七七合生第十五子，如是展轉生一大地，皆名有多實。有多實因之所生故。」

問：若同異大有不可為同品，則聲無常宗，瓶可燒見，聲唯可聞，聲瓶云何可為用品耶？答：豈不已說，其聲之體非所諍故。聲上無常是所成立，瓶既同有，故是同品。彼說離實有體有性為宗有法，以有一實因所成立，同異既非離實有體之有性，故成於異品，以離大有外無第二法可為同品故。此非實之宗不能極成也。

又有性既為有法自相，離實有性是其差別。有一實因，違離實有性，便是有法差別之因，如何今說為自相過？謂彼宗意許離實有性，實是差別；言陳有性，既是自相，今尋意許而非此言陳有性，即是違自相，故自相過，非差別因。隨彼言陳而難，故亦無自語相違，及違自教過。

有法差別相違因者，如即此因，即於前宗有法差別作有緣性；亦能成立與此相違作非有緣性，如遮實等，俱決定故。

因明之難，莫難於四相違；而四相違中，尤以後二相違為難；後二相違中，尤以最後有法差別相違為最難。蓋有法自相相違，在尋意許以難言陳；此有法差別相違，乃尋意許以難意許，實因明最祕中之最祕也。此量既未舉出論式，學者殊苦推思。有法自相，前過已釋。即言陳之有性也。其有法差別，有作有緣性與非有緣性之二等意許。《大疏》釋作有緣性云：「彼勝論立大有句義有實德業。實德業三和合之時，同起詮言，詮三為有。同起緣智，緣三為有（謂有性法有體為因，緣於吾人之心，能起能緣心之作用）。實德業三，為因能起（謂實德業皆有實體，能惹起吾人心之能緣作用，故曰為因能起。」

論文「如即此因，即於前宗有法差別作有緣性」者，其意許之量云：「有性應作有緣性，有一實故，如同異性。」意謂有性非實等宗之有法上為意許差別「作有緣性」。即有境能起緣智之因，名有緣性，勝論謂實德業三，所以不無而是有境能起緣智之可能者，皆由有大有性。然「作有緣性」，究非公然顯說，故曰有法差別。

《大疏》云：「彼鵂鶹仙以五頂不信離實德業別有有故，即以前因成立前宗，言陳有性有法自相，意許差別為有緣性。有性同異，有緣性同，詮言各別，故彼不取（能別但取宗喻貫通之有緣性，不取唯局有性之有詮性）。心心所法是有緣性。有緣謂境，有能緣故。謂境有體為因，能起有緣之性。若無體者，心如何生？以無因故，緣無不生。如同異性，有以一實故，作有緣性，體非實等。有性有一實，亦作有緣性，故知體亦非實德業。」

此量之目的，不在實等後陳，乃欲確定其有性（有法）「作有緣性」（差別）也。蓋有性既非實非德非業，即是離實等外別為存在，非依有緣性之大有性而何？如此果能成，則有性之義，五頂雖暫不許，義理既立，終必能服膺其說也。

然在另一方面仍可作相違之式以破之，如論文云：「亦能成立與此相違作非有緣性，如遮實等，俱決定故。」相違量云：「有性應非作大有有緣性，有一實故，如同異性。」

《大疏》釋此云：「初三句顯此因亦能令彼有法差別而作相違。後二句釋所由。作非有緣性者，作非彼意許大有句義有緣之性。謂即此因，亦能成立與彼所立意許別義作有緣性差別相違，而作非大有有緣之性。同異（雖）有一實（同異只作同異之有緣性），而作非（即非作之義）大有有緣性。有性有一實，應作非大有有緣性。不遮（五頂不遮）作有緣性，但遮作大有有緣性（樂為意許），故成意許別義相違。不爾違宗（五頂），有性可作有緣性故。文言雖略，義覆定然。釋所由云，如遮實等俱決定故。勝論此因既成有性遮非實等而作有緣性。此因亦遮有性非作有性有緣性，此如彼遮，兩皆決定，故成違彼差別之因。」

文中雖無大有之言，基師尋義於作有緣性上加大有言。以「作大有有緣性」與「作非大有有緣性」為二等意許。可作合作法云：同異有一實故，而作非大有有緣性；有性既有一實故，應作非大有有緣性，意義較明。

然此過何以犯因三相中之後二相耶？《大疏》云：「有性有緣性，因（有一實因）本所成有法差別。宗無同品（此宗同品應以有緣性之物為同品，而同異性雖有一實故，而非有緣性。謂同異性亦有緣性，詮言有異，故別立大有），因於遍無（缺第二相，謂此一實因，於同品之同異性全無大有有緣性之義）。同異非有性有緣性是宗異品，因於遍有（缺第三相）。有一實因，同無異有，後二相過，故成相違。」

此四過中，初二種因，各唯違一。後二種因，一因違二。其有一因，通違三者，如勝論立：

所說有性非四大種
許除四大體非無故
如色聲等

自所餘法，皆入同喻，無不定過。

非四大種是法自相。能有四大非四大種；不能有四大非四大種是法差別。彼意本成能有四大非四大種，故今與彼法差別為相違云：

所說有性非能有四大非四大種
許除四大體非無故
如色聲等

所說有性是有法自相，與此有法自相為相違云：

所說有性應非有性
許除四大體非無故
如色聲等

彼說有性離實有性，今非此有，不犯自語自教相違，隨言即非，故違自相。有性既是有法自相。作有性有緣性；作非有性有緣性，是有法差別。彼意本成作有性有緣性，故今與彼有法差別為相違云：

所說有性應非作有性有緣性
許除四大體非無故
如色聲等

不改本因，即為違量，故成違三。

一因違四

法自相相違者

所說有性離實等外無別自性
許非無故
如實德等

同異入宗所等之中，故無不定。彼所立量，離實等有性是法自相。能有實德業離實等有性；不能有實德業離實等有性，是法差別。彼意本欲成能有實德業離實等有性，故今與彼法差別為相違云：

所說有性應非能有實德業離實等有性
許非無故
如實德等

為有法自相相違云：

所說有性應非有性
許非無故
如實德等

彼說離實等有性，今隨難言陳而非有性，故違自相，不違自教自語之宗，同喻亦無所立不成。

有性既為有法自相。作有性有緣性；作非有性有緣性，是有法差別。彼意本欲成作有性有緣性，故今與彼有法差別為相違云：

所說有性非作有性有緣性
許非無故
如實德等

不改故因，即為違量，故成四因。

此上同喻，舉同異為喻亦得，隨所立故。

《大疏》作歸納云：「此論所說法自相因，唯違於一；故顯示因，同無異有。自餘三因，乍觀他立，皆似其因，同有異無。彼此所諍宗上餘三，以理窮之，皆無同品。其因亦是異有同無。如法差別不積聚他用；有法自相離實等有性；有法差別作大有有緣性，皆無同喻。彼因但於異品上有，由彼矯立以異為同，故今違之以彼異為同，成相違義。論中示法各各不同。法自相相違，改他同喻為異，改他異喻為同。後之三違，以他同為同，以他異為異。欲顯相違，因必仍舊，喻或改新。其不定因，因雖不改，通二品轉，不生決定智，立不定名。此相違因，隨應所成，立必同無異有，破必同有異無，決定智生，故與前別。」

四相違中，違一有四，論自說二（論已說所作及積聚二因為例）。違二有六，論自說一（論舉有一實因為後二宗相違例）。違三有四，今略敘一。違四有一，今亦示法。自餘十種，皆如理思。又此四因，亦有他自共比之別；三種比量之中，又各說有違他自共。每因有九，四相違因，合三十六。論文所說皆共比違共。諸自共比，違共及自，皆為過失，違他非過。他比違他及共為失，違自非過。義同前說。此但說全，應詳一分。

《大疏》云：「此上所說，但是立敵兩俱不成四相違因（立敵俱不許所作等四因於同品有），亦有隨一、猶豫、所依、餘三不成四相違因（此四相違過，亦可同時犯一種不成過）。三十六中，一一有四（三十六種相違與四種不成合說），合計一百四十四種諸相違因，恐文繁雜，故略不述。」

自他共比，既各有三。有體無體，全分一分，總相而說二十七不成，五十四不定，三十六相違。合計一百十七句似因。

因十四過中，就四不成過言，以皆為因第一相有缺之過，故無一因同時犯二種以上之不成過。就六不定過言，乃因之第二、第三相上任缺一相，如俱有俱無，同全異分等，故無有一因同時犯二種以上之不定過。又諸不定過無全分一分之別，以理窮盡故。後四相違，乃因第二、第三相決定相違之過。以上明似因竟。

戊三解似喻又分二：己初結前生後，二依標正釋。

己初結前生後

己說似因，當說似喻。

此即結成生後之義。

己二依標正釋又分二：庚初標列，二別釋；庚初標列又分二：辛初標列同，二標列異。

辛初標列同

似同法喻有其五種：一能立法不成，二所立法不成，三俱不成，四無合，五倒合。

喻過有二類：一同喻過，二異喻過，合有十種。喻過與因過不同者，在言三支與義三相。凡過有二：一少相缺，二義少缺。因過專就少相缺而論，喻過即就義少缺而論也。少相缺者，指因三相具缺而言；義少缺者，指因一同異喻二之言三支而言。三相門與三支門之關係殊為密切，蓋凡立量破量，皆就三相之是否無缺，三支言語上之是否無失以審察也。

《大疏》云：「因名能立，宗名所立，同喻之法必須具此二（必須具含宗因二法）。因貫宗喻，喻必有能立，令宗義方成。喻必有所立，令因義方顯。今偏（謂但有能立法，或但有所立法）或雙（或全無有），於喻非有，故有初三（能立法，所立法，不成俱不成）。喻以顯宗，令義見其邊極。不相連合，所立宗義不明，照智不生，故有第四（無合）。初標能以所逐，有因宗必定隨逐（先因後宗，初標能立之因如凡所作者皆是無常，所立之宗自必隨之）。初宗以後因，乃有宗以因隨逐。返覆能所，令心顛倒，共許不成，他智翻生，故有第五（倒合）。謂若先宗後因，以因隨宗，則反其能所，使敵證心生顛倒（即不生「生者必滅」之正智，反生「滅者必生」之邪智也）。依增勝故，但立此五。故無無結，及倒結等（通似喻中不立無結等難）。以似翻真，故亦無合結（通真喻中無合結難。謂似喻無無結，倒結，故真喻無結支，準喻無結支，亦無合支。即前所謂離因喻外無別合結也）。」

辛二標列異

似異法喻亦有五種：一所立不遣，二能立不遣，三俱不遣，四不離，五倒離。

異喻必不可含有宗法因法，始能反證宗因之意義。若異喻有宗法或有因法，或全有二者，則非異喻。

《大疏》云：「異喻之法，須無宗因。離異簡濫，方成異品，既偏或雙，於異上有，故有初三。要依簡法，簡別離二（宗因）。令宗決定方名異品。既無簡法，令義不明，故有第四。先宗後因，可成簡別；先因後宗，反立異義。非為簡濫，故有第五。翻同立異，同既五過，異不可增，故隨勝過，亦唯立五。」

庚二別釋又分二：辛初同，二異；辛初又分二：壬初別釋五，二總結非。

壬初別釋五

能立法不成：如說聲常，無質礙故。諸無質礙，見彼是常，猶如極微。然彼極

微所成立法，常性是有；能成立法，無質礙無。以諸極微質礙性故。

宗為所立，因所以成宗，名為能立。同喻乃助因立宗，以成能立之果；若於因之能立，無所助成，必然乃與宗法有所不合，是名能立不成。凡喻必具宗同品與因同品之二條件，如云：「虎必有死，為動物故，如牛。」如是能立乃成。若云：「虎必有死，為動物故，如草本等。」草木有死，雖具宗同；然非動物，缺因同品。不合同喻合作作法之理。

《大疏》云：「如聲論師對於勝論立聲是常宗。兩俱許聲體無質礙。以勝論師，聲是德句，德句無礙。聲論雖無德句，然以其聲隔障等聞，故知無礙。若據合（合作法）顯，亦是因過。以（常宗異品之）心心所為因同法；無礙因轉（有共不定過），前已明因，今辯喻過，故不言因。」

依此作法，喻體既云諸無質礙見彼是常，喻依當云猶如虛空，方具宗因二同。今云猶如極微，宗同雖具，因同無有。故論文云：「然彼極微所成立法，常性是有（此就父母常極微言，非指子微。以子微體從他生，即無常故）。能成立法，無質礙無。

以（聲勝二論皆許）諸極微質礙性故。」

《大疏》設問云：「因為成宗，因有兩俱隨一等過（謂能立之因已有四不成過），喻亦（助因）成宗，何故但明能立不成，不明餘耶？答：因親成宗，故有四過；喻是助成，故無四過。又解，因是初相，據初辯四（四不成過，專就因初相言），顯第二相，亦有四種。彼開此合，義實相似。以喻準因，亦有四種。」

A能立兩俱不成

⑴兩俱全分能立不成　如論所舉極微，立敵共許有質礙，故曰兩俱全分。

⑵兩俱一分能立不成　如舉極微虛空為同喻。

B能立隨一不成：彼聲論師對佛弟子立聲常宗，無質礙因，舉喻如業。佛法不許業之全分無礙。即勝論許業無礙，佛法許身語二業有礙，意業無礙。此有四種：

⑴自全分隨一能立不成　小乘對大乘立：「極微之色，定唯眼識，心等變故，如眼根。」（小乘眼根上無心等變因，大乘許有故。）

⑵自一分隨一能立不成　如前例，加所知性為因。

⑶他全分隨一能立不成　佛徒對勝論：「極微無常，有質礙故，如業。」

⑷他一分隨一能立不成　如前例，加所知性為因。

C能立猶豫不成

⑴因猶豫非喻能立　如於霧等性起疑惑時，為煙為霧，尚未定知；即立彼處定應有火，以現煙故，如廚舍等。

⑵喻能立非因猶豫　如論所說。

⑶俱猶豫。

⑷俱不猶豫。（後一為正，前三皆不正。）

此猶豫能立不成，又有兩俱全分一分能立猶豫不成，自全分一分隨一能立猶豫不成，他全分一分隨一能立猶豫不成，合共六種，例如因過之猶豫不成，繁故略之。

D能立所依不成：喻上之所依不成有二：

⑴以因為所依　謂不同於因有第二、第三相。無宗有法，但缺初相。此所依無，能立亦無。即所依之因既無，能依之能立之喻亦無。然亦得名無能立所依不成。如數論對佛徒立：「思受用諸法宗，以是神我故，如眼根等。」若言假我，因喻無過。今言以是神我故因，佛法不許，故隨一無。此因既無，故喻無依。

⑵以喻依為所依　謂或喻所依無，名所依不成。所依有二：一自體依，二所助依。瓶（有法）自體依，因即所助依也。或有疑曰：何以得知喻亦有此四過耶？謂準因可有。喻既助因，因既無已，喻何所助？如因成宗，有法無故，因何所成，故並為過。

所立法不成者，謂說如覺。然一切覺能成立法無質礙有；所成立法常住性無。以一切覺皆無常故。

前能立不成，缺無因同品；此所立不成，缺無宗同品。非宗之同品故，則不能助因以成宗之所立，是名所立不成。此舉喻如覺，覺者心心所法之總名，立敵皆許為無質礙也。如前例聲論對勝論立：「聲常，無質礙故。諸無質礙，見彼是常，猶如覺。」此一切覺於能成立法之無質礙因難有；然於所成立法之常住性則無。何以故？以一切心心所皆無常故。

《大疏》釋所立義云：「喻上常住，實非所立（意是能立）。即（喻體）同於彼所立（常住）能立（無礙）二種法者，即是其喻，從所同為名（謂喻上之常性同於所立聲之常性），故名所立。」

此所立不成，準前能立不成。亦有因四不成之分別。茲舉四種明之：

（一）**所立兩俱不成**　即論文所辯：「聲常，無質礙故，如覺。」（立敵皆認感覺不能常在，故兩俱不成。）

（二）**所立隨一不成**　勝論對佛法立：「聲常，無質礙故，如極微。」（勝論謂極微無體質而常，佛法則認為無常，故隨一不成，雖有餘過且取所立，以辯於過。）

（三）**所立猶豫不成**　如大乘人對薩婆多立：「預流等定有大乘種姓，有情攝故，如餘有情。」（大乘人不定知此預流等有大乘種姓不？故懷猶豫。然於餘有情亦懷猶豫，不知定有大乘種姓不？此俱猶豫，餘者類思。）

（四）**所立所依不成**　且約依宗，為喻所依如數論師對佛法者立：「眼等根為神我受用，同喻如色等。此即能別不極成，故喻無所立，亦無所依。（末行手稿字跡模糊）」

俱不成者，復有二種，有及非有。若言如瓶，有俱不成。若說如空，對無空論，無俱不成。

若舉一喻，同時缺宗同因同二法，為能別所別皆不成者，名俱不成。此有二種，即有與非有。《大疏》謂有即有彼喻依；非有即無彼喻依。故前者為有體俱不成，後者為無體俱不成。「若言如瓶，有俱不成」者：以立聲常宗，無質礙因，瓶體雖立敵共許其有，而常性與無礙，則瓶所無，故俱不成也。「若言如空，對無空論，無俱不成」者，謂如聲論師對不許虛空存在之經量部無空論者，於前例之宗因，舉喻如空者，虛空體無，故宗之常因之無礙二者亦不立。有無雖二，皆與宗因二立俱無關係也。

《大疏》設問云：「虛空體無，常可不有；空體非有（即無之義），無礙豈無？答：立聲常宗，無質礙因，表虛空不有（謂宗因俱表詮，而虛空無有表詮，僅為遮義也），故無礙無。」

此有有體無體之別，每一類又有兩俱隨一猶豫所依四種不同。茲先舉四句明之。

（一）**宗因俱有體無俱不成**　即對無空論是。

（二）**宗因無體有俱不成**　如數論對薩婆多立：「思是我，以受用二十三諦故，如瓶盆等。」

（三）**宗因有體有俱不成**　即論所說有俱不成是。

（四）**宗因無體無俱不成**　即前第二對佛法中無空論者。

且依有體俱不成以明之。

（一）**兩俱有體兩俱不成**　如論說是。

（二A）**自隨一有體兩俱不成**　如外道對佛法中無空論者立：「我能受苦樂，以作業故，如空。」（小乘無空論許我能作業受苦樂，但不許空之存在；外道許空存在，然不許空能作業受苦樂。）

（二B）**他隨一有體兩俱不成**　如外道對佛法立：「聲常，無質礙故，如語業。」（佛法許身語二業有礙，意業無礙。）

（三）**猶豫有體兩俱不成**　如說：「彼廚中等定有火，以現煙故，如山等處。」（於霧等性既懷猶豫，皆有火不決，山處是有，故成猶豫。以山處有時出霧如煙，必定有火也。）

（四）**所依有體兩俱不成**（有體所助二依中之所助依）　喻依既有，闕無此句。若說依因宗（所助依）即有此句。前四句中之第二句是。

無俱不成亦有兩俱隨一猶豫及所依不成

（一）兩俱無體兩俱不成　如聲論對勝論立：「聲常宗，所聞性故，如第八識。」（聲勝二師皆不許有阿賴耶識，且彼亦非可聞與常在。）

（二A）自隨一無體兩俱不成　如聲論師對大乘者立前比量，彼自不許有第八識故。

（二B）他隨一無體兩俱不成　聲論對無空論立前比量，舉喻如空。

（三）猶豫無體兩俱不成　既無喻依，決無二立疑決既不異分，故闕此句。

（四）所依無體兩俱不成（所助依）　若說依喻，即前說是，皆無喻依故。說依宗因，即前四句第四句是。

有體無體前後諸句，復有全分一分，恐繁不述。

《大疏》設問云：「真如常有，故說為常；虛空恆無，何非常住？又虛空無，何非無礙？答：立宗法略有二種，一者但遮非表，如言我無，但欲遮我，不別立無；喻亦遮而不取表。二者亦遮亦表，如說我常，非但遮無常，亦表有常體；喻即有遮表。依前喻無體，有遮亦得成。依後但有遮，無表二立闕。今立聲常，是有遮表，對無空

論，但有其遮，而無其表。故是喻過。」（參閱第四七四至四七六頁）

無合者，謂於是處，無有配合。但於瓶等，雙現能立所立二法。如言於瓶：見所作性及無常性。

無言者，謂於喻處未曾將因配宗，即未將因法與宗法之關係明白指出，僅說明瓶上之二種性質，故不能作有力之證明，此為古師之失。古師五分作法，同喻不加合詞，無喻體喻依之分。故云是處無有配合。

同喻五過：前三為事喻，後二為理喻。此無合即理喻中無合作法之理也。《大疏》云：「謂於是喻處，若不言諸所作者，皆是無常，猶如瓶等。即不證有所作處，無常必隨。即所作無常，不相屬著（因果必然關係不明），是無合義。縱使聲上見有所作，不能成立聲是無常；故若無合即是喻過。若云諸所作者皆是無常，猶如瓶等。即能證彼無常，必隨所作性。聲既有所作，亦必無常隨，即相屬著，是有合義。」但於瓶等，雙現能立所立二法者，謂但言所作性故，譬如瓶等有所作性及無常性，不以喻成所作成無常；即於能立所立之間，無合作法以貫通之，則喻終難作有力以助因而成宗也。

古師於五分作法之第四段中，合云：瓶有所作，瓶即無常；當知聲有所作，聲即無常。此為歸納法之意味。新因明云，諸所作者皆是無常，即已貫通聲上所作之性，故知其必無常。此實兼西洋論理學之演繹、歸納二種法則，故陳那不取合結二支，以其為蛇足也。

倒合者：謂應說言，諸所作者皆是無常；而倒說言，諸無常者皆是所作。

凡合作法以先因後宗為定則。謂應以共許所作性，成不共許無常性；且顯因之在處宗必隨逐，凡有所作性處，必有無常也。今若倒言，諸無常者皆是所作，則成非本所諍之宗。故《大疏》云：「謂正應以所作證無常；今翻無常證所作，故是喻過。即成非所立（成非本所立之無常宗）。有違自宗（以不共許無常成共許所作，是違自宗），及相符等（若以無常證所作，即成非本諍之義。如此可作離作法云：非所作者皆是常住，是即反成常住之宗，如空立敵本成，若更成立，寧非多事。蓋聲上無常，非兩共許，聲上所作本兩許，以不共許之無常，成共許之所作，宗既相符，因亦隨一，等即指隨一等過也），如正喻中，已廣分別。」

《大疏》作同喻過之歸納云：「前之三過，皆有自他共分全等。此後二過，但有共全（共無合，倒合；全無合，倒合），無所餘（自他一分）也。或無分全（無兩俱隨一無合，及兩俱隨一倒合）。可分他自共，以隨立量有自等三故。總計似同（法喻），初三各四（各有兩俱隨一猶豫所依四種不成），成其十二，兼後二過（後二過無所分析），總有十四。分自他共（若就十四中各有自比他比共比而分），有四十二。於中細分全分一分（謂再進一步細論兩俱之中又有全分一分二種不同），復以似因（隨一之中又有自他全分一分四種不同；猶豫之中有自他兩俱全分一分六種之不同；所依有自他共全分一分有體無體之九種不同，如此一過便成二十一過）。問（合論也）似喻（能立不成等）過，數乃無量恐繁且止。」

壬二總結非

如是名似同法喻品。

此即總結似同法喻。

辛二異

似異法中，所立不遣者：且如有言，諸無常者，見彼質礙，譬如極微。由於極微所成立法常性不遣，彼立極微是常住故。能成立法無質礙無。

向下別釋異喻五過。不遣者，不能遣除之義。異喻反於同喻，必須完全具宗異品與宗同品，換言之，即不可與宗因有絲毫正面之關係，始能遮濫。前同喻順因成宗，其合作法先因後宗，故先說能立。此異法喻乃先離宗而後因，故先說所立不遣。如聲論對勝論立量云：

聲常

無質礙故

諸無質礙皆見是常，同喻如虛空

諸無常者見彼質礙，異喻如極微

應說諸無常者，見彼質礙，譬如瓶等。始能遣盡所立常性。若以極微為異喻，但遣能立無質礙因，不遣所立常住性，以聲勝二論，俱計極微為常，且有礙故。故云能成立法無質礙無（謂極微非無質礙）。凡異喻必具宗異因異之二，前已屢述。故今極微雖有因異品之非無質礙，却缺宗異品之無常性，是名所立不遣之過。

此中亦有兩俱隨一猶豫無依不遣四句：

（一）**所立兩俱不遣** 如聲論對勝論立：「聲常，無質礙故，異喻如極微。」（所立兩俱不遣者，以聲勝皆以極微為常故。）

（二）**所立隨一不遣** 如前量之異喻，對薩婆多有隨一不遣，以薩婆多計極微非常故。

（三）**所立猶豫不遣** 如言：「彼山等處定應有火，以現煙故，異喻如餘處。」（此離作法應云：諸無火處皆不現煙，然有火處，亦無其煙，故懷猶豫，不現煙處，火為有無，故猶豫不遣。）

（四）**所立所依不遣** 如立：「我無，許諦攝故，異喻如空。」（對無空論，雖無所依，亦不遣其所立。）

或無第四過，以異喻體但遮非表，依無非過。但有前三，或亦有四。此隨所應亦有自他共全分一分等。

能立不遣者：謂說如業。但遣所立，不遣能立，如說諸業無質礙故。

異喻於能立之因，不能遣除，是謂能立不遣。謂但具宗異品而不具因異品，即但遣所立，不遣能立，適與前過相反。如論中所云：「謂說如業」者，即於「聲常，無質礙故」之宗因上，以業為異喻，而為異喻離作法云：「諸無常者，見彼質礙，譬如業等。」以彼聲勝二論，俱許業為無常無質礙故，但遣所立常性，不遣能立之無質礙性也。

如云：「孫總理廣東人也，中國人故，異喻如袁世凱。」袁世凱雖非廣東人，而為中國人故，亦能立不遣之例。

此亦有四句等之別。

（一）**能立兩俱不遣**　如聲常，無質礙故，異喻如覺。（覺為無常，但無質礙。）

（二）**能立隨一不遣**　如前量，異喻，如業。（佛法謂業為無表色故有質，諸餘外道謂業無體質。）

（三）**能立猶豫不遣**　如預流定可成佛，有情攝故。異喻如一切不成佛者。（無情雖不成佛，然相宗謂有一分無種姓有情亦不成佛，故猶豫。）

（四）**能立所依不遣**（所助依）　如儒家對科學家立：鬼是實有，二氣之良能故，異喻如夢。（科學家根本不許有二氣，故任何異喻，皆不能反顯二氣之良能。）

俱不遣者：對彼有論，說如虛空，由彼虛空不遣常性無質礙故。以說虛空是常性故，無質礙故。

謂異喻並缺宗異品與因異品，不能遣除宗因之關係，是謂俱不遣。常宗無質礙因，為有體詮宗，若對無空論，以虛空為喻，則有所依不成。故論云對彼（薩婆多）有論，不對無空論說也。因立敵共許有虛空，喻依雖成；然虛空常住，不遣常住；又無質礙性，不遣能立之無質礙，故曰俱不遣。蓋虛空本為常宗真同喻，瓶為真異喻。今以同為異，故犯俱不遣；若以異為同，則犯俱不成。

《大疏》云：「問：似同（同喻）不成，俱中開二（俱不成中開有及非有）；似異不遺，何不別明？答：同約遮表，無依成過；異遮非表，依無俱遮（謂異喻但遮不表，可有依無依也），故無（無依）非過。問：異喻但遮，異無非過；遮有立異（謂既遮一方，又立異方），無（無體）豈非過？如立：『虛空定應非有，以非作故，如龜毛等。』諸常有者，皆非必作，如空華等（此空華異喻）。豈非無體俱不遺耶？答：前望一宗（聲常），故同開二（同喻開有非有之二）；此約別立，故合為一。立有（所立有者）異有（異品亦有），即有不遺（即不能遣有），若無必遣。立無異無（所立無者，異品亦無），即無不遣（即不能遣無），異有必遣。故不開二。」

異喻喻體無依非過，故僅有所助依（即理喻）之所依不成，無自體依（事喻）之所依不成。

此中亦有兩俱不遺，隨一、猶豫及無所依；亦隨所應有自他共分全等過。準如理思。

不離者，謂說如瓶，見無常性，有質礙性。

謂無離作法之理，曰不離。即於異喻上不將宗異因異之關係指出，僅云於瓶等上，見無常性及有質礙性。此雖能遣能所立，而不能作有力之反證。凡無礙者皆常住也。異喻前三亦為事喻，後二則理喻也。《大疏》云：「離者，不相屬著義。言緒無常者，即離常宗；見彼質礙，離無礙因。將彼質礙屬著無常，反顯無礙屬著常住；故聲無礙，定是其常。今既但云：見彼無常性，有質礙性；不以無常屬有礙性，即不能明無宗之處，因定非有；何能返顯有無礙處定有其常？不令常無礙互相屬著，故為過也。」

如聲論對勝論立量云：

聲常

無質礙故

諸無質礙皆見是常，如虛空（同喻離作法）

諸無常者皆見質礙，如瓶等（異喻離作法）

此式若無後之離作法，即不離過。謂若舉異喻而不作此演繹推理者，名不離也。

就同喻合作法言：合即先合聲上無礙，欲令無礙，常住定隨。就異喻離作法言：

離即先離聲上常住，欲令無常，因定不有。返顯無礙之所至處，定有常住宗義隨逐。故《理門論》云：說因宗所隨，宗無因不有。若以具陳略陳之義而言，則又常別論矣。

倒離者，謂如說言：諸質礙者，皆是無常。

異喻離作法，以先離宗後因為定則，今反先因後宗，故名倒離。謂如說言：「我當要死，以是人故，凡非人者皆應不死，譬如土石。」此異喻則倒離之過，故應說言：「凡不死者皆不是人。」始為真離作法。否則「凡非人者皆應不死」之命題，便為錯誤，以其餘鳥獸動物非人，亦有死故。

《大疏》云：「宗因同喻，皆悉同前。異喻應言諸無常者，見彼質礙。即顯宗無因定非有（亦防無礙之因，汎濫及於異品之無常）。返顯正因，除其不定及相違濫。返顯有因宗必隨逐。此即顯彼宗因。今既倒云：諸有質礙，皆是無常，自以礙因，成非常宗。不簡因濫，返顯於常。此有二過，如正異辯。」

二過者：一成非本所說之常宗故；二以質礙因成無常宗，非立者本意，正與敵者相符故。如聲論對勝論立量云：「聲常，無質礙故，諸無常者見彼質礙，異喻如瓶等。」

此說異離方正。若倒說：「諸質礙者，見彼無常如極微異喻。」是自犯過，以聲勝皆許極微有質礙而常住也。

此亦可有三，自他及共。無一分過。總計似異中亦有四十二，如同喻說。餘細分別，準上可知。

丁二結非真

如是等似宗因喻言，非正能立。

此總結似立中一切非正能立也。

《大疏》云：「言如是者，即指法之詞。復言等者，顯有不盡。向辯三支，皆據申言而有過故（謂三支出過，皆在言語發表之後）。未明缺減（過性），非在言申（非論文所申），故以等。等復云似宗因喻者，等彼缺減。後牒前三（似宗因喻），總結非真，故是言也。」

復設問云：「若爾，何故不言『如是似宗因喻等』，而云『如是等似宗因喻』

耶？答：喻下言等，恐有離前似宗因喻，別有似支。顯離此三，更無有別似宗因喻，故於前等。」

上明似能立竟。

丙三明二真量又分三：丁明立意與遮執，二辯量體，三明量果。

丁初明立意與遮執

復次，為自開悟，當知唯有現比二量。

二真量是真能立之所須具，非正能立。其立二量之意與遮執之義。《大疏》云：「問：若名立具，應名能立，即是悟他；如何說言為自開悟？答：此造論者欲顯文約義繁故也。明此二量，親能自悟，隱『悟他』名及『能立』稱。次彼二立（真似二能立）明，顯亦『他悟』疏『能立』（雖自不曉，無以悟他，故親唯自悟，疏能悟他）。猶二燈二炬互相影顯故（喻舉親自悟以顯，顯疏悟他疏能立）。《理門論》解二量已云：如是應知悟他比量（立者之比量智），亦不離此（敵者自悟之比量智），得成能立（能立之具）。故知能立必藉於此量，顯即悟他。明此二量親疏合說，通自他悟及以能立。此即（正明二真量）兼明（悟他）立量意訖。常知唯有現比二量者，明遮執也（遮古師多量之執）。唯言是遮，亦決定義。遮至教量及譬喻等（古師有執三量四量六量八量等），決定有此現比二量，故言唯有。」

或問古師既立有多量，今何立二？《理門論》答云：「由此能了自共相故；非離此二別有所量，為了知彼，竟立餘量。故依二相，唯立二量。」古師以從詮及義，智開三量；陳那以至教所詮，不出自共二相。廢詮從理，至教亦二量所攝。當知唯言，但遮一向執異二量外，別立至教及譬喻等故。廣此二量，如章具辯。

丁二辯量體又分二：戊初現量體，二比量體；戊初又分二：己初簡彰辯體，二釋義顯名。

己初簡彰辯體

此中現量，謂無分別。

此中者是簡持義。向標二量，且簡比量，持彰現量，故曰此中。言現量者，即正所持，欲明立量。謂無分別者，即正辯現量之體，謂離名言種類之分別也。

己二釋義顯名

若有正智，於色等義，離名種等所有分別。現現別轉，故名現量。

《大疏》釋云：「若有正智，簡彼邪智。謂患翳目見於毛輪（見目毛頭現輪形相），第二月等。雖離名種等所有分別，而非現量。故《雜集論》（卷十六）云：現量者，自正明了無迷亂義。此中正智，即彼無迷亂離旋火輪等。於色等義者，此定境也。言色等者，等取香等。義謂境義。離諸映障，即當雜集明了。雖文不顯，義必如是。如智不邪，亦無分別緣彼障境，應名現量故。」

離名種等所有分別者：謂有於前色等境上，雖無映障；若有名種等諸門分別，亦非現量。故須離此名言分別，種類分別，等取諸門分別。名言，即目短為長皆非稱實名為假立。種類，即勝論師大有同異；及數論師所立三德（即自立）等。諸門，即數論二十三諦，及勝論六句中常無常等。

然離分別，略有四種：一五識身，前五識現量，身者相續異名。二五俱意，五俱意識現量。三諸自證，自證分現量。四修定者，定心現量。此四名四類心，為現量之標準。論中於色等義云者，即四類心中之初五識現量也。

現現別轉者，「謂此四類心，或唯五識，現體非一，名為現現。各附境體，離貫通緣，名為別轉。由此現現，各各別緣，故名現量。故者，結上所以：是各現量，顯其名也。」

《理門論》云：「由不共緣現現別轉，故名現量。五根各各明照自境，名之為現；識依於此名為現現。各別取境名為別轉，境各別故，各不共緣。」

謂五識各只能分別自己之對象，各分別色法之自相，所緣各別，名現現別轉。又所依之根有五，能依之識亦五，故云現現。由此五識之現現，各別緣境之自相，是名現量。

戊二比量體又分二：己初牒名出體，二釋義結名。

己初牒名出體

言比量者，謂藉眾相而觀於義。

此牒比量隨出其體也。謂若有智，藉三相因（因有三相，故名為眾），而方觀於所緣境即不相離宗之義也。

己二釋義結名

相有三種，如前已說，由彼為因於所比義，有正智生。了知有火或無常等。是名比量。

《大疏》釋云：「言相有三，釋前眾相。離重言失，故指如前。由彼為因，釋前藉義。由即因由，藉待之義。於所比義，此即釋前而觀於義。前談照境之能，名之為觀；後約籌慮之用，號之曰比。」

有正智生者，「謂雖有智，藉三相因而觀於境，猶豫解起，此因即失。如前決定相違之因（常無常無一定之解），或可釋疑。前但略指三相如前。即有疑云：如聲勝論因皆三相，豈緣彼（因）智即為正也？遂即釋云：雖具三相，有正智生，方真比量（正因）。彼智或生疑，故為不正。」

了知有火或無常等者，「明正比量，智為了因。火無常等，是所了果。以其因有現（現煙故）比（所作故）不同，果亦有兩種火無常別。了火從煙，現量因起。了無常等從所作等，比量因生。此二望智，俱為遠因。藉此二因緣因之念，為智近因（此現煙所作二因，自立者望敵者之比量智，俱為遠因；然藉此二因之力，使敵者起緣此二因之念，憶因與宗不相離義，乃正比量智之近因）。憶本先知所有煙處，必定有火。憶瓶所作而是無常，故能生智了彼（火與無常）二果。」⑯

是名比量者，乃結名也。謂由藉三相因，比度知有火無常等，故是名比量。

⑯《理門論》云：「是遠是近，比量因故，俱名比量。又云：此依作具，作者而說。如似伐樹，斧等為作具，人為作者。彼樹得倒，人為近因，斧為遠因。有云：斧親斷樹，為近因，人持於斧，疏非親因，此現比量為作具，憶因之念為作者。或復翻此，避前二釋，故名比量。」

丁三明量果

於二量中：即智名果，是證相故，如有作用而顯現故。亦名為量。

現量比量既用為自悟，自悟即所量之果。然如何名為自悟？此在印度有多種見解不同，今略分二分與三分之說明之。如唯識學上難陀論師，即二分家也。謂即智名果者，以見分之智即量果；證相者，謂證境之相，如有作用而顯現故者，謂見分之作用，與境之顯現也。此為心境相對之說。

三分之說，即陳那是。謂智者即自證分，是名量果；證相者，證見分之行相，非證相分之相也。如有作用而顯現者，謂見相二分之作用，與自證分之顯現也。此為體用相對之說。

此三分互相關係之說，日僧良遍《觀心覺夢鈔》之解至明，茲引述之：「凡能量所量法者，必有量果。若不爾者，於此量知，無所果成，豈應道理？故第三證知見分，見分能量知相分也。譬如有人，以丈尺量絹等之時，絹等所量，丈尺能量，人量果也。丈尺能量絹等物者，其所量成，人證知也。若不引其人證知者，丈尺能量，絹等所量，有何用乎？丈尺能量絹等之時，人能證知丈尺分齊。故能所量，義能成立。若無丈尺，人豈得知絹等分齊？若無絹等，人又何用丈尺等為？若無其人，誰知丈尺能量絹等？三分妙理，亦復如是：相分所量，見分能量，見分能量相分之時，必內證知見分能量，量知之義由此成立。若無見分，心豈得知色等境界？若無相分，心起緣用，有何所用？若無自證，誰知見分能緣相分？」

量果又名為量，或彼所量，即於心現，不離心故，亦名為量。外道有疑佛法無量果者，謂無神我可知故；復問何故即智復名果者？論主答云：「夫言量果者，能智知於彼，即此量知，能觀能證彼二境相故，所以名果。」此依陳那三分之義。此量之分別在唯識學上有一、二、三、四，四分主張之不同，與此因明無關，故不具述。茲為易明故，列表示之。

主張者	所量	能量	量果
世間譬喻	絹布	尺	記數之智
外道	境	識（知識）	神我
小乘	境 事理	根（六根）	識（六識）
大乘	境	智因	智果
唯識	相分	見分	自證分

上明二真量竟。

丙四明二似量又二：丁初似現，二似比。

丁初（隨標即釋）

有分別智，於義異轉，名似現量。謂諸有智，了瓶衣等分別而生。由彼於義，

不以自相為境界故。名似現量。

有分別智者，即五識之後分別意識，或前五識生起之時，其作用之過程中隨之俱起之五俱意識尋求決定染淨等流心等，於境界起名言種類之分別智也。於義異轉者，謂不稱實境，別妄解生，所見非真，名似現量。此先標名，下即釋云：謂諸有了瓶衣等智，不稱實境，妄分別生，名分別智。

準理門論言，有五種智，名似現量。以表示之：

五智	別名	說明	引證
一、散心緣過去	憶念	簡定心唯現在	《理門論》云：但於此（貪等心所）中了餘境（相）分（貪等與末那相應，其了賴耶之見分，為非量，然自證分仍為現量），不名現量。由此即說憶念、比度、悕求、疑智、惑亂智等，於鹿愛等，皆非現量。隨先所受分別轉故（憶過去當得可貪之境，起可愛分別，立可愛名）。
二、獨頭緣現在	比度	簡五俱意緣現在通現量，此緣法處色。	
三、散意緣未來	悕求	通五俱五後	
四、三世諸不決智	疑智	見煙為霧	
五、現世諸惑亂智	惑亂智	見杌為人	

（西域共呼陽炎為鹿愛，以鹿熱渴，謂之為水而生愛故。等者，等彼見杌謂之為人，病眼空華，毛輪、二月、瓶衣等故。瓶亦名軍持、君遲，蓋梵名，為僧人常攜之物，衣則隨身之物，故佛經中時以瓶方為喻。）

由彼於義者，由彼諸智於四塵境義；不以自相為境界者，謂彼諸智緣四塵之境時，不以四塵之自相為所觀境，但於四塵上所增益之別實有物（如瓶）而為所緣，名曰異轉。

故《大疏》云：「此意以瓶衣等體即四塵，依四塵上唯有共相，無其自體。此知假名瓶衣，不以本自相四塵為所緣；但於此共相瓶衣假法而轉，謂為實有，故名分別。」

名似現量者，謂由彼瓶衣依四塵假，但意識（五俱）緣共相（瓶衣）而轉，實非眼識現量而得。若自謂眼見瓶衣等，名似現量。

丁二似比（隨標即釋）

若似因智為先，所起諸似義智，名似比量。似因多種，如先已說。用彼為因，

於似所比，諸有智生，不能正解，名似比量。

《大疏》釋云：「似因及緣似因之智（立者）為先，生後了似宗智（敵者），名似比量。問：何故似現，先標似體（有分別智），後標似因（於義異轉）；此似比中，先因後果？答：彼之似現，由率遇境，即便取解謂為實有，非後籌度，故先標果。此似比量，要因在先，後方推度，邪智後起，故先舉因。」

似因多種者，即如先所說四不成六不定四相違，及其似喻（十過），皆生似智因，並名似因。用彼為因等者，即用彼緣因智以為先因，起諸似義智，於似所比（似宗）中，生諸有分別智也。如於霧等，妄謂為煙，言於似所比，邪證有火，於中了宗智起，言有智生。

由彼邪因，妄起邪智，不能正解彼火有無等，是真之流（相似類），而非真故，名似比量。

上明二似量竟。

丙五明真能破又分三：丁初總標能破，二辨能破境，三兼顯悟他。

丁初總標能破

復次，若正顯示能立過失，說名能破。

此標能破之體。謂他立有失，如實能知，顯之令悟，名正顯示能立過失。

丁二辨能破境

謂初能立缺減過性，立宗過性，不成因性，不定因性，相違因性，及喻過性。

能立之失者何，此辨能破之境也。《大疏》云：「他立失分二：初辯闕支，次明支失。謂初能立缺減過性，此即初辯闕支。或總無言（無體缺），或言無義（有體缺），過重光明，故云初也。此之缺減，古師約宗因喻，或七六句（世親宗因喻中說闕一有三，闕二有三，闕三有一，合七句，以後除第七一句，為六句），陳那已後，約因三相，亦六或七（陳初因一喻二，說有六過，謂闕一有三，闕二有三，無闕三者。餘師不許，亦立第七。如數論說『我是思』，不中因喻，即闕三相）。並如前辯。」

立宗過性以下，別明支過。則宗之九過，因不成四，不定六，相違四，及同異喻之十過也。

《大疏》復釋缺減過性，立宗過性云：「此（二過性）等或於能破，立所破名。故《理門》云：『能立缺減能破，立宗過性，能破』等。問：云何能缺減等名為能破，能破理在出彼過言故？答：此於能破說所破名，據實能破在於言也。或於所作，說能作名。能立缺減等為因，能起此能破言，名為能作。即能破言從起，名為所作。破實在言。缺減能破等，是於所作立能作名，亦名於果立彼因號故也。」

丁三兼顯悟他

顯示此言，開曉問者，故名能破。

此顯悟他結能破號。謂立者過生，敵責言「汝失」。立證俱問其失者何，名為問者。敵能正顯缺減等非，明之在言，名顯示此。因能破言，曉悟彼問，令知其失，捨妄起真，此即悟他，名為能破。此即簡非，兼悟他以釋能破名。簡雖破他，不令他悟，亦非能破。

因明宗旨，不以破他為立，非破他義已義便成，故破他量異於立量。凡真能破，分為六類：一出闕支過能破有六種，二出宗支過能破有九種，三出因不成過能破有四種，四出因不定過能破有六種，五出因相違過能破有四種，六出喻支過能破有十種。六類能破，總合三十九種。

能破方法亦有多種，但就破他，即名能破，可分四類。

（一）**出量破**：有二

（甲）違宗破　破量違他，用他許法，汝執言簡，可成能破。如云：「汝執上帝應無，許非物故，如龜毛等。」有法雖非自許共許之事物，得成破他，能違彼立上帝是有宗故。

（乙）同彼破　即破量顯因不定相違過。自雖不定相違，亦成能破。如因過中之相違決定。後出破他為勝，破他量但破他義，不在樹立自義。雖不定未能成立自義，已達破他目的，使彼同墮於不定故。

（二）**出過破**　不必出量，但於他量任指其缺支或宗過等之一，他量即破。如數論立我是思，但指出其缺同喻法過，即破其量。此即包含前說六類三十九種，若以全分一分論之，則更僕難數。

（三）**礱擊破** 蹈隙抵懈，吹毛求疵，突襲截擊。或指事而無言，或片言而破的。或反覆縱奪使他立義失據。雖自無所成立，但令他義墮於所破，即成能破。

（四）**關並破** 亦名「勝彼破」。即設雙關語，使他任受一關，即壞所立。如長爪梵志向釋迦立：一切法不受宗。釋迦詰云：「此言受否？」若受此語，則自壞其「一切法不受」宗。已受此一語故。不受此語，則自無所立宗語，更依何而辯？於是梵志默然而服。使彼受有違宗之屈，不受有捨宗之失故。

綜上觀之，因明之法，能破為易，能立為艱。若不居能立之地位，而專為能破之詰難，雖不易於失敗，亦易流於詭辯。故凡他義被破之後，他人倒得反詰之曰：我義不然，汝義云何？蓋非破他義，己義便成。於是能破者不得不轉居於能立之地位，立其自義，任他攻破。故曰：他量自破，自量他破，共量共破。必無可破，乃得成真能立；必真能立，然後所破乃皆真能破也。

上明真能破竟。

丙六明似能破又分二：丁初標似破名出體，二結似破名。

丁初標似破名出體

若不實顯能立過言，名似能破。謂於圓滿能立，顯示缺減性言。於無過宗，有過宗言。於成就因，不成因言。於決定因，不定因言。於不相違因，相違因言。於無過喻，有過喻言。

謂不能實顯能立之過，即名似能破，此標名也。下出其體《大疏》云：「立者量圓，妄言有缺（釋出體初二句）。因喻無失，虛語過言（釋後十句論文）。不了彼真，與言自負。由對真立，名似能破。準真能破，思之可悉。」

此亦有二義：一者敵無過量，妄生彈詰，如十四過類等。二者自量有過，謂為破他，偽言謂勝，故名似破。

丁二結似破名

如是言說名似能破。以不能顯他宗過失，彼無過故。

此結似破得名之所以也。《大疏》釋云：「如是者，指前之詞。言說者，即圓滿能立缺減言等。如此等言，名為似破。問：何故於圓滿能立顯示缺減性言等，為似能破？謂能破者，彼立有過，如實出之，顯示立證敵，令知其失，能生彼智。此有悟他之能，可名能破。彼實無犯（自立者言），妄起言非（自敵者言），以不能顯他宗之過。何不能顯？彼無過故。由此立名為似能破。」

上明似能破竟。

乙三示略息煩

且止斯事。

《大疏》云：「方隅略示，顯息煩文。論斯八義，真似實繁。略辯為入廣之由，具顯恐無進之漸。故今略說之，云且止斯事。」此即示登高自卑，行遠自邇之意。蓋全藏教典多具因明法則，固非此書所能盡論也。

本論大文初標宗隨釋分已竟。

二顯略指廣分

已宣少句義，為始立方隅。其間理非理，妙辯於餘處。

本論一部之中，文分為二。此即顯略指廣之後一頌也。

《大疏》云：「上二句顯略，下二句指廣。略宣如前少句文義，欲為始學立其方隅。八義之中，理與非理，如彼理門，因門，集量，具廣妙辯。」

◎本《疏》參考書

1. 窺基《因明入正理論疏》
2. 慧圓《因明入正理論講義》
3. 太虛《現實主義》
4. 常惺《因明入正理論要解》
5. 周叔迦《因明新例》

6. 張子和《新論理學》
7. 宇井伯壽《印度哲學史》
8. 馬鳴《大莊嚴經論》卷一
9. 龍樹《方便心論》
10. 龍勝造／無著釋《順中論》
11. 世親《如實論》
12. 陳那《因明正理門論》
13. 慧月《勝宗十句義論》

附錄

附錄一

世尊的原始教育

——節譯神根哲生的《佛教日曜學校》第一章

廣甫 譯

流行於原始教團的一切行事若是宗教教育，依吾人的推想是沒有不可以推想的。可是這樣一來，教團的一切問題，就非敘述不可了。茲單就與現代的宗教教育最有關係的事項述之。

一、沙彌生活

在原始佛教教團中，是許從七歲就可以出家得度的。而在二十歲以前則稱為沙彌（女的稱沙彌尼），至二十歲受戒登壇始成為比丘或比丘尼，才正式的被認為教團中的一員。沙彌是在幼年期至少年期之間，而原始教團已經在這樣的年齡期，施行其宗教教育了。

出家是從七歲就被允許的，但七十歲以上就沒有被允許的資格了。像在指鬘外道有名的央窟摩維的母親，雖請求出家，因為過於老年了，所以世尊沒有許她。在七歲被許的是像律上說的：「七歲解知好惡者，應與出家」，與今日的學齡期相同。若到了七歲，而有從事學問的能力的時候，就有被許為出家的資格的罷。兒童的成為沙彌，先要伴父母入於道場，剃髮，由師父授予袈裟，受三皈五戒，始成沙彌（女的稱沙彌尼），這叫做「形同沙彌」，是形式上成為沙彌的意義。

沙彌又在年齡上有區別：「驅烏沙彌」，從七歲至十三歲。「應法沙彌」，從十四歲至十九歲。「名字沙彌」，從二十歲至七十歲。名字沙彌之中，雖然到了二十歲尚不能登壇受戒的人，在二十歲以上，也就被含在出家之內了。

對於沙彌教育，是立有順序而行的，像受了十戒的人就學十數。十數就是：一，一切眾生皆依仰食。二，名色。三，痛痒想。四，四諦。五，五陰。六，六入。七，七覺意。八，八正道。九，九眾生居。十，十一切人。

追逐數字使易於暗記，施行由易及難的教授法。對於比丘、比丘尼，各各有比丘戒二百五十，比丘尼戒五百；對於沙彌、沙彌尼，亦有沙彌戒、沙彌尼戒。在比丘、比丘尼被罰的，是如波羅夷（破門）、僧殘（謹慎）等；對於沙彌、沙彌尼所罰的，是掃地、除糞、搬石治階道等工作。對於青年們的警罰，與大人是大大不同的。

二、雨安居

印度的雨期，是從印度曆的第四月十六日起至第八月十四日止的九十日間。世尊及弟子們停止遊行，留於一處修行。世尊遊化的範圍是從中印度及於東部印度，喬薩羅（Kosala）（譯者按：又名拘薩羅，印度國名。十六大國之一，位於摩揭陀國之北，迦毗羅衛城西，今之Oude地方，波斯匿王之領地。見《西域記》卷十）、迦毗羅衛、摩揭陀等處，及於很廣泛的地域的；但只有雨期是沒有遊行的。那是一種因為旅行不便，另一種是雨期蟲和其他的小動物是很多出來的，自然因為有踏殺之虞，從不殺傷思想而來的。如此會於一處的學問與修行，到了後來成為大學林的勃興，又一面是把安居的形式就如此的傳下來，而成為今日行於各宗的夏安居。

比丘、比丘尼每行雨安居，則增法臘一夏（譯者按：法臘，每年夏行三月安居，安居竟即比丘之歲末，謂之法臘，又名夏臘。以法臘之多少定比丘之坐次，謂之臘次），依其數而定席次之上下。定這樣法臘，在必要上於何國何王的第幾年出家等詮索的結果，在無歷史的印度作成歷史，在無時間觀念的印度，作成正確的年時，所以雨安居是當時宗教教育最顯明的一面。

三、布薩（Poṣadha）

在新月與滿月之夜，僧尼結界而集（譯者按：凡為說戒等僧事，而和集僧眾一處，曰結界），長老誦讀二百二十七條戒本波羅提木叉（即戒律譯音）。大眾中犯著那戒本上寫著的罪之人，直接懺悔告白，大眾裁量其罪而加以處罰就是布薩的意思。

這是從吠陀時代就行了的新月滿月祭，是非求其淵源不可的。在這一日，家長齋戒準備供物，捧其祈禱而祭祖先。畢竟世尊是採用了自古已行了的這個婆羅門教的方法而革新其內容的。

古代的民族在天體現象之中，最先是對於月之盈缺惹起了心的。他們把月之缺是當做月的害病、犯罪、自殺、發狂等等那樣想著的。其次知道有半月的事，以一個月的二十八日為新月，半月；滿月、半月，各各七日的分了。在那七日中，以其日為名，而生出了七曜。猶太人已經從紀元九世紀就採用七曜，在埃及是從早就行這種新月滿月祭了。

佛教是以每月八日、十五日、二十三日、三十日為齋日。在這一天，優婆塞（居士）、優婆夷（信女）也要守著八戒的，尤其是在十五日與三十日是要行「布薩」的。「布薩」是從前那樣的形式，即今日錫蘭島的佛教還是行著的。更可以注意的事是：世尊在布薩之際，對於集來的一般公眾說法的事。無論沙彌的生活或雨安居，都是對於專門宗教家的教育，但在布薩的時候，才是對於一般公眾的宗教教育。像印度那樣的熱帶國，日間外出是困難的。就是今日沒有帽子和傘要是經過五分間，就要犯著日射病，倘若沒有煽風機，像湯那樣的熱風就要來的。在三界真的是火宅的印度，涼爽的夜是特別可喜的。布薩之際，對於集於路旁樹下的公眾說法，這也是從前婆羅門教已行了的方法，即使今日，印度的夜間，在十字街頭和樹下，也還是行著說教的。

世尊當時，「布薩」是修道上重要的方法，在誦讀戒本告白己罪的普通形式之外，還行著自恣。「自恣」就是集於布薩的比丘、比丘尼中的一人，對大眾發問著：「你們自己沒有犯著罪嗎？」倘若有罪，則由大眾之中的那個人自動發言之，若無罪，大眾只作默然。

摩揭陀國王阿闍世於美麗的滿月之夜，上了高樓賞月說著：「這個美麗的良夜，抱著這個歡喜跳躍的胸懷往何處去？訪問誰呢？」的時候，侍臣們各各說著要訪六師外道，可是國王是一點此意也沒有的。這時府臣義白勸他去訪問世尊，才動了王的心。阿闍世王就帶了義白大臣和宮女們乘五百隻象，浴著豐盈的月光向世尊的地方來了。

然而將近精舍的時候，什麼聲音也沒有，所以阿闍世王恐怖地說：「義白！你不是欺騙我而交給敵手了嗎？」義白說：「你看，那裡的小屋不是燃著燈火的嗎？坐在那前面的就是世尊，而對面坐的就是千二百五十人的佛弟子。」阿闍世王再注意一看，那是世尊正舉行自恣，問著自己的罪，可是煩惱悉斷、諸漏皆盡的世尊，應該是沒有罪的。大眾坐在如湖底靜寂的月光之中的莊嚴情景，使阿闍世王非常感動。現今行於日曜學校的「月夜的集合」，亦是暗示著「布薩」的意味。

四、傳道

其他對於世尊可記的事是教團中禁止食物的貯蓄，於午前中托鉢，午後聞法，修行而受教育。又當時的寺院是在接近都會的地方而建築的。在耆闍窟山王舍城，在祇園精舍的舍衛城，都是它的適例。教團內不但是宗教教育，而且對於一般民眾的布教，亦是視為很重要的。

世尊四十五年的說法期間，在印度北部當時的文明國，意外早地傳播了佛教。那是因為傳道的方法巧妙，而佛弟子也有不惜身命的精神緣故。富樓那尊者因為要出發輸盧那國傳道而來向世尊辭別時被問著：

「富樓那！輸盧那國人的性情是凶惡而好罵的，你假若被罵了辱了，將怎樣呢？」

富樓那答道：「世尊！彼國的人若是惡口罵我，我便這樣想：輸盧那國的人是賢明而仁和的，還不至於加我以拳打和擲我以瓦石的吧？」

「彼國的人若加以拳打和瓦石怎麼辦呢？」

「那個時候我便這樣想：輸盧那國的人是賢明而仁和的，還不至於用刀杖吧?!」

「彼國的人，若是用了刀杖怎麼辦呢？」

「那個時候便這樣想：輸盧那國人是賢明而仁和的，還不至殺我吧?!」

「彼國的人若是殺了你怎麼辦呢？」

「世尊！那時若殺了這個朽了的身，則一切繫縛也可以解脫了。」

「富樓那！你善學忍辱，你是可以傳法於彼國的。你可以放心去了，未入涅槃的人要使他入於涅槃才好！」

他是以這樣的決心去傳道的。

目連尊者前往傳道，終於為婆羅門教徒所殺害。舍利弗尊者在祇園精舍建築之際，婆羅門教徒竟扮著人夫屢負著暗殺的機械，但終以德化之。世尊不叫這樣不惜身命的弟子們留於一處，使他們各各分開去傳道。

世尊傳道的方法還可以注意的，是先使當時的勢力者皈依的事。像教化當時二大強國的喬薩羅的波斯匿王和摩揭陀的阿闍世王，又如教化當時的大學者而有勢力的優樓頻贏迦葉（其弟子五百人）、伽耶迦葉（其弟子三百人）、那提迦葉（其弟子二百人）的三兄弟便是。對於優樓頻贏迦葉的教化，世尊是特別用了苦心的，可是其結果五百的弟子都成為佛弟子，又因教化兩個兄弟，終於得到了千人的弟子。

這種教化的方法，與龍樹弟子的迦那提婆也是同樣的。所謂「樹不伐本，則條不傾；人主不化，則道不行」，先為王的近衛士官，再因教化了王而遂及於一般的國人。世尊倘若生於今日，將要致力於現在和將來最有力的兒童與青年的教化的吧。

關於世尊與兒童並沒有幾多的傳說，只有一個阿育王的本生而已。《阿育王經》上說：「世尊與阿難托缽在巷中走時，有德勝、無勝兩個童子，以土建造城屋倉庫，而且把自謂小麥的泥土，運於倉中。德勝忽然仰頭一望，世尊端然立於面前，拜見了他的三十二大人之相，德勝大大地歡喜，取出了倉中的土，給世尊說：『小麥獻給世尊。』世尊歡喜地受了它，交給阿難，使他塗於如來經行之地，而且說：『我若涅槃百年之後，此小兒當為轉輪聖王。』」

這本來雖是阿育王以後出來的傳說，可是我們可以看到，世尊對於小兒恐怕也是採取這個善誘態度的吧。

（原載於《佛教公論》一九三六年八月第一號）

附錄二

馬祖大師之禪

（日）伊藤古鑑 作
慧雲 譯

一、馬祖大師之地位

六祖惠能大師門下的龍象是很多的，而各大樹其法幢更無須再說了。在其嗣法四十三人，傍出十人之中，特別如南嶽之懷讓、青原之行思、荷澤之神會、永嘉之玄覺、南陽之慧忠，與司空之本淨，都是各自成其一家的人；但後世留著影響，今尚見其兒孫之隆盛的，不能不說是南嶽與青原二家了。然而使此二家影響於後世之大，完全是因其高弟出了馬祖與石頭二人，而馬祖嗣南嶽建立臨濟禪之基礎，石頭則嗣青原唱出曹洞宗之宗乘。又此二家曾平分其當時之禪海，無論江西之馬祖或湖南之石頭，都是號召天下雲衲之人，所以江湖之雲衲即成為天下之雲衲，我相信是一般的通稱的吧！《景德傳燈錄》卷六「馬祖章」云：「讓之一猶思之遷也，同源而異派，故禪法之盛始於二師。劉軻云：江西主大寂，湖南主石頭，往來幢幢不見二大士無為知矣。」

又《宋高僧傳》卷九的「石頭章」，亦有同樣意味之記事。所謂大寂，即馬祖大師，而其當時之禪海有被此二甘露門所支配之概況。然而石頭是比馬祖大了九歲的年長者，而且寂年還是後其二年，所以其在世之日是比較長久的，然其聲譽不是遠不及馬祖的嗎？這固然也許是從石頭和馬祖的宗風不同而來的，但總之，石頭門下雖有二十一人，而馬祖門下的入室，實達於一百三十九人之多。故六祖嘗向南嶽，援用西天般若多羅之讖言預言云：「向後，佛法從汝邊起，已後出一馬駒，踏殺天下人。」（《五燈會元》卷三）

果然至馬祖大師，可以說真的踏殺了天下的人。即馬祖大師是在六祖以後禪海的第一人，將禪宗的宗旨高揚於天下，極力打出所謂真個的衲子之人，我想從今日的禪宗說來，至少要尊崇馬祖大師為一個大恩人的。固然達摩大師的功績，或六祖大師的偉大，都是不能不承認的。若從今日的禪宗逆溯，深深考見了其出發點之時，或者要承認將此更偉大的思想和功績殘留於此禪海的，是這個馬祖大師的吧？在其意義上，馬祖大師之禪是使今日之禪宗，特別是使臨濟之宗風，有判然畫出之狀態。所以我相信：忘了這個馬祖大師，是不能語今日之禪，和論今日臨濟宗之宗旨的。這裡雖是不充分的研究，但因為景仰馬祖大師之功績，想把關於其禪的二三問題從學的見地加以探討探討。

二、馬祖大師之略傳

馬祖大師之傳記及其語錄，是依《宋高僧傳》卷十、《景德傳燈錄》卷六、《佛祖歷代通載》卷十四、《五燈會元》卷三、《傳法正宗記》卷七、《釋氏稽古略》卷三、《禪宗正脈》卷三以下、《古尊宿語錄》與《馬祖禪師語錄》等所記載的。馬祖大師之生地，即漢州什邡，是四川省成都府所轄的一個地方，姓馬氏，大約是從馬氏的祖師之意義上，至後世遂被稱為馬祖的吧。關於他的容貌，有如左的傳：「生而凝重，虎視牛行，舌過鼻準，足文大字，根塵雖同於法體，相表特異於幻形。」（《宋

高僧傳》卷十）

我們知道這不是凡庸的。其出生年代不明，但遷化之年是唐德宗貞元四年（公元七八八年），壽八十歲，故能逆算其當唐之中宗景龍三年（七〇九）。

今依《景德傳燈錄》試綴其傳略如下：幼就資州之唐和尚落髮，依渝州之圓律師受具，唐開元年中於衡山傳法院參南嶽大師，密受心印，故師於三十三歲之前，可以說是已開悟了。唐開元年中（七一三～七四一）是相當自馬祖五歲至三十三歲，若說開元年中開悟，則可看為三十歲前後的吧。又在《宋高僧傳》有「享年八十，僧臘五十」之記載；但若從開悟而數其法臘，則馬祖三十一歲之時是開悟了，故可看為當開元二十七年（七三九）。

參了南嶽的馬祖大師的修行，主要的好像是坐禪觀法。故對坐禪南嶽的見解是在《景德傳燈錄》卷五的「南嶽章」如左這樣說了的：

「開元中有沙門道一，住傳法院常日坐禪，師知是法器，往問曰：大德坐禪圖什麼？一曰：圖作佛。師乃取一磚於彼庵前石上磨；一曰：磨磚作什麼？師曰，磨作鏡。一曰：磨磚豈得成鏡耶？師曰：磨磚既不成鏡，坐禪豈得成佛耶？一曰：如何即是？師曰：如牛駕車車不行，打車即是，打牛即是？一無對。師又曰：汝為學坐禪，為學坐佛？禪非坐臥；若學坐佛，佛非定相，於無住法，不應取捨！汝若坐佛，即是殺佛；若執坐相，非達其理。一聞示誨，如飲醍醐。」

這是有名的南嶽的示誨，而成了馬祖大師思想的根幹的，恐怕是此莫圖作佛的示誨。提倡即心即佛，高揚平常心是道的馬祖大師，可以說是以此示誨為起因的。

又馬祖大師問南嶽云：「如何用心，即合無相三昧？」南嶽答：「汝學心地法門，如下種子；我說法要，譬彼天澤，汝緣合故，當見其道。」我想這是示其師資之機緣的。

而《景德傳燈錄》記著：「一蒙開悟，心思超然，侍奉十秋，日益玄奧。」故馬祖之辛酸苦修，磨心地，得法眼，澈無相三昧，終至得南嶽之心印，不能不說是要長久年月的。馬祖的大機大用，決非一朝一夕所得的。他是積著血滴滴的修道，始能成為古今獨步的禪匠，南嶽大師亦獨對馬祖云：「得吾心善古今。」又云：「一切法皆從心生，心無所生，法無所住，若達心地，所作無礙云云。」同時讚揚馬祖大師之意，也是可以充分看出來的。

馬祖大師辭下了南嶽，從建陽之佛跡嶺過臨川，又於江西之南康龔公二山布化，四方學者雲集。唐大曆年中（七六六～七七九）浴聖恩，賜居鐘陵之開元精舍，其時連師路嗣恭慕其德，親受其宗旨云。唐貞元四年（七八八）正月，登建昌石門山，以其勝地，定終焉之事，向侍者曰：「吾之朽質，當於來月，歸茲地矣。」歸即示疾，二月四日（《五燈會元》卷三，有二月一日沐浴跏趺入滅之說）入寂。享年八十，《景德傳燈錄》是沒有記載的。追謚為大寂禪師，即《景德傳燈錄》卷六所載：「三月四日，果有微疾，沐浴訖，跏趺入滅。元和中，追謚大寂禪師，塔曰大莊嚴，今海昏縣影存焉。」

又《佛祖歷代通載》卷十四云：「得法弟子，凡百三十有九人，各為一方宗主，轉化無窮，禪宗至此大盛於世。」

以上略述馬祖大師的略傳終了。若依此加以大體的想像推看，首先，馬祖具有非凡的相貌，看似有著威嚴而不可侵犯的風格之人。而且，在其參南嶽之前，是嚴守戒律的人，其目的雖為修坐禪，求作佛的事；但一度依南嶽之示誨，而悟即心即佛之妙諦，體得平常心是道之真境，所以能相信此圓轉無礙，應用自在的禪機是自己的東西，而成為南嶽會下，則應是二十以後的壯年時代。如前所述，因為有辛酸苦修十秋之日，故至三十以後還在繼續修行。即南嶽之遷化是唐玄宗天寶三年（七四四）春秋六十八，當馬祖三十六歲之時。但聞馬祖布化江西之事，南嶽是曾窺見其動靜的，故馬祖在三十六歲以前，已為一方之宗匠，是無可否認的事實。即如左云：

「讓和尚聞師闡化江西，問眾曰：道一為眾說法否？眾曰：已為眾說法。讓曰：總未見人持個消息來，遂遣一僧，往彼俟伊上堂時，但問作麼生，待渠有語，記取來。僧依教往問之；師曰：自從胡亂後三十年，不少鹽醬。僧回舉似讓，讓然之。」（《馬祖禪師語錄》）

馬祖大師自三十五、六歲壯時已經說法，至八十老境尚未停止，故其教化，實在不能不說是很偉大的。特別是愛仙境，於深山幽谷開清靜梵場，遠離俗塵，獨待清眾衲子之來，這是依《宋高僧傳》等之記事，可以充分窺知的。

三、馬祖大師之禪機

禪宗有禪數、禪教、禪機三方面，如鼎三足，都是必要的。倘若其中缺了任何一種，無疑是不能稱為真的禪之體得者的。

禪數，就是禪的觀法，廣義地說，小乘的五停心觀、四念處觀；大乘的八不中道觀、五重唯識觀，乃至天台、華嚴、真言等的觀法，都要列之於禪數。特別稱為禪數而以數息觀為主，開：數、隨、止、觀、還、淨等的六法門。更就十六特勝細說而運用觀智，以開示到涅槃的順序內容。

次禪教，就是禪的教理，說明直指人心，見性成佛之事為最勝，徹底的顯示教外別傳，不立文字的真的意義，這是禪教的使命。從來，我們禪宗是有排斥此禪教之弊風的，但這是大可謹慎的事，像近時邪教如此橫行的時代，我想要把我們真的、健全的、宗教的禪宗，宣揚於社會，首先有必要在口頭和書面上，將禪殊勝的教理、理路井然有條地闡述至相當程度。

復次禪機，就是禪的大機大用，是禪之體得者的宗師的活作用，所以凡庸之輩是無所窺知的。我們禪宗所以為最尊貴的，實在是在此禪機的縱橫。這固然是本分的宗師自得之力用，但其根柢是依禪數而進真路，依禪教而不誤真路，解得禪數、禪教並實行的真味，達於真諦之境，於是就發得任運而轉的大機大用，所以禪機峻峭，更挾思慮分別是不行的。它可以說是活殺自在、權變無方的簡捷妙用了。

如此就是禪的三方面，但其中禪數是在小乘禪，大乘禪既說之後，可是把它當為禪宗獨特的坐禪觀法的，我想是達摩大師吧。即受其當時的世間稱為壁觀婆羅門，或坐禪宗的人的，亦不能不說是因為有此禪數的獨特作法。所謂禪數即成為禪觀，更成為坐禪，而於此處說了深遠幽妙的禪數。

又，禪教也是依達摩大師說出的，但如今日所傳的《少室六門集》決不能說是大師的禪教。那可以說是後來的人，假托達摩大師所製造的。故以多少示著禪之教理的《楞伽經》為心地法門，而傳之於二祖的吧?!從二祖經三祖、四祖、五祖而至六祖，就漸見禪教之發達了。《六祖壇經》固然還是有疑問之書，然卻不能否定其全部。即六祖是以禪數為禪宗獨特的坐禪觀，而開示其坐禪的道理的。如：「師示眾云：善知識！何名坐禪?此法門中，無障無礙，外於一切善惡境界，心念不起，名為坐；內見自性不動，名為禪。善知識！於念念中，自見本性清淨，自修自行，自成佛道。」（《六祖壇經．坐禪第五》）

這樣說來，六祖對於禪的教理，可以說是分明直截地昭示我等了。又，禪機亦是依達摩大師所傳的，但那尚未成為表面的問題，我想，六祖亦是沒有用著什麼禪的活手段。唯有對荷澤的神會以柱杖子打著，出於《六祖壇經》而已。然這是到了六祖以後，大異其禪風，在接得大眾之上，或豎起拂子，或打以棒，或畫一圓相，或大喝一聲等，而採取種種手段的樣子。固然，宗師的大機大用表面上是顯示出來了，而凡庸者卻是無所思議的。然而禪宗的祖師，將此禪機提示於大眾之前的，應推馬祖大師為第一人。

雖然在他以前，青原的行思禪師之用拂子，南陽的慧忠國師之畫一圓相，曾載於《景德傳燈錄》；但好像到了馬祖大師始常行，和常弄種種的活手段。今僅摘記其較重要的如：打一摑、吹耳、看水、與一蹋、打著、畫地、一圓相、棒、揚眉瞬目、拂子豎起、一喝、扭鼻頭等的活手段，是《古尊宿語錄》乃至二三僧傳所傳的。此外於幾多的禪機，尚能窺見馬祖的暖皮肉，如有時諄諄說示宗乘，有時叱呵而云別時再來，又有時直呼其人而說「是什麼？」，其當場的活商量想來如在目前，非馬祖決不可能，其為大機大用的人實在是能夠想像的。

此禪向來是不許以口說明的。馬祖大師有時亦云：「凡有言句是提婆宗，只以此箇為主。」雲門大師拈提此云：「馬大師好言語」，圓悟禪師更將：「體究得提婆宗麼？若道言句是，也沒交涉。若道言句不是，也沒交涉。且道：馬大師意在什麼處？」提撕著：但那裡是宗旨的暗號密令，絕對不許他人覬覦的，故於禪所說之說明，雖作說明之體裁，其實是有超說明之活作用。其他是沒有可以模仿之路的。唯有道眼明白之大宗師，始能發圓轉無礙的大機大用，說不說，言不言，真從自己胸襟流出，造出蓋天蓋地的活商量。故東嶺禪師於《宗門無盡燈論》，特設力用之一章，宣揚大機大用的正脈云：「若不傳向上些子，大好鬼窟裡活計，雖已能知向上旨趣，履踐不明白，只是報道底人，尚未能發大用。是以古來雖有多少正知見人，得大機大用底，就中又稀云云。」

　　馬祖下的善知識中，得馬祖之正眼而有大機的，僅百丈一人，有大用的是黃檗其人。雖有唱導的人，但大機大用的人，畢竟是稀少的。所以，若真個是道眼明白的大宗師，則一個唱導的人模仿了他，雖受他人的誹謗也是不得已的。但若鈍漢阿師之輩去模仿他，那才是宗門的一大事，真是有百害而無一益的。禪機不過僅為其人所具有的絕對的活手段而已。先師這樣說，自己這樣行的，決不能說是禪機。所謂機是發動之意。詳細的在天台大師的《法華玄義》卷六上，說明了微義、關義、宜義；慧均的《大乘四論玄義》卷六，舉機微之義、須為之義、機關之義已說明了的。此等教宗之意義，是就所化眾生而說，我們禪宗特就能化的大宗匠而論，常云禪機，稱為大機大用。即在《谷響集》卷九，說明禪家與教家之相違；又《中峰廣集》云：「禪機者，禪者之心也，謂機者，心之所應也。」禪者之本心，應機而頓發，這是以自由自在活動於外的為禪機而論的。

又《大明錄》云：「文義俱明者，謂之理，忘言獨契者，謂之機。」要之，這是以言語思慮之所不及的不思議的本體為真理，以冥合其真理而發動於外部的可能性為機，而以真正應著此機所動於外部之緣為機之用的。然而所謂大機與大用，僅為禪宗宗匠具有的禪機之體與用而已，有體必有所用，有所用必有體，其體之大機，本來是不可言不可說的妙諦，不許我等凡庸之窺覦的。

唯有超越的大宗匠於有把握之妙境，說明了我們禪宗要先見性始能覺知此不可言不可說之妙諦，自初祖達摩大師以來，大大高唱此見性成佛之意義，以見性為其宗旨的根幹，倘若是這樣，那麼，此馬祖大師的宗乘，是如何地說？如何使禪機縱橫的呢？讓我們試一觸其根幹。

四、馬祖大師的宗乘

關於馬祖大師的宗乘，若先從大師示眾一考之，我想自心是佛的思想，好像便是他的根幹。《馬祖禪師語錄》云：「祖示眾：汝等諸人，各信自心是佛，此心即佛，達摩大師，從南天竺國來，至中華，傳上乘一心之法，令汝等開悟。又引《楞伽經》，以印眾生心地，恐汝顛倒不信此一心之法，各各有之故，《楞伽經》以佛語心為宗，無門為法門云云。」

若依此考之，馬祖之宗乘，是以自身之本心本性即為佛陀，若於他求佛陀、求佛法，那是要被看為非常顛倒之人的。如《馬祖禪師語錄》云：「夫求法者，應無所求，心外無別佛，佛外無別心。」這的確如實地顯示了馬祖的宗乘。若聽從馬祖，則自心原來就是佛陀。本來不假造作，只要若無一念，則生死根本的妄念就消除了。

所謂妄念，就是存在於善惡差別的事中，立於善惡邪正，迷悟染淨的兩邊，從取捨分別的細微之一念而起的妄想如諂曲、邪偽、我慢、貢高，次第而起的眾多的迷情。故終於愈走愈轉疎了自家的本心而愈轉遠了。所以，在這裡立於最初之一念而還的法性三昧之中，可以說便是著衣喫飯，言語應對的了。如馬祖云：「一切眾生，從無量劫來，不出法性三昧，長在法性三昧中，著衣喫飯，言談祇對，六根運用，一切施為，盡是法性；不解返源，隨名逐利，迷情妄起，造種種業；若能一念返照，全體聖心。」（《馬祖禪師語錄》）

馬祖就是說，以此一念返照，全體聖心為佛陀，佛即心，自心即成佛陀的妙境界。於是高揭馬祖宗乘的即心即佛、平常心是道、立處即真等的活祖意，而禪機超脫，權變無方，便風靡一世了。但其宗乘之根源，是如前所云，依南嶽大師之示誨而微悟其莫圖作佛之真髓。所謂莫圖作佛，就是連作佛亦不許想，人人本具，個個圓成，何所欠少？即心即佛，就是說，若有圖作佛的妄想，這個活祖意便是非具眼者不容易會得的深旨。在會得此馬祖的宗乘之上，我們禪門學徒日夜所實參實究的話頭，大要如左：

（一）**馬祖日面佛月面佛**：舉，馬大師不安。院主問：「和尚，近日尊候如何？」大師云：「日面佛月面佛。」這一則，是出於《碧巖錄》第三則及《從容錄》

第三十六則本則的。或云：「馬大師不安」，或單云：「馬師不安」、「日面月面」的；但其本據，乃出於《五燈會元》卷三、《釋氏稽古略》卷三等。

（二）**馬大師野鴨子**：舉，馬大師，與百丈行次，見野鴨子飛過。大師云：「是什麼？」丈云：「野鴨子。」大師云：「什麼處去也？」丈云：「飛過去也。」大師遂扭百丈鼻頭，丈作忍痛聲，大師云：「何曾飛去？」

這一則出於《碧巖錄》第五十三則本則，或云「百丈野鴨子」，但其本據是出於《五燈會元》卷三和《百丈禪師語錄》等。

（三）**馬祖四句百句**：舉，僧問馬大師，離四句離百非，請師直旨某甲西來意。馬師云：「我今日勞倦，不能為汝說，問取智藏去。」僧問智藏，藏云：「何不問和尚？」僧云：「和尚教來問。」藏云：「我今日頭痛，不能為汝說，問取海兄去。」僧問海兄，海云：「我到這裡卻不會，僧舉似馬大師。」馬師云：「藏頭白，海頭青。」

這一則是出於《碧巖錄》第七十三則及《從容錄》第六則的；或云「馬祖白

黑」，或云「藏頭海頭」。其本據出於《景德傳燈錄》卷六、《五燈會元》卷三等。

（四）**即心即佛**：馬祖大師因大梅問：「如何是佛？」祖云：「即心是佛。」

這一則是出於《無門關》第三十則，或云「即心是佛」。其本據出於《景德傳燈錄》卷七、《五燈會元》卷三。

（五）**非心非佛**：馬祖因僧問：「如何是佛？」祖曰：「非心非佛。」

這一則是出於《無門關》的第三十三則，其本據是在《景德傳燈錄》卷六、《五燈會元》卷三，而將「僧問：和尚為什麼說即心即佛？師云：為止小兒啼。僧云：啼止時如何？師云：非心非佛云云」約略了的吧。又這是對於前「即心即佛」的本則而稱為類則。

此外，在馬祖門下的南泉普願禪師的本則，「不是心佛」、「智不是道」、「平常是道」等，在《無門關》又在《碧巖錄》第二十八則的「南泉不說底法」等所揭載的。我想此等與馬祖的「即心即佛」是有關聯的。

以上列舉《碧巖錄》、《從容錄》、《無門關》等的本則，而示馬祖大師之宗乘，關於此的分別解義是省略了；今唯討究馬祖大師的中心思想的即心即佛而已。

五、即心即佛思想

假若要說馬祖大師的中心思想是什麼，我們首先能夠答以「即心即佛」四字，即前《無門關》的本則所舉的。試將其本據依《馬祖禪師語錄》的一章，如左引用之：

「大梅山法常禪師，初參祖問：如何是佛？祖云：即心是佛。常即大悟。後居大梅山，祖聞師住山，乃令一僧到，問云：和尚見馬祖，得箇什麼便住此山？常云：馬師向我道即心是佛，我便向這裡住。僧云：馬師近日佛法又別。常云：作麼生別？僧云：近日又道非心非佛。常云：這老漢惑亂人未有了日，任他非心非佛，我只管即心即佛，其僧回舉似祖，祖云：梅子熟也。」

這是「非心非佛」之則的本據，已示於前了。今更詳引《景德傳燈錄》的一章：「僧問和尚，為什黃說即心即佛？祖曰：為止小兒啼。曰：啼止時如何？祖曰：非心非佛。曰：除此二種人來如何指示？祖曰：向伊道，不是物。曰：忽遇其中人來時如何？祖曰：且教伊體會大道。」

關於此即心即佛的示眾，前已略有引用了，故今不引用其全文。要之，馬祖大師之中心思想是此即心即佛。因為自心即佛，即覺體，所以若照此本覺的覺體那麼覺了，就很好了。徒然不顧自家的寶藏，而於他處求佛求法，這是第一可笑的事。而此即心即佛的思想是心佛一如、心佛無差別的思想，那不是從《華嚴經》的三法無差別說出發的嗎？即《華嚴經》云：「心如工畫師，造種種五陰，一切世間中，無法而不造。如心佛亦爾，如佛眾生然，心佛及眾生，是三無差別。」（正藏《華嚴經》卷九）

關於此經文的說明，在天台華嚴的兩一乘之間是大異其說的。華嚴宗是在賢首大師的《探玄記》卷六、清涼大師的《華嚴大疏鈔》卷十九上，以唯心說說明了。今僅舉簡單的《大疏鈔》的本文云：「心是總相。悟云名佛，成淨緣起；迷之為眾生，成染緣起，一心以真為體。」

心佛及眾生之中，我想是以一心為非迷非悟總相之理心，以眾生與佛的二法為迷悟染淨的緣起之事相而說的。然天台宗，尤其是入於趙宋時代，成為山家山外之對抗，其論爭之中心思想，即此三法無差。山外之晤恩、源清、孤山、梵天，皆取此華嚴之唯心說，不取心法能造，生佛所造之說。四明大師依山家的天台正統之義，而云三法俱能造能具，所造所具，闡明了諸法實相論之立場。其他唯識宗將此三法無差之經文取唯識無境之義，真言宗用三三平等之祕說；但我想在我們禪宗，要以此即心即佛的思想為最高調了。

來了此即心即佛之語，並非始於馬祖大師，在梁時代寶誌的《大乘讚》已經有：「不解即心即佛，真似騎驢覓驢。」這樣一句。又善慧大士的《心王銘》亦有同樣之說：「乃本識心，識心見佛，是心是佛，是佛是心，念念佛心，佛心念佛，乃至自觀自心，知佛在內，不向外尋，即心即佛，即佛即心。」

所以，不能說單是禪宗的專門語。古自羅什、僧肇當時，似此言句亦有的。又我們禪宗六祖大師亦曾向弟子法海說了即心即佛的深旨的一段：「問曰：即心即佛，願垂指諭。師曰：前念不生即心，後念不滅即佛，成一切相即心，離一切相即佛。吾若具說，窮劫不盡。」

又與馬祖大師同時代的石頭大師，於《景德傳燈錄》卷十四云：「師一日上堂曰：吾之法門，先佛傳受，不論禪定精進，唯達佛之知見，即心即佛。」所以即心即佛，雖不僅是馬祖大師之語，然馬祖特別多拈此語以接納學人，是親切而有名的。

然而，此心即佛有什麼意義呢？所謂心是真心還是妄心呢？就是依真妄的那一種可以說明呢？這依各宗教義是有興味的研究問題，在我禪宗的祖師之間，雖亦有唱異說之人，但本來不能不說是真心的吧。即吾人之真心。本心本性，以此名為靈靈昭昭常不昧的宇宙的他對心，不是因為諸緣萬境念起念滅的慮知分別的相對心。其次佛亦是靈靈昭昭的不昧的心性，於此心性之外，不立佛名，離了佛就沒有心性，所以心與佛，不過是異其名而完全一個體性的。於是說即心即佛，標了心佛不二。故吾人迷情的凡夫欲求佛陀，離了吾人之心性，佛陀是沒有的。所以先勸把吾人的心性頓然覺了，這就是為什麼高唱直指人心、見性成佛之語。此直指人心、見性成佛，與即心即佛於其內容，畢竟是無何等所異的。見性成佛成為即心即佛之故，便證明即心即佛乃見性成佛之故。

如此看來，即心即佛的思想，實可看為禪宗的根本義，直指人心、見性成佛，亦不是什麼奇異的思想，而是異音同調。直指人心，就是即心，見性成佛，可以說就是即佛。不論禪定解脫，不說精進修證，若頓然覺了吾人之自性，主張即是佛陀，向外馳求是極端嫌惡的。所以，馬祖大師對大珠慧海加以如左之垂誡：「師初至江西參馬祖，祖問：從何處來？曰：越州大雲寺來。祖曰：來此擬須何事？曰：來求佛法。

祖曰：自家寶藏不顯，拋家散走作什麼，我這裡一物也無，求什麼佛法！師遂禮拜問曰：阿那箇是慧海自家寶藏？祖曰：即今問我者是汝寶藏，一切具足，更無欠少，使用自在，何假向外求覓。師於言下大悟。識自本心不由知覺，踴躍禮謝。」（《頓悟要門論》卷下）

這實在很能將簡明直截禪宗的本分顯示出來的垂語，依此思想馬祖的門下皆繼承之，其中百丈的正系傳於黃檗，黃檗更傳於臨濟大師。故言黃檗禪師之《傳心法要》或臨濟大師之《臨濟錄》，我們都不能不注意是將同一思想依同一言句所詮表的。《傳心法要》云：「祖師西來，直指一切人全體是佛。汝今不識，執凡執聖，向外馳騁，還自迷心；所以向汝道，即今是佛。」

此心若是本來清淨無一點相貌如虛空，則此心名為離一切相的無心之心，若不直下體得無心，則累劫之修行是沒有什麼利益的。於是黃檗禪師是一個高唱無心的道人：「如今學道人，不悟此心體，便於心上生心，向外求佛，著相修行，皆是惡法，非菩提道。供養十方諸佛，不如供養一個無心道人。何故？無心者無一切心也。」

對此臨濟大師又是同調同和，尤其馬祖大師的思想至臨濟時有大被敷衍的狀態，即《臨濟錄》之所到，無論是「約山僧見處，與釋迦不別」，或「與祖師不別」，或「莫向外求」，或「今日多般用處，欠少什麼」，或更說自家寶藏的一個無位的真人，或聽法無依的道人，或舉平生無事底，提示「隨處作主，立處皆真」的本分，今更無須舉其引文，想來是很明瞭的吧。

總括馬祖的中心思想，就是即心即佛，而此即心即佛雖非馬祖之創見，卻因馬祖而有名，其思想由黃檗、臨濟而傳，成為今日禪宗之根本義，亦可以說成為臨濟宗之宗乘。

六、非心非佛是什麼

復次，非心非佛，亦是馬祖大師之語，其本據已如前所舉的即心即佛，那麼，非心非佛是什麼意思呢？馬祖門下的伊闕伏牛山自在禪師，以即心即佛稱為無病求藥之句；以非心非佛，當為藥病對治之句。又永明延壽禪師的《宗鏡錄》卷二十五云：「問：如上所說即心即佛之旨，西天此土祖師同詮，理事分明如同眼見。云何又說非心非佛？答：即心即佛，是其表詮，直表示其事，令親證自心了了見性；若非心非佛其遮詮，即護過遮非，去疑破執，奪下情見，依通意解，妄認之者，以心佛俱不可得故，云非心非佛云云。」

要之此等乃為學人，強立言句而說明的；若執此言句，到底是不能觸得馬祖的真意的。因為馬祖的言句是舌頭更無骨圓轉無礙，有時說即心即佛，有時卻說非心非佛。聞此的學人若以執見而加以是非，則離馬祖的真意就很遙遠了。大梅的法常聞馬祖的非心非佛說：「這老漢，惑亂人未有了日，任他非心那佛，我只管即心即佛。」又馬祖聞法常此語，許說：「梅子熟也」，禾山亦讚歎說：「大梅山是真獅子兒」，實在法常的見解，可以說是非常超絕的。

馬祖大師是常舉揚即心即佛而大接得一般學人的吧。此即心即佛，實簡而且要，雖說出了宗旨的全體，若率爾聞之，吾人將誤認以平常所起的妄想心即為佛陀，陷於不顧覆藏自己心性的弊害，成為不得救的固陋的道人，以宗旨而言，不能不說是外道邪見，恐怕馬祖當時亦已經有此弊害了吧。又馬祖入寂後，不知即心即佛之真意，常舉揚著即心即佛之語的人也是有的。如《五燈會元》卷三云：「湖南東寺如會禪師，自大寂去世，師常惠門徒以即心即佛之譚，誦憶不已，且謂：佛於何住而曰即心，心如畫師，而云即佛，遂示眾曰：心不是佛，智不是道，劍去久矣。」

此「心不是佛，智不是道」，是南泉的普願舉揚的宗旨，成為《無門關》第三十四則「智不是道」之則而說的。又傳南泉常力說：「不是心，不是佛，不是物」的三句，這亦是成為《無門關》第二十七則的本則的。但我想此三句的思想，好像是對馬祖的即心即佛，欲救其弊害而說出的。如左云：

「江西老宿，不是心，不是佛，不是物。先祖雖說即心即佛，是一時間語，空拳黃葉止啼之說。如今多有人，喚心作佛，喚智為道，見聞覺知皆是道，若如是會者，何如演若達多迷頭認影，設使認得，亦不是汝本來頭。」（《續藏》一輯二編第二十三套第二冊一四八丁）

依此等考之，若單云即心即佛，那裡就錯認了定盤星，不能徹悟即心即佛之真意，於是這裡就成為非心非佛而顯現，成為不是心、不是佛、不是物而顯現的了。故此非心非佛與即心即佛，固然同其意趣，卻因人而大異其見解，如白隱老漢亦沒有同一看待的。又馬祖自答僧云：為止小兒之啼而說即心即佛，止啼後示非心非佛，離此即心即佛，非心非佛的二邊的人，說不是物。若有不依以上三種的人，可以說是真的體會大道的人，但這是因馬祖廣大的婆心而說明的。然而思想進行的路徑，相信亦有可以首肯的。普門禪師對此非心非佛之則，說：「若向著裡見得，參學事畢。」然而不很容易見得的。大智禪師亦說：「非心非佛話頭翻，四海禪流著眼難。」白隱禪師至六十歲始徹悟此話頭，所以凡漢阿師則是最終亦無所窺知的。

此非心非佛之則，是不許容易見徹的，但實際說來，說心說佛，不立一切名相言句，於不加一切思慮分別的自性本地的非心非佛的當體，說心不得，說佛禍言，雖喚以如何之名，從本分上是全誤的。說心說佛，說性說道，皆好肉上剜瘡而已，歷劫無名之本體，常於吾人之面前明明了了而彌滿著天地的。故古人云：「自己本地風光，本來面目，晝夜放光動地，常在面前出入。」實在出入於吾人之面前，吾人平生的本地風光，本來的面目，不能不說是躍如而無礙自在的。

所以捨去自己的妄想，除去修、證、迷、悟一切的分別，無凡無聖，無修道無造作，我想這才是體得初祖的廓然無聖，和六祖的本來無一物。若達到此，已經立亦得，不立亦得，建立亦得，掃蕩亦得，盡是自家的妙用，一切法盡成佛法，一切心盡成大道，所以馬祖是將此道理為平常心是道垂誡我們的：「示眾云：道不用修，但莫污染，何為污染？但有生死心，造作趨向，皆是污染。若欲直會其道，平常心是道，何謂平常心？無造作，無是非，無取捨，無斷常，無凡無聖。經云：非凡夫行，非聖賢行，是菩薩行，只如今行住坐臥，應機接物，盡是道，道即是法界，乃至恆沙妙用，不出法界。」（《馬祖禪師語錄》）

這個平常心是道，亦是為南泉普願的宗旨而傳的，雖被舉於《無門關》第十九則，其實是要認為從其師馬祖所傳承的同調同和的思想。所謂平常心當於即心即佛之即心，所謂是道當於即佛，所以雖說是平常心而決不是念起念滅的妄想心。馬祖云：「但有生死心，造作趨向，是污染。」南泉說：「擬向即乖」，不屬於知道，亦不屬於不知，看來雖似指「太虛廓然洞豁」，但不是吾人凡夫的平常心是很明瞭的。故此平常心之處，馬祖云：「行住坐臥，悉是不思議用」，更云：「一切具足，更無欠少，使用自在，何假向外求覓？」這樣地垂誡我們。我想，馬祖是以為要離即心即佛與非心非佛的二邊，能不依不是心、不是佛、不是物三句的人，才可以說是真的體會大道的平常的。

七、馬祖大師之功績

馬祖大師這樣一言一語，很能道破今日禪宗的根本，故其門下許多傳著馬祖宗乘的百丈懷海、西堂智藏、南泉普願，乃至大梅法常、鹽官齊安、麻谷寶徹、盤山寶積、大珠慧海、汾業無業等，都是於其當時立於第一線的禪匠，馬祖的偉大實在是值得讚仰的。最後，順舉其二三功績來說：

第一是盡其全力提倡禪宗的宗乘，且善培養後生。馬祖下雖說是百三十九人，若真實說來，所謂石頭下的藥山惟儼、丹霞天然，乃至隱峰、靈默、龐蘊等禪匠，都是往來於馬祖之門的人。尤有一說，藥山乃馬祖的法嗣，所以從藥山所出的曹洞、雲門、法眼，若盡是馬祖下的法系，則馬祖在禪宗的地位，實在不能不說是崇高而偉大的了。

第二的功績，是依其語錄就可以知馬祖的禪機。在他以前的語錄，雖說有《六祖壇經》、《永嘉集》；若從今日語錄的研究上看來，最先成為體裁的，便要以馬祖的語錄為劃期的了，且其內容都一一直捷簡明的顯示著其宗旨。

第三的功績，是他能樹立宗風，始設門戶。建立禪寺設叢林的規矩，說是其法嗣百丈懷海禪師，雖亦有確固的文獻，但不能說獨為百丈禪師之功績的吧?!恐怕這是由馬祖而開其端的，如《馬祖禪師語錄》所見：法堂、方丈、僧堂，僧堂內所謂聖僧、禪床、前門等語，的確是顯然的。所以雖不必有文獻，而許多僧眾之有限制，不能不認為是因為有著僧眾可守的規矩，和所建的可以修行的一定道場伽藍。

這樣數來，馬祖大師實是今日禪宗的一個大恩人，我相信，屬於他的法孫的人，是一日亦不能忘卻的。茲略妄言，論及關於他的禪的二三問題，以讚仰其功績而已。

（原載於《佛教公論》一九三七年第一卷第十號、第十一號）

附錄三

福州《毗盧大藏經》的雕印

（日）小川貫弌 著
林子青 譯

一

十二世紀初頭，石林居士葉夢得對北宋之末天下的印刷書籍，曾下過評價說：「杭州者最上，蜀本次之，福建者最下，這時京師（開封）的印刷物殆不劣於杭州，只是紙張不好而已。」（譯者按：葉夢得《石林燕語》卷八：「世言雕版印書始馮道，此不然；但監本五經版，道為之爾。……今天下印書，以杭州為上，蜀本次之，福建最下。京師比歲印版，殆不減杭州，但紙不佳。蜀者福建多以柔木刻之，取其易成而速售，故不能工；福建本兒遍天下，正以其易成故也。」）

這裡評價不太好的蜀之成都，在北宋之初，雕造過敕版的《大藏經》；福建之地，北宋之末卻出版過二種《大藏經》，而且各集十數萬塊龐大的版木，鏤刻了近六千卷經律論的《全藏》，這在印刷文化史上也是可驚的史實。佛典翻譯之初，在中國佛教史上，繼六朝隨唐的寫經時代，做為宋元明清的印經時代初期的史實，有些地方是應該加以說明的。

福州民間二種《大藏經》的出版尤其是一件大事業，那就是福州閩縣城外易俗里白馬山東禪等覺院出版的《崇寧萬壽大藏》，和同是福州閩縣城內東芝山開元寺雕造的《毗盧大藏經》。北宋的熙寧、元豐間，由於參加政事元絳的支持而刻的東禪等覺院《大藏經》，得徽宗皇帝賜以《崇寧萬壽大藏》之名才得以完成，時在政和二年（公元一一一二年）。其完成之年，在同屬福州城內的開元寺，即著手出版新的《毗盧大藏經》，它一直持續到南宋紹興十八年（一一四八）。

同在北宋之末，地域也同在福州，各各雕印達六千帖的二種民間《大藏經》，其必要性在哪裡？為什麼兩寺要各自出版《大藏經》？這是尚未明白的疑點。

通過對現存宋版《大藏經》的調查，小野玄妙博士證實了福州版的《大藏經》為二寺各自雕造了一《藏》。但為什麼同一地方幾乎同一時代，要出版具有同一內容的《藏經》，他並沒有發表確定的意見，而僅推定大概是因宗派關係，或本山（一個宗派的本山——總部）關係，二寺的勢力對峙而各自開版的。

現在想詳細探討一下這先輩學者的假設，以究明開元寺《毗盧大藏經》的出版情況。

二

十世紀時五代的福建地方，是由王審知的閩國所支配的。江北之地，在後周世宗發生的破佛事件時，這個福建地方的佛教，在王審知的外護之下，雪峰義存與其法系的禪宗曾經繁榮一時。當時福州的子城東西南北，各有禪院。西禪院為雪峰義存的高弟長慶慧稜所住，與其對峙的是東禪等覺院，為慧稜門下的契訥、可隆等諸禪師所住。東禪院作靈應侯，深受地方民眾的皈依和信仰。在北宋的熙寧、元豐之間，得到參知政事元絳的支持，計畫出版了《大藏經》五百餘函。其後，這個事業由歷代住持繼續進行；崇寧二年（一一〇三），由於福州出身的禮部員外郎陳暘的奔走，東禪等覺院充當了祈願徽宗皇帝聖壽萬歲的福州官寺，其《大藏經》做為準官版，賜以《崇寧萬壽大藏》之名。而此《藏經》則決定頒布設置於天下州軍的地方官的崇寧寺。

因此，福州東禪等覺院確保了其社會地位，而《大藏經》的出版事業也得到大大的促進，在政和二年（一一一二），完成了五百九十五函、六千四百三十四卷的《全藏》雕造。那是從熙寧到元豐間經過三十多年的事。其後，這部《大藏經》由於徽宗改信道教，道佛二教的部分典籍雖遭到毀廢，但直到南宋，其印刷活動仍始終繼續著。

對於東禪等覺院在北宋之末的社會活動，深抱不滿的自然是開元寺了。唐玄宗開元二十六年（七三八），敕天下各州設置龍興、開元二寺時，做為福州州寺而建立的即此開元寺。依翌年的敕令，千秋節的聖節祝壽道場，占福州第一等地位，該寺做為名剎，為具有古老傳燈的寺院。即使在武宗的會昌法難時，也沒有遭到毀廢。其後入唐的智證大師圓珍，曾在這個福州開元寺，從婆羅門僧學習悉曇，又從傳教大德存式學習了嘉祥、慈恩的章疏等。五代之時，閩國的王審知於此開元寺造壽山塔。天祐二年（九〇五），將金銀字《大藏經》五千四十八卷凡五百四十函，奉施於此開元寺壽山塔院。翌年，又迎請丈六金銅佛及二菩薩像於此壽山塔院。此寺是唐代通閩國福州第一的名剎。

具有這樣傳統的福州開元寺，對於同在福州城外的東禪等覺院，憑藉《大藏經》的出版而成為福州的徽宗皇帝的聖節道場，其反感與不滿之大是不難想像的。那時福州開元寺的住持是本明禪師。

三

募財於民間而私自出版的《大藏經》，發起其事業的僧尼所屬的宗派的典籍也被一併出版，其中收入於《大藏經》中的情形是屢屢被承認的。關於福州版《大藏經》，無論東禪等覺院的《崇寧萬壽大藏》或開元寺的《毗盧大藏經》，都幾乎同樣具有千字文帙號的內容。其特色是在正編之中多收禪宗的典籍。

振——世：《景德傳燈錄》三十卷，道原撰，（東）元豐三至五年刊，（開）（不明）；

祿——茂：《宗鏡錄》，百卷，延壽集，（東）大觀二年四至六月刊，（開）（不明）；

實——碑：《天聖廣燈錄》三十卷，李遵勗編，（東）大觀三年正月刊，（開）紹興十八年刊；

刻——皤：《建中靖國續燈錄》三十卷，惟白集，（東）崇寧二年九月至三年六月刊，（開）紹興十八年刊。

以上四部，百九十卷十九函是共通的。開元寺於南宋隆興二年（一一六四），於時、阿字函收入《傳法正宗記》十二卷與《輔教編》三冊；乾道八年（一一七二），自多字函至實字函，補刻《大慧語錄》三十卷和《大慧普說》一卷。因為福州自五代閩國以來，是禪宗繁榮的地方，故此地的《大藏經》之收入禪宗的傳燈錄與語錄，是並不奇怪的。東禪等覺院與開元寺，歷代雖都是禪宗僧侶為住持，但其中顯然有不同宗派的人。

據惟白撰的《建中靖國續燈錄》卷二十四載：臨濟禪——南嶽懷讓的第十五世，是福州等覺普明禪師。其法系是：第十二世洪州黃龍慧南、第十三世蘄州開元琦、第十四世饒州薦福道英、第十五世福州等覺普明。北宋徽宗時，曾任東禪等覺院住持的普明禪師，雖得陳暘的外護，賜《大藏經》以《崇寧萬壽大藏》之名，把他的住寺做為福州的聖節道場，但那是臨濟宗黃龍派的禪師。他將自己的名登錄於傳燈，自崇寧二年九月至翌年三月，即籌畫出版惟白的《建中靖國續燈錄》三十卷。

與此相對，作為福州開元寺的住持而著手出版《大藏經》的本明，見於《續燈錄》卷二十五，是曹洞禪——盧陵青原行思的第十四世、福州壽山本明禪師。其法系是：第十一世越州天衣義懷、第十二世東京慧林圓照、第十三世秀州本覺寺法真、第十四世福州壽山本明。這就是說，本明相當於東京開封府相國慧林禪剎圓照的法孫，青原行思的法系，屬於曹洞禪的人。

北宋末葉的福州：臨濟禪的普明住持東禪等覺院，曹洞禪的本明則住持於開元寺。其住持制度都是選聘天下名僧的十方剎。俱載其名於惟白的《續燈錄》的二禪師，雖各就任其住持，但這二人只在臨濟、曹洞兩派對立的宗派意識之下而企圖出版《大藏經》是難以理解的。如果使開元寺的住持本明計畫雕造《大藏經》，那是因為意識到了開元寺的傳燈的吧。

四

天字第一帖的《大般若波羅蜜多經》第一卷的卷首，有三行題記如下：「福州眾緣寄開元寺雕經都會蔡俊臣、陳詢、陳靖、劉漸與證會住持沙門本明恭為今上皇帝、祝延聖壽、文武官僚同資祿位雕造毗盧大藏經印版一副，計五百餘函。時政和乙未七月日　勸緣沙門行崇謹題」

各經卷的卷首，有與此同一形式的題記。其最古者，是政和壬辰（二）年三月的《出曜經》卷十（宮）的題記。上溯這個年代以上的資料沒有發現，故以此為開元寺《大藏經》雕造的起源。

關於這個出版，自最初稱為「雕經都會」的在家支持者團體成立，開元寺的住持本明當了「雕經證會」，其下做為勸緣沙門的行崇、圓淨（津）、德華、本悟等，則募財於福州地方的大眾，做為結緣。而稱其名為「毗盧大藏經版五百餘函」，並明記「今上皇帝祝延聖壽，文武官僚，同資祿位」這樣來表示佛教對君主與官僚的立場。

重和元年（一一一八）以後的題記，載著「當山三殿大王大聖泗洲」的文字。福州管內的結緣者，是皈依信仰這個開元寺天王殿的毗沙門天王，大雄寶殿的大聖釋尊與泗洲大聖殿的僧伽和尚而願其加護的。對於觀音菩薩應化身的泗洲大聖的信仰至為深厚，這在紹興戊辰閏八月的弼弼（《宋史》卷三八〇）施入的刊記（《大教王經》卷上的卷末）也有詳載。

靖康之亂，宋室南渡，福州的開元寺成為從洛陽的啟運宮迎來的自藝祖至哲宗七祖的御容塑像的奉安之所，由朝廷差遣專任的中官（宦官）一員掌管香火，每歲的節日並派敕使蒞臨。得到南渡的士大夫周邦憲一族與此應天啟運宮奉迎所武師悅、宰相李綱的遺族、不動居士馮楫等的很大喜捨與支持，《大藏經》的雕造，在南宋紹興十八年（一一四八）間就大略見其完成了。

那是賜紫傳法沙門本明、宗鑒大師元忠、淨慧大師法超、賜紫傳法慧海大師惟仲、傳法沙門必強及傳法慧通大師了一的六代，經過三十幾年的繼續事業，出版了《毗盧大藏經》五百六十七函、六千一百十七卷，這是自南宋末年到元初為止繼續著的印刷活動。

（原載於《法音》一九八八年第五期）

附記：參考朝日道雄氏〈京都知恩院藏福州版大藏經刊記列目〉（《密教研究》七二）、〈圖書寮所藏大藏經細目〉（《圖書寮漢籍善本書目》）。

國家圖書館出版品預行編目資料

一花一葉一如來：林子青佛學論著集／林子青著.
-- 初版 . -- 臺北市：法鼓文化, 2008.12
面；　公分 --（智慧人；8）

ISBN 978-957-598-446-5（平裝）

220.7　　97020844

智慧人 8

一花一葉一如來
——林子青佛學論著集

著者／林子青
出版者／法鼓文化事業股份有限公司
主編／陳重光
責任編輯／李書儀
美術設計／連紫吟、曹任華
地址／台北市北投區公館路186號5樓
電話／（02）2893-4646　傳真／（02）2896-0731
網址／http：//www.ddc.com.tw
E-mail／market@ddc.com.tw
讀者服務／（02）2896-1600
初版一刷／2008年12月
建議售價／790元
郵撥帳號／50013371
戶名／財團法人法鼓山文教基金會—法鼓文化
北美經銷處／紐約東初禪寺
Chan Meditation Center（New York, U.S.A.）
Tel／（718）592-6593　Fax／（718）592-0717